经济管理类应用型基础课系列规划教材
绍兴市重点教材

U0672662

Modern Human Resource Management

# 现代人力资源管理

主 编 ◎郦巍铭 楼莉萍 章守明

ZHEJIANG UNIVERSITY PRESS
浙江大学出版社

**图书在版编目(CIP)数据**

现代人力资源管理/ 郦巍铭,楼莉萍,章守明主编.—杭州:浙江大学出版社,2017.8(2022.12重印)

ISBN 978-7-308-17225-7

Ⅰ.①现… Ⅱ.①郦…②楼…③章… Ⅲ.①人力资源管理—教材 Ⅳ.①F243

中国版本图书馆 CIP 数据核字(2017)第 185217 号

**现代人力资源管理**

郦巍铭　楼莉萍　章守明　主编

| | | |
|---|---|---|
| **责任编辑** | 李　晨 | |
| **责任校对** | 杨利军　高士吟 | |
| **封面设计** | 春天书装 | |
| **出版发行** | 浙江大学出版社 | |
| | (杭州市天目山路 148 号　邮政编码 310007) | |
| | (网址:http://www.zjupress.com) | |
| **排　　版** | 杭州林智广告有限公司 | |
| **印　　刷** | 嘉兴华源印刷厂 | |
| **开　　本** | 787mm×1092mm　1/16 | |
| **印　　张** | 21.5 | |
| **字　　数** | 520 千 | |
| **版 印 次** | 2017 年 8 月第 1 版　2022 年 12 月第 4 次印刷 | |
| **书　　号** | ISBN 978-7-308-17225-7 | |
| **定　　价** | 48.00 元 | |

# 编 委 会

主　编　郦巍铭　楼莉萍　章守明
副主编　何晓柯　闫芃燕　黄祥辉

编　委　（按姓氏音序排列）
　　　　何晓柯　黄祥辉　郦巍铭
　　　　楼莉萍　任建华　闫芃燕
　　　　章守明

　　作为现代管理的核心之一，人力资源管理的重要性日益凸显，与此同时，人力资源管理在专业技术上的前沿性和先进性要求也越来越受到重视，社会各方从体现最新学术成果和最新实践经验等方面出发对人力资源管理者的素质培养及专业能力建设提出了更高的期望。

　　本书力图突出人力资源管理学科知识的系统性和人事专业工作的实践性特色，广泛汲取中外现代人力资源管理的精髓思想与先进理念，并立足本土实践，围绕"选人、育人、用人、留人"等关键性环节，对现代人力资源管理进行了概要式剖析。同时，通过章节前后的多个栏目设置，启发读者思考与学习兴趣。本书的编委会全体成员达成一致意见，尽力达成下列目标：

　　1. 理论性与实践性的结合。本书在追求教材的成熟性与完整性的同时，力求在人力资源理论和实践方面能够反映比较新颖和前沿的研究成果，体现发展趋势，如胜任素质模型、战略人力资源管理、劳动关系等，并且很多案例来源于实践。课后所附的人力资源考级题解等来源于历年的真题实践。另外，本书以应用型人才培养为目标，在编写过程中汲取了大型集团从事人力资源管理实践的总监和部长们的实践心得等，使本书不仅适用于普通高校和独立学院经济与管理类及相关专业的本科生使用，也可作为人力资源管理人员的重要参考书。

　　2. 兼容性与独特性的结合。本书在追求各种现代人力资源管理理论及流派观点的兼容并包的同时，也不忘进行独特性的体现。"皮之不存，毛将焉附"，本书对人力资源资本增值的载体，即人本身，从保障养生以及快速记忆等学习方法诸方面进行启发性的介绍。

　　3. 内容性与形式性的结合。在注重理论与实践相结合的内容之外，在形式上，通过引入二维码，拓展了课堂的空间，有效探索了"书立方"的理念，使学习延伸到课后讨论与思考，力图使得课内、课外的壁垒得以打破，学生的兴趣得以调动。

　　全书共分十一章，第一章为概述，主要阐述人力资源与人力资源管理的概念与特征、战略性人力资源管理及人力资源管理部门的运作等；第二章为人力资源规划，主要阐述人力资源规划的种类与供需平衡、人力资源需求预测与供给预测的方法与步骤；第三章为职位分析与胜任素质模型，主要介绍职位分析的具体实施、职位说明书的编写以及胜任素质模型的建立步骤，并举例介绍了行为事件访谈法；第四章为人员招聘，主要介绍招聘的渠道与方法和招聘的成本—收益分析与评估；第五章为员工甄选，介绍员工甄选的影响因素、标准与程序，也介绍了适合中高管的多重甄选评价中心技术，重点展开介绍了文件筐和无领导小组讨论等几种主要的评价中心技术；第六章为绩效管理，主要对绩效的计划、跟进、考核、反馈等绩效管理的流程，以及几种常用的绩效评估方法做了介绍；第七章为薪酬与福利管理，并在薪酬水平确定和薪酬体系设计之外，单独对福利进行了一些阐述；第八章为人员培训与开发，介绍了人员培训的需求调查、实施步骤、主要方法和培训效果评估等，之后分别从人员的体能开发（健康与安全）和人员智能开发（快速阅读法、快速记忆法与思维导图法）进行了介绍；第九章为职业生涯规划管理，介绍了职业生涯规划管理的代表性理论，从职业生涯目标规划与个人职业生涯管理、培养组织储备干部与组织职业生涯管理这两个方面进行了展开；第十章为员工关系管理，重点讲述了劳动合同管理、社保政策与实务、劳动争议及处理等；第十一章为人员素质测评及其应用，概述了人员素质测评体系设计，介绍了人员素质测评方法技术与实施检验，以及人员测评的实训软件。

本书的完成靠的是编委会全体成员的辛劳付出和密切合作。参与编写的成员有浙江工业大学之江学院何晓柯（第一章、第五章）、浙江理工大学章守明副教授（第二和第七章）、浙江越秀外国语学院楼莉萍副教授（第四章、第十章）、浙江越秀外国语学院闫芃燕（第三章、第六章）、浙江越秀外国语学院任建华教授和绍兴文理学院元培学院黄祥辉（第九章），第八章和第十一章以及全书统稿工作由绍兴文理学院元培学院郦巍铭副教授负责。

本书在编写和统稿的过程中，得到了浙江长业建工集团人力资源阚飚总监、浙江华联集团人力资源部徐娜部长、中国黄酒集团人力资源部谢绍瑾部长和徐永祥副部长、喜临门控股集团周旗江总监和詹世华部长、卧龙控股集团党委宋立英副书记、浙江绍兴苏泊尔生活电器有限公司行政部黄彬经理等的支持、帮助和建议，在此深表感谢。

本书在编写过程中，参阅和借鉴了大量的学术论文和相关论著，这里不再一一列举，谨在此向原著作者深表谢意。同时，由于编写比较仓促，更由于编者学识有限，书中缺点甚至错误在所难免，恳请各位同人不吝指正，以使本书更趋完善。

编　者

2017 年 4 月

目　录

CONTENTS

# 第一章

# 人力资源管理概述

## 学习目标

◆ 掌握人力资源的概念,人力资源与人口资源、人才资源、人力资本等相关概念的联系和区别,人力资源的数量和质量

◆ 掌握人力资源管理的内涵、基本职能,现代人力资源管理与传统人事管理的联系与区别;了解人力资源管理的地位和作用、历史演变和发展趋势

◆ 掌握战略性人力资源管理的概念、基本特征、模型以及运作流程

◆ 了解人力资源管理部门承担的活动和任务、责任、组织结构以及运作机制

## 引导案例

### 秦昭王五跪得范雎

秦昭王雄心勃勃,欲一统天下,在引才纳贤方面显示了非凡的气度。范雎原为一隐士,熟知兵法,颇有远略。秦昭王驱车前往拜访范雎,见到他便屏退左右,跪而请教:"请先生教我?"但范雎支支吾吾,欲言又止。于是,秦昭王"第二次跪地请教",且态度更加恭敬,可范雎仍不语。秦昭王又跪,说:"先生卒不幸教寡人邪?"这第三跪打动了范雎,道出自己不愿进言的重重顾虑。秦昭王听后,第四次下跪,说道:"先生不要有什么顾虑,更不要对我怀有疑虑,我是真心向您请教。"范雎还是不放心,就试探道:"大王的用计也有失败的时候。"秦昭王对此责问并没有发怒,并领悟到范雎可能要进言了,于是,第五次跪下,说:"我愿意听先生说其详。"言辞更加恳切,态度更加恭敬。这一次范雎也觉得时机成熟,便答应辅佐秦昭王,帮他统一六国。后来,范雎鞠躬尽瘁地辅佐秦昭王成就霸业,而秦昭王五跪得范雎的典故,千百年来被人们所称誉,成为引才纳贤的楷模。

引才纳贤是国家强盛的根本,而人才,尤其是高才,并不那么容易引得到,纳得着。本章开篇在这里提供一个我国古代引才的成功例子,看能否给你以启示。今天用人单位的老板读了秦昭王五跪得范雎的典故,又做何感想,将如何引才纳贤? 不管怎样,应当谨记:招纳人才必须带着一颗真诚的心,保持一种谦虚的态度,让人才感受到你对他的信任与重视,才能让人才放下心来投入到一项事业,为你出谋划策,共创伟业。

# 第一节　人力资源与人力资源管理概述

## 一、人力资源的基本概念

### （一）人力资源的含义

人类社会的生产以资源供给为基础,经济要不断增长,必须有充足的资源作为保障。经济学家认为,资源是指为了创造物质财富而投入生产活动中的一切要素。自人类出现以来,财富的来源无外乎两类:一类是来自自然界的物质,可称之为自然资源,如森林、矿藏、河流、草地等;另一类来自人类自身的知识和体力,可称之为人力资源。在相当长的一段时间里,自然资源一直是财富形成的主要来源,但随着科学技术的突飞猛进,人力资源对财富形成的贡献越来越大,并逐渐占据了主导地位。

"人力资源"这个词曾经先后于1919年和1921年出现在美国经济学家约翰·R.康芒斯(John R. Commons)的两本著作《产业荣誉》和《产业政府》中。康芒斯也被认为是第一个使用"人力资源"一词的人,但他当时所指的人力资源与21世纪我们所理解的人力资源在含义上相差甚远,只不过使用了同一个词语而已。当前探讨"人力资源"最精彩的论述是在美国管理学家彼得·德鲁克(Peter Drucker)1954年出版的《管理的实践》中:"人力资源是所有资源中最富有生产力,最多才多艺,也是最丰富的资源,它最大的优势在于具有协调、整合、判断和想象的能力。"自此,"人力资源"一词开始受到关注而逐渐被广泛使用。

德鲁克虽然提出了人力资源的概念并指出了其重要性,却未对人力资源这一概念给出详细定义。其后,国内外学者从不同角度给人力资源下了不同定义。对人力资源的内涵,目前理论界还没有一致的见解。根据研究角度的不同,可以将人力资源的定义分为两大类。第一类主要是从能力角度出发来解释人力资源的含义,可称为人力资源的"能力观"。其代表性观点如:所谓人力资源,是指能够推动整个经济和社会发展的劳动者的能力,即处在劳动年龄的已直接投入建设和尚未投入建设的人口的能力。第二类主要是从人的角度出发来解释人力资源的含义,可称为人力资源的"人员观"。其代表性观点如:人力资源是指能够推动社会和经济发展的具有智力和体力劳动能力的人员的总称。

对两大类定义进行解读,我们发现:无论"能力观"还是"人员观",归根到底都认为人力资源的本质就是能力,是人所具有的知识、经验、技能、体能等能力,但这些劳动能力是依附在人身上的,和劳动者是密不可分的。因此,本书试图给出一个"能力观"和"人员观"相结合的定义。所谓人力资源,是指一定范围内的人口中具有智力和体力劳动能力的人的总和,它是一种包含在人体内的生产能力,并以劳动者的数量和质量来表示的资源。这个解释包括以下几个要点:

(1) 任何资源均有归属,人力资源也不例外,总是属于"一定的范围"。宏观意义上如一个国家或地区,微观意义上如某一社会组织,像事业单位、企业等。

(2) 人力资源的本质是人所具有的智力和体力等各种能力,可统称为劳动能力。

(3) 人力资源包含质与量两个方面,除了强调各种"能力",也强调人员的"总和",是质量与数量的有机结合。

### (二) 人力资源的数量与质量

人力资源作为社会财富形成的基本要素,具有质的规定和量的要求,无论是国家、地区,还是组织的人力资源都是数量和质量的统一。

1. 人力资源的数量

对于用人单位而言,人力资源的数量一般来说就是其员工的数量。

对于国家而言,人力资源的数量可从现实人力资源数量和潜在人力资源数量两个方面来计量。潜在人力资源数量,可依据一个国家具有劳动能力的人口数量加以计量。我国现行的劳动年龄规定:男性16~60岁,女性16~55岁。在劳动年龄上下限之间的人口称为"劳动适龄人口"。小于劳动年龄下限的称为"未成年人口",大于劳动年龄上限的称为"老年人口",一般认为这两类人口不具有劳动能力。

但在现实中,劳动适龄人口内部存在一些丧失劳动能力的病残人口,还存在一些因各种原因暂时不能参加社会劳动的人口,如在校就读的学生。在劳动适龄人口之外,也存在一些具有劳动能力,正在从事社会劳动的人口,如常见的退休返聘人员。因此,在计量人力资源时,对上述两种情况都应当考虑,这也是划分现实人力资源与潜在人力资源的依据。

按照上述思路,我国人力资源数量构成情况示意图参见图1-1。

图1-1 我国人力资源数量构成示意图

由图 1-1 可知,潜在的人力资源数量由适龄就业人口、未成年就业人口、老年就业人口、失业人口、暂时不能参加社会劳动的人口和其他人口构成。而现实的人力资源数量则由适龄就业人口、未成年就业人口和老年就业人口数量构成。

人力资源的数量构成受到很多因素的影响,概括起来主要有以下几个方面。

(1) 人口总量。人力资源属于人口的一部分,因此人口的总量会影响到人力资源的数量。人口的总量由人口基数和自然增长率两个因素决定,自然增长率又取决于出生率和死亡率两个因素。用公式表示如下:

$$人口总量＝人口基数×[1＋(出生率－死亡率)]$$

(2) 人口的年龄结构。人口的年龄结构直接决定了人力资源的数量。劳动适龄人口是人口总量的一部分,在人口总量相同的情况下,不同的年龄结构决定了可供人力资源数量的不同,劳动适龄人口所占比例越大,可供人力资源数量相对较多;相反,可供人力资源的数量就相对较少。

(3) 人口迁移。人口迁移会使一个地区的人口数量发生变化,继而使人力资源数量发生变化。人口迁移是由多种因素引起的,如大规模的自然灾害或气候变化、某一地区自然资源的发现与开发、异地求学或工作、婚嫁与投靠亲朋等。

**2. 人力资源的质量**

人力资源是人所具有的智力和体力,因此劳动者的综合素质就直接决定了人力资源的质量。人力资源质量的最直观表现,是劳动者的身体健康状况、科学文化水平、专业技能水平、工作态度等。人力资源质量构成如图 1-2 所示。

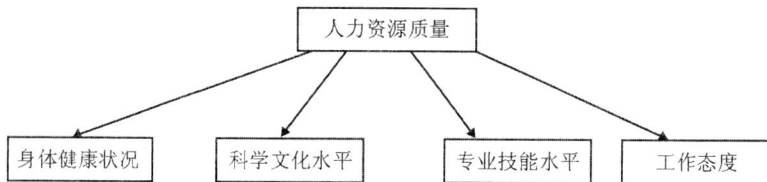

图 1-2　人力资源质量构成

**3. 人力资源的数量与质量关系**

人力资源的数量与质量是相互统一、密不可分的两个方面,人力资源的丰富程度不仅要用数量来计量,而且还要通过质量来评价。一定数量的人力资源是一个国家或地区、一个用人单位或其他社会组织存在和发展的物质基础。人口数量较少的国家或地区一般很难具有人力资源方面的优势。然而,随着经济社会的不断进步,科学技术的飞速发展,对于人力资源的质量要求越来越高,现代化的生产体系要求人力资源具有极高的质量水平。一般来说,复杂的劳动只能由高质量的人力资源来从事,简单劳动则可以由低质量的人力资源从事。从人力资源内部替代性的角度,也可以看出其质量的重要性。高质量的人力资源对低质量的人力资源的替代性很强,而低质的人力资源却难以甚至不能替代高质量的人力资源。因此,提高人力资源的质量已成为人力资源开发与管理的重要目标和发展方向。

## 二、人力资源与相关概念

### (一) 人力资源和人口资源、人才资源

人口资源是指一个国家或地区所拥有的人口总量,是以人口总数来表示的资源,它是人力资源、人才资源的基础。人力资源主要强调的是数量概念。

人才资源是指一个国家或地区中具有较多科学知识、较强劳动技能,在价值创造过程中起关键或重要作用的人的总和。人才资源是人力资源的一部分,即优质的人力资源。人才资源主要强调的是质量概念。

这三者在数量上存在着一种包含关系,如图 1-3 所示。

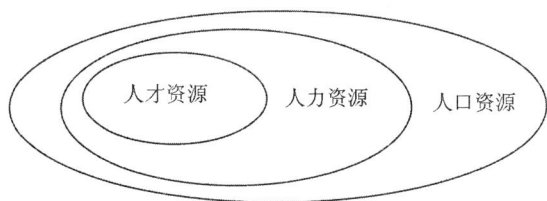

图 1-3　人口资源、人力资源和人才资源的数量关系图

如图 1-3 所示,这三者之间的数量关系为:人口资源>人力资源>人才资源。在数量上,人口资源是最多的,它是人力资源形成的数量基础;人口资源中具备一定智力和体能的人员才是人力资源;而人才资源又是人力资源中的一部分,是人力资源中质量较高的那部分人员,是具有特殊智力和体能的人力资源,也是数量最少的。

### (二) 人力资源与人力资本

"人力资源"和"人力资本"也是容易混淆的两个概念,很多人甚至将它们通用,其实这两个概念是有一定区别的。

1. 人力资本的内涵

西奥多·舒尔茨(Theodore Schultz)是美国芝加哥大学教授,他在 1960 年出任美国经济学会会长时发表的"人力资本投资"就职演讲,被认为是人力资本理论诞生的标志,给学术界留下了极为深刻的印象。他因此被西方学术界誉为"人力资本之父",并获得了 1979 年诺贝尔经济学奖。舒尔茨认为,人力资本(Human Capital)是体现在具有劳动能力(现实或潜在)的人身上的,以劳动者的数量和质量(即知识、技能、经验、体质与健康)所表示的资本,它是通过投资而形成的。人力资本是对人力资源进行教育、培训、实践经验、迁移、保

健等各方面的投资而形成的一种资本形态,这种资本的有形形态就是人力资源。人力资本是人力资源的价值体现,它强调了以某种代价获得能力和技能的价值。

2. 人力资源与人力资本的联系和区别

人力资源与人力资本的关系可简单理解为:人力资本存在于人力资源之中,人力资源经过教育、培训等投资可转化为人力资本。比较公认的区别是:人力资源更多强调的是生理性、物理性和来源性等特点;而人力资本则更多地强调人力的经济性、功用性和利益性。具体地说,人力资源与人力资本存在以下关系。

(1) 联系:第一,人力资源和人力资本都是以人为基础而产生的概念,研究的对象都是人所具有的脑力和体力,即两者所依附的载体都是人,离开人体两者都没有存在的意义。第二,现代人力资源理论大都以人力资本理论为依据的,人力资本理论是人力资源理论的基础,人力资源经济活动及其收益的核算要依据人力资本理论。

(2) 区别:第一,两者概念的范围不同。人力资本存在于人力资源之中,必须经过后天教育、培训、迁移等一系列的投资行为后,获得知识、技能与经验。人力资源不仅包括资本性人力资源,即人力资本也包括人与生俱来的潜在体能和脑力等自然性人力资源。第二,两者存在形式不同。人力资源是一种资源形式,强调具有体能、智能和技能的人的资源性;人力资本是对人力资源进行投资的资本形式,强调人的体能、智能和技能的资本性,表现为资本价值,并追求资本价值的最大化。第三,两者关注焦点和研究角度不同。人力资源属于管理学范畴,开发人力资源强调的是人员的开发、使用和合理配置,提高劳动生产率;人力资本属于经济学范畴,开发人力资本强调的是实现人力投资回报、收益和财富的增长,关注的是人力资本价值增值的速度和幅度问题。

## 三、人力资源管理的基本概念

人力资源管理(Human Resource Management,HRM)这一概念,是在德鲁克 1954 年提出人力资源的概念之后出现的。1958 年,怀特·巴克(Wight Bakke)出版了《人力资源职能》一书,首次将人力资源管理作为管理的普通职能加以论述。此后,随着人力资源管理理论和实践的不断发展,国内外产生了人力资源管理的各种流派,他们从不同侧面对人力资源管理的概念进行了阐释。综合起来,可以将这些概念归纳为五类。

第一类主要从人力资源管理的目的出发来解释其含义,认为它是借助对人力资源的管理来实现组织的目标。代表性观点如:人力资源管理就是通过各种技术与方法,有效地运用人力资源来达成组织目标的活动(Mondy & Noe,1996)。

第二类主要从人力资源管理的过程或承担的职能出发来进行解释,把人力资源管理看成是一个活动过程。代表性观点如:人力资源管理是负责组织人员的招聘、甄选、训练及报酬等功能的活动,以达成个人与组织的目标(Sherman,1992)。

第三类主要揭示了人力资源管理的内容,认为它就是与人有关的制度、政策等。代表性观点如:人力资源管理是对人力资源进行有效开发、合理配置、充分利用和科学管理的制度、法令、程序和方法的总和。

第四类主要从人力资源管理的主体出发解释其含义,认为它是人力资源部门或人力资源管理者的工作,持这种观点的人所占比例不多。代表性观点如:人力资源管理是指那些专门的人力资源管理职能部门中的专门人员所做的工作(余凯成,1997)。

第五类主要从目的、过程等方面出发综合进行解释,持这种观点的人所占比例较大。代表性观点如:人力资源管理是对人力资源的取得、开发、保持和利用等方面所进行的计划、组织、指挥和控制的活动,是通过协调社会劳动组织中的人与事的关系和共事人的关系,以充分开发人力资源,挖掘人的潜力,调动人的积极性,提高工作效率,实现组织目标的理论、方法、工具与技术。

应当说,从综合的角度来解释人力资源管理的含义更有助于揭示其内涵。综合众多观点,本书认为:人力资源管理是依据组织发展需要,对人力资源获取(选人)、整合(留人)、开发(育人)、利用(用人)等方面所进行的计划、组织、领导和控制活动,以充分发挥人的潜力和积极性,提高工作效率,进而实现组织目标和个人发展的管理活动。

正确理解人力资源管理的含义,必须避免两种错误的看法:一种是将人力资源管理等同于传统的人事管理,认为两者是完全一样的,只不过换了一下名称而已;另一种是将人力资源管理与传统的人事管理彻底割裂,认为两者是毫无关系的。其实,人力资源管理与人事管理之间是一种继承和发展的关系:一方面,人力资源管理是对人事管理的继承,人力资源管理的发展历史告诉我们,它是从人事管理演变来的,人力资源管理依然要履行人事管理的很多职能;另一方面,人力资源管理又是对人事管理的发展,它的立场和角度又明显不同于人事管理,可以说是一种全新视角下的人事管理。两者之间的区别可用表1-1概括。

表1-1 人力资源管理和人事管理的区别

| 比较项目 | 人事管理 | 人力资源管理 |
|---|---|---|
| 管理理念 | 以事为中心 | 以人为中心 |
| 管理视角 | 视员工为负担、成本 | 视员工为第一资源 |
| 管理目标 | 组织短期目标的实现 | 组织和员工目标的共同实现 |
| 管理内容 | 档案管理、人员调配、职务职称变动、工资调整等具体的事务管理 | 将人作为资源进行开发、利用和管理 |

续　表

| 比较项目 | 人事管理 | 人力资源管理 |
|---|---|---|
| 管理活动 | 重使用、轻开发 | 重视培训与开发 |
| 管理方式 | 命令式、控制式 | 强调民主、参与 |
| 管理策略 | 战术式、分散性 | 战略性、整体性 |
| 管理部门地位 | 执行层 | 战略层 |
| 管理部门性质 | 单纯的成本中心 | 生产效益部门 |

## 四、人力资源管理的基本职能及其关系

人力资源管理全过程由一系列的工作环节构成,其中每一环节的工作内容和工作要求构成了人力资源管理的职能活动。对于人力资源管理的职能活动,国内外学者同样也存在各种不同的观点。综合考察各种划分方法,提炼出一些共同之处,这些共同的职能就是人力资源管理应当承担的基本职能,本书将其概括为以下八个方面。

### (一) 人力资源管理的基本职能

1. 人力资源规划

人力资源规划是实施人力资源管理战略的重要步骤,它可将人力资源管理战略转化为中长期目标、计划和政策措施,包括对组织在一定时期内的人力资源需求和供给做出预测;根据预测结果制定出平衡供需的计划,等等。

2. 职位分析与胜任素质模型

职位分析是人力资源管理的基础性、支持性工作环节。职位分析包括两块活动,一是对组织内各职位所要从事的工作内容和承担的工作职责进行界定;二是确定各职位所要求的任职资格,如学历、专业、年龄、技能、工作经验、工作能力及工作态度等。除了采用职位分析来确定职位规范,在现代人力资源管理中越来越多的用人单位开始采用胜任素质模型,来分析完成工作所需具备的深层次特征。胜任素质模型是指为完成某项工作,达成某一目标所需要的一系列不同胜任素质的组合。它是对职位分析所确定的职位规范的补充,弥补职位分析的不足。

3. 员工招聘与甄选

员工招聘是用人单位获取人力资源的重要途径,是用人单位人力资源管理的基本职能之一。根据人力资源规划和职位分析的要求,采用科学的方法,为组织招聘选拔所需要的人力资源,并将其安排到合适的工作岗位上。招聘是用人单位采取多种措施吸引候选人来申报用人单位空缺职位的过程;甄选是用人单位采用特定的方法对候选人进行评价,以挑选最合适人选的过程。

**4. 绩效管理**

绩效管理是对员工实施培训、晋升、薪酬分配等人事决策的重要依据,也是用人单位调控员工的重要手段。具体而言,绩效管理是根据既定的目标,运用不同的考核办法,对员工的工作结果做出评价,发现其工作中存在的问题,促进员工绩效改进,包括制定绩效计划、进行绩效考核,以及实施绩效反馈沟通等活动。

**5. 薪酬与福利管理**

根据组织目标的需要,设计对内具有公平性,对外具有竞争力的薪酬体系,这是人力资源管理的重要工作。合理的薪酬政策不仅能有效调动员工积极性,而且能在激烈的市场竞争中吸引和留住高素质的人力资源。这一职能所要进行的活动有:确定薪酬的结构和水平,实施职位评价,制定福利和其他待遇的标准,以及进行薪酬的测算和发放等。

**6. 员工培训与开发**

员工培训与开发是组织提升员工素质与技能进而实现组织发展的重要手段。组织应当有计划、有目标、有步骤地对新员工和在职员工进行培训与开发,提升其智力,激发其活力,增强用人单位的竞争优势。这一职能包括建立培训体系,确定培训需求和计划,组织实施培训过程,对培训效果进行反馈总结等活动。

**7. 职业生涯规划和管理**

作为现代用人单位管理者,熟悉并掌握职业生涯管理的相关知识是人力资源管理的重要内容。关心员工的个人发展,帮助员工制定职业发展规划,帮助员工建立职业发展通道,不断开发员工的潜能,促进员工的成长。

**8. 员工关系管理**

用人单位与员工在生产劳动过程中产生的员工关系是否融洽、健康,直接关系到用人单位经营活动能否正常进行,员工是否能忠实于用人单位,是否能正常发挥人力资源的作用。这一职能要求协调劳动关系,进行用人单位文化建设,营造融洽的人际关系和良好的工作氛围。

## (二)人力资源管理基本职能之间的关系

对于人力资源管理的各项职能,应当以一种系统的观点来看待,它们之间并不是彼此割裂、孤立存在的,而是相互联系、相互影响,共同形成了一个有机的系统(见图1-4)。

在这个职能系统中,职位分析和胜任素质模型是一个平台,其他各项职能的实施基本上都要以此为基础。人力资源规划中,预测组织所需的人力资源数量和质量时,基本的依据就是职位的工作职责、工作量、任职资格与胜任素质模型,而这些正是职位分析和胜任素质模型的结果;预测组织内部的人力资源供给时,要用到各职位可调动或可晋升的信息,这也是职位说明书中的内容。进行招聘时,发布的招聘信息就是一个简单的职位说明书,而甄选的主要标准则主要来自职位说明书中的任职资格要求与胜任素质模型。绩效管理和薪酬与福利管理跟职位分析的关系更加直接,在绩效管理过程中,员工的绩效考核指标完全根据职位的工作职责来确定的;而薪酬管理中,员工工资等级的确定,依据的信息主要就是职位说明书的内容。在培训与开发过程中,培训需求的确定也要以职位说明书中的任职资格和胜任素质模型为依据,简单地说,将员工的现实情况与这些要求进行比较,两者差距就是要培训的内容。

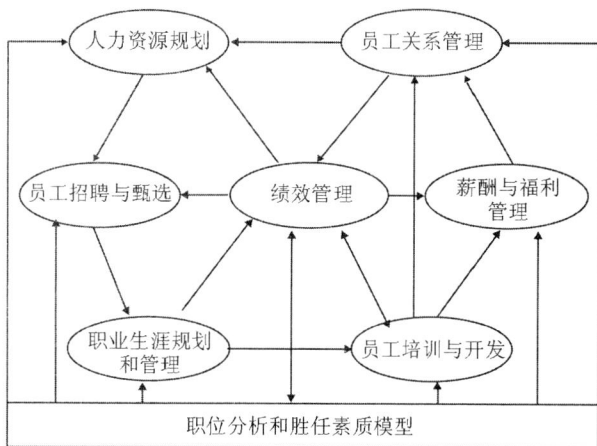

图 1-4  人力资源管理职能的关系图

再以绩效管理职能为例来看一下各职能之间的联系情况。绩效管理职能在整个系统中居于核心地位,其他职能或多或少都要与它发生关联。预测组织内部的人力资源供给时,需要对现有员工的工作业绩、工作能力进行评价,而这些都属于绩效考核的内容。员工招聘也与绩效考核有关,通过对来自不同渠道员工的绩效进行比较,从中获得经验性的结论,从而实现招聘渠道的优化。甄选录用和绩效管理之间则存在一种互动关系,一方面,可依据绩效考核结果来改进甄选过程的有效性;另一方面,甄选结果也会影响到员工的绩效,有效的甄选结果将有助于员工实现良好的绩效。如前所述,员工的现实情况与职位说明书的要求两相比较后可确定培训的内容,那员工的现实情况该如何获悉?这就需借助绩效考核了,即培训与开发有赖于绩效考核。反过来,培训与开发对员工提高绩效也是有帮助的。目前,大部分用人单位在设计薪酬体系时,都将员工的工资分为固定工资和浮动工资两部分,浮动工资的发放与员工的绩效水平相联系,故绩效考核的结果对员工的工资产生重要影响,这就在绩效管理和薪酬管理之间建立了一种直接的联系。通过员工关系管理,建立起一种融洽的氛围,将有助于员工更加努力工作,进而有助于实现绩效的提升。

同样,人力资源管理的其他职能之间也存在着密切的联系,本书将在后续章节中进行具体和详细的阐述。

## 五、人力资源管理的地位和作用

### (一) 人力资源管理的地位

所谓人力资源管理的地位,是指它在整个用人单位管理中的位置。对于这个问题,目前存在一些错误的看法和认识,归纳起来主要有两种:一种是夸大它的地位,认为人力资源管理就是用人单位管理的全部,解决了人力资源管理的问题就意味着解决了用人单位管理的全部问题;另一种是贬低它的地位,认为人力资源管理根本不是用人单位管理的内容,在用人单位的管理过程中也发挥不了什么作用。

要想正确认识人力资源管理的地位,必须搞清楚人力资源管理与用人单位管理之间的关系。用人单位管理,简单地说就是对用人单位投入和拥有的资源进行有效管理,实现用人单位既定目标的过程。而用人单位投入和拥有的资源由不同的种类构成,如资金资源、物质资源、技术资源、人力资源、客户资源等,故用人单位管理就是对这些不同资源的管理。从这一角度衡量,人力资源管理和用人单位管理之间是部分与整体的关系,如图1-5所示。

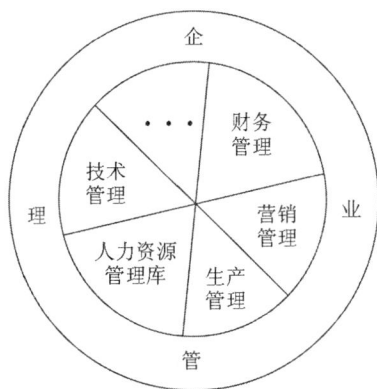

图1-5　人力资源管理和企业管理的关系

按照这一逻辑关系前提,应当辩证地认识人力资源管理的地位。

一方面,要承认人力资源管理是用人单位管理的组成部分,而且还是一个非常重要的组成部分。用人单位各项工作依靠人力资源的投入,否则用人单位无法正常运转。人力资源管理是解决人力资源有效投入问题的利器,为用人单位的发展提供有力支持,因此它在整个用人单位管理中居于重要地位。

另一方面,也要承认人力资源管理并不能代表用人单位管理,人力资源管理并不能解决用人单位管理的全部问题。虽然人力资源管理可决定用人单位能否正常运转,但用人单位管理过程还有很多问题不是仅靠人力资源管理能解决的,如用人单位的发展战略问题、用人单位的营销策略问题等,因此人力资源管理并不是万能的。

## （二）人力资源管理的作用

关于人力资源管理的作用,不同的学者有不同的看法,但归纳起来看,主要集中在以下几个方面。

1. 协助组织提升绩效实现目标

人力资源管理要按照组织总体目标去设计和规划工作,按照组织的战略和经营需要有条不紊地开展工作,在人力资源管理职能正常发挥的前提下,它将有助于实现和提升组织的绩效,最终实现组织目标,这是人力资源管理最为重要的作用。

2. 充分发挥组织中全体员工的技术和能力

人力资源管理将使组织中人的力量得到有效的利用,使得人力资源的潜能得到最大限度的发挥。组织可通过培训,也可通过绩效考核和奖励方式,给员工灌输组织的战略意图,提高员工的思想意识,把员工的行为统一到战略目标上来。只有员工把组织的战略目标内化为个人目标和行为准则,组织战略的实现才真正具有内在动力。

3. 为组织招聘和培训合格的人力资源

能否将合适的人在合适的时间安排到合适的岗位上,是人力资源管理有效性的重要衡量指标之一。根据组织的战略目标,借助人力资源规划对未来的人力资源需求做出预测,然后根据这种预测通过招聘录用和培训与开发,来进行人力资源的储备,从而为战略的实现奠定坚实的人力资源基础。

4. 提高员工的工作满意度和自我实现感

有效的人力资源管理必须将人力资源管理方案、政策等及时告知员工,这既是有效管理的需要,也是员工激励的需要。不断改善员工工作和生活的质量,使员工在实现组织目标的同时,也得到个人的发展,实现组织和个人的双赢。

# 六、人力资源管理的历史演变及其发展趋势

## （一）人力资源管理的历史演变

要准确、全面地把握人力资源管理的具实面目,就必须探索人力资源管理形成与发展的历史演化过程。人力资源管理诞生在西方国家,不同学者对其产生与发展的阶段有不同的划分,本书结合不同学者的划分方法,认为可将人力资源管理在西方的产生与发展分为四个阶段。

1. 萌芽阶段(18世纪末至19世纪上半叶):传统的经验管理

第一次产业革命(即工业革命)促进了企业人事管理的诞生。18世纪下半叶到19世纪上半叶发生在西欧的工业革命,造成了一个蒸汽时代。这场革命使工场手工业过渡到机器大工业,社会的基本生产组织形式从以家庭为单位转为以工厂为单位。工厂雇用了大批工人,集中了大批材料和机器,因此对

工人的管理问题就逐渐凸显出来。当时管理的特点是军队式的严密组织和控制,生产控制主要是压低计件工资和高压式的生产监督。随着工厂内部劳资矛盾的日益激化,企业人事管理产生了,当时叫劳动管理,主要是对工人工资和劳动条件进行管理。这种凭直觉、经验和个人意志进行管理的阶段,即传统的经验管理阶段。

2. 科学管理阶段(19 世纪后 30 年至 20 世纪初):以工作为中心

第二次产业革命推动经验管理走向科学管理。19 世纪后 30 年,欧美国家完成了第二次产业革命,生产力由蒸汽时代进入电气时代。随着石油、电力等能源和化工等新工业的兴起以及新技术在工业中的广泛应用,促进了资本主义经济的迅速发展,呈现出两个明显特点:一是重工业取代轻工业占主导地位,资本和生产更加集中,出现了托拉斯等垄断组织,使资本主义自由竞争进入垄断阶段。二是生产更加社会化,生产规模不断扩大,劳动专业化程度越来越高,促使企业所有者与管理者分离。这一切对管理提出了更高要求,过去那种只凭经验和个人意志管理,只会"执鞭驱策别人"的管理与大生产根本不能适应,需要建立科学的管理制度,实行标准化生产和提高劳动生产率的种种措施。于是,这一时期出现了泰勒(Taylor)、法约尔(Fayol)为代表的管理学家,创立了科学管理理论。

在泰勒倡导的科学管理运动和动作时间研究的基础上,美国的企业于第一次世界大战期间开始实行工作分析制度,1920 年这一制度得到美国国家人事协会的正式肯定并开始推广。后来在世界许多国家得到普及,人事管理的内容不断扩大和完备,并逐步形成了一整套管理制度和管理方法。这一制度促进了人事管理的科学化和法制化,这一阶段的管理中心是如何通过科学的工作方法来提高人的劳动效率,大部分的实践劳动都是围绕劳工关系展开的。

3. 人力资源管理阶段(20 世纪 40 年代至 20 世纪 90 年代):人与工作相互适应

第三次科技革命促进了现代人力资源管理的诞生和发展。从 20 世纪 40 年代到 50 年代,由于原子能、电子计算机和空间技术的出现而开始了第三次技术革命。西方国家的产业结构发生了巨大的变化,钢铁、造船、汽车、纺织等传统产业生产下降,而微电子、生物工程、光导纤维、激光、新能源等一系列新兴工业迅速发展,社会生产向着高度知识密集型和智能型方向发展,生产和技术上的变化,必然要求对人的管理发生相应的变化。如,计算机的诞生、机器智能化的提高,使得工作对脑力的依赖越来越高。对脑力劳动者如何实现智力的激发,如何调动员工的积极性就成为管理中的一大难题。传统的人事管理已远不能满足需要,必须在管理理念和管理方法上进行变革。

与此同时,人本主义学派认为组织应采取人本管理模式,坚持"以人为中心"和"人是第一资源";强调员工在组织中发挥个人作用的同时强调发挥团队的作用,鼓励员工在组织中得到发展,认为个人的发展对组织是有益的;主张对人力资源管理的重点在于对员工进行开发和利用,强调对员工工作主动性、积极性、创造性的充分调动。由于这些观点占据主导地位,因此人力资源管理应运而生。

**4. 战略人力资源管理阶段(20 世纪 90 年代以后至今):人力资源管理提升到企业战略的高度**

20 世纪 90 年代以后,企业面临的竞争环境更趋激烈,西方经济发展过程中一个突出的现象就是兼并,为了适应兼并发展的需要,企业必须制定出明确的发展战略,因而战略管理逐渐成为企业管理的重点。理论和实践界认为人力资源管理对企业战略的实现有着重要的支撑作用,所以从战略的角度思考人力资源管理的问题,将其纳入企业战略的范畴已成为人力资源管理的主要关注点。这就要求人力资源管理必须与组织战略之间保持动态协同,通过规划、政策和实践,创造实施组织战略的适宜环境,发挥战略伙伴的作用。

### (二)人力资源管理的发展趋势

21 世纪是知识经济的时代,人力资源成为企业获取竞争优势的源泉。企业只有取得了优于竞争对手的人力资源,并充分发挥他们的智力能量,才能在竞争中获取并保持其竞争优势。因此,知识经济给企业的人力资源管理提出了新的要求,21 世纪的企业人力资源管理正经历着新的调整和转变,并呈现出新的发展趋势。

**1. 人力资源管理的地位上升:全面参与组织战略管理过程**

21 世纪以来,人力资源已成为企业的战略性资源,人力资源管理实践也日益向战略人力资源管理转变,人力资源管理要为企业战略目标的实现承担责任。人力资源管理在企业中的地位不断提升:参谋和咨询功能不断扩展,直线功能得以加强,制定与执行战略的作用增强。人力资源管理职能在当前和今后所扮演的一个重要角色就是组织的战略伙伴。人力资源管理职能必须全面参与组织的战略管理过程,必须超越事务性的活动,投入到组织的战略制定和执行的活动中,从组织整体战略的层面来履行其职能。在组织战略形成过程中,人力资源管理部门应通过提供有关组织人力资源数量和质量方面的信息对组织决策施加影响;一旦组织战略确定下来,人力资源管理就必须为战略的执行创造条件,从人力资源的角度确保战略的执行。

**2. 人力资源管理的范围拓展:从区域化到全球化**

面对经济全球化趋势,形成一个整合的人力资源管理战略是企业适应全球化趋势的一个关键。这就要求企业:(1)培养全球化观念。通过人力资源的培训与开发使管理人员具有全球化观念体系;以全球视野选拔人才,按国际化标准看待人才价值。(2)培养协作与团队精神。全球化的战略协作要求用柔性、多样性的方式去管理和开发人力资源,获得竞争优势和利润。(3)培养全球范围内有效沟通。全球信息和知识系统,帮助不同业务单位整合分享有价值的信息与知识,提高企业运作效率,降低企业成本。

3.人力资源管理的重心转移:转向知识型员工管理

组织的核心是人才,人才的核心是拥有高新知识型员工。知识经济时代的到来,知识型员工已成为组织人力资源的一个重要组成部分,人力资源管理的重心开始向知识型员工管理偏移。知识型员工拥有知识资本,更重视有助于自身发展、有挑战性的工作,在组织中的独立性和自主性比较强。对知识型员工的人力资源管理必须有别于传统的人力资源管理,在管理过程中要给知识型员工较大的自主权,因此必然带来许多新的管理问题。如何评价知识型员工的工作绩效,如何满足知识型员工的内在需求等都是未来人力资源管理过程中面临的挑战。

4.人力资源管理的职能提升:视员工为客户

为适应日新月异的知识经济的挑战,企业必须深化人力资源管理职能,以新的思维对待员工,以营销的视角来开发组织中的人力资源。即企业要站在员工需求的角度,视员工为客户,向员工持续提供客户化的人力资源产品与服务,以便吸引、留住、激励和开发企业所需的人才。

为将员工客户化对待,企业通常会向员工提供或分享:(1)共同愿景。通过提供共同愿景,将企业目标与员工期望结合起来,满足员工的事业发展期望。(2)价值分享。通过提供富有竞争力的薪酬体系及价值分享系统,满足员工对企业内部信息、知识、经验的多元化需求。(3)人力资本增值服务。提供持续的人力资源开发、培训,提升员工的人力资本价值。(4)授权与支持。让员工参与管理,授权员工自主工作,并承担相应责任;建立支持与培训系统,为员工完成个人与组织发展目标提供条件。

5.人力资源管理的手段创新:推进信息化进程

随着信息技术的迅猛发展和广泛应用,人力资源管理逐渐变得高度信息化。借助网络技术,企业管理层与普通员工之间交流和沟通渠道拓宽,关系日益密切。管理者可向全体员工发布即时信息,员工能跨越时空局限进行工作及团队合作,交流与协助更具弹性、更富效率,人力资源管理逐步电子化、信息化。近年来语音应答系统、网络培训系统、在线招聘系统、员工评估鉴定系统、薪酬福利系统、人力资源数据信息库、职业服务网站等的普及应用,加快了人力资源管理现代化、自动化、智能化的进程,大大提高人力资源管理的效率。

## 第二节　战略性人力资源管理

自 20 世纪 70 年代以来,竞争的全球化,信息技术的飞速发展,经营的顾客导向和客户需求的不断变化,知识经济的兴起等使得用人单位面临前所未有的变革和激烈竞争,也使得用人单位更为注重培育自身的核心竞争力。人力资源开始成为用人单位的第一资源,人力资源管理也得以成为用人单位管理的一项非常重要的职能。但长期以来,用人单位的人力资源管理大都采用"战术性"管理方法,即人事管理的方法。这种传统的人事管理缺乏长远性、系统性、前瞻性,使得人力资源管理并没有成为用人单位管理的重点。因此,如何将人力资源管理的视点转移到与用人单位战略的结合上,变"战术性"人力资源管理为"战略性"人力资源管理,就显得尤为重要。

## 一、战略性人力资源管理的含义

战略性人力资源管理是人力资源管理实践与战略管理理论相结合的产物。虽然对战略性人力资源管理研究都冠以"战略"的标牌,但因学者和实践工作者对"战略"理解的差异,导致在战略性人力资源管理领域里存在着多种不同的观点,同时也预示着研究者需要对新兴的战略性人力资源管理给予更多的关注。

德瓦纳、福姆布龙和蒂奇(Devanna,Fombrun & Tichy,1978)第一次明确提出了战略性人力资源管理(Strategic Human Resource Management, SHRM)的概念,他们把人力资源管理划分为三个层次:战略层、管理层、操作层。战略层人力资源管理指如何根据组织的长期战略定位,制定相应的人力资源管理政策和总体目标;管理层人力资源管理指如何获取和分配人力资源,以保证战略规划的贯彻落实;而操作层人力资源管理则根据管理层人力资源管理的计划进行日常操作。他们第一次将战略性人力资源管理与传统人力资源管理区分开来,奠定了战略性人力资源管理的研究基础。在此阶段,许多学者提出了战略性选拔、战略性绩效评价、战略性培训等概念。虽然这些工作从战略层面来考虑人力资源管理,但只考察了单项人力资源管理实务与组织绩效之间的关系,没有将各项人力资源管理实务结合起来,忽视了各项管理实务之间的互相影响。

随后的研究者注意到这一不足,开始从更宏观的层面来研究人力资源管理,其中以盖斯特、舒勒、赖特和麦克马汉的观点最具有代表性。盖斯特认为,战略性人力资源管理的目的就在于确保:(1)人力资源管理应当和组织战略及其战略需求结合起来;(2)不同领域和层次的人力资源管理能保持一致,并能紧密结合起来;(3)人力资源管理应能被直线经理和一般员工所接受、采用,并贯彻到日常工作中去。盖斯特把战略性人力资源管理的概念往前推进了一步。舒勒认为,战略性人力资源管理就是使员工具备实现组织战略所必需行为的一切管理活动。他还对战略性人力资源管理的层面进行划分,认为它包括哲学(Philosophy)、政策(Policies)、程序(Program)、实务(Practices)和流程(Processes)五方面构成的5P模型,强调5P模型内部要保持高度一致,并应与组织的战略业务需求系统结合起来。舒勒的定义拓宽了战略性人力资源管理的范围,并用5P模型把战略性人力资源管理概念的层面清晰化了。赖特和麦克马汉把战略性人力资源管理定义为,为了使组织能够实现其目标,所规划和采用的人力资源实务和活动的模式。他们把战略性人力资源管理理解为一套模式,从更宏观和系统的角度来看待战略性人力资源管理与组织绩效之间的关系,是对战略性人力资源管理概念的又一次发展。

虽然不同学者对战略性人力资源管理的界定并不完全相同,但可以发现,在这些定义中有一些共同点:强调人力资源管理与用人单位战略的结合,从用人单位战略角度来考虑人力资源管理;强调人力资源管理是一个多层面的概念,不同层面应有机结合为用人单位战略服务;人力资源管理的各项职能应保持高度一致,共同为用人单位战略服务。综上所述,本书认为,战略性人力资源管理就是以组织战略为导向,根据组织战略制定相应的人力资源管理政策、制度与管理措施,以推动组织战略实现的过程。

战略性人力资源管理这一概念所要强调的核心理念是,人力资源管理必须能够帮助组织实现战略目标以及赢得竞争优势。人力资源管理不再局限于人力资源管理系统本身,而是自觉地将人力资源管理与组织的发展战略结合起来,让人力资源管理为组织总体战略目标的实现服务。

## 二、战略性人力资源管理的基本特征

### (一) 战略性

战略性是战略性人力资源管理最根本的特征,也是用人单位人力资源管理的本质所在,主要体现在四个方面:(1) 在战略指导思想上,实行"以人为本"的人本管理;(2) 在战略目标上,实施"获得竞争优势"的目标管理;(3) 在战略范围上,开展"全员参与"的民主管理;(4) 在战略措施上,运用"系统化科学和人文艺术"的权变管理。

### (二) 系统性

用人单位为获得竞争优势而设计的人力资源管理政策、制度与管理实践等构成一个系统。战略性人力资源管理的系统性主要体现在以系统论的视角看待人力资源管理。人力资源管理自身构成一个系统,它包含若干个子系统;同时,它又处于组织这个大系统中。系统性既要求人力资源管理决策的系统性,更强调人力资源管理者的整体思想和协作意识。人力资源管理者不再只是人力资源管理部门的工作人员,也要更多地了解组织内其他部门的业务,以便人力资源管理更好地为组织服务。人力资源管理的业务边界逐渐淡化,非人力资源部门管理者也应该是人力资源管理者,人力资源管理职责日益突出。由此可见,系统性强调的就是系统内各要素间的协调与配合,追求系统整体功能的最优。

### (三) 匹配性

战略匹配或契合是战略性人力资源管理的关键。匹配性包括纵向匹配和横向匹配。纵向匹配主要是指人力资源管理战略与组织战略类型的匹配，以及人力资源子系统战略与人力资源管理战略的匹配。横向匹配主要是指人力资源管理职能与组织其他管理职能间的匹配，以及人力资源管理系统内部各职能间的相互匹配。

### （四）动态性

动态性主要是指人力资源管理的柔性和灵活性，即人力资源管理对组织内外部环境的适应性。动态性基于一个基本的假设：组织的内外部环境是不断变化的。因此，在人力资源管理过程中，组织不是简单地追求某种"最佳的"人力资源管理实践，而是人力资源管理实践与组织内外部环境的不断适应。人力资源管理的动态性对组织和管理者都提出了全新要求，它要求组织的系统保持柔性，人员保持柔性，更重要的是，组织的文化必须具备创新求变的活力。

## 三、战略性人力资源管理模型

战略性人力资源管理模型，是对战略性人力资源管理实践或理论中，某种系统、理论或现象本质的直观的描述。战略性人力资源管理模型分为两大模块，模块一是模型的内在联系，模块二是模型的外在表现形式。

模块一的内在联系主要包括两方面：人力资源与组织战略制定的相关性、人力资源与组织战略实施的相关性。一方面，人力资源管理与组织管理密切相关，组织为了达成组织目标而进行分阶段、分层次、分部门的战略目标计划，制定恰当的战略，是实现目标的重要保证。战略的制定要以分析环境中的机会和威胁、系统内的优势和劣势为基础。环境分析和系统分析，必须重点考察人力资源因素，并且分析和选择的质量取决于人力资源质量。另一方面，战略的实施，对组织资源特别是人力资源的需求往往会发生变化。此时，人力资源管理部门就需要开展一系列工作促使人力资源能力得到提高，需求得到满足，进而使员工的行动更加积极高效。积极有效的人力资源是提升绩效水平的保证，是实现组织战略目标的必要条件。

内在联系决定外在形式，外在形式中隐藏着内在联系。根据人力资源与组织战略制定和战略实施的关系，绘制出战略性人力资源管理模型示意图，见图 1-6。图中展示的是模块二，实质是模块一与模块二的组合，因模块一隐藏在模块二中。

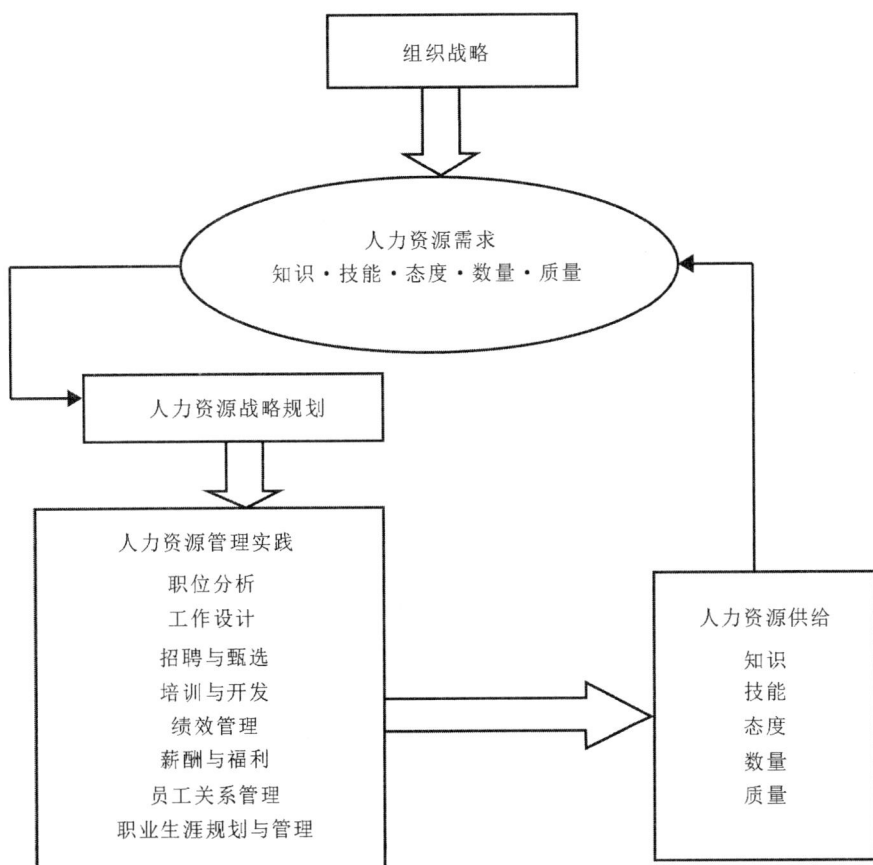

图 1-6　战略性人力资源管理模型示意图

## 四、战略性人力资源管理的运作流程

战略性人力资源管理背后有一个支撑理念,即在制定人力资源管理政策和措施时,管理者的出发点必须是帮助用人单位获得实现战略所需要的员工技能和行为。图 1-7 简要地绘制了战略性人力资源管理运作的六个步骤。

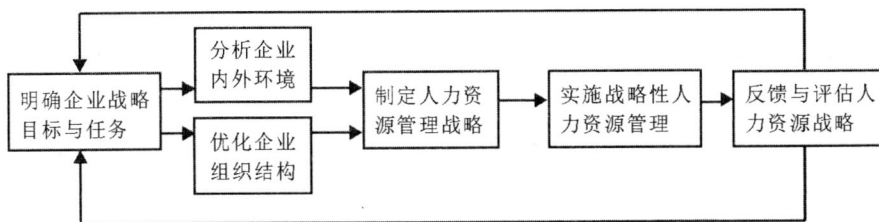

图 1-7　战略性人力资源管理的运作流程

### （一）明确用人单位战略目标与任务

人力资源战略决策者必须了解组织的战略目标，即用人单位要走向哪里，它计划的业务是什么，发展前景如何等，以便掌握可获得的人员数量和类型。战略性人力资源管理，必须建立在由用人单位管理层共同确定的、符合用人单位内外各方面利益，且得到用人单位全体员工一致认同的用人单位战略目标的基础之上，各项人力资源管理活动要为实现用人单位的战略目标服务。因此，明确用人单位战略目标与任务，清晰地描绘用人单位将全力以赴所要进入的事业，是战略性人力资源管理运作的首要步骤。

### （二）分析用人单位内外环境

成功的战略性人力资源管理是以准确全面的环境评价为基础的。对用人单位外部环境的分析主要包括：行业和市场分析、竞争者分析、政治和监管分析、社会分析、人力资源分析、宏观经济分析和技术分析等。进行外部分析的同时，还要对其内部主要职能部门的优势和劣势进行评价。人力资源战略决策者应对用人单位的技术储备、资源储备、人力资源现状和职能部门的运营水平有全面的了解。在对用人单位外部环境和内部资源进行分析后，战略决策者便获得了有关人力资源管理战略形成所需要的信息。

### （三）优化用人单位组织结构

不论战略性人力资源管理制定得多么完善，除非其所关联的组织结构是适合的，否则战略性人力资源管理的运作就会失败。实质上，没有单一的"最好"结构，成功的战略性人力资源管理趋向于寻求结构与运作偶然间最合适的匹配——为用人单位特定的内外环境寻找最适合的组织结构形式，以配备合适的人力资源。

### （四）制定人力资源管理战略

在用人单位内外环境得到详细分析的基础上，结合用人单位的战略目标，并以优化的组织结构作保障，人力资源战略的决策者就能够制定出相应的战略管理内容。具体包括制定战略性人力资源规划、战略性地招聘与使用人力资源、形成战略性的人力资源培训体系、提供战略性的职业生涯规划、设计战略性的薪酬管理体系，以及建立战略性的员工关系等。

### （五）实施战略性人力资源管理

管理者必须在人力资源管理各个职能环节中实施新战略。战略在得到合理的组织结构、技术、人力资源、奖酬体系、信息系统、用人单位文化和领导风格等方面支持的情况下，将战略性人力资源管理的各项计划落实到具体的管理活动中，各个层次的管理者都应参与战略的识别和实施。

### （六）反馈与评估人力资源战略

反馈工作可显示战略性人力资源管理的实施是否按战略决策运行以及在组织中哪个部分运行。对战略性人力资源管理运作的各项活动进行评估，看它们是否对组织的战略目标的实现产生了应达到的效果。如果存在不足或差距，就应当采取措施调整行动。

## 第三节　人力资源管理部门的运作

人力资源管理部门（Department of Human Resource）在整个人力资源管理活动中占有非常重要的地位，不仅是人力资源管理职能和活动实现的载体，而且直接决定了人力资源管理作用的发挥，在某种程度上甚至影响到人力资源管理在整个用人单位中的地位。

虽然人力资源管理的实践活动可以追溯到很久远的年代，但专门的人力资源管理部门却出现相对较晚。早期的人力资源管理活动大多是和现场的生产管理交织在一起，并由一线管理人员承担的。后来随着资本主义的发展和一系列法律法规的颁布，用人单位劳资关系的协调及相应事务的处理越来越多，特别是泰勒的科学管理思想出现后，进行职位分析并按照相应的标准挑选和培训工人的工作也越来越多，因此就出现了人事专职人员，如雇用专员专门负责工人的招聘和筛选；工资专员以工作任务和时间——动作研究为基础，设定工资基数；社会秘书或福利秘书制定福利方案；养老金专员处理养老和保险计划，等等。随着实践的发展，对人事专职人员的要求越来越高，用人单位需要具有专门知识和技能的人事专家来从事招聘、录用、培训和工作设计等方面的工作。人事专职人员和人事专家的增加，使组织不得不设立专门部门来进行管理，并赋予这个部门相应的职能。但人力资源管理部门在早期更多的是以其他名称出现，例如，1818年国际收割机公司成立的工业关系部；同年，福特汽车公司成立的社会部；库本海默公司成立的工业关系部及其分支部门。应当说，专业的人力资源管理部门的出现，是人力资源管理发展过程中重要的里程碑，它使人力资源管理工作更加趋于专业化，职能的发挥也得到了加强。

### 一、人力资源管理部门承担的活动和任务

人力资源管理的所有职能，如人力资源规划、职位分析与胜任素质模型、员工招聘与甄选、绩效管理、薪酬与福利管理、员工培训与开发、职业生涯规划和管理、员工关系管理，全部属于人力资源管理部门应当承担的活动，而且还是主要的活动内容。除此之外，人力资源管理部门还从事"员工服务""健康与安全""人事记录"等其他一些活动。很多学者对人力资源管理部门应承担的活动和任务进行了总结，综合学者的观点，可将人力资源管理部门所从事的活

动划分为三大类：一类是战略性和变革性的活动；一类是业务性的职能活动；还有一类是行政性的事务活动。

战略性和变革性的活动涉及整个用人单位，包括战略的制定和调整、组织变革的推动等内容。严格来讲，这些活动都是用人单位高层的职责，但人力资源管理部门必须参与到这些活动中来，要从人力资源管理的角度为这些活动的实施提供有力的支持。业务性职能活动的内容主要就是前面所讲的人力资源管理的职能。而行政性事务活动的内容则相对比较简单，如员工工作纪律的监督、员工档案的管理、各种手续的办理、人力资源信息的保存、员工服务、福利的发放等活动都属于这一类。

根据帕特里克·赖特（Patrick Wright）和加里·麦克马汉（Gary McMahan）的研究，人力资源管理部门所从事的各类活动，其投入的时间和具有的附加值并不是正相关的。在其所进行的活动中，大约有 60% 的时间耗费在行政性的事务活动上，但产生的附加值却很低，只占到整个附加值的 10% 左右；业务性的职能活动，耗费的时间和产生的附加值大致是相等的，都是 30% 左右；而战略性和变革性的活动，投入时间很少，大约只有 10%，但对公司的附加值却很大，有 60% 左右（见图 1-8）。

由上述结论可看出，人力资源管理部门所从事的活动还有很大的改进余地和提升空间，如果想提高自身在组织中的价值，做出更大贡献，就必须调整自己的工作层次，把大量的时间和精力投入到战略性和变革性的活动中，而尽量减少做一些行政性事务活动。

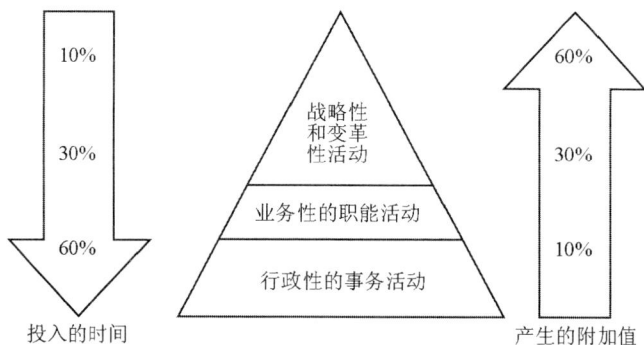

图 1-8 人力资源管理活动类型及投入产生情况

近年来，随着计算机、网络技术的发展和专业人事代理服务公司的出现，人力资源管理部门可省去大量的行政性事务活动，或剥离出部分业务性职能活动，这使他们改变自己的工作层次成为可能。通过专门的人力资源管理软件和网络技术，许多以前需要耗费大量时间来处理的工作现在可以更加快速便捷地完成，如员工薪酬的计算、人力资源信息的统计、应聘简历的收集、绩效考核的实施等。借助专业的人事代理服务公司，人力资源管理部门可将很多事务性的工作"外包"，如人事档案的保管、保险费用的缴纳、员工的服务等；还有一些常规性的职能活动也可委托出去，如员工的招聘、培训的实施等。通过这些手段,人力资源管理部门可节省大量时间及精力来进行附加值较高的活动,从而使自己的工作层次发生根本性的变化,从三角形转变为菱形(见图1-9)。

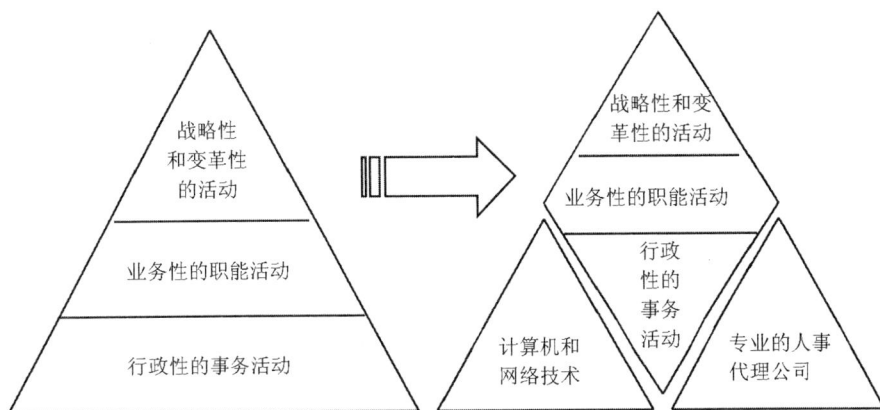

图1-9 人力资源管理部门工作层次的变化

## 二、人力资源管理部门的组织结构

人力资源管理部门的组织结构是指人力资源部门在整个用人单位组织架构中的位置以及自身的组织形态,一定程度上反映了人力资源部门的地位,体现了人力资源管理的工作方式。

人力资源管理部门的传统组织结构往往按照直线职能制来设置,即按照人力资源管理的职能设置相应的部门和岗位。

对于小型用人单位来说,由于工作量不大,因此往往没有设置独立的人力资源管理部门,而是将这部分职能并在其他部门中,多数都放在行政管理部门,如总经理办公室、综合管理部等部门,但一般会有专门的人力资源管理人员(见图1-10)。

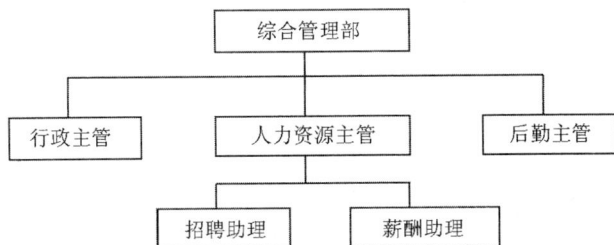

图1-10 小型企业人力资源管理部门的组织结构

说明:这里所举例子只是一个示意图,并非实际情况,下同。

对于大中型和特大型的用人单位来说,人力资源管理部门往往是单独设立的,这又分为两种情况,一种是人力资源管理部门的部门层次只有一个(见图1-11),大中型用人单位多是这种情况;另一种是人力资源管理部门的部门层次有多层(见图1-12),特大型用人单位多是这种情况。

这种组织结构的设置,可以使人力资源管理工作的分工比较明确,有利于经验的积累,但同时它也存在一系列的问题。首先,这种设计容易使各个职能的衔接脱钩,导致整个人力资源管理工作不成系统,不利于发挥人力资源管理的整体效应。其次,它混淆了人力资源管理各个层次的工作,不利于人力资源管理地位的转变。最后,这种设计没有真正以客户为导向,不利于发挥人力资源管理对用人单位经营的支持作用。

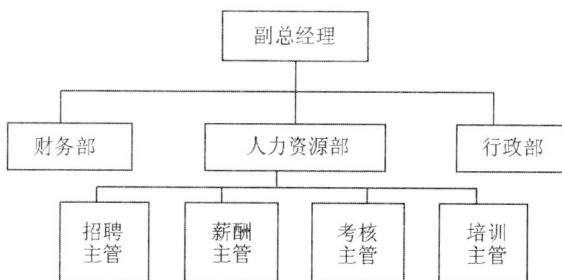

图 1-11 大中型企业人力资源管理部门的组织结构

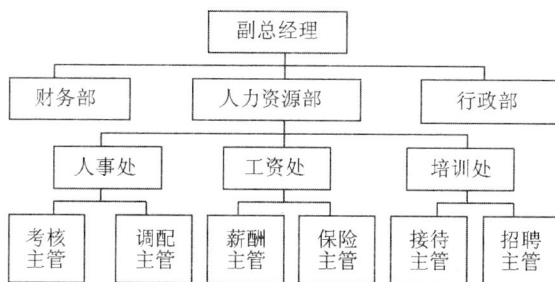

图 1-12 特大型企业人力资源管理部门的组织结构

近年来,随着流程再造思想的推广和普及,以及计算机和网络技术的发展,人力资源部门的架构也发生了根本性的变化,产生了一种以客户为导向、以流程为主线的新的组织结构形式(见图 1-13)。

图 1-13 新型人力资源管理部门的组织结构

在这种新型的组织结构中,人力资源管理部门以一种服务提供者的身份出现,内部的工作和人员划分为三个部分:第一个部分是服务中心,主要是完成一些日常的事务性工作,如手续的办理、政策的解答、申诉的接受等,因此对服务中心人员的素质要求相对较低。第二个部分是业务中心,主要完成人力资源管理的各种职能活动,如招聘、薪酬、培训等,对业务中心的人员要求相对就要高一些。第三个部分是专家中心,相当于人力资源管理部门的研发中心,主要出台相关的制度政策,向其他部门提供有关的咨询等,对专家中心的人员素质要求最高,必须要精通人力资源管理的专业知识,应当是该领域专家。通过这种转变,人力资源管理部门的工作层次清晰,业务中心和专家中心的人员摆脱了日常事务性工作的纠缠,可集中精力来进行高附加值的工作,这有助于更好地发挥人力资源管理的作用,提升人力资源管理的地位。

## 三、人力资源管理部门的责任

尽管人力资源管理部门的全部工作是从事人力资源管理活动,但这并不等于说人力资源管理的责任都要全部由它来承担,在用人单位中,应当说所有的部门都要承担人力资源管理的责任。举一个例子,如果将人力资源管理比作人体的血液,那么各个部门就是人体不同的器官,不论哪个器官,血液都要流经它。

用人单位中所有部门都要承担人力资源管理的责任,原因在于:第一,用人单位制定的各种人力资源管理制度和政策、做出的各种人力资源管理决策,若需具有针对性,一方面需要人力资源部门去调查研究,另一方面也需要各部门及时准确地反映情况,只有这样才能保证制度、政策和决策具有可行性。第二,用人单位制定的制度和政策要真正落实到实处,单依靠人力资源部门是不够的,还需要各个部门的支持和配合,只有他们积极地在本部门推行,相关的制度和政策才能有效落实并发挥效用。第三,人力资源管理工作贯穿于对员工的日常管理中,而员工分散在各个部门中,故各个部门就要承担起这种责任,在平常的工作中对员工进行培训和激励。

虽然人力资源管理活动是组织所有部门的责任,但这些部门的工作重点却不同(见表1-2)。概括起来,人力资源管理部门和其他的非人力资源管理部门在人力资源管理方面的不同责任主要体现在三个对应关系上:第一,制度制定和制度执行的关系,人力资源管理部门负责制定相关的制度和政策,非人力资源管理部门来贯彻执行。第二,监控审核与执行申报的关系,人力资源管理部门要对其他部门执行人力资源管理制度和政策情况进行指导监控,同时对其他部门申报的有关信息进行审核。非人力资源管理部门则要如实执行相关的制度政策,及时进行咨询,同时按时上报各种信息。第三,需求提出和服务提供的关系,非人力资源管理部门根据自己的情况提供有关需求,人力资源管理部门要及时提供对应的服务,满足他们的要求。

表1-2 人力资源管理部门和非人力资源管理部门的分工

| 职能 | 人力资源管理部门 | 非人力资源管理部门 |
|---|---|---|
| 职位分析 | ● 根据其他部门提供的信息,编制职位说明书<br>● 与其他部门进行沟通,修订职位说明书 | ● 向人力资源管理部门提供信息<br>● 配合人力资源管理部门修订职位说明书 |

续　表

| 职能 | 人力资源管理部门 | 非人力资源管理部门 |
|---|---|---|
| 人力资源规划 | ● 汇总各部门的需求计划,综合平衡预测公司的人员需求<br>● 预测公司的人员供给<br>● 拟定平衡供需的计划 | ● 向人力资源管理部门提交人员需求计划 |
| 招聘录用 | ● 根据规划确定招聘的时间、范围<br>● 发布招聘信息<br>● 对应聘人员进行初步筛选<br>● 配合其他部门对应聘者进行测试,确定最终人选<br>● 给新员工办理各种手续 | ● 提出人员需求的条件<br>● 在人力资源管理部门的配合下确定最终人选 |
| 绩效管理 | ● 制定绩效管理的体系,包括考核内容的类别、周期、方式、步骤等<br>● 指导各部门确定考核指标的内容和标准<br>● 对管理者进行考核培训<br>● 组织考核的实施<br>● 处理员工对考核的申诉<br>● 保存考核的结果<br>● 根据考核的结果做出相关的决策 | ● 具体确定本部门考核指标的内容和标准<br>● 参加考核者的培训<br>● 具体实施本部门的考核<br>● 与员工进行沟通,制定绩效改进计划<br>● 根据考核的结果向人力资源管理部门提出相关的建议 |
| 薪酬管理 | ● 制定薪酬体系,包括薪酬的结构、发放的方式、确定的标准,等等<br>● 核算员工的具体薪酬数额<br>● 审核各部门的奖惩建议<br>● 办理各种保险 | ● 向人力资源管理部门提出相关的奖惩建议 |
| 培训与开发 | ● 制定培训体系,包括培训的形式、培训的项目、培训的责任等<br>● 汇总各部门的需求,平衡并形成公司的培训计划<br>● 组织实施培训计划<br>● 收集反馈意见 | ● 向人力资源管理部门提出培训的需求<br>● 参加有关的培训项目<br>● 提出意见 |
| 员工关系管理 | ● 制定用人单位文化建设的方案并组织实施<br>● 建立沟通的机制和渠道<br>● 听取员工的各种意见<br>● 规划员工的职业生涯 | ● 具体实施用人单位文化建设方案<br>● 向人力资源管理部门提出员工职业生涯发展的建议<br>● 直接处理员工的有关意见 |

## 四、人力资源管理部门的运行机制

### (一)建立以人为本的发展机制

21世纪是知识经济占主导地位的世纪,知识的价值将得到更充分的体现,用人单位对知识和智力资本的需求比以往任何一个时代都更强烈,导致知识创新者等人才的短缺现象加剧,人才成为最宝贵的资源。用人单位之间围绕吸引和留住人才而展开的人才争夺战愈演愈烈,那些能够吸纳、留住、开发、激励一流人才的用人单位成为市场竞争的真正赢家。因此,用人单位若想千方百计地留住人才,善用人才,在管理上要以人为本,为用人单位员工创造更好的工作环境,营造更和谐的工作氛围,增加员工的用人单位忠诚度,引领员工实现高效的自我管理和自我提升,帮助员工在特定的工作岗位不断激发自己的工作潜能,不断激励他们发挥自己的聪明才智为用人单位发展做贡献。

### (二) 建立良好的价值评价与价值分配机制

21 世纪是信息化和全球经济一体化时代,使得人才流动的范围拓宽,人才是揣着能力的选票来选用人单位,人才职业选择权加大,人才流动性不断上升,稳定性不断下降。面对这一状况,用人单位只有建立合理的价值评价与价值分配体系,才能避免人才流动过频,集体跳槽给用人单位管理带来的危机。价值评价问题是人力资源管理的核心问题,是指通过价值评价体系及评价机制的确定,使人才的贡献得到承认,使真正优秀的、用人单位所需的人才脱颖而出,使用人单位形成凭能力和业绩吃饭,而不是凭关系技巧吃饭的人力资源管理机制。通过价值分配体系的建立,提供多元的价值分配形式,包括职权、机会、工资、奖金、福利、股权的分配等,满足员工的需求,并有效地激励员工,让员工产生深厚的归属感,提升忠诚度。

### (三) 建立协调和谐的管理机制

用人单位存在的本质是获取利润,但作为一个相对完善的组织结构,员工人际情感是维系用人单位稳定的重要因素,如果长期缺乏管理层和基层员工的交流互动,会导致信任危机的出现,甚至会让员工产生厌烦和生疏的感觉。建立协调的管理机制,实现用人单位与员工之间的双重信任,是提升用人单位竞争力的一个基础性工作。一方面,用人单位要给员工提供较高的信任感,给员工应得的工资待遇和福利保障,让员工信任用人单位,尊重用人单位,愿意为用人单位效劳。同样,员工也要给用人单位信任感,爱岗敬业,做好自己的分内工作,高效及时地完成用人单位任务,让用人单位放心把工作交给员工,实现用人单位与员工的共赢。另一方面,用人单位与员工的关系并不仅仅是管理与被管理的关系,也应该是协调、和谐的关系,用人单位要用委婉、宽容、明理的手段培训员工,使员工欣然接受自己的工作安排。

### 本章小结

人力资源,是指一定范围内的人口中具有智力和体力劳动能力的人的总和。它是一种包含在人体内的生产能力,并以劳动者的数量和质量来表示的资源。它的本质是劳动能力,这个能力是财富形成的来源,而且这个能力可以被组织利用。作为一种资源,人力资源也同样具有量和质的规定性。人力资源可以用劳动者的数量和质量反映其数量和质量。

人力资源管理是依据组织发展需要,对人力资源获取(选人)、整合(留人)、开发(育人)、利用(用人)等方面所进行的计划、组织、领导和控制活动,以充分发挥人的潜力和积极性,提高工作效率,进而实现组织目标和个人发展的管理活动。现代人力资源管理与传统的人事管理,在管理理念、管理视角、管理目标、管理内容、管理活动、管理方式、管理策略、管理部门地位、管理部门性质等方面具有明显的区别。人力资源管理的基本职能,包括人力资源规划、职位分析与胜任素质模型、员工招聘与甄选、绩效管理、薪酬与福利管理、员工培训与开发、职业生涯规划和管理、员工关系管理等,它们之间相互联系、相互影响,共同构成一个有机的系统。

对于人力资源管理的发展阶段,不同学者有不同的划分,简单可划分为四个阶段:萌芽阶段、科学管理阶段、人力资源管理阶段、战略人力资源管理阶段。当前人力资源管理的发展趋势主要表现为五个方面:地位上升——全面参与组织战略管理过程;范围拓展——从区域化到全球化;重心转移——转向知识型员工管理;职能提升——视员工为客户;手段创新——推进信息化进程。

战略性人力资源管理就是以组织战略为导向,根据组织战略制定相应的人力资源管理政策、制度与管理措施,以推动组织战略实现的过程。战略性人力资源管理具有战略性、系统性、匹配性、动态性的基本特征。战略性人力资源管理运作的六个步骤:明确用人单位战略目标与任务,分析用人单位内外环境,优化用人单位组织结构,制定人力资源管理战略,实施战略性人力资源管理,反馈与评估人力资源战略。

通过建立以人为本的发展机制、良好的价值评价与价值分配机制、协调和谐的管理机制,构建人力资源管理部门的运作支撑平台和运行机制。

## 关键术语

人力资源　人力资本　人力资源管理　战略性人力资源管理

**【应用案例】**

案例讨论

## 什么是人力资源管理

春节刚过,老板沃伦的秘书被调去销售管理部做内勤,他看中的新秘书是我所在的人力资源部主管杰克的人事助理。老板说:"你让杰克在实习生中找一个合适的做人事助理。"他在说这话的时候,似乎选择性地忘记了人事助理是占 Headcount(人头数,岗位编制)的,而实习生没有。也就是说,如果新找的这个实习生毕业后能转正,我还要为她额外申请一个 Headcount。由于经济形势不乐观,全球都在紧缩开支,所以 Headcount 的批准权限被提到了 SBU(Strategic Business Unit,战略事业单位)的高度。但老板沃伦的话,我这个人力资源部门经理显然不能置之度外,就授意杰克按 JD(Job Description,职位描述)去找。很快地,杰克从正在公司实习的应届毕业生中初步选了三个候选人。经过面试,我排除掉了两个。

一个是正就读大学,并担任系部学生会主席的优秀学生,她的职业生涯规划非常明确,第一规划是去国外深造,第二规划是成为公务人员,第三规划是国内学历深造。鉴于她的"志愿"没有一个是留在公司做长远发展,我自然无法考虑。

被排除的另一个也很优秀,目前在我们公司 R&D 助理岗位实习,正符合她的化学专业。但最大的问题是,这个女孩自视甚高,觉得人事助理的含金量不够,认为那是打杂的,不断问我一年后能不能升主管,两年后能不能当经理。我只好告诉她,在我们这种世界 500 强用人单位,不大可能。虽然她答应来试试,但我还是把她排除了。

我初步选中的这个人事助理叫莎莉,她是当地最好的一所大学里的大四学生,从大三起就在公司 R&D 部实习,对人事管理非常感兴趣,办事有条理,逻辑能力强,执行力一流。我觉得她就是我们要找的那种 HPT(High Potential Talent,高潜力人才)。

为了保险起见,我让杰克参加了第二次面试,因为人是他用的,合适不合适他说了算。

杰克之前就和莎莉比较熟悉,但作为可能的同部门同事却是第一次坐在一起。杰克的第一个问题是:"你了解人力资源管理吗?"莎莉说:"有点了解。"于是讲了一番她对人力资源管理的理解,听得出她是有备而来,显然回家是看了书的。但杰克说:"那不是我要的,我不要背书。"莎莉红了脸,停了一下,明显不如刚才自信:"人力资源管理就是人事管理吧?"杰克又摇摇头,甚至不解释人力资源管理和人事管理的区别,说:"我先来告诉你人力资源管理都做什么工作,然后你自己分析下,就知道什么是人力资源管理了。"莎莉立即正襟危坐,做极感兴趣倾听状竖起耳朵。

"人力资源第一件事,是根据公司战略愿景和细分后的年度计划,做出我们自己的年度人力资源规划,目的是为了提供公司发展需要的人才。人力资源管理工作的基础是对每一个岗位做出分析,整理出职务说明书。"

"第二件,根据人力资源规划,展开招聘工作,目的是找寻和配置公司发展需要的人。"

"第三件,根据人力资源规划,展开培训工作,把不符合公司要求的人变为符合公司要求的人。"

"第四件,根据人力资源规划,展开绩效管理工作,衡量一个员工是否符合公司要求。"

"第五件,根据人力资源规划,展开薪酬福利工作,调动员工积极性,留住符合公司需要的员工。"

"第六件,根据人力资源规划和公司实际发展情况,做好员工关系工作,把合适的员工放到合适的位置上。"

莎莉听杰克讲完,说:"我听您刚才讲了六点,这是不是就是常说的人力资源的六大模块?我注意了一下,您在叙述上述六点的时候,几乎每句都提到'符合公司要求'这几个字。是不是人力资源的目的其实就是:提供符合公司需要的人才?"杰克微笑了一下,没有正面回答:"一开始你回答的是人力资源管理的定义,这不是我们需要的。刚才的回答才是我们要的。对于我们做人力资源基础工作的人,最需要杜绝的一个毛病就是好高骛远,你用十分钟帮公司解决一个人手,胜似你夸夸其谈一整天。提升自己的理论层次是重要的,但前提一定是务实,否则就成了假大空。"

听到杰克这番话,我知道,他已经接受了莎莉。果然,面试结束后,他跟我说:"经理,我觉得您面试初选的这个助理挺好,又聪明,又低调,又善解人意,学习能力很强,虽然没有专业基础,专业又不对口,但我多教教她,应该很快可以出徒了。"我点点头,对他说:"不是我替你选的,是你自己挑的。春节后公司O-Chart(Organization Chart 的缩写,人员分配组织架构图)不会有什么大的变动,没有紧急任务,所以她应该不会拖我们后腿。R&D 总监科尼已经同意莎莉调出,但什么时候可以正式转过来,需要你去跟进一下,实习津贴不变,原来签署的实习协议上也没写她的具体职位,所以协议也不用变。等她拿到毕业证,我们就和她签劳动合同,我再向 SBU 申请 Headcount,那时,她在我们公司实习了一年半,问题应该不大。"

春节后上班的第一天,这个用最快速度明了人力资源管理本质的小姑娘来报到,成了人力资源部的一员。

**案例讨论题:**

什么是人力资源管理?

**【复习思考题】**

在线习题

1. 如何辨别人力资源、人口资源、人才资源?
2. 如何理解人力资源的数量和质量?
3. 人力资源和人力资本是一种什么关系?
4. 人力资源管理的含义是什么?
5. 人力资源管理与人事管理有何区别与联系?
6. 人力资源管理的基本职能有哪些?它们之间有什么样的关系?
7. 如何理解人力资源管理的地位和作用?
8. 人力资源管理的趋势是怎样的?
9. 什么是战略性人力资源管理?战略性人力资源管理有哪些特征?
10. 战略性人力资源管理的运作流程如何?
11. 不同类型的用人单位如何设置人力资源管理部门?

**【HR 考级真题】**

**一、单项选择题**

1. 现代人力资源管理替代传统的人事管理表现在(　　)。(2010 年)

　　A. 管理范畴更加集中在某些领域

　　B. 用人单位也要对外部社会和政府负责

　　C. 人事管理部门对员工的管理全面负责

　　D. 把人力资源视为和物质资源等价的资源

2. (　　)不属于科学管理时期的重点研究领域。(2012 年)

　　A. 作业操作的合理化　　　　　　B. 构建非正式组织

　　C. 工作程序的科学化　　　　　　D. 制定工作标准和时间定额

3. 影响组织实施战略性人力资源管理的障碍是(　　)。(2011 年)

　　A. 用人单位追求长期利益,关注长远目标

　　B. 职能管理人员对人力资源管理问题的关注多于对技术问题的关注

　　C. 部门管理者更多地将人力资源部门当作敌手而不是同盟

　　D. 人力资源管理人员总是从战略的角度思考问题

4. 在制定人力资源规划时,非人力资源管理部门主要承担的职责是(　　)。(2012 年)

　　A. 向人力资源部门提交需求计划　　B. 汇总各部门的需求计划

　　C. 拟定平衡供需的计划　　　　　　D. 预测公司的人员供给

**二、多项选择题**

1. 战略性人力资源管理理论认为,人力资源管理是所有管理者的责任,这是因为(　　)。(2010 年)

　　A. 所有管理者喜欢从事人力资源管理工作

　　B. 人力资源管理活动贯穿于员工的日常工作之中

　　C. 人力资源管理制度与政策的落实需要各部门的积极推行

　　D. 各部门的管理者都归人力资源部门直接管理

　　E. 人力资源管理活动需要各个部门的配合与支持

2. 人力资源管理部门与非人力资源管理部门在履行人力资源管理职能方面存在分工,其中由非人力资源管理部门承担的任务是(　　)。(2011 年)

　　A. 制定薪酬体系　　　　　　B. 办理员工保险

　　C. 提出用人需求　　　　　　D. 平衡并制定整个公司的培训计划

　　E. 具体实施用人单位文化建设方案

3. 组织实施战略性人力资源管理的阻力有(　　)。(2012 年)

　　A. 人力资源管理活动的成果难以量化,不容易获得组织的重视

　　B. 大部分部门管理人员对人力资源的价值缺乏认识,不了解人力资源管理的战略性贡献

C. 职能管理者总是将自己看作人力资源管理者,对人力资源管理活动予以关注

D. 战略性人力资源管理常常引发变革,因而易受到传统的抵制

E. 人力资源管理人员的职位地位和专业水平过低,不能从战略的角度思考问题

4. 战略性人力资源管理(　　)。(2011 年)

A. 是现代人力资源管理发展的高级阶段

B. 将人力资源置于用人单位发展的战略层面下

C. 要求员工的直线主管具备更高的管理技能

D. 认为人力资源和资金、技术等因素同等重要

E. 使人力资源专职管理人员的职责有了很大的转变

# 人力资源规划

## ■ 学习目标

◆ 理解人力资源规划的含义、内容、作用及步骤
◆ 了解人力资源供需平衡的基本方法
◆ 掌握人力资源需求、供给预测概念及其方法

## ■ 引导案例

### "人才楼"为何人去楼空？

北京市顺义区一家乡镇企业——顺义阀门厂为外聘大学生盖的"人才楼"最近出现了一种非常奇怪的现象：过去住着30多名大学生的"人才楼"里住进不少租房户，大学生却只剩下1人。这家企业为吸引人才而专门盖一座楼，可谓用心良苦。那么，为何会形成如今人去楼空的结局呢？

**应聘人才集体辞职**

北京顺义阀门厂曾被评为农业部先进企业，全面质量管理达标先进单位。为了寻求更大的发展，1998年，该企业雄心勃勃地启动了"换三茬人"的计划。第一茬：基层领导班子100%换上引进人才；第二茬：中层管理要害部门的第一把手50%换上外聘高级人才；第三茬：招聘、培养年轻骨干充实到厂级副职的位置上。换人的原因，用厂长周青的话讲：企业发展的速度很快，自1994年开始，产量以每年翻三番的速度提高，但随着产品在社会上占有量越来越多，充实技术力量、增强发展后劲成为当务之急。

1998年年底，"人才楼"盖成了，班车开通了，ISO9000国际质量认证拿下了，招聘来的30多名有工作经验的大学生充实到了管理、技术和营销岗位上。一年之后的1999年年底，人们听到的消息竟是：厂里外聘的高级工程师已经走了几拨，而新聘的30多名大学生除剩1人外，集体递交了辞职报告并陆续离厂。目前，外聘人才的岗位已被一些从大单位退休返聘的人员和从社会上临时招聘的人员代替。现在与工厂仅一路之隔的"人才楼"显得出奇的冷清，其绿瓦白墙漂亮的外貌也被村里其他建筑衬得很不协调。

离去原因各有说法。

大学生们为何离去?

厂长周青不无惋惜地告诉读者:一是因为招聘的大学生们大多数来自外地,到了北京以后,随着接触面的扩大,有了更好的选择,所以就跳槽了;二是由于厂里在管理上没有经验;三是由于内部老职工的排斥。

厂里的老职工们却认为这是意料之中的事情,理由是厂里在待遇、政策上一贯偏爱宠坏了他们。

为这项人才战略招兵买马的原该厂人事部部长荆先生则认为:"厂长的任务不是发现人才,而是建立一个可以出人才的机制。但顺义阀门厂却始终没有建立起来。"荆先生认为,公司应该明确各个职位的工作内容、资格和升迁要求、待遇水平,使每个职工都了解自己的奋斗目标。此外,企业还要制定一项特殊的人才计划,专门奖励表现优异的员工,大家公平竞争,谁干得好就用谁。

大学生们却认为,与其他公司相比,他们在顺义阀门厂并没有得到特殊的待遇。他们把对企业的种种抱怨归结为一点:看不到发展的前途。这也是他们集体辞职的根本原因。据介绍,顺义阀门厂当初在招聘时不是根据岗位的要求,对不同的人才做能力界定。而是用同一把尺子丈量所有的应聘者,用完全一样的能力模式面试同一批员工。因盲目性较大而被招聘来的大学生王小姐认为,造成人才离职的关键是没有用好。王小姐充满感情地说:"其实这个厂有许多优势,地理位置好,在同行业中硬件也很好,但是经营总是在原地踏步,厂里的主业收入还不如出租房屋收的租金多。其主要原因是由于乡镇企业里的大部分职工都是以前当地的农民、厂长的乡亲们,素质跟不上企业发展的需要,中层领导有不少也存在类似情况,虽然厂长很辛苦,但一时也改变不了现状。最让人不满意的是来该厂都4年时间了,至今劳动合同没签,保险没上。"面对这种状况,王小姐表示只要有合适的地方即会离去。

## 乡企人才不适为何成通病

反观整个事件的始末,客观地说,厂长可谓是颇有胸襟,企业也是求贤若渴,但一幕外聘人才与乡镇企业分道扬镳的悲剧还是发生了,不能不引起人们的深思。

最近有关方面去了解情况时,遇到了顺义阀门厂从沈阳铁岭阀门厂高薪临时聘请来解决技术问题的蔡总工程师和孙总工程师。旁观者清,对于顺阀厂这种人才离职现象,他们认为,厂里引进人才客观地讲是厂长比较重视,老员工比较抵制,厂长也有很多为难之处。不过,现在一些老员工也逐渐认识到了技术的重要性,只有极少数人还认为外聘人员是来赚钱的。

从首钢聘请来的吴主任也对顺义阀门厂的情况感到惋惜:"顺义阀门厂现在可以说是占尽了天时、天利,发展前景非常好,但是企业要发展最主要的是人才;而乡镇企业由于受自身素质所限,没能建立起一套完善的企业管理制度,也没有一套行之有效的管理办法。"其实,吴主任已为该厂想出了许多企业该落实的制度措施,却没能用上。

有意思的是,几位高薪外聘的老人们虽然对厂里给的待遇感觉不错,却齐声感叹厂里的管理是个大问题。他们认为,长此以往,这个厂很危险。目前厂长虽然意识到了这一点,但根深蒂固的乡亲观念,却左右着他对人才的使用。

由于外部竞争的压力,想招聘人才提升技术含量和员工素质,却因为内部环境而留不住人,是目前许多乡镇企业的通病。如何利用好人才为企业做出大的贡献,如何处理好人才与本企业的关系,正是乡镇企业领导们一直头疼和思考的问题。中国人民大学工商管理学院现代企业制度专业的邓荣林教授认为,这种现象长期得不到解决,是由四个方面的原因造成的:一是产权不明晰,乡镇企业是公有制、私有制还是别的什么制,没有严格的界定;二是所有者和经营者的问题,不少企业没有建立合理的法人治理结构;三是人事制度不合理,大多没有建立起公平竞争、有透明度的人事制度,没有按市场规律去运作;四是内部环境存在问题,企业因外部竞争激烈急于招聘人才,却没有解决内部人员的裙带问题。邓教授认为,上述几方面因素都会影响到乡镇企业的健康发展。要改变现状,最重要的是以规范的公司制度来运作,建立起规范的法人治理结构,这也是乡镇企业走出困境的唯一出路。

资料来源:张岩松,等.人力资源管理案例精选精析[M].北京:经济管理出版社,2005.(有删节与缩写)

# 第一节　人力资源规划与供需平衡

"凡事预则立,不预则废",意即要做好一项事情必须提前做好计划,否则就会失败。组织人力资源管理亦然,人力资源管理的计划就是通过发挥人力资源规划的职能来实现的。

## 一、人力资源规划的基本含义

### (一)人力资源规划的概念

所谓人力资源规划(Human Resource Plan,HRP)也叫人力资源计划,是指为实施组织的发展战略,完成组织的生产经营目标,根据组织内外环境和条件的变化,通过对组织未来的人力资源的需要和供给状况的分析及估计,运用科学的方法进行组织设计,对人力资源的获取、配置、使用、保护等各个环节进行职能性策划,制定组织人力资源供需平衡计划,以确保组织在需要的时间和需要的岗位上,获得各种必需的人力资源,保证事(岗位)得其人、人尽其才,从而实现人力资源与其他资源的合理配置,有效激励、开发员工的规划。

人力资源规划是组织从战略规划和发展目标出发,根据其内外部环境的变化,预测组织未来发展对人力资源的需求,以及为满足这种需要所提供人力资源的活动过程,是将组织经营战略和目标转化成人力需求,以组织整体的超前和量化的角度分析和制定人力资源管理的一些具体目标。它有三层含义:一是组织进行的人力资源规划是一种预测;二是人力资源规划的主要工作是预测人力资源的供需状况,并据此制定必要的人力资源政策和措施;三是人力资源规划必须与组织的战略相适应。

为了准确地理解人力资源规划的含义,还必须把握以下几点:

(1) 人力资源规划要在组织发展战略和经营规划的基础上进行。人力资源管理作为组织经营管理系统的子系统,必须为组织经营与发展提供人力资源支持,因此,人力资源规划必须以组织的最高战略为坐标。

(2) 人力资源规划要适应组织内外部环境的变化。组织的内外环境处在不断地变化之中,当环境要素的变化达到一定程度时,组织发展战略与经营规划必须相应地做出调整和改变,因此,人力资源规划也将随之改变。

(3) 人力资源规划的基本任务是使组织人力资源供需平衡,为此,人力资源规划应当包括紧密相连的两个部分的活动。一是预测组织在特定时期的人员供给和需求;二是依据预测结果采取有效的政策措施达成供需平衡。预测是平衡的基础,没有预测就无法进行人力资源的平衡;平衡又是预测的目的,若不采取措施平衡供需,预测就毫无意义。

(4) 人力资源规划对组织人力资源供给和需求的预测既要注重数量,也要关注质量。组织对人力资源的数量需求是在一定的质量条件下的需求,人力资源的供给和需求不仅要在数量上平衡,还要在结构上匹配。

### 实例 2-1

## 五金制品公司的人力资源规划

冯如生几天前才调到五金制品公司的人力资源部当助理,就接受了一项紧迫的任务,要求他在 10 天内提交一份本公司 5 年的人力资源规划。虽然老冯从事人力资源管理工作已经多年,但面对桌上那一大堆文件、报表,不免一筹莫展。经过几天的整理和苦思,他觉得要编制好这个规划,必须考虑下列各项关键因素:

首先是本公司现状。公司共有生产与维修工人 825 人,行政和文秘性白领职员 143 人,基层与中层管理干部 79 人,工作技术人员 38 人,销售员 23 人。其次,据统计,近五年来职工的平均离职率为 4%,没理由预计会有什么改变。不过,不同类别的职工的离职率并不一样,生产工人离职率高达 8%,而技术人员和管理干部则只有 3%。再者,按照既定的扩产计划,白领职员和销售员要新增 10%~15%,工程技术人员要增 5%~6%,中、基层干部不增也不减,而生产与维修的蓝领工人要增加 5%。有一点特殊情况要考虑:最近本地政府颁布了一项政策,要求当地企业招收新职工时,要优先照顾妇女和下岗职工。本公司一直未曾有意排斥妇女或下岗职工,只要他们来申请,就会按同一种标准进行选拔,并无歧视,但也未予特殊照顾。如今的事实却是,销售员除一人是女性外全是男性;中、基层管理干部除两人是女性外,其余也都是男性;工程师里只有三名是女性;蓝领工人中约有 11% 女性或下岗职工,而且都集中在最底层的劳动岗位上。

冯如生还有 5 天就得交出计划,其中包括各类干部和职工的人数、从外界招收的各类人员的人数,以及如何贯彻市政府关于照顾妇女与下岗人员政策的计划。此外,五金制品公司刚开发出几种有吸引力的新产品,所以预计公司销售额五年内会翻一番,冯如生还得提出一项应变计划以备应付这类快速增长。

思考:看了这则案例,你认为该五金公司的人力资源规划有哪些特点?

### (二) 人力资源的战略规划和战术规划

依据规划时间的长短,人力资源规划可分为战略性规划(长期)、策略性规划(中期)和具体作业性计划(短期)。人力资源规划是预测未来特定时期组织任务和环境对组织的要求,以及为了完成组织任务和满足环境要求而提出的人力资源供需安排,因此人力资源规划可以分为战略计划和战术计划两个层面。

人力资源的战略计划主要是根据组织总体战略所确定的经营方向和经营目标,以及组织外部的社会和法律环境对人力资源的影响而制定的一套跨年度计划。其重点在于注意战略规划的稳定性和灵活性的统一。在制定战略计划的过程中,必须注意:国家及地方人力资源政策环境的变化、组织内部的经营环境的变化、人力资源的预测、组织文化的整合等因素。

人力资源的战术计划则是根据组织未来可能会面临的内外部人力资源供求状况,以及组织自身发展对人力资源的需求量的预测结果制定的具体方案,包括招聘、辞退、晋升、培训、工资福利政策、梯队建设和组织变革等。

### (三) 人力资源规划与组织战略的关系

人力资源规划是组织战略的重要组成部分。

1. 组织战略决定了人力资源规划的方向

组织战略的全局性和规划性特点,要求人力资源规划必须依据组织战略目标而制定。

2. 组织战略制约了人力资源规划的过程

人力资源的总体规划必须与组织战略目标相一致,人力资源的业务计划必须与组织的短期目标相匹配。

3. 人力资源规划保障了组织战略的实施

根据组织目标和任务的变化以及人力资源的现状,人力资源规划分析组织对人力资源的数量与质量要求平衡供求,以确保组织获取需要的人力资源。

4. 人力资源规划有助于完善组织战略目标

人力资源规划有助于组织以发展的视角完善组织的战略目标,从而增强组织对环境的适应力,提高核心竞争力。

## 二、人力资源规划的主要内容

一份完整的人力资源规划一般包括总体规划和业务规划两大部分。

### (一)总体规划

人力资源总体规划是指以组织战略目标为依据,对规划期内人力资源开发利用管理的总目标、总方针与政策、实施步骤、时间安排表、费用预算等做出总体的安排。主要包括:阐述在战略规划期内组织对人力资源的需求和配置的总框架;阐明组织与人力资源管理方面有关的重要方针、政策和原则;确定人力资源投资预算。

### (二)业务规划

人力资源业务规划,是指组织对总体规划的具体实施和人力资源管理具体业务的部署。人力资源业务规划包括职位编写规划、人员增补规划、人员减裁规划、人员流动规划、人员晋升规划、人员培训开发规划、薪酬激励规划、员工职业生涯规划等。

1. 职位编写规划

职位编写规划是人力资源各项业务计划的基础,是组织依据自身发展目标而制定的。主要陈述组织的结构、职务设置、职务描述和职务资格等内容。

2. 人员增补规划

人员增补规划是对组织中长期内由于规模扩大等原因而可能产生的空缺职位加以弥补的计划。主要陈述组织吸收员工的依据,需要增加的人力资源数量、质量和结构等内容。

组织人员增补规划主要有三种形式:内部选拔、个别补充和公开招聘。在制定补充规划时必须在职位分析基础上,注明需要补充的人力资源类型、技能等级,并明确需要补充的部门、人数、方式、时间及补充以后可能增加的效益与支出等。

3. 人员减裁规划

组织因采用新的生产设备、进行技术创新或管理创新,或因市场没有扩大、产品滞销等因素而减少人力资源需求,经济不景气、人员过剩等,也需要人力资源管理部门制定人员减裁计划。

4. 人员流动规划

人员流动规划即有计划地安排人员流动,以优化组织内部人员配置。主要在以下几种情况下使用:

(1)当组织需要培养高素质的复合型人才时,将使之有计划地流动。

（2）当晋升职位较少而可以晋升人员较多时，依据配备计划进行人员的水平流动。

（3）当组织人员过剩时，依据配备计划改变工作分配方式，调整组织中不同职位的工作量，解决工作负荷不均的问题。

（4）定期安排员工在不同类型的工作岗位上工作，能提高员工的工作效率。

5．人员晋升规划

人员晋升规划是组织根据自身现实需要和未来在技术层次、管理层次等层级结构上的人力资源分布情况，所制定的员工职务提升计划，具体包括规划目标、实施方案和实现方法等。目标在于：尽量将员工放在最能发挥其作用的工作岗位上，调动员工的劳动积极性并降低人力资源使用成本。

人员晋升规划主要包括晋升政策和晋升计划。晋升政策主要由晋升比率、晋升时间限制和晋升最低条件等组成。某用人单位专业技术人员的晋升政策如表 2－1 所示。

表 2－1　某用人单位专业技术人员的晋升政策表①

| 担任上一技术职务年资 | 技术员 | | 助理工程师 | | 工程师 | | 高级工程师 | |
|---|---|---|---|---|---|---|---|---|
| | 晋升百分比 | 晋升条件 | 晋升百分比 | 晋升条件 | 晋升百分比 | 晋升条件 | 晋升百分比 | 晋升条件 |
| 1 | 0% | | 0% | | 0% | | 0% | |
| 2 | 0% | | 0% | | 0% | | 0% | |
| 3 | 1% | | 1% | | 1% | | 1% | |
| 4 | 2% | | 2% | | 2% | | 2% | |
| 5 | 10% | | 10% | | 10% | | 10% | |
| 6 | 30% | | 30% | | 30% | | 30% | |
| 7 | 20% | | 20% | | 20% | | 20% | |
| 8 | 10% | | 10% | | 10% | | 10% | |
| 9 | 5% | | 5% | | 5% | | 5% | |
| 10 | 3% | | 3% | | 3% | | 3% | |
| 11 | 1% | | 1% | | 1% | | 1% | |
| 12 | 1% | | 1% | | 1% | | 1% | |
| 13 | 0% | | 0% | | 0% | | 0% | |

从表 2－1 可以看出向上一级晋升的最低年资是 3 年，其晋升率只有 1%，3 年后随着时间的推移，其晋升率开始上升。但到了 13 年以后，如果还没有得到晋升，以后就很少再有晋升的机会。

① 陈京民，等.人力资源规划[M].上海：上海交通大学出版社,2006：207.

### 6. 人员培训开发规划

人员培训开发规划是组织有计划地对员工进行培训,引导员工的技能适应组织的发展。人员培训开发规划的目的就是要设计一套对现有人员的培训、生理保健方案。培训内容一般包括技术能力培训、人际关系能力培训和创新决策能力培训三种。

### 7. 薪酬激励规划

对组织来说,薪酬激励规划是为了确保组织人工成本与组织经营状况保持相当的比例关系,更是为了充分发挥薪酬的激励作用。

### 8. 员工职业生涯规划

员工职业生涯规划是指员工对自己未来职业生涯的事先策划,设定自己的奋斗目标和计划。组织可以通过员工职业生涯规划,设法留住有发展前途的员工,使他们在工作中逐步成长和发展,成为组织宝贵的资源。员工职业生涯规划的目的是充分发挥组织成员的集体潜力和效能,最终实现组织的经营战略目标。

## 三、人力资源规划的流程

一般来说,组织人力资源规划的流程如图 2-1 所示:

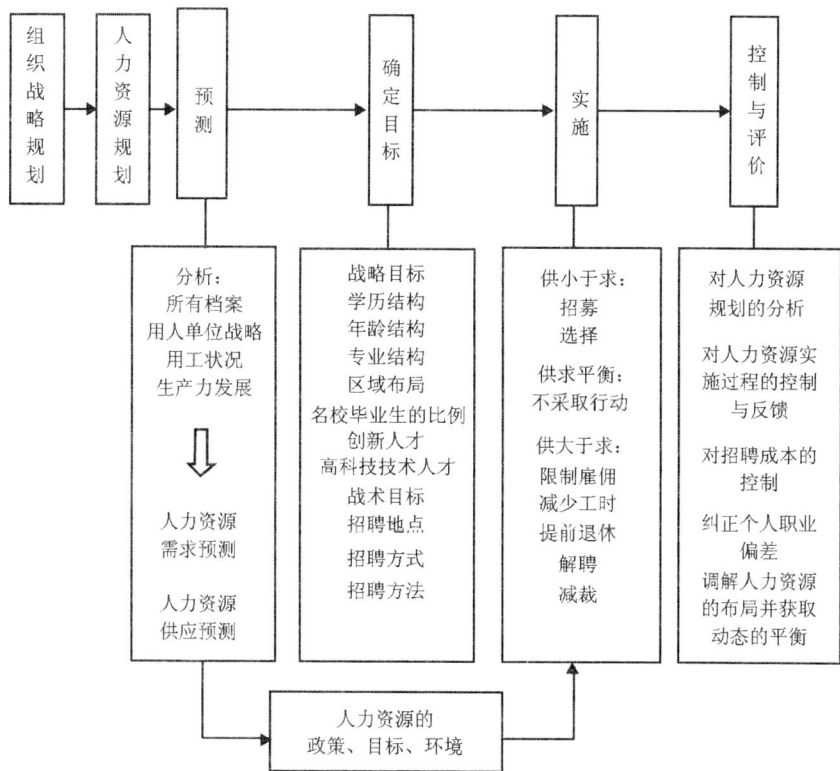

图 2-1　人力资源规划的流程①

---

① 姚裕群.人力资源开发与管理(第二版)[M].北京:高等教育出版社,2005:167;王萍,等.人力资源管理(第二版)[M].杭州:浙江大学出版社,2012.6:47.

人力资源规划的起点是组织的战略规划。它是高层管理者用于确定组织总的目的与目标及其实现途径的过程。而人力资源规划应该与组织战略相联系。制定出组织的战略规划后,就可将战略规划转化为具体的定量和定性的人力资源需求。

### (一)人力资源需求预测

人力资源规划实质性的一步是进行人力资源需求预测,主要任务是分析组织需要什么样的人及需要多少人。对人力资源需求预测可以根据时间的跨度、收集信息的类型等采用不同的预测方法进行。

### (二)人力资源供给预测

供给预测一般包括两个方面:即清查组织内部现有人力资源情况和外部供给量预测。组织应把重点放在内部人员拥有量的预测上,外部供给量的预测应侧重于关键人员。

### (三)人力资源供需分析比较

人员需求和供给预测完成后,人力资源规划的关键一步就是把组织人力资源需求预测的结果与供给预测的结果进行对比分析,得出组织人力资源的净需求。供需分析要特别注意组织人力资源供需的结构性失衡,有时会出现供需总体平衡,但个别部门和层次则供不应求。

### (四)制定具体的业务计划

在人力资源短缺时,组织需要进行外部招聘,开展内部晋升和实行人员接续计划,调整人力资源结构,聘用兼职职工,把工作外包等。在人力资源过剩时,组织则需要进行转岗培训;从事新的工作;提前退休;工作分享,这是以降低薪金为前提的;辞退员工;减少工作时间等。

### (五)规划实施、评估与反馈

组织将人力资源的总规划与各项业务计划付诸实施,并对实施结果进行评估,如预测的准确度如何、专项人力资源计划间是否平衡、人力资源规划和组织的其他规划是否协调等。

## 四、人力资源规划的原则

组织在制定人力资源规划时,需要遵循以下原则。

### (一)目标性原则

目标性原则是指人力资源规划的制定和实施要与组织是发展目标相统一。人力资源规划的应用范围很广,既可以用于整个组织,也可以用于某一个部门或某个工作团队。不管哪一种规划,都必须与组织的整体发展目的和目标相统一,以便确保组织各项资源的协调,使人力资源规划具有准确性和有效性。

### (二)动态性原则

动态性原则是指充分考虑环境的变化,积极主动适应环境的变化。组织发展过程中总是充满了内部和外部的不确定因素,如业务的变化、发展目标的更替、组织结构的变化和组织雇员的更换、市场的变化、政府政策的变化、人力资源供求格局的变化等。

### (三)兼顾性原则

兼顾性原则是指尽量达成组织与员工个人双方的共同发展。组织的人力资源规划不仅要为组织服务,而且要能够促进员工的发展。

## 五、人力资源需求与供给的平衡

组织在完成人力资源需求与供给预测后,就要对组织人力资源的供需平衡做出综合分析,分析的结果可以为组织人力资源规划提供设计依据。然而,在组织的发展过程中,人力资源不可能自然地处于供求平衡状态,实际上,组织经常处于人力资源的失衡状态,具体有供给不足、结构失衡和供大于求几种情况。因此,可以根据人力资源供求失衡的不同状态,采用不同的方法加以调整。

### (一)人力资源短缺的处理方法

当预测到组织的人力资源需求大于供给时,组织通常可以从三个方面来加以解决。一是增加工作设备或改进工作设备,实现对人力资源更高程度的替代;二是通过各种方式提高现有人力资源的工作能力;三是增加人力资源投入。具体的方法主要有:

(1)调剂。把富余人员安排到人员短缺的岗位上去。

(2)培训。培训一些内部员工,使他们能够胜任人员短缺又很重要的岗位。

(3)延时。鼓励员工加班加点,适当延长工作时间。

(4)增效。提高员工的效率。

(5)兼职。适当聘用一些兼职人员。

(6)临时工。适当聘用一些临时全职人员。

(7)增员。适当聘用一些正式员工。

(8)外包。采用资源外包,即把一些工作转包给其他公司。

(9)减产。适当减少工作量(减少产量、销售量等)。

(10)加设备。添置新设备,用设备的增加来弥补人员的短缺。

## （二）人力资源过剩的处理方法

当组织预测到人力资源供给大于需求时，就需要采用减少人员的政策。通常采用提前退休、减少人员补充、增加无薪假期和裁员等来保持组织的人力资源供求平衡。具体方法：

（1）规模效应。扩大有效业务量。

（2）培训技能。培训员工，提高员工的技能和素质，以利于走上新的工作岗位。

（3）提前退休。实行提前退休制度（退养）。

（4）降薪水。降低员工工资。

（5）减福利。减少员工福利。

（6）鼓励辞职。鼓励员工辞职。

（7）缩工时。减少每个人的工作时间。

（8）临时下岗。实行临时下岗制度。

（9）辞退。辞退员工。

（10）关厂。适当或临时关闭一些子公司。

## （三）结构失衡的调整方法

调整方法主要是：对那些富余专业、富余类型的人力资源采取供过于求的调整方法；而对那些急需专业、急需类型的人力资源采取供不应求的调整方法。

✎ **相关链接 2−1：企业人员内外部补充优劣对比**

> 企业人员内部补充的优点是：第一，为员工提供发展机会，有利于激发员工的积极性；第二，对招聘的人员比较了解；第三，有利于保持企业内部的稳定性；第四，有利于员工迅速熟悉工作和进入角色；第五，有利于规避识人用人的失误。企业人员外部补充的优点是：第一，带来新思想、新观念、新经验、新思路，补充新鲜"血液"；第二，可以更好地了解外部情况；第三，可以不用专门培训，大大节省培训费用；第四，有利于战略性人力资源目标的实现。
>
> 企业人员内部补充的缺点是：第一，容易形成近亲繁殖；第二，可能引发企业高层领导的不团结；第三，易于形成职位继承观念；第四，缺少思想碰撞，影响企业活力；第五，容易出现涟漪效应。企业人员外部补充的缺点是：第一，新员工适应期长；第二，选择合适员工比较困难；第三，影响内部人员的士气；第四，招聘成本高。

资料来源：廖泉文.人力资源管理［M］.北京：高等教育出版社,2005：79−81.

# 第二节　人力资源需求预测

人力资源需求预测(Requirement Forecast),是指根据组织的战略规划和内外部条件,选择预测技术,对组织人力资源需求的数量、质量和结构进行预测的活动。人力资源需求预测是组织人力资源规划中一个必不可少的环节,它以组织的战略目标、发展规划和工作任务为出发点,综合考虑各种因素的影响,对组织未来人力资源的数量和质量的需求进行事前估计,其准确性对人力资源规划的成败有决定性作用。

## 一、人力资源需求的影响因素

影响组织人力资源需求的因素很多,主要包括组织外部环境、组织内部因素和人力资源自身因素三个方面。

### (一)组织外部环境

主要包括:(1)经济环境的变化会极大影响组织对人员的需求。例如,桐乡乌镇被确定为世界互联网大会永久会址,极大地刺激会展、酒店、餐饮、旅游等相关产业的发展,从事相关产业工作的人员的需求也相应增加。(2)社会、政治、法律因素也会影响组织人力资源需求。(3)技术的进步和新技术的采用也会引起人员需求的变化,机器替代工人使得组织对人力资源数量的需求显著减少,同时技术变革使需要拥有新技术的岗位出现空缺。

### (二)组织内部因素

组织内部因素主要有:(1)组织的发展战略和经营规划,决定着组织的发展方向、速度、市场占有率等方面,从而影响组织对人员的需求。(2)组织的产品或服务的社会需求状况。在生产技术和管理水平不变的条件下,社会对组织产品或服务需求越大,组织对人力资源需求也越大。(3)组织财务资源对人员需求数量与质量的制约。(4)组织现有的人力资源状况。

### (三)人力资源自身因素

人员需求的变化也可能是由于人力资源自身的因素造成的。退休、员工辞职、合同终止解聘等都会产生工作岗位的空缺,需要招聘正式或临时的员工来补充。而员工工作熟练程度的提高、自身素质技能的提升等会使得组织对人员的需求相对减少。

## 二、人力资源需求预测步骤

预测步骤主要是[①]：

（1）根据职位分析的结果来确定职位编制和人员配置；

（2）进行人力资源盘点，统计出人员的缺编、超编，以及是否符合职位资格的要求；

（3）将上述统计结论与部门管理者进行讨论，修正统计结论；

（4）该统计结论为现实人力资源需求；

（5）对预测期内退休的人员进行统计；

（6）根据历史数据，对未来可能发生的离职情况进行预测；

（7）将统计和预测结果进行汇总，得出未来流失人力资源；

（8）根据组织发展规划，如引进新产品，确定各部门的工作量；

（9）根据工作量的增长情况，确定各部门还需要增加的职位及人数，并进行汇总统计；

（10）该统计结论为未来增加的人力资源需要；

（11）将现有人力资源需求、未来流失人力资源和未来人力资源要求汇总，即得组织整体人力资源需求预测。

## 三、人力资源需求预测方法

预测组织人力资源需求的方法众多，可以归纳为统计法（定量）和推断法（定性）两大类。

### （一）统计法

统计法即通过对过去某一时期的数据资料进行统计分析，确定与组织人力资源需求相关的因素，找出两者之间的关系，建立相应的预测模型，继而对组织未来人力资源需求进行预测的方法。具体方法有多种，其中最常用的是趋势分析法、比率分析法和回归分析法。

#### 1. 趋势分析法

趋势分析法是利用组织过去一定时间的历史资料，根据某个因素的变化趋势来预测相应的人力资源需求情况。如根据一个公司的销售额以及历史上销售额与人力资源需求的关系，确定一个相对合理的未来比例，然后推断未来某一时间组织人力资源需求。要注意的是，趋势分析法作为一种人力资源需求预测的工具，确实很有价值，但仅仅使用该方法还是不够的，因为一个组织的人力资源使用水平很少只由过去状况决定，其他很多因素都会对组织未来的人力资源需求产生影响，所以，不可机械地加以应用。

---

① 王萍,等.人力资源管理(第二版)[M].杭州：浙江大学出版社,2012：49.

2. 比率分析法

比率分析法是在组织的技术工艺与管理模式相对稳定情况下,通过计算某种组织活动因素和该组织所需人力资源数量之间的比率来确定未来人力资源需求的数量与类型的方法。如根据一线生产工人的需求量预测辅助个人、专业技术人员与管理人员数量,从而预测总体人力资源需求;另外如教育部门的师生比、销售量与销售人员数量比、单位食堂服务人员与用餐人员比,等等。有些大型组织有着严格的劳动定员标准,这些标准也可以用于比率分析法。

3. 回归分析法

回归分析法是根据组织过去的情况和资料,寻找和确定某一事物(自变量)与另一事物(因变量)之间的相关关系,建立数学模型并由此对组织未来人力资源需求数量做出预测的方法。当自变量只有一个时,为一元回归;当自变量有多个时,称为多元回归。

回归分析法的典型步骤是:

(1) 选择相关变量;

(2) 建立线性方程,根据历史资料确定线性方程的系数;

(3) 由线性方程求出目标值所对应的人力资源需求量。

4. 工作负荷预测法

工作负荷预测法是根据工作分析的结果算出劳动定额,再按未来的产品/服务量目标测算出总工作量,然后折算出所需人力资源数量的方法。可以用公式表示:

未来每年所需员工数=未来每年工作总量/每年每位员工所能完成的工作量

或　未来每年所需员工数=未来每年总工作时数/每年每位员工工作时数

## (二) 推断法

1. 德尔菲法

德尔菲法又称专家意见法,是指专家们对影响组织某一领域发展的看法达成一致的一种结构性方法。该方法的显著特点是吸收专家参与预测,充分利用专家的经验和学识;采取匿名或背靠背的形式,参与预测的专家均独立自由地做出自己的判断;预测过程多次反馈,每一轮的统计结果都反馈给专家供下一轮预测参考。一般来说,经过3~4轮咨询,专家们的意见可以相互协调。当然,协调程度要受专家人数的制约,一般认为专家人数以10~15人为宜。使用德尔菲法进行组织人力资源需求预测的过程大致如下:

(1) 确定人力资源预测的内容和目标;

(2) 组成预测工作小组;

(3) 设计调查表;

(4) 组织专家组;

(5) 发放调查表;

(6) 处理调查表;

（7）第二轮调查；

（8）再次调查；

（9）对预测结果进行整理和分析,并以文字或图表的形式加以表述。

✏️ **相关链接 2－2：专家调查表**

> 预测项目：某电子企业从事家电信息产业的 X 专业与 Y 专业的合理人才结构比例上一轮调查结论：
>
> 1. Y 专业不需要。2 人回答,占 4.4%。
>
> 主要理由是：
>
> 2. 1∶0.5(X∶Y)。10 人回答,占 22.22%。
>
> 主要理由是：
>
> 3. 1∶1(X∶Y)。15 人回答,占 33.33%。
>
> 主要理由是：
>
> 4. 1∶1.5(X∶Y)。11 人回答,占 24.44%。
>
> 主要理由是：
>
> 5. 1∶2(X∶Y)。7 人回答,占 15.56%。
>
> 主要理由是：
>
> 中位值：1∶1。四分值区间：[1∶0.5,1∶1.5]
>
> 您的新预测：X∶Y 为 ＿＿＿＿＿＿＿＿＿＿＿＿ 。
>
> 您的结论：

资料来源：陈京民,等.人力资源规划[M].上海：上海交通大学出版社,2006：117.

采用德尔菲法应注意的问题：

（1）问卷调查一般采用匿名的形式以保证专家能够畅所欲言地表达自己的观点；

（2）给专家提供充分的信息,使之能够做出更为准确的预测；

（3）应该多轮征求专家的意见,使专家有机会修改自己的预测结果；

（4）不要求结论非常肯定、非常精确,允许专家进行粗略的估算,让他们说明预测数字的肯定程度；

（5）所提问题尽可能简单,并澄清一些特定的概念和分类方法。

2．经验预测法

经验预测法是根据以往的经验对组织未来某段时间内人力资源需求进行预测的方法。具体步骤是：先由基层管理者根据自己的经验和对未来业务量的估计,提出本部门各类人员的需求量,再由上一层管理者估算平衡,再报上一级管理者,直到最高决策层做出决策,最后由人力资源管理部门制定具体的执行方案。

经验预测法受主观因素的影响较大,比较适用于技术稳定组织的中短期人力资源预测,具有方法简便易懂、成本低的优点。

✎ **实例 2 - 2**

一个厨具经销公司期望在今后 3 年内,使得年销售额从 1200 万元增长到 2000 万元。公司的战略规划小组在对公司的外部环境进行分析时,发现了以下变化:

1. 有许多新员工已经进入市场领域;

2. 顾客的年龄构成正在向老龄化发展,他们的孩子都已经搬走了,这些人正在装修他们的新家,并且寻求的是更方便、更昂贵的厨房;

3. 顾客对预算越来越敏感,想要一个适合其价格承受能力的厨房;

4. 厨房的建筑价格比较稳定。

厨具经销公司的人力资源规划人员打算预测今后 3 年对安装工的需求。你觉得应该选择什么方法进行预测?还需补充哪些信息和数据才能做出科学预测?

资料来源:顾英伟.人力资源规划[M].北京:电子工业出版社,2006:109 - 110.

# 第三节　人力资源供给预测

人力资源供给预测是指对组织在未来某一时期组织内部和外部所能供应的或经过培训可能补充的各类人力资源的数量、质量和结构所进行的预测。人力资源供给预测包括组织外部与组织内部人力资源预测两个方面。

## 一、影响人力资源供给预测的因素

### (一) 外部人力资源供给影响因素

对人力资源外部供给进行预测时,要考虑的主要因素有:行业性因素、地域性因素、全国性因素等。

1. 行业性因素

行业性因素包括:组织所处行业的状况,行业发展前景,行业内竞争对手的数量、实力及其在吸引人才方面的因素等。

2. 地区性因素

地区性因素包括:组织所在地区的人力资源现状,组织所在地对人力资源的吸引程度,组织当地的住房、交通、生活条件等。

3. 全国性因素

全国性因素包括:今后几年国家经济发展情况的预测、科学技术发展和变化的趋势、全国人口的增长趋势、全国范围内的劳动力市场状况、处于变动中的劳动力结构和模式、预期失业率、国家的政策法规等。

4. 劳动力市场或人才市场

劳动力市场或人才市场的变化,能反映人力资源供给的数量和质量,反映求职者对职业的选择,反映当地经济发展的现状与前景等。

5．人口发展趋势

从我国人口发展情况看，以下变化趋势必将影响人力资源供给的预测：人口绝对数增长较快，人口老龄化，男性人口的比例增加，沿海地区和城市人口的比例增加等。

6．科学技术发展

科学技术的发展对组织人力资源供给有以下影响：掌握高科技的白领员工需求量增大，办公自动化普及使中层管理人员大规模削减，特殊人才相对短缺，第三产业人力资源需求量逐渐增加等。

## （二）内部人力资源供给影响因素

影响组织内部人力资源供给的因素包括：组织人员年龄阶段分布、员工的自然流失、内部流动、跳槽、新进员工的情况、员工填充岗位空缺的能力等。

✎ **小思考 2－1**

飞利浦公司决定在荷兰新开一家工厂，它的重要的竞争优势是在荷兰已有现成的生产设施以及该公司对荷兰劳动力的吸引力。该公司在建厂前进行了周密的战略研究，重点在于如何改进生产技术，使其与 20 年后的劳动力特点相适应。另一个考虑的重点是荷兰的文化特点，在职业生涯中，雇员不习惯从一个地点转移到另一个地点。鉴于这些因素，为保持其竞争优势，飞利浦公司把未来劳动力的特点纳入战略规划过程。预计未来劳动力的文化程度将更高，更加独立，他们设计出使工作转换、工作分配和工作丰富化得到改进的生产过程。这体现了公司战略规划和人力资源规划的整体性。

**思考：**你认为飞利浦公司在进行人力资源供给预测时考虑了哪些因素？有什么可取之处？

资料来源：张岩松等.人力资源管理案例精选精编［M］.北京：经济管理出版社，2005：58.

## 二、人力资源供给预测步骤[①]

人力资源供给预测步骤主要是：

（1）对组织现有的人力资源进行盘点，了解组织员工状况；

（2）分析组织的职位调整政策和员工调整的历史数据，统计员工调整的比例；

（3）向各部门的人事决策者了解可能出现的人事调整情况；

（4）将步骤 2 和步骤 3 的情况汇总，得出组织内部人力资源供给预测；

（5）分析影响外部人力资源供给的地域性因素；

（6）分析影响外部人力资源供给的全国性因素；

---

① 王萍，等.人力资源管理（第二版）［M］.杭州：浙江大学出版社，2012：53.

（7）根据步骤5和步骤6的分析，得出组织外部人力资源供给预测；

（8）将组织内部人力资源供给预测和组织外部人力资源供给预测汇总，得出组织人力资源供给预测。

## 三、人力资源内部供给预测的方法

在人力资源供给预测中，为了简便和准确，首先要考虑组织现有的人力资源存量，然后假定人力资源管理政策不变的前提下，结合组织内外部条件，对未来的人力资源供给数量进行预测。组织内部人力资源供给预测常用方法：

### （一）技能清单法[①]

技能清单是一张记录员工的教育水平、培训情况、以往经历、技能特长以及主管评价等一系列信息的，能够反映员工工作能力和竞争力的图表。人力资源规划人员可以根据技能清单的内容来预测哪些员工可以补充到可能出现的空缺岗位，从而保证每个岗位都配置有合适的员工。

技能清单通常包括三个方面的内容：员工过去的信息、员工现在的信息和员工未来的信息。不同的技能清单所包含的内容可能有较大的差异，既可以是一份简单的档案，也可以是个庞大、系统和复杂的数据库。由于一个的工作兴趣、发展目标、绩效水平等诸多因素是不断变化的，因此，技能清单在编制完成后需要及时进行更新维护。表2-2即为一份技能清单的示例。

表2-2　技能清单内容示例

| Ⅰ　员工的过去 |
|---|
| A. 在过去2～5年内工作的职位和工作内容描述 |
| a. 目前的工作单位 |
| b. 过去的工作单位 |
| B. 在这些岗位上所需的技能 |
| a. 体力 |
| b. 理解力 |
| c. 创造力 |
| C. 教育状况 |
| a. 高中：同工作有关的课程 |
| b. 大学主修、辅修课程 |
| D. 过去三年的主要成果 |
| a. 目前的单位 |
| b. 过去的单位 |
| Ⅱ　目前的技能状况 |
| A. 与技能相关的成果 |
| B. 员工对目前工作新自我评价 |
| C. 上级的评价 |

---

① 杨河清.人力资源管理(第三版)[M].大连：东北财经大学出版社,2013：59.

| Ⅲ　侧重未来的信息 |
| --- |
| A. 员工个人的职业目标 |
| a. 一年 |
| b. 三年 |
| c. 目前的职业期望 |
| B. 员工上级对一个未来的预期 |
| C. 未来的培训计划 |
| a. 在职培训 |
| b. 业余培训 |
| c. 实践 |

资料来源：Personnel Journal,1987(3)：130.

技能清单法的优点是能够迅速和准确地估计组织内可用技能的信息,为组织进行人力资源管理提供便利。缺点是它是一种静态的人力资源供给预测技术,不能反映组织未来由于组织战略发展而导致对组织人力资源需求的变化,它只适用于小型静态组织短期内的人力资源供给预测。

## （二）管理人员替换法

管理人员替换法是对现有管理人员的状况进行调查评价后,记录各个人员的各种绩效、晋升的可能性以及所需要的培训等内容,由此决定未来可能的管理者人选,也称为人员接替计划。该方法是对主要管理者的总的评价：主要管理人员的现有绩效和潜力、发展计划,所有接替人员的现有绩效和潜力,其他关键职位的现职人员的绩效、潜力及对其评定意见(见图 2-2)。

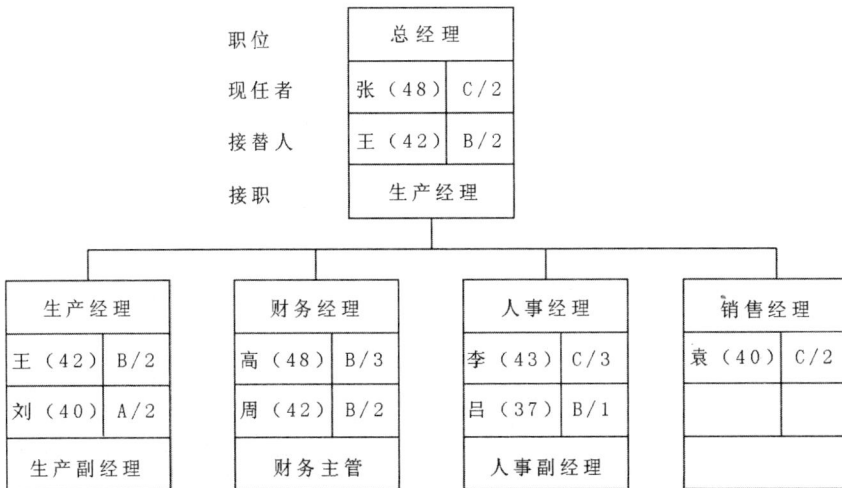

职位　　　　总经理
现任者　　　张（48）　C/2
接替人　　　王（42）　B/2
接职　　　　生产经理

| 生产经理 | | 财务经理 | | 人事经理 | | 销售经理 | |
| --- | --- | --- | --- | --- | --- | --- | --- |
| 王（42） | B/2 | 高（48） | B/3 | 李（43） | C/3 | 袁（40） | C/2 |
| 刘（40） | A/2 | 周（42） | B/2 | 吕（37） | B/1 | | |
| 生产副经理 | | 财务主管 | | 人事副经理 | | | |

说明：A—现在可以提拔　B—还需要一定的开发　C—表示现职位不是很合适

1—绩效突出　　　2—优秀　　　　3—一般　　　　4—较差

图 2-2　职位替换图

### （三）马尔可夫转移矩阵法

马尔可夫法是一种定量预测方法，常用来预测组织内部各个层次或各种类型人员的未来分布情况。其基本思路是找出过去的人力资源变动规律，来推测未来人力资源的变动趋势。它假设组织内部员工流动的方向与概率基本保持不变，然后收集资料，找出组织内部员工流动的规律。它是一种转换概率矩阵、使用统计技术预测未来的人力资源变化的方法，用公式表达如下。

某类人员的转移概率（$P$）＝转移出本类人员的数量/本类人员原有总量

马尔可夫转移矩阵法不仅可以处理员工类别简单的组织中的人力资源供给预测问题，也可以解决员工类别复杂的大型组织中的内部人力资源供给预测问题。但这种方法的精确性与可行性还需要进一步研究。

## 四、外部人力资源供给预测

组织外部人力资源供给预测主要是对未来几年中外部人力资源的供给情况所做的预测。它是在调查全国的、组织所在地域的人力资源供给情况基础上，结合同行业或同地区其他组织对人力资源的需求情况而进行的测算。人力资源外部供给预测十分复杂，但是对组织制定人力资源的具体计划至关重要。

组织外部人力资源供给的渠道主要有：大中专院校应届毕业生、复员转业军人、技校毕业生、待业人员、其他组织人员和流动人员。

组织外部人力资源供给预测常用的方法有：

1. 查阅资料

组织可以通过网络、统计部门、人力资源和社会保障部门的统计数据等，及时了解劳动力市场信息，并获得国家和地区的相关政策法规的变化。

2. 直接调查

组织可以就自己所关注的人力资源状况进行专项调查。除了与猎头公司、人才中介机构等专门组织保持长期联系外，也可与高校合作，了解毕业生情况和可能为组织提供合适人才的状况。

3. 对雇佣人员和应聘人员进行分析

组织通过对应聘人员和已经雇用的人员进行分析，也可能得到未来人力资源供给状况的估计。

## 本章小结

人力资源规划是指一个组织科学地预测、分析其人力资源的供给和需求状况，制定必要的政策和措施以确保组织实现人力资源的供需平衡。人力资源规划是人力资源管理的初始步骤，其内容包括总体规划和业务规划两大类。

人力资源需求预测，是指根据组织的战略规划和内外部环境，选择预测技术,对组织人力资源需求的数量、质量、结构进行预测的活动。人力资源需求预测受多种因素的影响,主要包括组织外部环境、组织内部因素和人力资源自身状况。人力资源需求预测的方法主要有趋势分析法、比率分析法、回归分析法、工作负荷预测法、德尔菲法、经验预测法等。

人力资源供给预测是指为满足组织实现其未来的发展目标,对未来一段时间里组织内部和外部各类人力资源的数量和质量进行预测。人力资源供给预测需要从组织的外部与内部两个方面进行。人力资源供给预测的方法主要是技能清单法、管理人员替换法和马尔可夫转移矩阵法等。

## 关键术语

人力资源规划　人力资源需求预测　人力资源供给预测　趋势分析法　比率分析法　回归分析法　工作负荷预测法　德尔菲法　经验预测法　技能清单法　管理人员替换法　马尔可夫转移矩阵法

【应用案例】

LHB公司是一家国际食品和家庭及个人卫生用品集团。该公司在21世纪初彻底进行了重组。在过去,该公司是高度分权化的,各国的子公司均享有高度的自治权。在20世纪90年代后期,该公司开始引入新的创新和战略流程,同时整合其核心业务。

案例讨论

直到2000年,由H国和B国的董事长以及他们的代表组成的一个特别委员会和一个包括职能、产品和地区经理等在内的15个董事一直独揽着公司的决策大权,整个结构是矩阵式的,其特点是加强了横向联系和组织的机动性,集权和分权相结合,专业人员潜能得到发挥,能培养各种人才。然而,矩阵制的缺点是成员位置不固定,有临时观念,有时责任心不够强;员工受双重领导,有时不易分清责任。一份《我们需要明确的目标和角色:董事会使自己过多地卷入了运营,从而对战略领导造成了损害》的内部报告也表明公司的组织结构存在一定的问题。

然而,2001年启动的"杰出绩效塑造计划"带来了公司结构的实质性改变。该计划废除了特别委员会和地区经理这一层级,代之以一个由7人组成的董事会,由董事长及职能和大类产品(即食品、家庭和个人卫生用品)的经理组成。向他们报告的是12位负有明确盈利责任的业务集团总裁,后者在特定地区对其管理的产品利润负有完全的责任。全球战略领导被明确地置于执委会一级,运营绩效则是业务集团的直接责任。

在这种正式结构调整之后,国际协调是由许多正式和半正式的网络协助完成的。研究和发展的工作由国际网络创新中心负责实施,其领导责任通常归属于中心的专家而不是H国或者B国的总部机构。产品和品牌网络——国际业务小组——负责在全球范围内协调品牌和营销。同时,职能网络也开展一系列计划以便就一些关键问题,如录用和组织效能,实现全球协调。所有

这些网络均大大依赖于非正式的领导和社会过程,同时也依赖于电子邮件和内部网络科技投入的支持。是否参与这种协调在很大程度上是由业务集团而非公司总部确定并资助的。这里所谓的用人单位网络组织,是指以某一具有核心能力的组织为中心,利用一定的手段,针对一定的目标,将一些相关的组织连接起来,形成一个互相支持、互相合作、互相依存的用人单位组织群体。在这个组织群体中,每个组织作为网络组织群体的成员,又是相对独立的,通过长期契约和信任,与核心组织联结在一起成为命运共同体而共同发展,网络型组织能够不断地适应用人单位的外部环境。网络型组织结构具有以下重要特征:极大的灵活性、虚拟性、动态协作性、组织柔性、信息交互性、无边界性、多元化和结构的扁平化。

**案例讨论题:**

1. 实施新的组织变革计划后,该公司组织结构发生了哪些新的变化?

2. 该公司顺利完成了组织结构的变革,对我们有哪些重要的启示?

**【复习思考题】**

在线习题

1. 什么是人力资源规划?

2. 什么叫人力资源需求预测、人力资源供给预测?

3. 人力资源需求预测和供给预测的方法各有哪几种?

4. 怎样运用德尔菲法预测组织的人力资源需求?

5. 运用马尔可夫法预测组织的人力资源供给。

**【HR 考级真题】**

人力资源管理师
考试真题

**一、单项选择题**

1. ( )是人员规划活动的落脚点和归宿。(2007 年 5 月)

   A. 人力资源供求协调平衡

   B. 人力资源的需求预测问题

   C. 人力资源的供给预测问题

   D. 人力资源的系统设计问题

2. 以下人员需求预测方法中,不属于量化分析方法的是( )。(2007 年 5 月)

   A. 德尔菲法　　　　　　　　B. 趋势外推法

   C. 马尔可夫分析法　　　　　D. 人员比率法

3. 某企业计划期任务总工时为 6060,定额工时为 60,计划期劳动生产率变动系数为 0.01,运用工作定额分析法测定分析法测定的企业人力资源需求为( )。(2007 年 5 月)

   A. 60　　　　　B. 100　　　　　C. 160　　　　　D. 200

4. ( )具体表现为机构臃肿、人浮于事、生产下降。(2007 年 5 月)

   A. 人力资源供求平衡　　　　B. 人力资源供大于求

   C. 人力资源供不应求　　　　D. 人力资源供求失衡

5. 编制人力资源规划的核心与前提是( )。(2007年11月)

A. 人力资源的需求预测　　　　B. 人力资源管理系统的设计

C. 人力资源的供给预测　　　　D. 人力资源供求平衡和协调

6. 定员定额分析法不包括( )。(2007年11月)

A. 工作定额分析法　　　　　　B. 比例定员法

C. 劳动效率定员法　　　　　　D. 人员比率法

7. 人力资源内部供给预测的方法不包括( )。(2007年11月)

A. 人力资源信息库　　　　　　B. 马尔可夫模型

C. 管理人员接替模型　　　　　D. 回归分析模型

8. 狭义的人力资源规划不包括( )。(2008年5月)

A. 人员配备计划　　　　　　　B. 人员晋升计划

C. 人员补充计划　　　　　　　D. 人员培训计划

9. ( )不属于人力资源需求预测的定量方法。(2008年5月)

A. 经验预测法　　B. 转换比率法　　C. 趋势外推法　　D. 回归分析法

10. 人力资源预测的作用不包括( )。(2008年5月)

A. 提高组织的竞争力

B. 有助于调动员工的积极性

C. 有助于开拓市场空间

D. 是实施人力资源管理的重要依据

11. 人力资源需求预测的方法中,( )的主要思路是通过观察历年企业内部人数的变化,找出组织过去人事变动的规律,来推断未来的人事变动趋势和状态。(2008年5月)

A. 计量经济模型　　　　　　　B. 马尔可夫模型

C. 计算机模型　　　　　　　　D. 定员定额分析法

12. 以下不属于人力资源需求预测的定量方法的是( )。(2008年11月)

A. 灰色预测模型法　　　　　　B. 转换比率法

C. 马尔可夫分析法　　　　　　D. 经验预测法

13. 以下关于人力资源预测方法的说法不正确的是( )。(2008年11月)

A. 德尔菲法适合于对人力需求的长期趋势预测

B. 转换比率法假定企业的劳动生产率是可变的

C. 转换比率法没能说明不同类别员工需求的差异

D. 德尔菲法可用于企业整体人力资源需求量的预测

14. 编制人力资源规划的核心与前提是( )。(2010年11月)

A. 人力资源的需求预测　　　　B. 人力资源管理系统的设计

C. 人力资源的供给预测　　　　D. 人力资源供求平衡和协调

15. 人力资源内部供给预测的方法不包括( )。(2010年11月)

A. 人力资源信息库　　　　　　B. 马尔可夫模型

C. 管理人员接替模型　　　　　D. 回归分析法

16. 影响企业人力资源规划的人口环境因素不包括( )。(2011年5月)

    A. 人口的性别比例           B. 劳动力队伍的数量

    C. 劳动力队伍的质量         D. 劳动力队伍的结构

17. ( )一般采用问卷调查的方法,听取专家的分析评估,经多次重复后达成一致意见。(2011年5月)

    A. 经验预测法             B. 描述法

    C. 转换比率法             D. 德尔菲法

18. 以下关于企业人力资源规划的说法不正确的是( )。(2011年11月)

    A. 人员补充计划与人员晋升计划相联系

    B. 人员晋升计划最直接的作用是激励员工

    C. 狭义的人力资源规划特指企业人力规划

    D. 一般来说,三年以上的计划可称为规划

## 二、多项选择题

1. ( )属于人力资源规划的内部环境。(2007年5月)

    A. 企业的行业特征          B. 企业结构

    C. 企业的发展战略          D. 企业文化

    E. 企业的人力资源管理系统

2. 人力资源预测的局限性包括( )。(2007年5月)

    A. 预测方法不精密          B. 企业内部的抵制

    C. 预测的代价高昂          D. 知识水平的局限

    E. 环境的不确定性

3. 人力资源需求预测的定量方法包括( )。(2007年5月)

    A. 转换比率法           B. 马尔可夫分析法

    C. 回归分析法           D. 灰色预测模型法

    E. 趋势外推法

4. ( )环境属于人力资源规划的外部环境。(2007年11月)

    A. 组织      B. 科技      C. 人口

    D. 经济      E. 法律

5. 制定企业人员规划的基本原则包括( )。(2007年11月)

    A. 确保人力资源需求的原则     B. 保持稳定性的原则

    C. 与战略目标相适应的原则     D. 保持适度流动性的原则

    E. 与内外环境相适应的原则

6. ( )是影响人力资源需求预测的一般因素。(2007年11月)

    A. 顾客需求的变化          B. 生产需求变化

    C. 劳动力成本趋势          D. 追加培训需求

    E. 生产率变化趋势

7. 人力资源需求预测的定性方法包括(　　)。(2007 年 11 月)
　　A. 转换比率法　　B. 描述法　　　C. 回归分析法
　　D. 德尔菲法　　　E. 经验预测法

8. 人力资源需求预测的内容包括(　　)。(2008 年 5 月)
　　A. 企业人力资源需求预测　　　　B. 企业人力资源供给预测
　　C. 企业人力资源结构预测　　　　D. 企业特种人力资源预测
　　E. 企业人力资源存量与增量预测

9. 若企业人力资源供不应求,可以采取的解决方法一般有(　　)。(2008 年 5 月)
　　A. 减少员工的工作时间
　　B. 合并或关闭某些臃肿机构
　　C. 提高企业的资本有机构成
　　D. 将符合条件的富余人员调往空缺岗位
　　E. 制定聘用非全日制临时用工计划

10. 人力资源规划受企业内外部环境的影响,其中外部环境因素包括(　　)。(2008 年 11 月)
　　A. 经济环境　　　　　　　　B. 企业的行业特征
　　C. 科技环境　　　　　　　　D. 企业的发展战略
　　E. 社会文化

11. 影响人力资源需求预测的一般因素包括(　　)。(2008 年 11 月)
　　A. 市场需求　　　　　　　　B. 工资状况
　　C. 企业总产值　　　　　　　D. 工作时间
　　E. 政府的方针政策的影响

12. 影响企业外部劳动力供给的因素有(　　)。(2008 年 11 月)
　　A. 择业心理偏好　　　　　　B. 企业人员的自然流失
　　C. 社会就业意识　　　　　　D. 劳动力市场发育程度
　　E. 地域性因素

13. 企业人力资源规划的作用包括(　　)。(2009 年 5 月)
　　A. 满足企业总体战略发展的要求
　　B. 提高企业人力资源的利用效率
　　C. 促进企业人力资源管理的开展
　　D. 协调人力资源管理的各项计划
　　E. 政府有关的劳动就业制度

14. 影响企业人力资源活动的法律因素有(　　)。(2009 年 5 月)
　　A. 户籍制度　　　　　　　　B. 劳动力市场价位
　　C. 最低工资标准　　　　　　D. 劳动力市场机制
　　E. 政府有关的劳动就业制度

15. 德尔菲法所请的专家的来源有（　　）。（2009 年 5 月）

  A. 组织内部  B. 组织外部  C. 管理人员

  D. 普通员工  E. 高层管理

16. 企业内部人力资源供给量必须考虑的因素包括（　　）。（2009 年 5 月）

  A. 薪酬  B. 退休  C. 平调

  D. 晋升  E. 福利

17. 影响企业人力资源规划的人口环境因素有（　　）。（2009 年 11 月）

  A. 人口的性别比例    B. 劳动力的队伍结构

  C. 劳动力队伍的数量    D. 劳动力队伍的质量

  E. 社会或本地区的人口规模

18. 劳动效率定员法是根据（　　）计算和确定定员人数的一种技术方法。
（2009 年 11 月）

  A. 工作岗位的多少    B. 劳动效率

  C. 工作负荷量的大小    D. 生产任务量

  E. 岗位工作人员的经验

19. 人力资源规划的核心内容有（　　）。（2010 年 5 月）

  A. 人力资源费用的控制    B. 人力资源需求预测

  C. 人力资源信息的收集    D. 人力资源供给预测

  E. 人力资源供需综合平衡

20. 人力资源需求预测时要进行环境与影响因素分析，以下属于竞争五要素
分析法要分析的内容是（　　）。（2010 年 5 月）

  A. 对顾客群的分析    B. 对新加入竞争者的分析

  C. 对市场环境的分析    D. 对企业优、劣势的分析

  E. 对竞争策略的分析

21. 以下关于人力资源预测方法正确的是（　　）。（2010 年 5 月）

  A. 马尔可夫法可以预测企业的人力资源需求

  B. 经济计量模型法其实的一种转移概率矩阵

  C. 马尔可夫法可以预测企业的人力资源供给

  D. 生产模型法是根据企业的需求水平和资本总额来进行预测

  E. 灰色预测模型法的本质是经济计量模型法

22. 以下属于企业人员内部供给预测方法的是（　　）。（2010 年 5 月）

  A. 生产函数模型法    B. 经验推断法

  C. 人力资源信息库    D. 定员分析法

  E. 管理人员接替模型

23. （　　）属于人力资源规划的外部环境。（2010 年 11 月）

  A. 组织环境    B. 科技环境

  C. 人口环境    D. 经济环境

  E. 法律环境

24. 制定企业人员规划的基本原则包括(　　)。(2010年11月)
    A. 确保人力资源需求　　　　　B. 保持人员固定性
    C. 与战略目标相适应　　　　　D. 保持适度流动性
    E. 与内外环境相适应

25. (　　)是影响人力资源需求预测的一般因素。(2010年11月)
    A. 顾客需求的变化　　　　　　B. 生产需求
    C. 劳动力成本趋势　　　　　　D. 追加培训需求
    E. 生产率变化趋势

26. 人力资源需求预测的定性方法包括(　　)。(2010年11月)
    A. 转换比率法　　　　　　　　B. 描述法
    C. 回归分析法　　　　　　　　D. 德尔菲法
    E. 经验预测法

27. 狭义的人力资源规划,包括的年度计划有(　　)。(2011年5月)
    A. 人员配备计划　　　　　　　B. 人员培训计划
    C. 人员补充计划　　　　　　　D. 人员晋升计划
    E. 薪酬激励计划

28. (　　)应列入人力资源费用计划预算范围。(2011年5月)
    A. 招聘费用　　B. 调配费用　　C. 奖励费用
    D. 员工薪酬　　E. 福利津贴

29. 以下关于企业人力资源预测的说法正确的有(　　)。(2011年5月)
    A. 预测的结果不是绝对的,可进行调整
    B. 预测的基本原理是根据过去推测未来
    C. 人力资源需求预测要注意需求与净需求的区别
    D. 人力资源供给预测是人力资源规划的核心和前提
    E. 人力资源供给预测须考虑组织内外部供给的因素

30. 解决企业人力资源过剩的常用方法有(　　)。(2011年5月)
    A. 减少员工的工作时间
    B. 鼓励提前退休或内退
    C. 鼓励部分员工自谋职业
    D. 合并和关闭某些臃肿的机构
    E. 制定聘用全日制临时用工计划

31. 制定企业人员规划的基本原则包括(　　)。(2011年11月)
    A. 确保人力资源需求　　　　　B. 与企业战略目标相适应
    C. 与内外环境相适应　　　　　D. 与企业绩效管理相适应
    E. 保持适度流动性

32. 特殊人力资源与现代高科技发展紧密相连,在(　　)方面起决定作用。(2011年11月)
    A. 提高竞争力　　　　　　　　B. 支柱产业形成

C. 提高科技含量      D. 产业结构调整

E. 组织结构设置

33. 企业编制人员需求计划时,生产性部门应根据(　　　)来确定人员的需求量。(2011 年 11 月)

A. 生产任务总量      B. 劳动生产率

C. 计划劳动定额      D. 定员的标准

E. 组织机构设置

34. 人力资源需求预测依据的原理有(　　　)。(2011 年 11 月)

A. 相关性原则    B. 惯性原则    C. 相似性原则

D. 趋势原则    E. 一致性原则

35. 企业外部人力资源供给主要渠道有(　　　)。(2011 年 11 月)

A. 复员转业军人      B. 流动人员

C. 其他组织在职人员      D. 失业人员

E. 大中专院校在读生

### 三、计算分析题(2016 年 11 月)

　　某大型企业人力资源部组成了定员核定小组,正在核定该企业后勤服务系统的定岗定员标准。该企业下属的医务所现有编制定员人数 12 人,包括正、副所长各 1 人,医师 7 人,医务辅助人员 2 人,勤杂人员 1 人。此外,该医务所实行标准工时制度,即每周一至周五,每天上午 8:00—12:00,下午 13:00—17:00 应诊,中午休息。

　　定员核定小组随机抽取了该所 10 个工作日每天就诊人数的原始记录,如表 1 所示。同时,根据岗位工作日写实和工作抽样等方面采集到的资料,得到以下数据:医生平均的制度工作时间利用率为 90%,每位患者的平均诊治时间为 20 分钟,医务辅助和勤杂人员岗位的工作负荷量均在 85% 以上,该两类岗位人员定员达到先进合理的要求。

表 1　医务所就诊人数统计表

| 日/月 | 8/1 | 25/2 | 15/3 | 23/5 | 25/7 | 8/8 | 27/9 | 9/10 | 8/11 | 21/12 |
|---|---|---|---|---|---|---|---|---|---|---|
| 就诊人数 | 104 | 106 | 100 | 104 | 101 | 101 | 101 | 100 | 103 | 100 |

请根据上述信息资料计算:

1. 该医务所平均每天就诊的患者人数。

2. 在各种条件正常的情况下,请采用概率推断法,在可靠性为 95% 的前提下($\mu=1.6$),计算该医务所每天必须安排几名医生应诊。

3. 根据该医务所实际工作任务量,确定该所的定员人数。

# 第三章

# 职位分析与胜任素质模型

## 学习目标

◆ 掌握职位分析的含义
◆ 了解职位分析的流程
◆ 掌握职位分析的方法,能够运用职位分析的基本理论编写职位说明书

## 引导案例

### 办公室的争执

员工每天上午8点开始一天的工作。办公室的全体员工包括1个主任、2个秘书、2个打字员和2个档案管理员。到上一年为止,由于平衡的工作量和明确的责任,该办公室一直运转平稳。

从去年开始,主任注意到打字员和档案管理员之间出现了越来越多的争执。当他们找到主任讨论这些争执时,可以确定问题是由于对特定职责的误解造成的。另一方面,秘书和打字员必须经常加班来做他们认为档案管理员很容易承担起来的工作。而档案管理员则强调他们不应该承担任何额外的职责,因为他们的薪水没有反映额外的责任。

这个办公室每个人都有一份几年前编写的工作说明书。然而,由于实施了计算机系统,绝大多数职位的本质都发生了相当大的变化,但这些变化一直未被写入书面材料之中。

主任应该如何解决这些问题呢?

资料来源:冯光明,徐宁,等.战略性人力资源管理[M].北京:理工大学出生版社,2010.

## 第一节 职位分析概述

职位分析又称工作分析或岗位分析,是指全面搜集、获取与工作相关信息的过程。

职位分析主要回答和解决两个问题:"职位是什么""谁适合这一职位"。具体来说,职位分析所要搜集的信息可以概括为 6W1H:Who,谁来完成这项工作? What,这项工作具体做什么事情? When,工作的时间安排是什么? Where,该项工作在哪里进行? Why,为什么要做这些工作? For Whom,该工作的服务对象是谁? How,如何做?

职位分析的结果是职位说明书,职位说明书包括职位描述和职位规范两部分。

# 第二节　职位分析的具体实施

职位分析是人力资源管理的基础性工作,在整个人力资源管理系统中发挥着重要作用。职位设计、职位评价、人力资源规划、招聘选拔、培训开发、绩效考核、薪酬管理等都建立在工作分析的基础上。

## 一、职位分析的步骤

职位分析是一项十分复杂的工作,按照合理的步骤、有条不紊地实施对于提高信息质量、减少资源耗费至关重要。职位分析的步骤可分为准备阶段、调查阶段、描述阶段和结果应用阶段。

### (一) 准备阶段

在职位分析的起始阶段需做好相应的准备工作,包括确定职位分析的目的和用途,确定职位分析对象及职位分析方法,组成职位分析小组并对小组成员进行培训等。

### (二) 调查阶段

调查阶段是全面搜集、获取、综合组织某项工作有关信息的过程,包括职位相关信息及任职者相关信息。

### (三) 描述阶段

描述阶段是对获取的信息进行分析、整理,使其形成规范的文本,即职位说明书的过程。

### (四) 结果应用阶段

结果应用阶段即将职位分析结果应用到人力资源管理的各个环节中去。职位分析的价值在于职位分析结果的应用,此阶段的工作主要有两部分:一是培训工作分析的运用人员。这些人员在很大程度上影响着分析程序运行的准确性、运行速度及费用,因此,培训运用人员可以增强管理活动的科学性和规范性。二是制定各种具体的可操作性的应用文件。

## 二、职位分析的方法

收集职位信息的基本方法有四种：访谈法、问卷法、观察法、工作日志法。

### （一）访谈法

访谈法是指通过面对面的谈话的方式获取工作信息的方法。访谈可以通过三种方式进行：

（1）与单个任职者进行访谈；

（2）与从事同种工作的员工群体进行访谈；

（3）与了解这份工作的任职者的主管进行访谈。

访谈法是最常用的手段，它既能够获取标准化工作的信息，也可以获取非标准化工作的信息；既可以获得体力工作的信息，也可以获得脑力工作的信息；除获取工作信息之外，还可以了解员工需求及满意度。但访谈法难以标准化，可能由于故意作假或误解而造成信息失真。因此，在访谈前要让被访谈者充分了解访谈的目的，访谈者也要掌握访谈的相关技巧，才能保证搜集信息的真实性和准确性。

### （二）问卷法

问卷法是指通过让被调查者填写精心编制的工作分析问卷来搜集信息的方法。根据问卷的标准化程度，可分为结构化问卷和非结构化问卷两大类，结构化问卷的答案是设计好的，格式统一，便于量化分析，如职位分析问卷、管理职位分析问卷等；非结构化的问卷问题虽然统一，但未事先列出任何备选答案，答卷人可自由回答，如"请叙述工作的主要职责"。

问卷法适用于要对很多员工进行调查的情形，可以在较短时间内收集大量信息；问卷结果可通过计算机进行标准化处理和分析。但问卷的设计费时费力，且可能由于被调查者对问卷问题的不同理解导致调查结果的偏差。问卷法一般是针对具有一定阅读能力和文字理解能力的工作者设计的。

### （三）观察法

观察法是指工作分析人员观察被调查工作的执行过程而获取工作相关信息的方法，一般适用于相对简单、重复性高、外显性强和容易观察的工作。分为直接观察法、阶段观察法、工作表演法。直接观察法适用于标准、工作周期短的体力劳动，如流水线上的员工、仓库保管人员所进行的工作；阶段观察法指对周期长的工作分若干阶段进行观察，如行政主管年终筹备公司年会；工作表演法适用于突发事件较多的工作，如保安询问可疑人员。

观察法有助于了解岗位比较客观的信息，能澄清某些疑问，能直观得到岗位要求的个人资格。但工作分析人员易对任职者形成压力，影响其正常工作。

表 3-1　工作分析观察提纲（部分）

被观察者姓名：_____　　　日期：_____

观察者姓名：_____　　　观察时间：_____

工作类型：_____　　　工作部门：_____

观察内容：

1. 什么时候开始正式工作？_____

2. 上午工作多少小时？_____

3. 上午休息几次？_____

4. 第一次休息时间从_____到_____

5. 第二次休息时间从_____到_____

6. 上午完成产品多少件？_____

7. 平均多长时间完成一件产品？_____

8. 与同事交谈几次：_____

9. 每次交谈约多长时间？_____

10. 室内温度_____度

11. 上午抽了几支香烟？_____

12. 上午喝了几次水？_____

13. 什么时候开始午休？_____

14. 出了多少次品？_____

15. 搬了多少次原材料？_____

16. 工作地噪音分贝是多少？_____

# （四）工作日志法

工作日志法是指任职者按照时间顺序详细记录自己的工作内容和工作过程，从而获得工作相关信息的方法（见表 3-2）。

表 3-2　工作日志表

工作日志

姓名：

职位：

所属部门：

直接上级：

从事本业务工龄：

填写期限：自　　年　　月　　日至　　年　　月　　日

前言：

　　首先，感谢您在繁忙的工作中抽出时间参与本次职位分析活动，本次职位分析的主要目的是确定此岗位新的任职者的培训需求。您填写的工作日志将帮助我们全面界定此岗位的主要职责。

　　在接下来的一个月里，请在您完整的工作日内，每隔半小时如实记录前面半小时的工作内容（若任务连续不可间断，在任务完成后请立即填写）。请于本月末将填写的工作日志交至公司人力资源部×××。

当您在填写过程中遇到困难时,请及时与我们联系,电话××××。

再次感谢您的支持与合作!

××公司职位分析项目组

| 日期 | | 工作开始时间 | | 工作结束时间 | |
|------|------|--------------|--------------|--------------|------|
| 序号 | 工作活动名称 | 工作活动内容 | 工作活动结果 | 时间消耗 | 备注 |
| | | | | | |

使用工作日志法收集信息的可靠性高,所需费用少,容易掌握有关岗位的信息。但使用范围小,信息整理量大,可能会由于任职者过于繁忙或不按要求填写而导致信息失真。

# 第三节　职位说明书的编写

如前所述,职位分析的结果是职位说明书,职位说明书是一份关于工作是什么,谁适合这份工作的书面文件。

编写职位说明书并没有标准化的格式,然而大多数职位说明书都包括以下 7 个方面的内容:工作标识、工作概述、工作职责、工作权限、工作环境、工作绩效标准、工作规范。

## 一、工作标识

工作标识是关于职位的基本信息,是一个职位区别于另一个职位的基本标志。一般要包括以下几项内容:职位名称、职位代码、所属部门和直接上级、工作关系等。

### (一) 职位名称

职位名称一方面反映了工作的主要职责内容;同时也指明该职位在组织中的等级位置,如人力资源经理,销售主管。职位名称编写的基本原则:一是尽可能标准化;二是要进行美化处理。

### (二) 职位代码

主要是为了方便职位的管理,用人单位可以根据自己的实际情况来决定应包含的信息。例如在某用人单位中,有一个职位编号为 HR‑03‑06,其中 HR 表示人力资源部,03 表示主管级,06 表示人力资源部全体员工的顺序编号。

### (三) 所属部门和直接上级

所属部门表明了该职位的所属部门,如人力资源部、销售部。直接上级则是要列明该职位的上级职位名称,如人力资源总监、销售经理,而非上级职位的任职者。

### (四)工作关系

工作关系指该职位在职位体系上所处的位置,以及因工作需要和公司内外部人员所发生的工作关系。一般分为外部与内部两个层面。如人力资源经理的内部沟通有分管副总经理、部门经理与员工。外部沟通有上级主管部门、所在城市人事劳动部门、各主要媒体或招聘网站、各主要培训机构、应聘人员或同行,相关行业协会。

## 二、工作概述

工作概述即工作的概括性陈述,描述的是工作的性质概况及主要活动。通常用一句或几句简短的话告诉我们一项工作是做什么的。如人力资源经理的工作概述可这样描述:协助制定、组织实施公司人力资源战略,建设发展人力资源各项构成体系,最大限度地开发人力资源,为实现公司经营发展战略目标提供人力保障。

## 三、工作职责

工作职责即工作的职能和责任,是职位描述的重点内容,要逐项列出本岗位所应负有的职责,是工作概要的具体化。其编写应符合完备性、独立性、稳定性等特点。

## 四、工作权限

工作权限即职位任职者所拥有的对资源分配的影响力,一般包括人事权、财务权、信息权等方面。要注意的是,权限和责任应该是对等的,权力的赋予是为了职责的履行。

## 五、工作环境

工作环境通常包括工作的场所,在室内、室外还是其他的特殊场所;工作环境的危险性,说明危险性存在的可能性,对人员伤害的具体部位、发生的频率,及危险性原因等;工作环境中的不良因素,即是否在高温、高湿、寒冷、粉尘、有异味、噪声等工作环境中工作,工作环境是否使人愉快。

## 六、工作绩效标准

有些职位说明书中包括"绩效标准"这一部分,它列明了在职位说明书提及的每项主要职责之下应达到的标准,以定量化为最好。

## 七、工作规范

工作规范主要说明任职者需要具备什么样的资格条件及相关素质,才能胜任某一岗位的工作。常见的任职资格条件有：学历及专业要求；所需资格证书；经验要求：一般经验、专业经验、管理经验；知识要求：基础知识、业务知识、政策知识、相关知识；技能要求：即完成本岗位工作所需要的专业技术水平；一般能力要求，如计划、协调、实施、组织、控制、领导、冲突管理、公共关系、信息管理等能力及需求强度；个性要求，如情绪稳定性、责任心、外向、内向、支配性、主动性等性向特点。工作规范是对任职者的最低要求，亦即任职者不具备此任职资格将无法完成其工作。

职位说明书的范例见表 3-3。

表 3-3　人力资源经理职位说明书

| 职位名称 | 人力资源经理 | 职位代码 | | 所属部门 | 人力资源部 |
|---|---|---|---|---|---|
| 直接上级 | 人力资源总监 | 直接下级 | 人力资源主管 | 职位定编 | 1 人 |
| 职位概要 | 协助制定、组织实施公司人力资源战略，建设发展人力资源各项构成体系，最大限度地开发人力资源，为实现公司经营发展战略目标提供人力保障。 | | | | |
| 工作职责 | 1. 参与制定人力资源战略规划，为重大人事决策提供建议和信息支持；<br>2. 组织制定、执行、监督公司人事管理制度；<br>3. 协助人力资源总监做好相应的职位说明书，并根据公司职位调整需要进行相应的变更，保证职位说明书与实际相符；<br>4. 根据部门人员需求情况，提出内部人员调配方案（包括人员内部调入和调出），经上级领导审批后实施，促进人员的优化配置；<br>5. 制定招聘计划、招聘程序，进行初步的面试与筛选，做好各部门间的协调工作等；<br>6. 根据公司对绩效管理的要求，制定评价政策，组织实施绩效管理，并对各部门绩效评价过程进行监督控制，及时解决其中出现的问题，使绩效评价体系能够落到实处，并不断完善绩效管理体系；<br>7. 制定薪酬政策和晋升政策，组织提薪评审和晋升评审，制定公司福利政策，办理社会保障福利；<br>8. 组织员工岗前培训、协助办理培训进修手续；<br>9. 配合人力资源总监做好各种职系人员发展体系的建立，做好人员发展的日常管理工作；<br>10. 完成人力资源总监交办的其他工作。 | | | | |
| 工作权限 | 1. 对直接下级任免、辞退建议权；<br>2. 对部门规章制度的监督、检查权；<br>3. 对其他部门规章制度的监督、检查权；<br>4. 人事处罚建议权；<br>5. 相关文件的审批权。 | | | | |
| 工作环境 | 工作场所：办公室。<br>环境状况：舒适。<br>危险性：基本无危险，无职业病危险。 | | | | |
| 业绩标准 | 1. 人力资源管理目标达成率；<br>2. 招聘计划达成率；<br>3. 培训计划达成率；<br>4. 费用控制率。 | | | | |

续　表

| 任职资格 | 教育背景：人力资源管理、工商管理或相关专业大学本科以上学历。<br>工作经验：5 年以上人力资源管理相关工作经验。<br>技能要求：1. 熟悉人力资源管理流程；<br>　　　　　2. 熟练掌握人力资源管理六大模块；<br>　　　　　3. 熟悉国家、地区及用人单位关于用人机制、合同管理、薪资制度、保险福利待遇、培训方针；<br>　　　　　4. 熟练使用办公软件及相关的人力资源管理软件；<br>　　　　　5. 较好的英文听、说、读、写能力。<br>培训经历：受过现代人力资源管理技术、劳动法规、财务会计知识和管理能力开发等方面的培训。<br>态度要求：1. 对人及组织变化敏感，具有很强的沟通、协调和推进能力；<br>　　　　　2. 高度的敬业精神及高涨的工作激情，能接受高强度的工作，工作态度积极乐观；<br>　　　　　3. 善于与各类性格的人交往，待人公平。 |
|---|---|

# 第四节　胜任素质模型

胜任素质，又称胜任能力，指人所具备的特征、资质和素质，侧重于强调这些素质对于某种职业或某项工作的胜任程度。胜任素质是从组织战略发展的需要出发，以强化竞争力、提高实际业绩为目标的一种独特的人力资源管理的思维方式、工作方法、操作流程。

## 一、胜任素质模型理论概述

胜任素质模型是指个体为完成某项工作，达成某一绩效目标所应具备的一系列胜任能力项目的集合，可以用公式 $CM = \{CI_i | = 1,2,3,\cdots,n\}$ 表示。在这个公式中：CM 表示胜任素质模型；CI 代表胜任素质项目；$CI_i$ 表示第 $i$ 个胜任素质项目；$n$ 表示胜任素质项目的数目。胜任素质模型的特点是能够区分优秀员工和一般员工。

常见的胜任素质模型有冰山模型、洋葱模型。冰山模型由 McClelland 及 Spencer 开发 ，一般用来说明胜任素质的特点。胜任素质这座冰山由"知识、技能"等水面以上的"应知、应会"部分和水面以下的"自我认知、人格特征、动机"等情感智力部分构成。洋葱模型由美国学者 Richard Boyatzis 提出，它展示了素质构成的核心要素，并说明了各构成要素可被观察和衡量的特点。

## 二、胜任素质模型的建立

胜任素质模型的建立是指通过建构胜任素质模型来判断员工的哪些特点是成功完成某项工作所必需的过程。建立通用的胜任素质模型可分为以下五个步骤。

### （一）定义绩效标准

绩效标准一般采用职位分析和专家小组讨论的办法来确定。职位分析即采用职位分析的各种工具与方法明确职位的具体要求，提炼出鉴别工作优秀的员工与工作一般的员工的标准。专家小组讨论则是由优秀的领导者、人力资源管理层和研究人员组成的专家小组，就此岗位的任务、责任和绩效标准以及期望优秀领导表现的胜任特征行为和特点进行讨论，得出最终的结论。

### （二）选取分析效标样本

根据岗位要求，在从事该岗位工作的员工中，分别从绩效优秀和绩效普通的员工中随机抽取一定数量的员工进行调查。

### （三）数据收集

可以采用行为事件访谈法（Behavioral Event Interview，简称 BEI）、专家小组法（Expert Panel）、问卷调查法（Survey）和观察法等获取效标样本有关胜任特征数据，但一般以行为事件访谈法为主。

### （四）建立胜任特征模型

在分析数据信息（访谈结果编码、调查问卷分析）的基础上建立胜任特征模型。

首先对已收集数据的报告进行内容分析，记录各种胜任能力要素在报告中出现的频次。然后对优秀组和普通组的要素指标发生频次和相关的程度统计指标进行比较，找出两组的共性与差异特征。最后根据不同的主题进行特征归类，并根据频次的集中程度，估计各类特征组的大致权重。

### （五）验证胜任特征模型

验证胜任特征模型可以采用回归法或其他相关的验证方法，采用已有的优秀与一般的有关标准或数据进行检验，关键在于用人单位选取什么样的绩效标准来做验证。

## 三、提取素质建立模型的方法——行为事件访谈法

"行为事件访谈法"（BEI）是一种开放式的行为回顾式调查技术，是揭示胜任特征的主要工具，类似于绩效考核中的关键事件法。主要是与高绩效者面谈（有时也会找一些普通绩效者作为对比）引发他们讲述在实际工作中发生的关键事件，包括成功事件、不成功事件，并且让被访谈者详细地描述整个事件和当时的想法。

在进行 BEI 的时候，访谈者访谈的重点是在过去确实的情境中采取措施和

行动方面,可以使用 STAR 法来深层次挖掘出具体的行为细节。STAR 法是由 4 个英文单词的第一个字母表示的一种方法。第一个"S"是 situation——情景,表示这件事发生时的情景是怎样的;第二个"T"是 target——目标,表示这件事要达到什么样的目的;第三个"A"是 action——行动,表示被考核者当时采取了什么样的具体行动;第四个"R"是 result——结果,表示被考核者采取行动之后获得了什么样的结果。

## 本章小结

职位分析是指全面搜集、获取与工作相关信息的过程。职位分析的步骤可分为准备阶段、调查阶段、描述阶段和结果应用阶段。收集职位信息的基本方法有访谈法、问卷法、观察法和工作日志法。职位分析的结果是职位说明书,职位说明书包括职位描述和职位规范两部分。通常包括以下内容:工作标识、工作概述、工作职责、工作权限、工作环境、工作绩效标准、工作规范。

## 关键术语

职位分析　职位说明书　访谈法　问卷法　观察法　工作日志法　工作规范

### 【应用案例】

案例讨论

人力资源专员小 V 接到指示,公司在这个月将开展工作分析。人力资源部的每个成员自然成为工作分析小组成员,小 V 要负责销售部门各个岗位的工作分析。他决定先从普通的销售员开始,从下往上分析,把销售经理摆在最后。

事实上,普通员工的态度并没有小 V 预期的那样配合。"工作分析? 干嘛用的? 你们人力资源部还真是吃饱了没事干。"资历深厚的直接质疑小 V。

"哦,是不是要裁人啦? 怎么突然要分析工作了呢?"胆小者支支吾吾,疑心重重。

"真抱歉,手头忙,等过一阵再谈吧。"态度冷淡不配合的更不在少数。一周下来,小 V 精疲力竭,却收获寥寥。

**案例讨论题:**
你认为员工为何对小 V 工作或质疑或冷淡? 小 V 应该怎么办?

### 【复习思考题】

在线习题

1. 职位分析的内容有哪些?
2. 问卷法有哪些优缺点?
3. 观察法的含义及适用范围是什么?

**【HR 考级真题】**

一、在进行工作岗位分析时,应掌握工作岗位的哪些基本特点?(2006年11月)

二、某公司为人力资源部经理草拟了一份工作说明书,其主要工作内容如下:1. 负责公司的劳资管理,并按绩效考评情况实施奖惩;2. 负责统计、评估公司人力资源需求情况,制定人员招聘计划并按计划招聘公司员工;3. 按实际情况完善公司《员工工作绩效考核制度》;4. 负责向总经理提交人员鉴定、评价的结果;5. 负责管理人事档案;6. 负责本部门员工工作绩效考核;7. 负责完成总经理交办的其他任务。

该公司总经理认为这份工作说明书过于简单,内容不完整,描述不准确,请为该公司人力资源部经理重新编写一份工作说明书。(2007年5月)

人力资源管理师
考试真题

# 第四章

# 人员招聘

## 学习目标

◆ 了解人员招聘的含义,理解人员招聘的原则、前提

◆ 掌握人员招聘的程序、内外部招聘渠道和方法,能根据实际招聘情况对招聘工作进行成本—收益分析

## 引导案例

### 该公司的员工招聘工作有效吗?

WS公司是我国中药行业著名的老字号,至今已有数百年的历史。改革开放后,WS公司不断适应市场,改革创新,有了很大的发展。最近,WS公司准备进军生物制药、电子商务等高科技领域,但是,公司的人力资源状况不能适应公司的发展要求。因此,该公司决定面向社会公开招聘高中级专业管理人员,并委托一家北京的咨询有限公司来做此项工作,这是公司人力资源管理制度的一个创新。

在前期准备过程中,招聘人员达成了共识,即尽量挑选认同公司用人单位文化的应聘者。WS公司本身有着很好的品牌和形象,在招聘宣传中突出其平实、稳重的特点,以及市场经济下新的生机。招聘信息发出不久,收到500多份简历。招聘人员按照应聘职位分别归类登记并输入数据库后,按照预计的招聘程序开始筛选工作。

首先,依据应聘者简历和应聘申请表筛选。选聘工作之前,人力资源部根据工作说明书确定了各类人员的选拔和筛选的标准。那些在专业技术和工作经历方面适合公司发展目标且与WS公司的用人单位文化基本融合的应聘者将成为筛选的优胜者。

第二步,组织面试小组进行面试。WS公司注重和应聘者面对面的沟通交流,通过这种方法着重考察应聘者适应组织环境能力、与人友好相处能力、语言表达能力及自信心。五位面试考官面试后,依据印象和感觉对应聘者进行综合评估,并筛选出优胜者。

第三步,进行心理测试。根据不同职位的需要把心理测试工具组合成适用于一般管理人员、中高级管理人员、专业技术人员(财会、营销、策划)的三类不同的方式。在策略上采用择优策略,尽可能全面地了解所有应聘者的能力、性格、动机、兴趣等各个角度和层次的情况,依据职位要求选择最具综合优势的人员。同时确定不同职位考察内容的侧重点,形成不同测试维度的权重关系。WS公司特意把心理测试安排得比较靠后,用于那些最可能被录用的候选人。

最后,进行专业理论测试。公司采用了结构化面试的方式。面试考官主要有:从社会上请来的技术专家、公司领导、用人部门的经理和人力资源部经理。

面试工作结束后的第二天,由各方面专家、公司相关人员组成最后评议组对候选人排序,确定出最终录用者。

**思考题**:WS公司的员工招聘程序是否合理?哪些方面还可完善?

# 第一节　人员招聘概述

用人单位的人员招聘就是其获取人才的一个过程,是指用人单位为实现组织目标,通过招聘、选拔和录用配置等环节而获得组织所需要的、与工作相适应的合格人员的过程。人员招聘作为人力资源管理中的一个重要环节,与用人单位其他的人力资源管理活动之间存在密切关系。人员招聘工作本身是为了寻求和吸引更多、更好的候选人前来组织应聘而组织的系列活动,同时,招聘过程中的各项活动又能促使候选人更好地了解用人单位组织,发挥宣传组织形象的作用。

## 一、人员招聘的意义

用人单位的竞争归根结底是人才的竞争。在用人单位的发展过程中能不能确保组织在恰当的时候获取用人单位所需的各种人才是用人单位能否在激烈的市场竞争中取得胜利的关键环节。人员招聘主要有以下几个方面的意义。

### (一) 关系到用人单位的生存与发展

用人单位在生产运行过程中需要拥有各种高质量的人力资源,在快速变化的市场竞争环境下,没有较高素质的员工队伍和科学合理的人事安排,用人单位在市场中将无立足之地。人员招聘就是为确保用人单位获得高质量人力资源而进行的一项重要工作。

## （二）用人单位调整人才结构的必要手段

用人单位发展的每个不同阶段都会需要不同类型、数量的人才,这是用人单位能够持续发展的前提和保证。用人单位人员招聘的根本目的,是为用人单位获取满足其生产经营需要的人员,它根据用人单位发展的实际需要,利用各种科学选拔技术,为不同岗位挑选出最合适的人选,以实现人、岗和组织的最佳匹配,最终达到因事设岗、人尽其才、才尽其用的互赢目标。由于组织内部的人事变动如升迁、降职、辞职、退休、解雇、死亡等诸多因素的影响,使得用人单位的人力资源状况时刻处于变化中,人员招聘的每一个步骤,都需要经过精心挑选和层层选拔,最后会录用用人单位相对满意的人员。这些人员的基本素养、所掌握的技能等都是用人单位所需要的,有效的招聘可在一定程度上确保员工队伍能够适应用人单位发展的要求。

## （三）展示用人单位良好形象的重要途径

人员招聘的过程也是用人单位对外宣传自我形象的机会。有研究结果显示,公司招募过程质量的高低会明显影响应聘者对用人单位的看法。人员招聘不仅仅是用人单位在吸引和招聘人才,应聘者也可通过人员招聘过程了解该用人单位的组织结构、经营理念、管理特色和用人单位文化等,不管应聘成功与否,都是一扇让别人了解用人单位的大门。招聘是用人单位在其特定目标人群中树立独特的雇主形象、扩大组织影响力和知名度,从而更好地吸引、激励和留住最优秀人才,实现组织竞争优势的重要手段。

## 二、人员招聘的原则

### （一）因事择人原则

所谓因事择人,就是用人单位员工的选聘应以实际工作需要和岗位空缺情况为出发点,根据空缺岗位对任职者的资格要求选用合适的应聘人员。

### （二）公开、公平、公正原则

公开就是要公示招聘信息、招聘方法,这样既可以将招聘工作置于公开监督之下,防止以权谋私、假公济私的现象,又能吸引大量应聘者。公平、公正就是确保用人单位的人员招聘制度给予合格应征者平等的获选机会,对待所有应聘人员,应当一视同仁,不得人为地制造各种不平等的限制。

### （三）竞争择优原则

竞争择优原则是指在人员招聘中引入竞争机制,用人单位要制定严格统一的考试、考核程序,在对应聘者的思想素质、道德品质、业务能力等方面进行全面考察的基础上,按照考试、考核的成绩择优选拔录用员工,确保获取合格人才。

### (四) 效率优先原则

效率优先原则就是用尽可能低的招聘成本录用到合适的最佳人选。人员招聘录用以提高用人单位效率、提高用人单位竞争力、促进用人单位发展为根本目标,为用人单位人力资源管理奠定基础。

## 三、人员招聘的前提

人员招聘的前提有两个:一是工作分析;二是人力资源规划。

### (一) 工作分析

工作分析是采用科学的方法收集和工作相关的各种信息,从而对各种工作的特点以及能承担各种工作的人员特点做出明确的规定。用人单位进行工作分析时,需要收集的信息包括:

(1) 工作职责范围和工作职责内容;
(2) 工作中人的活动;
(3) 工作特征;
(4) 工作所采用的工具、设备、机器和辅助设施;
(5) 工作绩效标准;
(6) 工作的任职要求。

工作分析结束后编制的工作说明书和工作规范这两种书面文件为启用选拔录用应聘者提供了主要的参考依据,同时也可为应聘者提供关于该工作的详细信息。

### (二) 人力资源规划

人力资源规划是指根据组织的发展战略、组织目标及组织内外环境的变化,预测未来的组织任务和环境对组织的要求,为完成这些任务和满足这些要求而提供人力资源的过程。从人力资源规划中得到的人力资源需求预测决定了用人单位预计要招聘的部门与职位、数量、时限、类型等因素。人力资源规划的结果能够使管理者了解什么样的人应该招聘进来填补什么样的岗位空缺。

## 四、人员招聘的程序

在用人单位招聘过程中,以招聘原则作指导,制定一套科学合理的招聘程序,并且按照它来严格执行是十分重要的。人员招聘是一个非常复杂的过程,包括分析招聘信息、制定招聘计划、选择招聘渠道、发布招聘启事、接受应聘申请、组织招聘选拔测试、确定录用者名单、订立聘用合同等。下面把招聘过程中涉及的各环节归纳为三个阶段。

## （一）制定招聘计划

用人单位在制定招聘计划之前，需进行招聘需求分析。当组织扩大生产规模、有员工离职、组织业务进行调整需要特定人才，组织就有了招聘需求。招聘需求分析用于明确是否有岗位空缺，存在多少岗位空缺，需要什么样任职资格的人员填补岗位空缺等，这些都需要用人部门和人力资源部门共同分析做出确定。根据组织相关领导批准的招聘需求申请，人力资源部和用人部门一起制定招聘计划。招聘计划包括确定招聘预算、招聘人数、条件要求（包括文化水平、专业技术、实践经验、年龄、性别等）、招聘的人员组织、招聘工作的负责人、考核方式、完成时间等。

《人员需求报告单》范例见表4-1。

补充资料4-1

---

### 《人员需求报告单》的填写

1. 当用人部门有员工离职、工作量增加等出现空缺岗位需增补人员时，可向公司人力资源部申请领取《人员需求报告单》。

2. 《人员需求报告单》包括增补缘由、增补岗位任职资格条件、增补人员工作内容等，任职资格必须参照岗位描述来写。

3. 《人员需求报告单》须经用人部门主管签批后上报人力资源部。

4. 人力资源部接到各部门上交的《人员需求报告单》后，核查各部门人力资源配置情况，检查公司现有人才储备情况，决定是否从内部调动解决人员需求。

5. 若内部调动不能满足岗位空缺需求，人力资源部将公司总的人员补充计划上报总经理，总经理批准后人力资源部进行外部招聘。

---

表 4 - 1　人员需求报告单

填单：　　年　月　日

| 申请部门 | | 增补职位 | | 增补额 | |
|---|---|---|---|---|---|
| 申请增补理由 | □扩大编制 | | □储备人力 | □辞职补充 | □短期需要 |
| 要求到岗日期 | | | | | |
| 任职者的资格条件 | | | | | |
| 主要工作职责和任务 | | | | | |
| 申请人 | | 部门主管签章 | | | |
| 人力资源部意见 | | | | | |
| 总经理批示 | | | | | |

招聘计划一般包括以下几部分内容：

1. 确定招聘岗位的任职资格和工作要求

依据岗位描述确定需要招聘各岗位的基本任职资格条件和工作要求。

2. 选择合适的招聘渠道

根据招聘人员的任职资格条件、工作要求和招聘数量，结合单位实际和人才市场情况，选择合适的招聘渠道。如需大规模招聘多岗位时可通过招聘广告和大型的人才交流会招聘；如果招聘人员不多且岗位要求不高时，可通过内部发布招聘信息、熟人推荐或通过网上招聘、人才市场招聘;如果招聘人数较多且岗位要求不高时,可进行校园招聘;需要招聘高级人才时,可借助猎头公司推荐。

**3. 制定招聘方案**

人力资源部在综合分析招聘相关信息的基础上,制定招聘方案。招聘方案的主要内容包括:

(1)需招聘的岗位工作要求清单,包括岗位名称、需要人数、年龄、性别、任职资格、职位描述、薪酬待遇等;

(2)确定招聘渠道;

(3)招聘流程设计,明确各步骤的起止时间;

(4)组建招聘小组,明确各成员的职责分工;

(5)招聘费用预算。

## (二)人员招募

**1. 发布招聘信息,收集应聘资料**

(1)确定招聘方案之后,就可以对外发布招聘信息。招聘信息的发布需遵循 AIDA 原则,根据不同的招聘对象,选择最有效的发布媒体和渠道来传播招聘信息,以鼓励和吸引尽可能多的求职者来参加应聘。招聘信息要明确潜在的应聘对象,招聘内容的要求能正确描述岗位的工作特点、应聘者的必备条件和相关应聘方法等。

(2)在招聘信息发出之后,就会有人员来公司应聘。在这一阶段,公司的招聘接待人员要负责收集应聘者的应聘材料,并要求应聘者填写求职申请表。求职申请表是组织为了确保应聘者提供的应聘材料的真实性和规范性而预先设计的表格,在员工招聘与录用活动开展时供应聘者进行填写。它是每个组织在招聘过程中都要做的工作,是收集求职者个人背景资料的一种常规手段。

**2. 简历筛选(初试)**

通过翻阅应聘者的简历和求职信以及招聘人员与应聘者的初步交谈,结合公司的招聘岗位工作描述和人员任职资格要求,可将部分不符合条件的求职者排除。初试时,招聘人员须严格按招聘标准和要求把好第一关,筛选应聘资料时一般从文化程度、性别、年龄、工作经验、容貌气质、户口等方面综合比较。符合基本条件者可参加复试(笔、面试),不符合者登记完基本资料后直接淘汰。

**3. 笔试**

笔试是用以考核应聘者特定的知识、专业技术水平和文字运用能力的一种书面考试形式。这种方法可以有效测试应聘者的业务知识、文字能力和分析综合能力,据此得出应聘者的基础知识和素质能力等方面的差异。

**4. 面试**

面试是招聘测试中最常用的方法。面试是由面试考官与应聘者以交流和观察为主要手段进行有目的的面对面交流信息,以了解应聘者能力和素质等相关信息,从而对应聘者做出甄选的过程。面试方式主要有:无领导小组讨论法、结构化面试、一对一面试等。面试题目的设计思路见图4-1。

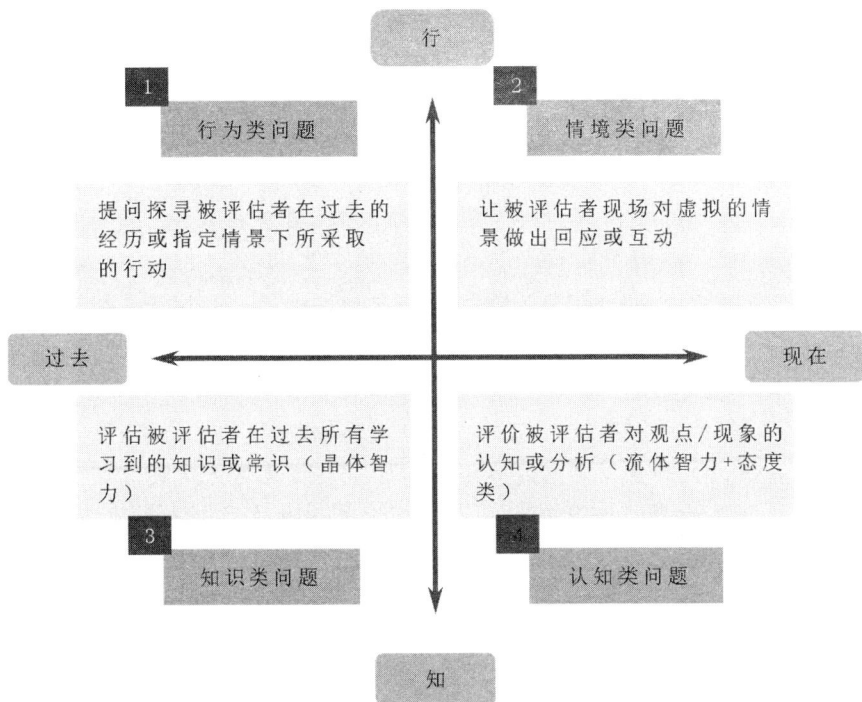

图4-1　面试题目设计思路

**5.背景调查**

对那些可能成为组织雇员的求职者进行背景调查,了解其个人基础信息、过往的工作背景、能力及工作表现,形成对被调查人员的综合评价,这是用人单位在用人环节中必不可少的招聘流程。

**6.体检**

体检的目的主要用于排除那些身体健康条件不符合要求的求职者。

**7.员工录用及试用期设定**

通过以上几个测试程序,招聘小组根据组织原定的招聘标准,经过优胜劣汰,可以最终做出录用决定,也包括试用期的设定、转正的标准及转正程度等。

## (三)招聘评估

一个完整的招聘过程应该有一个评估程序。在人员招聘过程中,由于招聘的岗位和要求不同,招聘渠道和甄选方法等也不尽相同,不同招聘渠道和甄选方法的成本也不相同,人员招聘的任务就是尽可能以最低的招聘成本将最符合用人单位岗位要求的人员吸引录用到用人单位中。招聘评估主要从招聘各岗位人员到位情况、应聘人员满足岗位的需求情况、应聘录用率、招聘单位成本控制情况等方面进行评估。

补充资料 4 - 2

### "背景调查"是用人单位招聘的"秘密武器"

求职者"学历造假""捏造工作经历""存在职业道德问题"等现象时有发生,用人单位若一不小心将这些求职者招募进来,委以重任,轻则不能胜任岗位任务,重则让用人单位蒙受重大经济和信誉损失。这些都要求 HR 们必须练就一双"火眼金睛",尽力保证所招募人员符合用人单位的需求。而"背景调查"可以帮助用人单位降低用人风险,可谓是招聘过程中的一项"秘密武器"。

前程无忧网站曾针对"背景调查"这个话题进行了一次专项调查,调查显示,几乎所有参与调查的用人单位或多或少都会有背景调查这一环节,其中有 60.2% 的用人单位会对所有拟录用人员进行背景调查,而剩余的 39.8% 的用人单位也会针对关键岗位员工或一定级别以上的员工进行调查。

高达 90.9% 的被调查用人单位的 HR 是通过电话寻访的方式进行背景调查的,而位于排名前三的另两种方式分别为熟人了解和档案查询,分别被 46% 和 21.9% 的用人单位所选用。值得关注的是,虽然熟人了解处在被选择的第二位,但它同电话寻访之间的比例差距很大,电话寻访不仅是现在的,可能也会在未来很长一段时间内成为 HR 进行背景调查的主要渠道。

73.5% 的用人单位在进行背景调查时主要关注的是应聘者以往的工作经历。拟录用人员真实的工作经历才能满足用人单位工作的需要,虚假的工作经历极有可能无法胜任公司的工作。另外离职原因和职业道德也同样得到了用人单位的关注,一个人无论你的工作经历再怎样丰富,专业技能再如何了得,如果应聘者做出过违反公司纪律或有违职业道德的事,一旦录用同样可能给用人单位造成隐患。

资料来源:http://mt.sohu.com/20150929/n422377898.shtml

## 第二节 招聘的渠道与方法

用人单位的人员招聘渠道可以分为两大类:内部招聘和外部招聘。

### 一、内部招聘

内部招聘是指用人单位将职位空缺向员工公布并鼓励员工竞争上岗,是一种通过用人单位内部获得用人单位所需要的各种人才的招聘方式。对用人单位来说,进行内部招聘有助于增强员工的流动性,同时由于员工可以通过内部竞聘得到晋升或者换岗,因此也是一种有效的激励手段,可以提高员工的满意度,从而留住人才。

## (一) 内部招聘的方式

内部招聘的方式通常有三种:用人单位内部的人力资源信息管理系统、组织成员推荐、竞聘上岗。

1. 用人单位内部的人力资源信息管理系统

用人单位人力资源管理部门通常备有组织所有员工的个人档案,为方便对员工进行管理,人力资源管理部门需要对员工个人档案进行信息化管理。一个完整的内部人力资源信息管理系统,一般有三部分的信息组成:一是员工个人基本资料,包括年龄、性别、专业、学历、主要工作经历、教育培训经历等;二是员工个人特征资料,包括性格、特长、兴趣爱好、个人奖惩、职业偏好等;三是员工在本单位的表现,包括职位职务、工作业绩、工作责任心、团队意识、对用人单位文化的接受程度等。

当用人单位的工作岗位出现空缺时,根据该岗位对员工专业、能力、工作经验等各方面的要求,可快速在用人单位内部的人力资源信息管理系统进行搜索查找,帮助用人单位发现某空缺岗位的若干匹配员工。人力资源部在对匹配员工进行筛选的基础上,可结合员工本人意愿和组织期望挑选出最合适该岗位需求的人选。

2. 组织成员推荐

对用人单位组织来说,由组织成员(尤其是主管)来为某个空缺岗位推荐合适人选,成功率是非常高的。因为引荐人对用人单位组织的情况比较熟悉,对空缺岗位的性质和工作职责也有比较深刻的了解,同时,引荐人对被引荐人的情况也有相当了解,这种推荐不仅有的放矢,也具有广泛的适用性。

3. 竞聘上岗

竞聘上岗是指组织将空缺岗位的工作职责、资格要求等信息在用人单位内部进行公开,通告给用人单位全体员工,同时公开竞聘流程,以客观、公正的方法选聘合适的人选。这种内部招聘方法既可为有才能的员工提供在用人单位内部获得成长、发展的机会,又能体现公平竞争的用人原则。

补充案例 4-1

## 关于××基地人力资源部部长公开招聘的通知

集团所属各单位:

根据××基地经营发展需要,经主管领导批准,决定在全集团范围内就××基地人力资源部部长进行公开招聘。现将有关事项通知如下:

一、竞聘原则

1. 公开、平等、竞争、择优原则。集团人员只要符合岗位基本条件都有机会参与竞争。竞聘工作组将一视同仁,严格按照岗位任职资格和职责要求进行筛选,择优选用。

2. 任人唯贤,德才兼备,注重实绩。竞聘工作组将从竞聘者的价值观、素质和绩效三个维度考察竞聘人员,通过竞聘,使优秀人才脱颖而出。

二、适用范围

本次公开招聘的岗位面向集团全体员工。

三、竞聘条件和招聘岗位

1. 竞聘条件

(1) 无任何违规违纪现象;

(2) 符合招聘岗位的任职资格;

(3) 符合集团中层干部胜任素质要求。

2. 招聘岗位

人力资源部部长 1 名,相应的具体岗位职责详见附件 1。

四、竞聘组织

1. 人员组成

竞聘小组成员:江××、胡××、朱××、何××、刘××

竞聘联络人:××基地人力资源部 胡×

2. 职责

(1) 竞聘小组

①全面领导整个招聘工作;

②组织对初审合格人员进行面试及考核;

③根据竞聘者的竞聘总分将竞聘者排序,并初步确定聘任人员。

(2) 竞聘联络人

①负责组织开展竞聘工作;

②负责相关竞聘资料的收集归档、资格审查、名单公布、活动组织等工作。

五、竞聘实施

1. 竞聘流程

详见附件 2。

2. 考核方式

本次竞聘上岗采取竞聘演讲与答辩的方式,详见附件 3。

六、竞聘要求

1. 报名时间:2016 年 2 月 25 日—3 月 5 日。具体竞聘时间另行通知。

2. 报名方式:填写《内部竞聘申请表》(附件 4)发送至胡×。未在截止日期内发送《内部竞聘申请表》的视为放弃参加此次竞聘。

3. 经事先告知竞聘时间安排,本人不能参加竞聘活动的视为放弃参加此次竞聘。

4. 竞聘期间竞聘者必须兼顾岗位工作,在竞聘期间因主观原因造成工作损失的,将予以通报并追究责任,严重失职的将取消其竞聘资格。同时请竞聘人员分管领导给予时间及工作支持。

附件：1.《竞聘岗位》

　　　2.《内部竞聘流程图》

　　　3.《考核方式》

　　　4.《内部竞聘申请表》

××基地人力资源部

二〇一六年二月二十三日

**附件1：**

竞聘岗位

| 岗位 | 人力资源部部长（1人） |
|---|---|
| 任职资格 | 1. 人力资源、行政管理类或相关专业大学本科及以上学历,优秀人才可以适当放宽条件；<br>2. 7年以上相关工作经验,不少于4年人力资源主管或以上级别管理经验；<br>3. 对用人单位人力资源管理模式有系统的了解与实践经验,对用人单位人才的引进、薪酬规划、绩效考核、员工招聘、岗位培训、用人单位制度完善、组织与人员调整等具有丰富的实践经验；<br>4. 熟悉国家、地区和用人单位对于员工合同管理、薪酬制度、用人机制以及保险福利待遇等相关政策法规。 |
| 素质要求 | 1. 具有很强的沟通、组织协调与工作推进能力；<br>2. 工作责任心强、坚守原则,具备较强的公信力,能够承担较大的工作压力,对于突发事件具有良好的应对及预警能力。 |
| 工作职责 | 1. 制定公司年度人力资源管理规划,为用人单位各种重大人事决策提供建议与信息支持；<br>2. 组织完善用人单位人事劳动相关制度,并监督其运行效果,持续改进；<br>3. 组织本部门制定招聘相关制度及流程,为其他部门提供人才需求分析与指导；<br>4. 审查审批各厂部的用人需求和公司关键人才储备、选拔、培养方案；<br>5. 根据用人单位对于绩效管理的要求,制定、执行绩效管理流程,组织和实施绩效管理,并对各部门的绩效评估过程进行控制,不断完善绩效管理体系；<br>6. 负责用人单位薪酬、保险、福利制度的规划和实施工作；<br>7. 统筹实施用人单位的人才培养储备项目和用人单位培训工作,负责指导公司培训体系的建设与完善,审批公司培训课程体系。 |

83

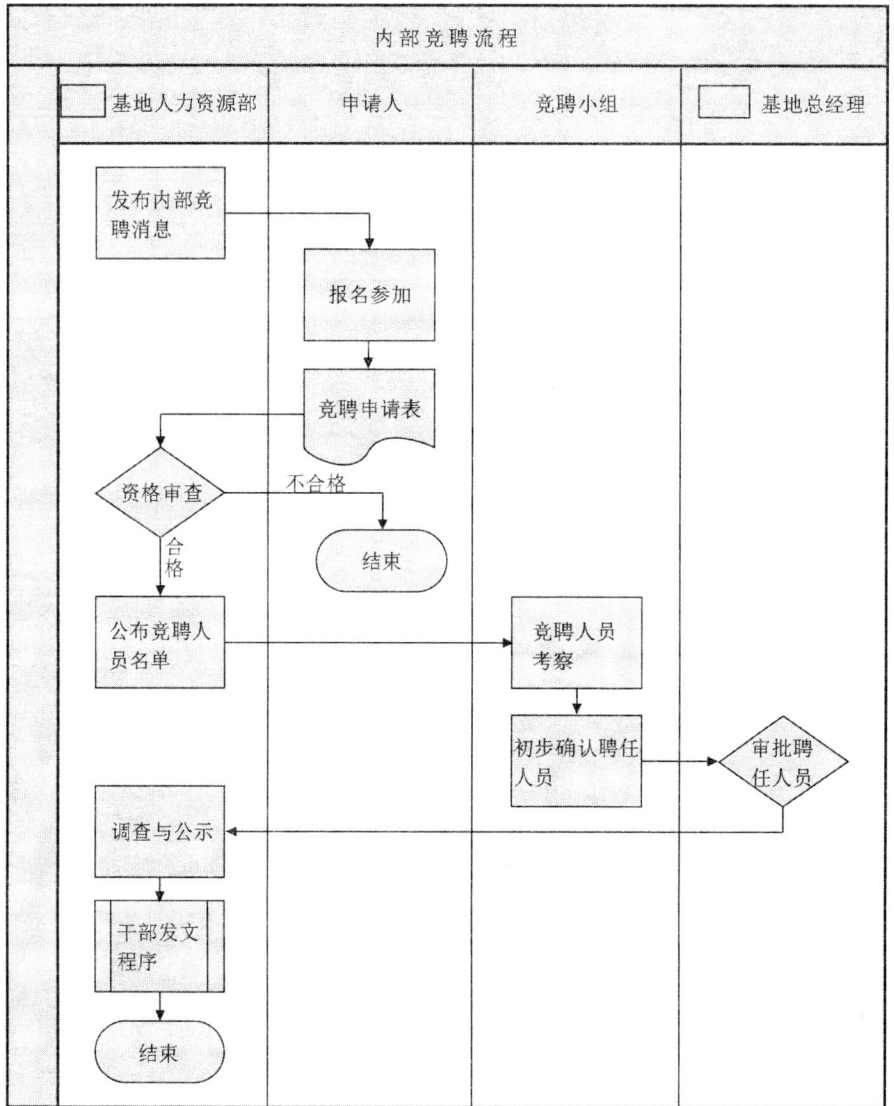

附件 2：

内部竞聘流程

| 基地人力资源部 | 申请人 | 竞聘小组 | 基地总经理 |

发布内部竞聘消息

报名参加

竞聘申请表

资格审查

不合格

合格

结束

公布竞聘人员名单

竞聘人员考察

初步确认聘任人员

审批聘任人员

调查与公示

干部发文程序

结束

**附件 3：**

**考核方式**

| 序号 | 考核方式 | 地点 | 比例 | 演讲资料内容 |
|---|---|---|---|---|
| 1 | 演讲与答辩 | ×× | 100% | 1. 主要工作业绩（包含经验与教训）及自我经历介绍；<br>2. 对竞聘岗位的未来规划与展望；<br>3. 针对竞聘岗位自身的优劣势，优势如何发挥，劣势如何弥补；<br>4. 下一步工作计划与设想。<br>要求以 PPT 形式进行宣讲，演讲时间不超过 20 分钟。 |

**附件 4：**

**内部竞聘申请表**

| 姓　　名 | | 部　　门 | | 现岗位 | |
|---|---|---|---|---|---|
| 毕业院校 | | | | 入司时间 | |
| 学　　历 | | 专　　业 | | 职　　称 | |
| 联系方式 | | | | | |
| 竞聘岗位 | | | | | |

工作经历（请注明时间、公司、部门、岗位及职务，含集团内部职务变动经历）

简述本人最近任职的两个岗位的主要工作内容

与竞聘职位相关培训情况（包括部门、公司组织的培训，外部职称考试培训等）

在集团主要工作业绩

与竞聘岗位的相关经验、目前存在的问题和下一步的工作设想

## （二）内部招聘的优缺点

**1. 内部招聘的优点**

相对于外部招聘而言，内部招聘有如下优点。

（1）内部招聘的准确度更高，有效性更强。由于内部招聘的员工本身来自组织，用人单位管理人员对该员工的性格特征、工作动机、业绩表现、发展潜力以及团队合作精神等方面都有比较客观、准确的认识，在一定程度上减少了

"逆向选择"甚至是"道德风险"等方面的问题,从而减少用人方面的失误,为用人单位避免不必要的招聘。

（2）内部员工适应性更强。内部选拔的员工更了解本组织的运作模式,熟悉用人单位的基本情况、工作环境和工作流程,熟悉用人单位的领导和同事,了解并认可用人单位的文化、用人单位的核心价值观,因此与从外部引进的新员工相比,他们能更好地适应新工作,有更高的用人单位责任心和对用人单位的忠诚度,进入新的岗位适应性更强。

（3）能够激发组织员工的内在积极性。内部招聘对员工而言,往往意味着晋升或换岗,晋升可以让员工获得更大的个人发展空间和工作挑战,换岗则是让员工找到更符合自身工作能力或兴趣爱好的工作岗位。对晋升或换岗成功的员工来说,由于自己的能力和表现得到用人单位认可,会产生强大的工作动力,其绩效和对用人单位的忠诚度便随之提高。对其他员工而言,由于组织为员工提供晋升机会,从而感到晋升有望,工作就会更加努力,增加对组织的忠诚和归属感。因此,有着良好内部招聘传统的用人单位,员工就会感受到用人单位为自己提供的发展空间,存在着晋升和期盼自己获得组织信任的希望。

（4）人员招聘的费用较低。公开招聘的各个环节都需要消耗用人单位大量的时间和财力,内部招聘员工则可以节约不少费用,如广告宣传费、招聘人员的差旅费等,同时还可以节省岗前培训和岗位适应性训练等费用,减少了间接损失。

2．内部招聘的缺点

相对于外部招聘而言,内部招聘存在如下缺点。

（1）容易造成用人单位内部矛盾。当用人单位出现岗位空缺（尤其是管理岗位空缺）时,总会引起若干人的同台竞争,而竞争的结果是失败者占多数。竞争失败的员工可能会心灰意冷,士气低下,不利于组织的内部团结。内部招聘还可能导致部门之间"挖人才"现象,使用人单位内部的人际关系更复杂,不利于部门之间的团结协作。

（2）容易造成"近亲繁殖",影响用人单位竞争力。内部招聘,流动的员工和用人单位之间原本在价值观、用人单位文化理念上彼此认同,同一组织内的员工有相同的文化背景,可能产生"团队思维"现象,抑制个体的变革、创新思维,不利于组织的长期发展。

（3）失去选取外部优秀人才的机会。内部招聘,虽然可以规避识人与用人的失误,但一味寻求内部招聘,也降低了外部"新鲜血液"进入本组织的机会,表面看是节约了成本,其实也会降低用人单位的竞争力和向上发展力。

（4）除非有很好的发展或培训计划,内部晋升者很难在短期内达到组织对他们的预期要求,内部培养员工的成本远比雇佣外部直接适合需要的人才要高。而且被提升员工由于"彼得原理"可能无法很好地适应工作,从而影响组织整体的运作效率和绩效。

## 二、外部招聘

外部招聘是指按照一定的标准和程序,从组织外部的候选人中挑选符合空缺岗位所需人员的过程。由于用人单位的健康快速发展,用人单位需要的各类人才难以全部在组织内部获得满足,外部招聘是用人单位补充人才的主要渠道。在当今激烈的人才竞争环境下,用人单位能否通过有效的外部招聘方式获取更多的优秀人才,是用人单位竞争成败的关键所在。

### (一)外部招聘方式

外部招聘的方式主要有四种:委托社会中介机构负责招聘、用人单位公开招聘、校园招聘、熟人推荐。

1. 委托社会中介机构负责招聘

随着社会分工的不断深化,社会上出现不少专门从事招聘代理的中介机构,可以帮助用人单位进行人员招聘。用人单位只需提供自己的招聘需求,由中介机构承担寻找和筛选求职者的任务。中介机构主要有代理机构、管理咨询公司、猎头公司等。

(1)代理机构。在我国,代理机构有公共代理机构和私人代理机构两种。公共代理机构主要由各级人力资源和社会保障部门直接设立,包括人才市场、劳务市场、就业安置办、就业服务中心等。用人单位通过公共代理机构招聘员工,不仅成本比较低、选择面比较广,而且有各类人才信息库可以寻找潜在的候选人。私人代理机构主要是各类职业介绍所。私人代理机构有更广泛的信息资源,而且服务效率较高,可以减轻用人单位寻找、联系、预先筛选求职者的负担,但是私人代理机构成分比较复杂,行业规范性有待加强。用人单位可以用于解决大量急聘人员或临时用工需求,并尽量选择信誉较高的机构。

(2)管理咨询公司。目前,社会上有许多管理咨询公司可为用人单位提供各类诊断和咨询服务。当用人单位有数量比较多、种类比较复杂的招聘需求时,可以委托管理咨询公司专门为自己提供招聘服务。接受委托的咨询公司通常会成立一个项目小组进驻用人单位,制定并实施一套专门的招聘方案,直到帮助用人单位完成录用合格的人员。用人单位也可以借此机会,建立科学的招聘制度,训练自己的招聘队伍,在一定程度上提升自己的人力资源管理水平。

(3)猎头公司。猎头公司是指一些专门为用人单位员工招聘高级人才或特殊人才的就业中介机构。猎头公司的联系面很广,而且特别擅长接触那些正在工作并对更换工作还没有积极性的人。当用人单位需要高级技术人员或中、高级管理人员时,可以委托猎头公司代为其选择人才。猎头公司凭借专业优势能够准确把握关键职位所需要的工作能力、关键品质,科学评价应聘的人选,从而快捷、有效地完成用人单位员工招聘。它可以帮助用人单位管理层节省很多招聘和选拔高级人才的时间,为用人单位管理带来立竿见影的效果。

但借助猎头公司招聘人才的方式所需费用较高,一般为所推荐人才年薪的 $1/4 \sim 1/3$。

**2. 用人单位公开招聘**

用人单位公开招聘是指用人单位利用广播、电视、报纸、杂志、互联网和海报张贴等多种途径向社会公开宣布用人单位员工招聘计划,为社会人员提供一个公平竞争的机会,从而择优录取合格人员的员工招聘方式。公开招聘是外部招聘中采用最多的一种方式,它适用于各种工作岗位的填补。公开招聘一般有以下几个步骤。

(1)发布招聘广告。在公开招聘中,刊登广告是重要而关键的第一步骤。有效的招聘广告需要能够吸引潜在求职者的注意力,提供真实的现实工作预览,有对工作要求和所需资格的详细描述以及为求职者提供必要的联系方式。只有在适当的时机,运用适当的渠道,刊登适当的广告,才能吸引用人单位所需要的人才来应聘。如果应聘的人素质不高,或人数太少,用人单位很可能招聘不到合适的人选。

(2)接受报名。在规定的时间内,要求应聘者到指定地点报名是公开招聘的第二步骤。用人单位要根据招聘的需要设计相应的报名程序:领取报名登记表,填写表格,上交表格。为便于了解应聘者的某些资格条件,可以要求应聘者提供证明材料。

(3)参加招聘测试。报名截止后,用人单位需要在规定的时间内通知所有符合条件的应聘者参加招聘测试。测试要严格按照用人单位的招聘标准,对求职者进行现实表现的考核和职业适应性的全面考察。

(4)公开录用结果。录用就是把多种考核和测试结果结合起来,综合评定,严格挑选出符合用人单位岗位要求的人员,确定录用名单。为确保公开招聘的可信度,录用结果需要向社会公开。

在公开招聘的各种媒介中,网络招聘是一种新兴的招聘方式。它具有费用低、覆盖面广、时间周期长、联系快捷方便等优点。用人单位可以将招聘广告张贴在自己的网站上,也可以在一些专门的招聘网站上发布信息。网络招聘由于信息传播范围广、速度快、成本低、供需双方选择余地大,且不受时间、空间的限制,因而被广泛采用。

**3. 校园招聘**

大中专院校和职业学校招聘是用人单位招聘管理人员和专业技术人员的重要途径之一,国内外一些著名的公司都非常重视校园招聘工作。校园招聘可通过校园网、招聘海报、招聘宣传讲座和专场招聘会等来进行。这种招聘方式费用较低,而且应届毕业生年轻有活力、可塑性强、成才比较快,是保证用人单位员工队伍稳定和提高员工整体素质的有效途径。校园招聘一般适用于招聘专业化水平不高、技术含量不高、工作要求不高的职业岗位。

**4. 熟人推荐**

熟人推荐一般是用人单位让雇员推荐合格的朋友或亲属进行工作申请,

并且常常为推荐合格候选人的雇员提供一些奖励。目前,越来越多的公司重视熟人推荐这种招聘形式,因为通过这种招聘方式入职的员工一般更为可靠,跳槽率更低。但用人单位在操作该招聘方法的过程中,需要尽量避免出现"举人唯亲"的现象,加强对被推荐人员的考核,提高招聘人才的质量。

### (二)外部招聘的优缺点

#### 1. 外部招聘的优点

相对于内部招聘而言,外部招聘具有以下优点。

(1)有利于树立用人单位形象。外部招聘是一种有效地与外部沟通的方式,可以帮助公司了解外部市场的行情、行业的发展动态、招聘岗位的市场薪酬水平等。同时,外部招聘可起到广告的作用,在公开、公正的选拔和严格、谨慎的考核过程中,用人单位在其员工、客户和其他外界人士中宣传了自己,有利于公司树立良好的形象,形成良好的口碑。

(2)可以缓解内部竞争者间的紧张关系。通过外部招聘获得优秀人才无形中会给公司现有员工施加压力,使之形成危机意识,激发其斗志,促使所有员工共同进步。而且,通过外部招聘进入公司的新员工有利于平息和缓和内部员工之间的紧张关系。

(3)带来新理念、新方法,使用人单位充满活力。外来的求职者会为公司带来新的观念、新的信息、新的思维、新的文化和价值观,包括新的社会关系,从而为公司带来思想的碰撞,激活用人单位不断向上的活力。另外,通过从外部引进优秀的技术和管理专家,能够给组织现有员工带来一种无形的压力,使其产生危机意识,激发其斗志和潜能,从而产生"鲶鱼效应"。

(4)外部选择余地大,有利于招到优秀人才。外部招聘面向广阔的外部人力资源市场,人才来源广泛,选择余地充分,具备各类条件和不同年龄层次的求职人员能够确保公司根据能岗匹配的原理招聘合格人才,有利于满足用人单位根据职位空缺要求选择最合适人选的需要,从而使公司节省培训费用和培训时间。

#### 2. 外部招聘的缺点

(1)筛选难度大,决策有风险。在组织外部招聘的各阶段,用人单位的招聘团队必须能够比较准确地测定应聘者的能力、性格、态度、兴趣等素质,从而准确预测他们在未来的工作岗位上能否达到组织所期望的要求,这中间要耗费较长的时间。而且通过若干次面试或者各种素质的测评就必须判断候选人是否符合本组织空缺岗位的要求,有一定的难度,用人单位招聘团队很可能因为一些外部的原因(如信息的不对称性等、逆向选择及道德风险)而做出不准确的判断,从而增加招聘决策风险。

(2)新员工进入角色状态较慢。外部招聘的员工需要花费较长的时间才能了解组织的工作流程和运作方式,才能了解用人单位的文化并融入其中。这个较长时间的磨合和定位,导致新员工学习、培训、适应用人单位的成本较高,很可能会出现"水土不服"的现象,影响工作的开展和创造力的发挥。

（3）人才获取成本高。无论是通过代理机构招聘还是用人单位自行公开招聘,都需要花费一笔不小的招聘费用,这其中可能包括招聘人员的差旅费、广告宣传费、测试费、专家咨询费、猎头公司的费用等。而且由于外部应聘人员相对较多,测试选拔的过程也非常的烦琐与复杂,不仅需要花费较多的人力、财力,还需占用大量的时间。

（4）影响内部员工的积极性。外部招聘可能会挫伤有上进心、有事业心的内部员工的积极性和自信心,如果组织中有胜任的人才未被选用或提拔,那么内部员工得不到相应的晋升和发展机会,员工的积极性可能会受到较大影响。同时,空降的外来人员也会引发组织内部两类人才之间的冲突和矛盾,对用人单位员工队伍的团结和稳定带来阻力。

# 第三节　招聘的成本—收益分析与评估

## 一、招聘的成本—收益分析

招聘成本评估是指对招聘过程中发生的各项费用进行调查、核实,并对照招聘预算进行评价的过程。通过招聘费用核算,可以了解招聘中各项费用是否符合预算要求以及经费使用差异情况。

### （一）招聘成本

招聘成本包括人员招聘过程中的招募、甄选、录用、安置等各项成本。

1. 招募成本

招募成本是为了吸引和确定用人单位所需内外人力资源而发生的费用,主要包括招聘人员的直接劳务费用、直接业务费用(如招聘会议费、差旅费、广告费、宣传资料费、办公费、水电费等)、间接费用(如招待费、场地租赁费用、设备使用费等)。

2. 甄选成本

甄选成本是指对应聘人员进行鉴别选择,以便最后做出是否录用决定所支付的费用。一般情况下,甄选成本主要包括以下几个方面:(1)简历及个人申请表筛选,汇总应聘候选人员资料;(2)进行各种书面测试,评定成绩;(3)进行面试相关工作,评定成绩;(4)根据应聘候选人相关资料、各种考核测试成绩,招聘小组讨论做出录用决策方案;(5)背景调查,通知候选人体检;(6)录用面谈;(7)发放录用通知。

3. 录用成本

录用成本是指甄选结束后,把录用人员安排至招聘单位所发生的费用。录用成本包括员工调动补偿费、员工安家费等由人员录用引起的相关费用。

### 4．安置成本

安置成本是指为了安置已录用员工到具体工作岗位而发生的相关费用。一般包括各种行政管理费用、为满足新员工工作所需添加的设备条件购置费用、录用部门因安置工作所耗费的各项成本费用等。

## （二）成本效用评估

成本效用评估是对招聘成本产生的效果进行分析。主要包括：招聘总成本效用分析、招聘成本效用分析、人员甄选成本效用分析、人员录用成本效用分析。计算公式如下。

1．总成本效用

总成本效用＝录用人数/招聘总成本

2．招聘成本效用

招聘成本效用＝应聘人数/招聘期间的费用

3．甄选成本效用

甄选成本效用＝进入各环节选拔测试人数/选拔期间的费用

4．录用成本效用

录用成本效用＝正式录用人数/录用期间的费用

## （三）效益成本分析

效益成本分析既是一项经济评价指标，也是对招聘工作的有效性进行考核的一项指标。招聘收益—成本比越高，则说明招聘工作越有效。

招聘收益—成本比 ＝ 新员工为组织创造的总价值/招聘总成本

# 二、录用人员评估

录用人员评估是指根据招聘计划对录用人员的质量和数量进行评价的过程。

判断人员招聘数量的一个基本方法是看职位空缺是否得到满足，雇佣率是否真正符合招聘计划的目标。

衡量人员招聘质量一般是按照本次招聘中求职人员的数量和实际雇佣人数比例来认定。

1．录用比

录用比＝录用人数/应聘人数 × 100％

2．招聘完成比

招聘完成比＝录用人数/计划招聘人数× 100％

3．应聘比

应聘比＝应聘人数/计划招聘人数

如果录用比例小，相对来说，录用者的素质比较高；反之，录用者的素质可能会偏低。

如果招聘完成比等于或大于100%,则说明本次招聘人员数量全面或超额完成计划任务;反之,说明该次招聘没有完成预期招聘计划。

如果应聘规模比较大,说明招聘信息发布的效果较好,一定程度上也可以说明录用人员素质可能比较高。

除了运用录用比和应聘比这两个数据来反映录用人员的质量,也可以根据招聘的要求或工作分析的要求对录用人员进行等级排列来确定人员质量。

**【例】** 某单位2016年下半年组织一次招聘活动,招聘计划为:总经理助理1人,销售部经理1人,技术部经理1人。在招聘过程中,总经理助理岗位参加应聘者35人,参加选拔测试25人,录用1人;销售部经理岗位参加应聘者40人,参加选拔测试20人,录用1人;技术部经理岗位参加应聘者20人,参加选拔测试15人,录用0人。招聘费用包括:广告宣传费30000元,甄选测试相关费用23000元,行政管理费用6000元,录用安置费用15000元。

求该公司本次招聘的总成本效用、招聘成本效用、甄选成本效用、录用成本效用、录用比、招聘完成比、应聘比。

### 三、招聘总结

招聘的最后阶段,招聘小组通常需要撰写招聘总结报告,全面整理招聘实施工作中的经验教训,并把招聘总结作为一项重要的资料存档,为以后的招聘工作提供信息。

招聘总结一般由招聘主要负责人来撰写,该总结需要能够真实地反映招聘的全过程,同时还要明确指出本次招聘过程中的成功及失败之处。招聘总结的内容具体包括:招聘计划的完成情况介绍、招聘进程描述、招聘经费使用总结、招聘结果评定等方面。

### 本章小结

人员招聘是指用人单位为实现组织目标,通过招聘、选拔和录用配置等环节而获得组织所需要的、与工作相适应的合格人员的过程。

人员招聘主要有三个方面的意义:它关系到用人单位的生存与发展;它是用人单位调整人才结构的必要手段;它是展示用人单位良好形象的重要途径。

人员招聘的原则有四个:因事择人原则,公开、公平、公正原则,竞争择优原则,效率优先原则。

人员招聘的前提有两个:一是工作分析;二是人力资源规划。

人员招聘是一个非常复杂的过程,包括分析招聘信息、制定招聘计划、选择招聘渠道、发布招聘启事、接受应聘申请、组织招聘选拔测试、确定录用者名单、订立聘用合同等。下面把招聘过程中涉及的各环节归纳为三个阶段:制定招聘计划、人员招募、招聘评估。其中人员招募环节包括:发布招聘信息、收集应聘资料、简历筛选(初试)、笔试、面试、背景调查、体检、员工录用。

用人单位的人员招聘渠道可以分为两大类：内部招聘和外部招聘。内部招聘的方式通常有三种：用人单位内部的人力资源信息管理系统、组织成员推荐、竞聘上岗。外部招聘的方式主要有四种：委托社会中介机构负责招聘、用人单位公开招聘、校园招聘、熟人推荐。

招聘成本评估是指对招聘过程中发生的各项费用进行调查、核实，并对照招聘预算进行评价的过程。

招聘成本包括人员招聘过程中的招募、甄选、录用、安置等各项成本。

成本效用评估是对招聘成本产生的效果进行分析。主要包括：招聘总成本效用分析、招聘成本效用分析、人员甄选成本效用分析、人员录用成本效用分析。

效益成本分析既是一项经济评价指标，也是对招聘工作的有效性进行考核的一项指标。

录用人员评估是指根据招聘计划对录用人员的质量和数量进行评价的过程。

## 关键术语

人员招聘　招聘计划　招聘渠道　招聘方式　内部招聘　外部招聘　招聘成本—收益　招聘评估

## 【应用案例】

### QS 公司的员工招聘工作为什么会产生失误？

案例讨论

QS 公司是一家跨国公司在中国的子公司，以研制、生产、销售药品为主。随着生产业务的扩大，为了对生产部门的人力资源进行更为有效的管理，公司决定在生产部设立一个处理人力资源事务的新职位，主要负责生产部与人力资源部之间的协调工作。生产部许经理提出希望从外部招聘的方式中寻找合适的人员。

人力资源部决定马上发布招聘信息，在发布招聘广告的渠道上有两种选择：一是在本行业的专业杂志上，费用为 5000 元；二是在本地区发行量最大的报纸上，费用为 12000 元。人力资源部把两种方案向公司主管领导做了汇报，反馈的意见是选择第二个方案，因为，QS 公司在中国处于发展初期，知名度不高，应抓住发布招聘广告的机会扩大公司的影响。

在接下来的 7 天里，人力资源部收到了 1000 多份简历，他们先从中挑出 70 份候选简历，然后再次比对需求岗位任职要求进行筛选，最后确定了 5 名应聘者，人力资源部宋经理把 5 位候选人名单交给了生产部，生产部许经理从中挑选了两人：朱某和杨某，并决定和人力资源部经理一起对他们进行面试，并根据面试结果决定最终人选。两人基本情况如下：

朱某：男，工商管理本科，35 岁，有 5 年用人单位管理和人力资源管理经验，此前两份工作的主管评价均为良好。

杨某:男,工商管理本科,33 岁,有 4 年用人单位管理和人力资源管理经验,此前两份工作中第一份工作的主管评价为良好,没有第二个单位主管的评价材料。

在面试过程中,两位经理对两位候选人都比较满意。面试结束后,告知两人在一周后等待通知。在此期间,朱某在静候通知;而杨某打过两次电话给人力资源部经理,第一次表示感谢,第二次表示渴望这份工作。

面试后,生产部许经理和人力资源部宋经理商量何人可录用。生产部许经理说:"两位候选人,看来都不错,你认为哪一位更合适呢?"人力资源部宋经理说:"两位候选人都合格,只是杨某的第二位主管给的资料太少,但是,这也不能说明他有什么不好的背景,你的意见呢?"许经理回答:"很好,宋经理,显然你我对杨某都有很好的印象,他尽管有点圆滑,但我相信是可以管理好他的。""既然他将与你共事,当然由你做出决定。"宋经理说。

于是,他们最后决定录用杨某。

杨某进入公司工作 6 个月了,公司发现,他的工作不如预期的那样好,指定的工作经常不能按时完成,有时甚至表现出不胜任工作的行为,这引起了管理层的不满。显然,杨某对该职位并不适合,必须加以调整。

而杨某也觉得委屈,因为他来公司以后才发现,公司的环境、工作性质和工作职责等与招聘时的描述有出入,原来谈好的薪酬待遇在进入公司以后也没有全部落实。在工作中,公司没有正规的工作说明书作为岗位工作的基础依据。

**案例讨论题:**

1. QS 公司为什么会选错杨某?你认为招聘失误的主要原因有哪些?

2. 根据本案例的实际情况,请你设计一个比较完善的招聘选拔方案。

**【复习思考题】**

1. 招聘工作应遵循的原则是什么?

2. 人员招聘的前提是什么?

3. 内部招聘和外部招聘的优缺点分别是什么?

4. 内部招聘和外部招聘的方法各有哪些?

5. 如何评价一次招聘活动?

6. 哪些因素会影响候选人是否接受工作?

7. 请各选择一个成功和失败的招聘案例,分析其中的原因。

在线习题

**【讨论题】**

在现实中经常出现这种情况,一个员工在一家用人单位工作得很好,但是到另一家后却以失败结束;或者在面试时表现很好,而实际工作后却与面试的情况大相径庭。请你谈谈可能的原因,以及怎样在招聘这一环节中避免出现该种情况。

参与讨论并分析

# 第五章

# 员工甄选

## 学习目标

◆ 掌握员工甄选的含义;了解影响员工甄选的内外部主要因素
◆ 掌握员工甄选的程序;了解员工甄选系统的标准
◆ 掌握评价中心的内涵和实施步骤;了解管理游戏、角色扮演、案例分析等主要测评形式
◆ 掌握文件筐测试、无领导小组讨论等重要评价中心技术

## 引导案例

### 雅芳公司的人员评价中心

广州雅芳公司在招聘方面基本考察两个维度,一个方面是"硬件",比如教育背景、能力、知识面、经验以及工作经历等;另一个方面是"软件",比如观念、态度、人品等。

分公司经理根据这两方面编制出一个结构化的面试,用来考察应聘者现在是不是具有公司所需要的行为方面的素质,然后再做其他一些比如无领导小组讨论或案例讨论的评测,以此来观察应聘者在测试的过程中是否具有这些素质。

从1996年开始,雅芳公司就开始开发评价中心的技术,用于区域营运经理的选拔。公司先从外部购买了一些测评工具,然后根据自己的实际情况做了修正。对于雅芳公司来说,在测评中心这个技术中,效果比较好的是无领导小组讨论。通过这个讨论可以看到谁在这个过程中真正起到了一个领导的作用。一般可以从两个方面来判断:一是这个人的意见被大多数人所接受,成为小组的意见,那么这个人就很有说服力。二是看这个小组里谁真正促进了这个讨论。有些人也许他自己不太行,但是他在尽量地启发大家朝着这个方向进行,能够促进这个过程,能够使得这个过程有效地进行,这也是一种能力。

因为即使在面试中善于包装自己,表现出众的候选人在无领导小组讨论中也会暴露出自己的不足,所以无领导小组讨论的信度会比面试高。

雅芳公司通常的案例是沙漠求生或者地震自救。在讨论中,雅芳公司会

使用摄像机拍摄或者安排一两名观察员来观察小组各成员的表现。讨论前会明确告诉每一个应聘者使用了摄像机,如果被测试的候选者有 6 人,事后会有 6 个人来看这段录像,每个人负责观察一个候选人的行为,用一个标准的记录单,记录下所有的行为。记录的内容有小组成员所说的话、动作和表情,然后分析他在这样的情况下说的某句话会有什么样的行为,做某个动作用了什么样的表现形式,接着对这些进行分类,与其他小组成员做对比。

雅芳公司早在 1996 年做内部提拔时就采用了这种方法。因为内部提拔时,各个候选者之间是认识甚至了解的,做出提拔某人的决定以后,对其他的落选者必须有充足的理由,而记录就是最有说服力的证据。此外,落选者还可以从人力资源专家那里得到改善的建议,人力资源部也可以制定出相应的改善计划。这样一来,无论是选中的还是落选的,大家都可以共同提高。

雅芳公司的评价中心技术还包括案例分析。选用的案例是公司或者分公司发生的一些具体的情况,其中提出一些两难的问题,考察他们对问题的处理分析能力,并要求做出解决方案。主要看他们分析所用的数据、工具是否科学,是否具有逻辑性,有没有考虑到方案的不足之处以及其他的备用方案。

**讨论题:**

1. 雅芳公司的人员评价中心主要运用了哪些测评技术?

2. 对于雅芳公司来说,各种评价技术的应用分别考察被测者的哪些方面能力?

招聘是一项复杂的工作。通过不同的招募方式吸引有意向的应聘者前来参与,这一个招募环节完成以后,下一个步骤就是员工甄选。甄选是人员招聘中最关键的一个环节,甄选质量的高低直接决定着选出来的应聘者能否达到用人单位的要求;甄选也是技术性最强的一个环节,涉及心理测试、文件筐测试、无领导小组讨论等诸多方法。甄选的最终目的是将不符合要求的应聘者淘汰,挑选出符合要求的应聘者供用人单位进一步筛选。

# 第一节　员工甄选及其影响因素

## 一、员工甄选的含义

员工甄选,也叫选拔录用,是指运用一定的工具和手段对已经招募到的应聘者进行鉴别和考察,区分他们的人格特点和知识技能水平,预测他们的未来工作绩效,从而最终挑选出用人单位所需要的、恰当的职位空缺填补者。

人员招募和甄选是两个不同的、相互独立又密切相关的过程。招募是甄选的前提和基础,而甄选则是招募的目的。招募工作直接影响着甄选的结果和效率,招募主要是利用宣传手段扩大其影响,并吸引大量的应聘者前来应聘,为之后的甄选提供对象。

准确地理解员工甄选的含义,要把握以下三个要点:

(1) 员工甄选应包括两方面的工作。一是评价应聘者的知识、能力和个性;二是预测应聘者未来在用人单位中的绩效。很多用人单位在员工甄选时将注意力过多地集中在前者,却往往忽视了后者,其实后者对用人单位来说意义更大。

(2) 员工甄选要以空缺职位所要求的任职资格条件为依据来进行,只有那些符合职位要求的应聘者才是用人单位所需要的。

(3) 员工甄选是由人力资源部门和直线部门共同完成的,最终的录用决策应当由直线部门做出。

一个高质量的招聘录用决策,应同时满足两个要求:既没有录用不符合要求的人员,又没有遗漏符合要求的人员。

## 二、员工甄选的意义

### (一) 降低人员招聘的风险

用人单位在进行招聘的过程中,可能会出现一系列录用决策的错误,主要的形式有错误的选择和错误的拒绝。对用人单位而言,做出错误的选择和错误的拒绝都会给自身带来一定的损失。错误的选择是指用人单位聘任了实际素质很低、能力很弱的应聘者,这就会给用人单位带来不可预测的损失。错误的拒绝是指用人单位拒绝了综合素质很高的应聘者,这就给用人单位的发展带来了不可估量的损失。

### (二) 增强用人单位核心竞争力

当今社会,用人单位竞争归根到底是人才的竞争。用人单位若想在市场竞争中脱颖而出,就需要拥有具备核心竞争实力的人员,这样用人单位才会有一定的优势,才会在激烈的市场竞争中屹立不倒。

### (三) 有助于员工的安置和管理

用人单位在对应聘者进行甄选过程中,能够增进对应聘者的认识,知晓其各方面的素质和能力,并了解他们的优势和劣势,这有助于用人单位在后续的管理工作中,根据员工的特点实施人尽其才的分类管理,将员工安置在符合其个性和能力特点的相应岗位上。

## 三、员工甄选的影响因素

### (一) 外部影响因素

#### 1. 所处国家的法律法规

甄选活动很大程度上受到国家法令、行政命令等因素的影响,它们往往规定了用人单位甄选活动的外部边界。负责甄选的经理们,必须对甄选方面的法令规定有相当程度的了解。例如,西方国家的法律规定,甄选活动中不能涉及性别、种族和年龄等的特殊规定,除非证明这些条件是职位工作所必需的。还有如管理游戏等场景设置时必须避免出现政治性的错误,也不能存在法律意义上的瑕疵。

2. 所处时代的主流评价技术水平

用人单位的甄选活动所遵循的评价技术,一般不能超越其所处时代的主流人事评价技术水平。而不同时代所遵循的人事评价技术会有一个继承和发展的过程,会有一个新方法的产生、检验、优化、定型的过程,这往往需要花费较长的时间,而人事评价技术的好坏对所甄选员工的胜任程度必然会产生不同的影响。所以,从外部影响因素来看,所处时代的主流评价技术水平也会对胜任人才的甄选质量造成影响。

3. 所在地域吸引力或行业前景

对一项特定工作提出申请的合格工作候选人数量,也是对甄选过程造成影响的因素之一。若是甄选过程要真正达到挑选的目的,除非在大量的工作申请者当中有众多位符合条件的申请者,才有可能达到这个目标,若是其中只有少数几位应征者是符合条件资格的,那么所谓的甄选,就变成了从手边所握有的几位应征者中选择一位的决定过程而已。所以,所在地域的吸引力或者所处行业的发展前景,也会对甄选对象的数量产生影响。

## (二)内部影响因素

1. 用人单位甄选的决策速度

做出甄选决定所花费的时间长度,在甄选程序中也有重大的影响。举例来说,假设一家制造用人单位的生产部经理向该用人单位的人力资源经理报告说:"我手下仅有的两位生产控制监督员,因为吵架而双双辞职了,如果没有人可以及时填补这两个空缺的话,那么我就没办法维持正常运作了。"在这种情况下,甄选的决策速度就成了影响甄选十分关键的一个因素。

2. 用人单位甄选的方法

要找到适合用人单位中不同阶层的职位的人选,就必须用不同的甄选方法。举例来说,雇用一位最高层的管理者与雇用一位担任文书工作的基层人员,用人单位需要运用不同的甄选方法进行选拔。对于应征管理层职位的申请者,他们必须接受广泛的背景调查,以及全面详细的面试过程,以确认该申请者的实际经验和能力。而对于申请文书工作的应征者,他们所需要的就只是一个文字处理能力测试和一个简短的面试。

3. 用人单位甄选的原则和依据

用人单位内部的相关甄选政策对员工的选拔录用有着直接的影响。为把招聘工作做好,真正选到用人单位所需要的人员,在招聘工作中,用人单位的人力资源部门应遵循反映人力资源管理客观规律的科学原则去开展工作。例如,根据岗位对任职者的资格要求来选用人员,做到事得其人,人适其事;选择与用人单位文化和管理风格相融合的人员,做到人尽其才,用其所长;坚持德才兼备的用人标准,对有才无德的人坚决不用;克服求全责备的思想,知人善任,用人之长;坚持"宁缺毋滥"的甄选原则。这些政策思想都是用人单位甄选员工时会考虑的因素。

## 第二节 员工甄选系统的标准与甄选程序

### 一、员工甄选系统的标准

作为对应聘者的筛选机制,一个有效的员工甄选系统应达到以下几项标准:

(1)员工甄选的程序应该标准化。要保证每位参加员工甄选程序的应聘者都经历同样数量和类型的选择测试和面试。

(2)员工甄选的程序以有效的顺序排列。那些费用较高、大量增加用人单位成本的程序,比如与用人单位高层面谈、体检等要放在甄选程序的最后,使这些环节只用于那些最有可能被录取的应聘者。

(3)员工甄选系统要能提供明确的决策点。决策点是指那些能明确做出淘汰或保留的时点,如笔试成绩、体检结果等。关于应聘者通过决策点所必须具备的资格,管理者应有明确的标准。由于在前面的决策点上淘汰了不合要求的应聘者,因此可以将更多的时间和精力放在那些更可能获得该职位的应聘者身上。

(4)员工甄选系统应保证提供甄选决策的充分信息。一个有效的甄选系统应保证充分提供确定应聘者是否胜任空缺职位的信息,不仅不能遗漏空缺职位的工作内容,而且要保证从应聘者那里收集到与决策有关的充足信息,并能突出应聘者背景情况中重要的方面。此外,甄选系统还能实现根据需要多次核实应聘者信息和检查最重要信息的功能。

(5)员工甄选系统应对参与员工甄选的评价者职责做出清晰界定。一个好的甄选系统应防止多位评价者了解应聘者背景时出现意外的重复,如分别与应聘者面谈时重复提问同样的问题,却同时忽略了提问其他重要的问题。

### 二、员工甄选的程序

为了保证员工甄选的效果,按照员工甄选系统的几项标准,员工甄选工作一般来说要按照下面的程序进行:首先评价应聘者的工作申请表和简历,然后进行选拔测试和面试,接下来审核应聘者材料的真实性,再接着就要进行体检,应聘者被录用后经过一个试用期的考察,最后才能做出正式录用的决策(见图5-1)。

从程序图可看出,整个员工甄选过程包括工作申请表和简历筛选、选拔测试、面试、审核材料的真实性、体检、试用期考察和正式录用七个甄选步骤。其中前六个步骤:工作申请表和简历筛选、选拔测试、面试、审核材料的真实性、体检、试用期考察,组成甄选决策的六个关键环节,应聘者如果达不到该决策环节的要求就要被淘汰,只有通过该决策环节的应聘者才能继续参加后面的选拔。至于每个决策环节的标准应该是什么,应该根据自己的情况来确定,但总的原则是要以空缺职位所要求的任职资格条件为依据。

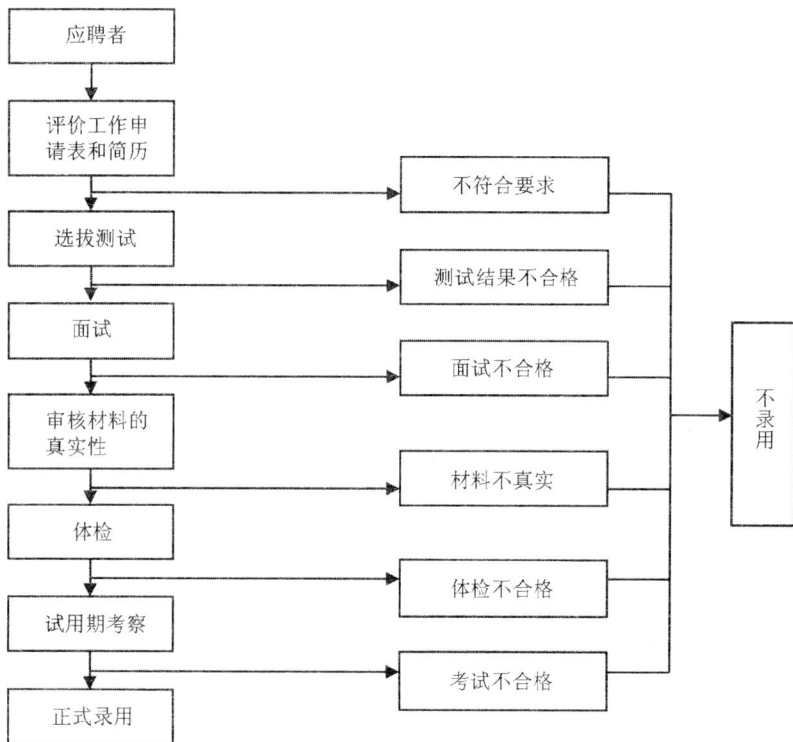

图 5-1 员工甄选程序示意图

需要强调指出的是,在员工甄选过程的每一个决策环节中,都会有一些应聘者因不符合要求而被淘汰。如何正确地对待这些落选者是一项非常重要的工作。如果不能妥善地处理与这些人的关系,可能就会影响到用人单位的形象,对今后的招聘工作不利。正确的处理方法应当是以面谈或书面的形式向落选者解释清楚原因。

1. 工作申请表和简历筛选

大多数组织对应聘者的了解开始于简历或工作申请表。简历提供了应聘者一些信息,如教育背景、工作经验、个人特长等。但仅根据简历对应聘者进行筛选是不够的,因为应聘者往往在简历中突出自身优点,避免提及自身不足,甚至编造虚假信息。另外,不同应聘者的简历所提供的信息全面程度也是不同的。为了更全面了解应聘者的信息并在此基础上对应聘者进行比较,很多组织都设计格式化的工作申请表要求应聘者填写,应聘者可以在招聘会或公司的招聘网页上获得这些表格。

(1)用人单位对工作申请表的设计:工作申请表应该依据工作说明书来设计。目前,我国用人单位的申请表中,一般要包括以下几个方面的信息:

①个人情况。姓名、性别、年龄、婚姻状况、政治面貌、联系地址及电话、身份证号码等。

②教育背景。毕业院校和专业,最后取得的学历、学位,受教育年限,在校期间的学习成绩,接受培训教育的经历及相关证书,外语水平及证书等。

③工作技能。通用的技能以及应聘岗位相关的特殊技能、个人特长等。

④工作经验。主要工作经历,包括以前的雇主名称、工作、职责、主要业绩等。

⑤个性品质。个人的特点及个人的兴趣爱好等。

⑥身体素质。身高、体重、健康状况等。

⑦其他情况。家庭成员构成及住址、发明与获奖情况、社会任职、欲离职的原因、应聘新职位的动机、工作意向、对薪酬和福利待遇的要求、培训期望等。

一般认为,工作申请表中的内容越丰富,越有利于组织进行筛选。但过多的内容也可能降低筛选的概率。需要特别指出的是,工作申请表中不应含有歧视性项目和可能涉及个人隐私等敏感性内容。

(2)用人单位对工作申请表或简历的筛选:通过工作申请表或简历筛选,能够迅速从应聘者中排除明显不合格者以挑选出符合任职基本条件、有可能被录用的应聘者。筛选的依据是岗位的任职资格和条件。在筛选过程中应注意以下几个方面:

①做好人数控制。根据招聘人数的金字塔模型,组织应事先确定工作申请表筛选的通过人数。按照岗位任职资格进行筛选后,如果合格的应聘者人数过多,应再次进行筛选,以保证招聘计划的实施。如果合格的应聘者人数少于招聘计划所确定的人数,则应遵循宁缺毋滥的原则,只允许通过筛选的申请人进入下一阶段的测试。

②留有选择空间。真正确定为"面试人选"的应聘者应是具有多学科、多专业知识及综合素质较为突出的人,也可以是特别适合从事空缺职位的专业人才或拥有一技之长的特殊人才。如果有的应聘者具有某些方面的特殊才能或经验,即使在其他方面不符合条件,也可酌情考虑让其参加下一阶段的测试。

③要做好拒绝的工作。拒绝时,要讲求拒绝艺术。通常是在尽可能短的时间里,以正式信函的形式通知本人。信中要有感谢、鼓励之类的措辞。

2.选拔测试

在对工作申请表或简历进行最初的筛选之后,已通过第一轮筛选的人员要接受选拔测试,这是人员测试的第二个环节。选拔测试指运用各种科学或经验的方法对应聘者进行评价,从而挑选出那些符合职位要求人员的过程。选拔测试是人员甄选的重要环节。在传统的人员招聘选拔中,主要依靠学历和档案简历对应聘者进行了解,但是学历仅能说明一个人具有某一方面学习的能力,或者说具有从事某一专业的可能性。具体岗位对人才都有特定的要求,如分析判断能力、沟通能力、组织能力等,都是学历无法反映的。而通过运用角色扮演、公文筐、管理游戏和无领导小组讨论为代表的评价中心技术等各种科学的方法进行选拔测试能够更全面、更深入地了解应聘者,从而做出更加准确的录用选择。

### 3. 面试

面试是现代人力资源管理中一种重要的测评技术,是发现人才、获取人才最常用且最重要的手段之一。面试甄选中,评价者通过结构化面试、非结构化面试等手段,对应聘者观察、交流等双向或多向沟通方式,了解应聘者的素质特征、能力状况以及求职动机等基本情况。这种方法与其他方法相比,更为直观、灵活、深入,不仅可高效评价应聘者的学识水平和修养,还能评价出应聘者的能力、才智及个性心理特征等。

### 4. 审核材料的真实性

审核材料的真实性主要通过背景调查这一具体工作来进行。背景调查指通过外部应聘者提供的证明人或以前的工作单位搜集资料,核实应聘者个人资料的行为,是一种能直接证明应聘者情况的有效方法。通过背景调查,可以证实应聘者的教育和工作经历、个人品质、交往能力、工作能力等信息。

组织应根据单位的规模、实力决定背景调查的强度。此外,背景调查的强度也取决于招聘岗位本身的职责水平,不同岗位对背景调查的要求不同。责任较大的岗位要求进行准确、详细的调查,对于管理人员和重要职能及关键岗位的聘用尤为重要。

背景调查的方法包括向证明人了解情况,到应聘者原工作或学习单位核实。在调查中,应聘者的原单位可能会有不同的反应。有的单位可能会拒绝提供任何情况;有的则可能仅提供最基本信息,如工作起止时间、所从事的工作等,而对诸如人品、表现等问题则避而不答;还有的因不想让员工失去新的工作机会,或出于个人感情,或怕得罪人而对前员工大肆吹捧。这就要求调查者通过感情交流,与证明人建立融洽的关系,打消他们的戒备和疑虑。

组织在进行背景调查之前,必须征得应聘者的同意,并尊重其个人隐私。在调查过程中,只调查与工作相关的情况,特别是应聘者离开原工作单位的原因,并以书面形式记录下来作为录用依据。在调查之后,要充分评估背景资料的可信程度。

在国外,核查的内容多种多样,多数用人单位会通过电话向应聘者以前的雇主调查应聘者当前的职位、工资以及一贯表现。有些用人单位则会通过向其以前的主管和同事询问,了解应聘者离职原因、求职动机、技能以及合作能力等问题。另外,也有不少用人单位利用商业调查公司更详细地了解有关应聘者信誉等级、家庭情况、资产负债等。

我国已经对近年来颁发的高校毕业文凭进行了电子注册,目前能够比较便捷地对学历背景进行调查,对抑制学历造假行为起到了一定的作用。用人单位可通过网络便捷地检验出学历的真伪。对没有进行电子注册的文凭,可通过与高校有关部门联系来证实。

一般来说,背景资料只有在资料提供者实事求是地指出应聘者在过去工作中的长处和不足时,才能在用人单位对应聘者的筛选中起作用。但由于多数推荐材料对应聘者所提供的评价都是非常积极的,因而这种检测方法的信度和效度都很低,很难利用它们对应聘者进行区分。

5. 体检

对新录用的员工进行体检,是大部分组织的惯例。对于一般组织而言,通过体检来了解应聘者的健康状况,主要是为了避免录用有传染病或危险病症的人员。有的组织或岗位,由于工作的特殊要求,还需要对应聘者进行更严格的身体检查,如餐饮业、一些危险操作的岗位等。需要指出的是,用人单位需要处理好体检标准和公平就业的问题。在我国,目前还没有明确的体检标准,很多用人单位在招聘录用过程中依据的健康标准非常随意,如因为应聘者身体轻微残疾而不予录用,或因为应聘者为肝炎病毒携带者而不予录用。这些行为其实都是对公民就业权的侵犯,明显违背了我国《劳动法》的要求。

6. 试用期考察

体检合格的应聘者将获得成为用人单位正式成员的机会,但成为正式成员之前,还需要经过一段试用期的考察。在试用期内,用人单位和新员工之间已经建立起了劳动关系,但双方拥有以法定的方式和理由解除劳动关系的权利。试用期对用人单位和新员工来说都是一个重要过程,双方会彼此进行深入了解,甚至彼此进行考验。只有双方在互相认同的情况下,才会顺利进入正式签约阶段。从用人单位角度说,试用期是对前面各阶段测试结论的一种检验,通过员工实际工作表现进一步了解其能力、技能、工作风格以及组织文化适应度等。

在通过试用期对新员工进行进一步考察时,用人单位往往会陷入两个误区。第一个误区是过于强调对新员工的考察而忽视应该给予的培训和支持。在新环境中,即使新员工拥有合格的能力或技能,但由于不熟悉环境,也可能出现绩效不佳的情况。所以,用人单位应重视对新员工提供入职初期必需的培训和帮助。否则,双方都会得出对彼此的错误判断。第二个误区是用人单位在试用期内随意解除员工的劳动合同。按照《劳动法》要求,用人单位解除试用期内员工的劳动合同,必须满足该员工被证明不符合录用条件的情况。为避免法律风险,用人单位应在试用期内给新员工分派明确的工作任务,确定明确的工作标准,事先明确地告知新员工,并对其实际工作成果做出客观记录。只有这样,用人单位才能依法解除试用期员工的劳动合同,真正起到在试用期考察新员工的目的。

**7. 正式录用**

在试用期考核合格后,试用期员工将正式获得用人单位成员的身份,称为被正式录用,即我们通常所称的"转正"。员工能否被正式录用关键在于试用部门对其试用期考核结果如何,用人单位对试用期员工应坚持公平、择优的原则进行录用。对试用期考核合格的员工进行正式录用决策,与员工签订正式的雇用合同;给员工提供相应的待遇;制定员工发展计划;为员工提供必要的帮助与咨询等。

# 第三节　适合中高管的多重甄选评价中心技术

人员甄选通常采用笔试、面试、心理测试和评价中心等方法对应聘者的知识、能力、个性和动机等因素进行评价,判断其是否胜任工作岗位。在目前的管理人员评价中,测试管理能力的最有效方法是评价中心技术,尤其在选用管理人员时,评价其是否具备较好的管理能力,这种方法最为常用。有研究表明,评价中心技术的预测效度在现有各种方法中是最高的。在国外许多大型组织机构中,评价中心被认为是考察管理人员潜能的最有效方法之一。评价中心作为现代组织在员工招聘、甄选中较为常用的人才甄选技术,因其测评目的明确,测评设计较复杂,且运作成本比较高,用人单位多在选拔和培训中高级管理人员或专业人才时才采用该技术,所以评价中心被称为高级人才甄选技术。

## 一、评价中心及其实施步骤

### (一) 评价中心的含义

评价中心(Assessment Centre)是近几十年来西方盛行的一种选拔和评估管理人员或专业人员的评价方法,起源于德国心理学家 1929 年建立的一套选拔军官的多项评价程序(Byham,1982),其中一项就是对领导才能的测评。评价中心技术把被测评者置于一系列模拟的工作情境中,由用人单位内部的高级管理人员和外部的测评专家组成评价小组,采用多种测评技术和方法,观察和评价被测评者在这些模拟活动中的心理和行为,以考察被测试者的各项能力或预测其潜能,了解其是否胜任某项拟委任的工作及工作成就的前景,同时还可以了解被测评者的欠缺之处,以确定重点培训的内容和方式。这是在最短时间内全面了解被测试者的最佳方式之一。这种测评方式源于情景模拟,因此,这种方法也被称为情景模拟法。不难发现,在评价中心里多种不同的评价方法相互结合在一起,包括笔试、情景模拟、面试等,评价的结果是多个测评者进行系统观察的基础上综合得到的。

评价中心是一种综合性的人员测评方法，关于其定义较为权威的是 2000 年 5 月在美国加州举行的第 28 届评价中心国际会议上做出的定义：评价中心是基于多种信息来源对个体行为进行的标准化评估。它使用多种测评技术，通过多名经过训练的评价者对个体在设计的模拟情景中表现出的行为做出评价；评价者将各自的评价结果集中在一起进行讨论，每位评价者要全面地解释被评价者行为的原因，以达成一致或用统计方法对评价结果进行汇总，得到对被评价者行为表现的综合评价，这些总评是按照预先设计好的维度或变量来进行的。

评价中心其实就是通过情景模拟的方法来对应聘者做出评价，它与工作样本比较类似，不同的是，工作样本是用实际的工作任务来进行测试，而评价中心则是用模拟的工作任务来进行测试。评价中心是多种方法、多种技术的综合体。从测评的形式来看，广义的评价中心包含了传统的心理测试、面谈、投射测试和情景模拟等。对国外研究文献的分析发现，评价中心主要是指以情景模拟为核心的系列测评技术，这是狭义上的评价中心。

## （二）评价中心的主要测评形式

比较经典的情景模拟技术包括文件筐测试（即公文处理）、无领导小组讨论、管理游戏、角色扮演等，其他的技术如案例分析、模拟面谈、演讲、事实判断等也常常结合具体的实际需求加以应用。本章中所涉及的评价中心主要是指狭义范畴的评价中心。各种测评形式以及它们的实际运用频率如表 5-1 所示。

表 5-1　各种测评形式及其使用频率

| 复杂程度 | 情景模拟形式 | 实际运用频率 |
|---|---|---|
| 更复杂 | 管理游戏 | 25% |
| | 公文筐处理 | 81% |
| | 角色扮演 | 没有调查 |
| | 有领导小组讨论 | 44% |
| | 无领导小组讨论 | 59% |
| | 演讲 | 46% |
| | 案例分析 | 73% |
| | 事实判断 | 38% |
| 更简单 | 面谈 | 47% |

资料来源：Spychalski A, et al. A Survey of Assessment Center Practices in Organizations in the United States [J]. Personnel Psychology,1997,50(1)：71-90.

### 1．文件筐测试

文件筐测试(In-Basket Test)，也被称为公文筐测试或公文处理。多年来，文件筐测试已经被许多用人单位用于公共或私人领域的人员甄选和开发，并获得了一定的成效，取得了众多的好评。它是评价中心中使用最多的一种测评形式，从表5-1可看出其使用频率高达81%，它也被认为是最有效的一种测试形式。文件筐测试是一种情景模拟测试，它是事先设计好一揽子有待处理的文件，交给设置于某一岗位的应聘者现场办公和处理，并限时做完这些工作以考核应聘者有关能力和素质的测试方法。

具体来说，就是在测试过程中，向应聘者提供招聘职位的工作中可能遇到的各类公文、会议纪要、开会通知、紧急电函、请示报告、员工或客户投诉、备忘录和工作汇报等。由于这些文件资料通常放在文件筐里，文件筐测试因此而得名。文件可多可少，一般不少于5份，不多于30份。这些文件没有排序，随机堆放，有手写的便条，有打印的文稿，也有邮寄来的信函等。在测试时，根据应聘者处理公文的速度、质量和处理公文的轻重缓急等指标进行评分。评价者通过考察应聘者在模拟过程的工作状态和工作效果，评价应聘者个人的自信心、组织领导能力、计划能力、决策能力、书面表达能力和经营管理能力等，选拔符合岗位要求的人选。

更多文件筐测试的内容，详见后文介绍。

### 2．无领导小组讨论

无领导小组讨论(Leaderless Group Discussion，简称LGD)，是指一组被测试者开会讨论某个问题，不指定人员充当讨论的主持人，也不布置议题和议程，更不提出任何要求。讨论一般围绕一个简短案例进行，其中隐含一个或多个待决策的问题，以引导小组开展讨论。

具体操作是：将应聘者分成5~9人的小组，在不明确主持人的情境下，就设计好的具体问题展开讨论。在讨论过程中，管理部门和其他测评人员在一旁观察，同时进行记录和评价。通过对被测试者在讨论中所表现出的思维能力、沟通技巧、领导能力和个人影响力等各种能力划分等级，进行评价。其目的就在于考察被测试者的表现，尤其是看谁会从中脱颖而出成为自发的领导者。

更多无领导小组讨论的内容，详见后文介绍。

### 3．管理游戏

管理游戏(Management Games)也是评价中心常用的方法之一，是一种以完成某项或某些实际工作任务为基础的标准化模拟活动。测评者通过观察被测试者在活动中的表现，从而对其实际管理能力进行评价。因模拟的活动大多要求被测试者通过游戏的形式进行，并且侧重评价被测评者的管理潜质，管理游戏因此得名。

在管理游戏测评中，被测评者将置身于一个模拟的工作情景中，面临着一些管理中常常遇到的各种现实问题，小组成员各被分配一定的任务，相互之间必须合作才能较好地完成任务,如购买、供应、装配或搬运等。有时引入一些竞争因素,如三四个小组同时进行销售或进行市场占领,以分出优劣。有些管理游戏中包括劳动力组织与划分、动态环境相互作用及更为复杂的决策过程。

✎ **管理游戏实例**

**例1:键盘销售**

安排5～6个被测评者一组扮演小型用人单位的管理委员会,他们经营计算机产品所用的键盘买卖业务。对于给定的具有不同利润的键盘,每个小组成员均要就投资、购买、股票控制及销售问题发表意见,甚至对红利产生后如何进行利润分配的问题进行商讨。测评者通过对被测评者行为表现的观察,关注小组讨论中成员的组织能力、财务敏锐性、思维敏捷性及压力条件下的工作表现等;是否形成领导人? 若有形成,则自然形成的领导人有何出色表现?

**例2:小溪任务**

提供一组被测评者一个滑轮及铁管、木板、绳索,要求他们把一根粗大的圆木和一块较大的岩石移到小溪的对岸。这个任务只有被测试者共同努力协作才能完成。测评者可在客观环境中,观察被测评者的实际任务完成情况,从中有效地获取他们的领导素质、能力状况、智慧表征和社会关系特征等。

管理游戏通过活动来观察被测试者实际的管理能力。其优点在于:它能突破实际工作情境中时间与空间的限制;具有浓厚的趣味性;效率较高,灵活性强。其缺点在于:压抑了被测评者的开创性;操作不便于观察;花费时间等。

4. 角色扮演

角色扮演(Role Play)是一种主要用以测评人际关系处理能力的情景模拟活动。在这种活动中,测评者设置了一系列尖锐的人际矛盾与人际冲突,要求几位被测评者扮演不同的角色,并进入角色情境中处理各种问题和矛盾。通过对被测试者在不同角色情境中表现出来的行为进行观察和记录,评价被测试者协调人际关系技巧、情绪的稳定性和控制能力、随机应变能力、处理问题的方法和技巧等。

✎ **角色扮演实例**

这是一个10分钟左右的角色扮演实例。

角色扮演指导贴士:你将与其他两名被测评者共同合作,且你们三个角色的行为是相互影响的。请快速阅读关于你所扮演角色的描述,然后认真考虑你将怎样扮演那个角色。进入角色前,请不要和其他两人讨论即席表演的事情。请运用想象使表演持续大约10分钟。

**角色一:图书推销员**

你是一名大三的学生,你想多赚点钱自己养活自己,一直不让家里寄钱。

这个月内你要尽可能多地出售手头的图书,否则你将陷入窘迫的经济状况。你刚在党委办公室推销,办公室主任任凭你怎样介绍书的内容,他都不肯买,现在你恰好走进了人事科。

### 角色二:人事处长

你是人事处的处长,刚才你已注意到一位年轻人似乎正在隔壁的党委办公室推销书。你现在正急于拟定一个人事考核计划,需要参考有关资料。你想买一些参考资料,但又担心买得不切实际或买到盗版书籍。你能猜测到党委办主任走过来的目的。你一直非常在意别人对你遇事独立判断能力的看法。

### 角色三:党委办主任

你是党委办公室的主任,你对大学生的推销行为感到恼火,你已经拒绝了大学生向你推销图书。你认为推销书的大学生不安心读书;又不考虑买书人的意愿与实际用途。你现在注意到这位大学生去人事处推销了,会利用你同事想买书的心理实现推销的目的。你打算去人事处阻止那个大学生推销员,但你又担心你的行为会让人事处长产生不满,认为你多管闲事。

以下角色扮演要点仅供测评者参考。

角色一:对人事处长尽量诚恳有礼貌,注意强求意识不要太浓;回避党委办主任的干涉,避免推销再遭失败。

角色二:尽量检查鉴别书的内容和当前工作的适合性;尽量在党委办主任劝阻前做出决定;若党委办主任已开口劝阻,你又想买则应表明观点,说明该书不适合党委办是正确的,但对人事处还是有价值的。

角色三:委婉表明你的意见;态度上不要过于居高临下;注意不要惹恼大学生与人事处长。

### 5.案例分析

案例分析(Case Analyze),通常是让被测试者阅读一些有关某个组织中存在管理问题的材料,然后让其向更高级的管理部门提交一份分析报告和建议计划。案例中的问题一般是资金问题、制度改革或项目分析。案例分析的优点是操作非常方便,分析结果既可采取口头报告,也可采取书面报告。如果案例分析结果采取书面报告形式,可对被测评者所撰写报告的内容和形式进行评价,着重考察其撰写报告能力、计划组织能力、分析问题能力、决断性等。如果案例分析结果采取口头报告形式,可考察被测评者口头交流表达能力、综合分析能力、判断分析能力和人际关系协调能力等。这种测评方法的缺点是评分比较主观,难以制定一个客观的评分标准。

#### ✏ 案例分析实例

张腾飞担任西部某市市长后,根据该市的资源、区位及文化优势,主张紧抓西部大开发的历史机遇,大胆引进外资,发展经济。这一主张得到了市委、市政府的肯定。于是,该市以倡导和鼓励引进外资作为近期工作的一个突破口,开创全市对外开放新局面。该市的康福药业公司为更多地占有市场份额,决定进行二期技改,但工厂缺乏大笔资金。经多方努力,有望引进1000万美元的外资。由于引资心切,加之前景看好,又符合市委意图,应外商要求,张市长、市财政局局长遂在担保书上签字盖章。药业公司引进这笔资金后,二期技改工程顺利竣工。不料,周边省市的同种新药产品捷足先登,迅速挤占了康福药业的市场份额。眼看合同到期,药业公司在偿还了外商700万美元后,再无力偿还剩余的300万美元。于是,外商将市政府、市财政局以及康福药业推上了被告席。

**案例问题:**

①企业融资,政府(市委)该不该担保?为什么?

②政府(市委)为企业融资进行担保该不该负责?为什么?

## (三) 评价中心的实施步骤

评价中心的运作全过程包括准备阶段、实施阶段、评定结果阶段以及跟踪检验和反馈阶段。评价中心测评流程图,如图5-2所示。

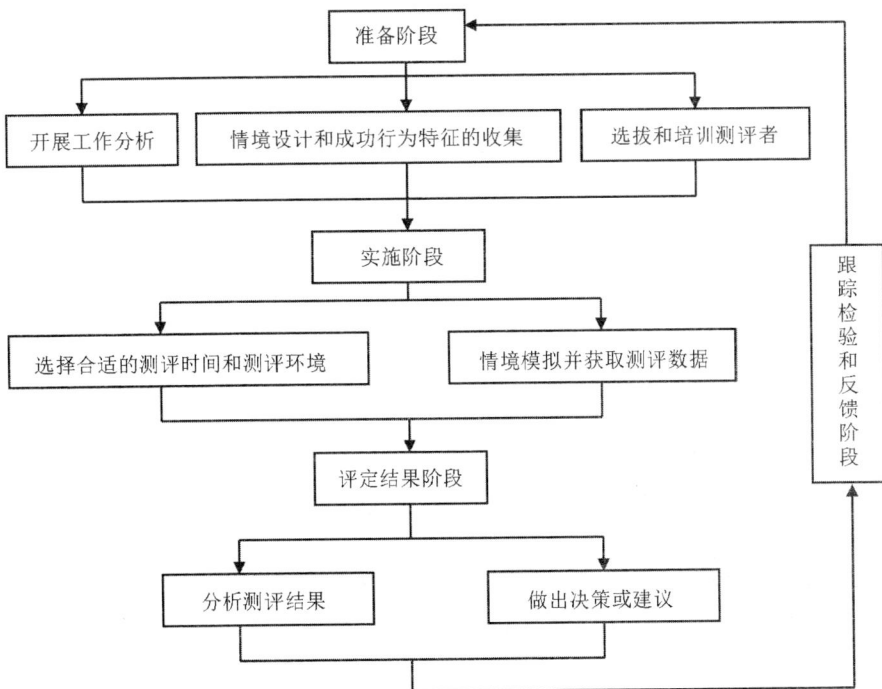

图5-2 评价中心测评流程图

### 1. 准备阶段

准备阶段是评价中心开展测评工作的起始阶段,它直接关系到整个测评工作的展开和纵深发展。准备阶段的工作如果能够做好做足，就可为下一实施阶段创造便利条件，否则就会影响整个测评工作的进度和质量。准备阶段的主要工作如下：

（1）开展工作分析。不同职务对担当该职务员工的性格、人际交往能力、思维决断能力等素质的要求是不同的。工作分析是人力资源管理最基本的工作之一，是一种系统收集和分析与职务有关信息的方法。这些信息包括各种职务的具体工作内容、每项职务对员工的工作要求和工作环境等。在开发评价中心的过程中，采用多维度工作分析的目的就在于设计或编写测评情境确立核心内容，为创建评价维度奠定基础，进而构建评价中心的评价指标体系。

（2）情境设计和成功行为特征的收集。在多维度工作分析的基础上，应进行恰当的情境设计和成功行为特征的收集。在情境设计时注意以下几点考量：①相似性。所设计的情境与拟聘职位的工作实际情况具有相似性。②典型性。所模拟的情境是被测评者未来任职工作中最主要最关键的内容，是最具代表性的情境归纳和集中。③逼真性。所设计的情境在环境布置、气氛渲染与评价要求等方面都必须与实际相仿。④主题突出。整个情境设计应使被测评者的行为活动围绕一条主线进行，突出表现所测评的素质。⑤难度适当。情境设计应看似容易而深入难，不同水平的被测评者都能有所领悟，有所表现，而优秀的被测评者应能从测评中脱颖而出。

在收集成功管理行为特征的过程中，需要寻找一批在岗员工，尤其是那些业绩表现优秀和一般的在岗员工，要求他们根据问题情境提供的信息，对问题提出解决方法或处理意见，包括好的解决办法和差的解决办法。另外，也要听取该岗位的直接上级主管的意见。完成上述工作后，评价中心的开发者还要对情境和收集到的成功管理行为特征进行整理和修订。合并类似的情境和管理行为特征，删除与指定构思无关的情境和管理行为特征，并对成功管理行为特征进行归类，确定它们体现了哪个测评指标的内涵。

（3）选拔和培训测评者。在选拔测评者时需考虑四个标准：能接收新观念和信息，能全身心投入评价中；具有较好的咨询和开发员工能力；处理人事问题有系统性和分析性；非常熟悉评价工作和该岗位具体工作行为，能认识到成功的管理行为是怎样的，最好具有该工作的经验。此外，在选择测评者组成评价小组时，还需注意测评者之间社会地位或职位的平等，以避免最后的共同讨论变成一个或几个社会地位或职位高的测评者主导。从实际应用和研究结果看，一般由心理学者、上级主管和人力资源管理者组成的评价小组比较能胜任评价中心的工作。

为使测评者掌握测评方法、程序技巧及应对测评中可能发生的突发事件的方法，对测评者的培训可从以下几方面着手：组织测评者讨论测评维度以理解测评维度的含义；培训测评者学会观察和记录被测评者的行为；测评者应学会把记录的被测评者行为归类到适当的维度下；测评者能对评分的标准有统一的认识,对被测评者行为质量有合理的判断;测评者学会对面对不同的评分偏差进行讨论以取得一致的看法。

2. 实施阶段

实施阶段是测评者对被测评者进行测评以获得各种信息的过程,具体的工作内容可分为以下几部分:

(1)选择合适的测评时间和测评环境。测评时间应根据测评内容来确定,同时考虑是否会引起被测评者疲劳或厌烦等因素,尽量选择被测评者状态正常的时段进行测评。选择测评环境时准备好测评过程所需的各种道具,并注意环境温度、湿度、照明、噪音等因素。另外,测评者的态度要保持温和,无论被测评者有什么特点和反应,都不要表现出任何倾向性,否则对被测评者产生暗示,从而影响测评结果的客观性。

(2)情景模拟并获取测评数据。测评者通过测试指导语要求被测评者进入模拟的测评环境,指示被测评者进行小组讨论、文件筐测试或角色扮演等来解决问题。在此情景模拟过程中,测评者们按照评价中心的要求进行观察记分,能否按照预期要求收集到相关的数据资料以对被测评者的素质特征进行评价,很大程度上取决于测评者的观察记分工作。因此,测评者们的观察计分工作在评价中心的实施操作阶段至关重要。

评价中心的记分一般来说分为观察阶段的记分和评价判断阶段的记分。在观察阶段的记分过程中,某一个测试完毕之后,测评者就根据测评指标的定义和成功管理行为特征,再结合被测评者的表现独立地确定被测评者在测评指标上的初步等级。每一个行为特征可分为不同等级。5级记分方法中,5表示显著地高于成功管理行为定性和定量的标准;4表示有些高于;3表示符合;2表示有些低于;1表示显著低于;0表示没有足够资料表明具有成功行为特征。也可采用9级记分方法,即每个好、中、差的层次中再分为3个等级。

在评价判断阶段,每位测评者首先要把自己观察到和记录下的被测评者在测试中的行为表现、作用、地位,以及自己的初步评价结果进行宣读。然后,所有测评者根据已宣读的该被测评者的全部结果,共同讨论被测评者在测评指标上的行为等级。在讨论过程中,每位测评者都可以改变他最初做出的等级评价,直到取得一致同意的等级为止。

3. 评定结果阶段

(1)分析测评结果。根据测评者对测评结果的观察记分、整理统计,在此基础上,需要对测评结果进行解释,这一解释环节相对比较复杂。对单一测评结果的解释可参考预先建立的标准进行解释,但很多情况下,评价中心的模拟情境测试包括多个实施的测试,需要结合多个测试结果进行整体的评价和解释,这需要测试者对各项测试都充分了解,并有丰富的经验。

(2)做出决策或建议。由于测评结果只是决策信息的一部分,因此在参考测评结果的同时,也要考虑其他的因素。故以选拔招聘员工为目的的评价中心测评,测评结果往往仅给出参考性建议,对候选人名单进行的决策需要有关部门通盘考虑后,确定最终的入围员工名单。

4. 跟踪检验和反馈阶段

在多数情况下,还需要对测评结果和聘用结果进行跟踪。主要依托被测者在实际工作中的绩效表现,对测评结果和聘用情况的有效性进行检验,这就为前面的评价中心测评工作提供了重要反馈,为测评取得经验性资料。可以说,到这一阶段,才真正完成了一个中高级管理人员多重甄选评价中心的作业环路。

## 二、主要评价中心技术——文件筐测试

文件筐测试是评价中心技术中最主要的活动之一,根据国外学者的研究,它在评价中心技术中使用频率最高,达81%,也是对管理人员潜在能力最主要的测定方法,在国外曾成功地选拔和提升了一大批优秀的管理人员,有着相当高的预测效度和实证效度。

文件筐测试是对实际工作中管理人员掌握和分析资料、处理各种信息,以及做出决策的工作活动的一种抽象和集中。测试在假定情境下实施,该情景模拟一个公司所发生的实际业务、管理环境,提供给被测评人员涉及财务、人事备忘录、市场信息、政府的法令公文、客户关系等十几份甚至更多的材料。测试要求受测人员以管理者的身份,模拟真实工作情境和想法,在规定的条件下,通常是较紧迫而困难的条件,如时间较短、提供的信息有限、孤立无援、初履新职等,对各类公文材料进行处理,形成公文处理报告。根据文件的数量和难度,规定完成的时间,测试时间通常为2~3小时,并且还要以文字或口头的方式报告他们处理文件的原则与理由,说明自己为什么这样处理。如果测评者有不清楚或想深入了解某部分内容,还可以与被测评者进行深入面谈,以澄清模糊之处。然后测评者根据被测评者的处理情况把有关行为逐一分类,再予以评分,对其相关能力和素质做出相应的评价。通过观察被测评者在规定条件下处理公文过程中的行为表现以及分析被测评者的处理理由和说明,考察其在规定时间内能否敏锐捕捉信息,准确形成判断、妥善进行决策、有效指挥与协调的能力,是针对被测评者现场表现的综合测试。

✎ **文件筐测试实例**

**【情境】**

飞宇公司是一家大型民营上市公司,业务领域涉及水利工程,环保科技和电力自动化等多个领域,其人力资源部下设五个主管岗位,分别是招聘主管、薪酬主管、绩效主管、培训主管和劳动关系与安全主管,每个主管有2~3位下属。今天是7月9日,你(蒋佳俊)有机会在接下来的3个小时里担任该公司

人力资源部总监的职务,全面主持公司人力资源管理工作。

现在是上午8点,你提前来到办公室,秘书已将你需要处理的邮件和电话录音整理完毕,放在了文件夹内。文件顺序是随机排列的,你必须在3个小时内处理好这些文件,并做出批示。11点钟还有一个重要的会议需要你主持,在这3小时里,你的秘书会为你推掉所有的杂事,没有任何人来打扰。

**【任务】**

在接下来的3小时中,请你查阅文件筐中的各种信函、电话录音以及Email等,确定你所采用的回复方式,并给出你对每个材料的处理意见。

具体答题要求是:

(1) 确定你采取的回复方式,如:信件/便函、Email、电话、面谈、不予处理或注明你将采用的其他处理方式。

(2) 请给出你的处理意见,并准确、详细地写出你将要采取的措施及意图。

**【文件一】**

类别:电话录音

来电人:张　正　国际事业部总监

接受人:蒋佳俊　人力资源部总监

日期:7月8日

蒋　总:

您好! 我是国际事业部的张正。去年10月中旬,人力资源部曾要求各部门上报2017年度大学生招聘计划。由于我部业务的特殊性,不仅要求较高英语水平,而且要懂得一定的专业知识,这类人员在校内招聘难度很大。此外,由于我们公司薪酬水平较低,即使招聘进来人员也很容易流失,过去几年的流失率高达74%。为此,我们国际事业部多次召开会议,并初步达成共识:公司需要制定中长期的人才规划以吸引并留住优秀人才。但是,到底该如何操作,尚无具体方案。

我刚和总裁通过电话,他建议我直接与您沟通,不知您有何意见想法,请尽快告知。

**【文件二】**

类别:电话录音

来件人:潘　诺　劳动关系与安全主管

接受人:蒋佳俊　人力资源部总监

日期:7月9日

蒋总:

您好! 我是潘诺。有件事情非常紧急,今早7点,我接到郑州交通管理局的电话,6点10分在郑州203国道上发生重大交通事故,我公司销售部的钱磊驾车与一辆大货车相撞,钱磊当场死亡,对方司机重伤,目前正在医院抢救,与钱磊同车的还有公司的销售员人员马东君、赵波和曲浩然,三人都不同程度受伤,但无生命危险。目前事故责任还不能确定。

我准备立刻前往郑州处理相关事务,希望您能尽快和我联系,商量一下应对措施。

**【文件三】**

类别:电子邮件

来件人:王　静　绩效主管

收件人:蒋佳俊　人力资源部总监

日期:7月7日

蒋总:

您好!公司今年结束年中的绩效考核后,准备实施基于目标考核的新绩效考核系统。从上周起要求各部门经理和员工一起制定员工下半年的工作目标,按原定计划,该项工作应在下周三前完成,绩效监督小组对工作进程进行了检查,发现全公司32名部门经理仅有4人完成了工作,大部分经理尚未开始进行目标设定。当我们希望他们加快进度时,很多部门经理抱怨根本没有时间,觉得和员工共同制定工作目标是表面文章;还有部分部门经理认为这是部门内部的事,监督小组是在干涉他们的工作。

目前工作进展很不顺利,请您能给我们一些支持。

王静

**【文件四】**

类别:电子邮件

来件人:朱畅宁　培训专员

收件人:蒋佳俊　人力资源部总监

日期:7月8日

蒋总:

您好!公司4月份在南非首次承接的420工程现已开工,工程部准备委派6名高级技术人员到南非提供技术服务。可是,这6名技术人员英语水平较差,虽经过为期半年的在岗英语培训,但效果不尽人意。因此,工程部计划临时安排他们去英语学校参加封闭式培训,培训时间为2个月,费用为每人10000元。该计划已经上报人力资源部。可是,昨天工程部来电称,财务部不同意支付培训费用,理由是该培训事先没有计划和预算,资金周转不过来。这几名员工原计划10月份赴南非,工程部担心如果不能按期派人提供技术支持,可能会影响合同的执行和公司的声誉。

目前,工程部非常焦急,请求您出面协调,敬请尽快回复。

**【文件五】**

类别:书面请示

来件人:余　亮　招聘主管

收件人:蒋佳俊　人力资源部总监

日期:7月7日

蒋总：

　　您好！由于业务调整，今年3月，公司决定停止化工产品的研发工作，将化工研发小组并入到研究方向相似的环保研发小组，并由原环保小组的项目主管全权负责。最近几个月，原化工小组的成员流失严重，我们高薪聘用来的几位博士也提出了离职申请。通过和他们的沟通，原化工小组的成员普遍反映无法与原环保小组的成员合作，在工作中受到忽视，重要的研讨会议从来不通知他们，只让他们做一些类似输入数据的简单工作。在上半年的绩效考核中，很多原化工小组的成员觉得受到了排挤，考核结果都不理想。针对此事希望您能给予指示。

**【文件六】**

　　类别：便函

　　来件人：杨倍宁　　总裁

　　收件人：蒋佳俊　　人力资源部总监

　　日期：7月8日

小蒋：

　　9号下午你是否有空，我刚刚看过上半年的绩效考评结果，综合过去两年来各部门运行情况，我觉得有必要对公司的中层干部进行调整。另外，公司明年要上一些大项目，需要有针对性地补充一些管理人员，我想听听你的意见，请准备一下相关资料，并与我联系。

杨倍宁

**【文件七】**

　　类别：书面报告

　　来件人：孙墨非　　华南分公司总经理

　　收件人：蒋佳俊　　人力资源部总监

　　日期：7月8日

蒋总：

　　您好！有一个重要情况向您反映。前两天我们调查发现，总公司派驻华南分公司负责人力资源工作的周语轩，在编制2017年度人力资源培训费用预算时，采取虚报培训项目，抬高项目价格、索取回扣、刁难培训公司等手法，违规牟利10万余元。既给公司造成了经济损失，耽误了工作，也损害了公司的形象，更败坏了公司的风气。按照总公司规定，由总公司派往分公司的职员如果出现问题，需上报总公司人力资源部统一处理。因此，特向您汇报此事，如何处理请您尽快指示。

华南分公司总经理　　孙墨非

**【文件八】**

　　类别：电话录音

　　来件人：乐屈益　　副总裁(分管生产与物流)

　　接受人：蒋佳俊　　人力资源部总监

日期：7月8日

佳俊：

你好！明年初，公司投资1500万元的配电设备生产线即将在东莞分厂安装并试运行，提供生产线的德国QDK公司也会提前安排4名技术人员参与生产线的安装与运行。我想通过人力资源部安排一次关于新生产线岗位设置与人员安排的专题讨论会，请你先提出一个大致想法，并在这几天与我沟通一下这个问题。

**【文件九】**

类别：电话录音

来电人：傅求知　业务一部经理

接受人：蒋佳俊　人力资源部总监

日期：7月8日

蒋总：

您好！我是业务一部的经理傅求知。

2月中旬，我曾和薪酬主管洪遥就业务一部的奖金分配方案进行过讨论。我们部门的客户和其他业务部不太一样，多是大型客户。在我们部门里，需要通过项目小组的模式才能完成客户的订单，员工相互协作的要求很高。目前公司的奖金分配方案完全和个人业绩挂钩，我认为这种发放方式不太适合我们部门的实情。在上次和洪遥的讨论中，我们曾设想采取基于团队的奖励计划，但没有做出具体方案。您也知道，公司要求各部门的奖金分配方案必须在8月初制定完毕，所以我想听听您对我们采用团队奖励计划的看法。

**【文件十】**

类别：电话录音

来件人：吕悦成　培训专员

接受人：蒋佳俊　人力资源部总监

日期：7月8日

蒋总：

您好！我是吕悦成。

我刚收到一份通知，本月30日在北京召开大型用人单位人力资源管理研讨会，此次会议的主要议题涉及我公司目前正在实施的"360度评估""EAP"和"用人单位文化建设实务"等内容。该研讨会级别较高，与会者均为各用人单位人力资源的主要负责人，还有一些人力资源管理专家和学者。会议费用也比较高，每人3500元，包括会议资料费，但不包括住宿和交通费用。公司一向重视培训工作，但目前经费较紧张，这次是否还派人参加？由于临近报名截止时限，请尽快回复，以便我及早做出安排并办理报名事宜。

文件筐测试的优势非常明显，具体包括：（1）情境性强。完全模拟现实中真实的管理工作情景，对实际操作有高度仿真性，因而预测效度高。与通常的纸笔测试相比,显得生动而不呆板,较能反映被测试者的真实能力和水平。(2)非常适合评价管理人员,尤其是中高层管理者。文件筐测试主要是对管理人员管理工作的一种模拟,其适用对象也就限定为有一定管理经验的人。(3)综合性强。测试文件涉及经营、市场、人事、客户及公共关系、政策法规、财务等用人单位组织的各方面事务,考察计划、授权、预测、决策、沟通等多方面的能力,从而能够对中高层管理者进行全面评价。(4)表面效度高。文件筐测试所采用的文件非常类似于竞聘岗位日常所要处理的文件,或者就是实际的文件,大量案例证明,层级比较高的测评对象比较容易理解和接受这种测试形式和测试结果。(5)操作简便,要求低。相对于其他测评方法,文件筐测试可采用团体纸笔测试的方式,实施者只要向被评价者说明指导语即可,因此实施操作非常简便,对实施者的要求也很低。测试的场地也只要具备简单的桌椅、采光良好的一般房间即可,因此对场地的要求最低。

文件筐测试的缺点有:(1)成本较高。测试的设计、实施、评分都需耗费较长的时间,投入较大的人力、物力才能保证较高的表面效度,因此花费的精力和费用都较高。(2)评分较为困难。文件筐测试的作答基本上都是开放式的,不同的被测评者因其背景、经验、管理理念、素质等的不同,处理文件的方式不同;同样,不同评价者对同一份文件处理答案也会有不同的认识和评价。(3)对评价者的要求较高。它要求评价者了解测试的内核,通晓每份材料之间的内部联系,对每个可能的答案了如指掌。(4)难以考察受测者的人际交往能力。由于被评价者单独进行作答,很难考察他们与人沟通交流的能力。

### 三、主要评价中心技术——无领导小组讨论

无领导小组讨论(Leaderless Group Discussion,简称 LGD),又叫无主持人讨论、无领导小组测试,是评价中心中应用较广的测评技术。无领导小组讨论就是把一定数目的被测试者组成一个小组,给他们提供一个议题,事先并不指定主持人,让他们通过小组讨论的方式在限定的时间内给出一个决策,评价者通过观察被测试者在讨论中的言语及行为表现,对他们给出评价的一种测评形式。通过无领导小组讨论形式,能考察出被测者在人际互动中的能力和特性,比如人际敏感性、社会性和领导能力。同时,通过观察讨论过程中每个被测者自发承担的角色,可对每个人的计划组织能力、分析问题和创造性解决问题的能力,主动性、坚定性及决断性等意志力进行一定的考察。已有的研究和管理实践表明,无领导小组讨论对评定被测者的分析问题能力、解决问题能力、衡量他们的社会技能,尤其是领导素质有很好的效果。

在无领导小组讨论中,评价者对被测试者进行评分的依据标准是:(1)发言次数的多少。(2)是否善于提出新的见解和方案,敢于发表不同意见、支持或肯定别人的意见,坚持自己的正确意见。(3)是否善于消除紧张气氛、说服别人、调节争议问题。(4)营造一个使不愿开口的人也想发言的气氛,把众人的意见引向一致。(5)能否倾听他人的意见,是否尊重他人,是否

侵犯他人的发言权等。此外,还要观察被测者的语言表达能力,分析问题、概况或总结不同意见的能力,发言的主动性、反应的灵敏性等。

无领导小组讨论试题一般都是智能性的题目,从形式上来分,可分为开放式问题、两难问题、多项选择问题、操作性问题和资源争夺问题。五种形式具体如下。

## (一) 开放式问题

开放式无领导小组讨论题目的答案范围很宽泛,几乎无法确定参考答案,只能凭借评价者的主观判断结合被测者的横向比较来给出评价,所以给评价者带来一定的操作难度。但同时却给了被测者极大的想象空间,被测者回答问题时只需考虑答案是否全面、是否有针对性,思路是否清晰、是否有新的观点和见解等。除此之外,被测者可以自由发挥、自由想象。

### 无领导小组讨论开放式问题案例

例如:

①你认为什么样的领导是好领导?

②一个领导干部最重要的任务是什么?

③怎样才能提高下属的工作积极性?

④中国足球队聘请外国教练对于中国足球的未来发展有什么影响?

⑤你认为现在我国主要的环境污染有哪些? 哪些污染的危害性最大? 为什么?

⑥中国如何才能成为世界强国?

以问题①"你认为什么样的领导是好领导?"为例,被测者可从很多方面给出答案,如从领导的人格魅力、领导艺术、领导的亲和取向、领导的专业技能、领导的管理方法等角度来回答,可谓仁者见仁,智者见智,被测者完全可以列出很多优良品质来描绘自己心目中的完美领导形象。

对评价者来讲,这种题容易出,但不容易对被测者进行评价,因为此类问题的特点就是没有固定答案;对被测者来说,这种题不太容易引起被测者之间过多的争辩。正因为此类题目所测查被测者的能力范围较为有限,所以在无领导小组讨论中采用此种类型题目的较少。

## (二) 两难问题

两难式无领导小组讨论题目是让被测者在两种互有利弊的答案中选择其中的一种。主要考查被测者分析能力、语言表达能力及说服力等。此类问题对被测者而言,既通俗易懂,又能够引起充分的辩论。对评价者而言,不但在编制题目方面比较方便,而且在评价被测者方面也比较有效。但是,此种类型的题目需要注意两种备选答案具有同等程度的利弊,不能存在其中一个答案比另一个答案有很明显的选择性优势。比如：你认为一个单位是给你良好的发展机会对你有吸引力？还是给你比较可观的薪水更能吸引你？

这类问题的特点就是无论你选择哪个答案都有一定理由，关键是看被测者的个性和分析问题的能力与别人有什么不一样。无论选择哪个答案都要有自己的观点，还需要是很强说服力的观点，这就对被测者提出了高要求。这类问题也能在一定程度上考查被测者的素质和能力。

### 无领导小组讨论两难问题案例

假设您是市政府信息处的工作人员。信息处的重要职责是将关于本市政治、经济、生活等方面的重要信息以每日摘要的形式向市领导呈报。下面有两条信息，由于各种原因，两条信息只能报一条给领导，请您给出您的选择及理由。

信息一：某居民小区原有一个菜市场，在前一阶段的全市拆除违章建筑大行动中被拆除了。市政府一直没有重新给菜市场安排场地。这样，该小区的居民就要到距离小区很远的其他菜市场买菜，给居民尤其是老弱病残家庭的生活带来极大不便。居民呼吁市政府尽快解决该问题。

信息二：本市有一家国有用人单位，常年来一直亏损，开不出工资。本年初新厂长及领导班子上任后，通过完善内部管理，改变经营思路，半年多时间使用人单位扭亏为盈，成为本市利税大户。现在这家用人单位在银行贷款方面遇到了困难，该用人单位向市政府请求帮助，这笔贷款关系到这家用人单位的新项目是否能够投产。

针对以上两条信息，请问：

①您认为应该将哪一条信息报给市领导？理由是什么？

②各小组成员发表自己的意见，对于不同观点进行辩论后得出一个统一意见。

③然后选举一位代表，汇报你们小组的意见，并阐述你们做出这种选择的原因。

关于本题无论选择哪条信息上报给领导，都是从实际工作出发，具有一定的紧迫性和重要性。只不过选择不同的信息，所选用的倾向性理由应有所不同。比如选择第一条信息上报给领导，需要说明这是为民办实事，是以人为本的执法理念，是权为民所用，情为民所系的体现。如果选择第二条信息上报给领导，需要说明这是行使政府的管理协调职能，是为地方经济发展保驾护航，提供支持是分内之事，是宏观大局的需要，所以应优先考虑和解决。

### （三）多项选择问题

多项选择题目是让被测者在多种备选答案中选择其中有效的几种或对备选答案的重要性进行排序。这种问题主要考查被测者分析问题、抓住问题本质等方面的能力。多项选择题目往往没有一个确定的正确答案,评价者从被测者的选择或排序以及被测者做出的理由陈述中,判断该被测者的性格特点、心理特点以及与拟任职位的匹配性等多方面信息。多项选择题目命题较难,但对于被测者的测试效果较好,易于考查被测者各个方面的能力和人格特点。

### 无领导小组讨论多项选择问题案例

近年来,消极腐败现象引起了广大人民群众的强烈不满,成为社会舆论的一个热点问题。导致腐败现象滋生蔓延的原因很多,有人把它归纳为以下8个方面:

1. 所谓"仓廪实而知礼节,衣食足而知荣辱",由于现在是社会主义初级阶段,市场经济还不发达,人民群众物质生活水平不高,贫富差距拉大,造成"笑贫不笑娼"等畸形心态。

2. 商品经济、市场经济负面影响诱发了"一切向钱看",导致拜金主义和个人主义泛滥。

3. 国家在惩治腐败问题上,政策太宽,打击无力。

4. 精神文明建设没跟上,从而形成"一手硬一手软"的现象。

5. 与市场经济发展相配套的民主制度与法律法规不健全。

6. 谁都恨腐败,但对反腐败问题却无能为力,有时自觉不自觉地参与或助长腐败行为。

7. 中国传统封建意识中的"当官发财""不捞白不捞"等思想死灰复燃,一些干部"为人民服务"的思想淡化。

8. 随着改革开放的深入,西方不健康思想涌入我国,给人们带来消极的影响。

你认为上述8点,哪3项是导致腐败现象滋生蔓延的主要原因?并阐述你的理由(只准列举3项)。

## (四) 操作性问题

操作性问题是提供材料、工具或道具,让被测者利用所给的材料制造出一个或一些评价者指定的物体。主要考查被测者的能动性、合作能力以及在一项工作中的实际操作能力。比如给被测者一些材料,让他们一起构建一座铁塔或者一座楼房的模型。这类问题,考查被测者的操作行为比其他类型的问题要多一些,情景模拟的程度要大一些,但考查语言方面的能力则较少,主要是看他们的动手能力。此类操作性问题因具有一定的技术性,同时也需要评价者必须很好地准备所需用到的一切材料,对评价者和题目的要求都比较高。此类测试一般出现在技术性比较强的领域里,比如计算机操作网络维护工作,行政办事窗口单位等等,还有就是组织协调部门等需要实际动手操作的行业。典型例子比如要求用 Photoshop 软件为政府网站设计一个新闻照片的背景,看谁的设计有创新,这种测试是需要在现场实际操作出来的。或者允许测试者在设计过程中互相协作,这类操作性问题也可以考查一个小组或者几个人的合作能力,但最能体现的是一个人的实际操作能力。

### ✏ 无领导小组讨论操作性问题案例

材料：给每个小组一个鸡蛋、一些吸管和胶带。

要求：请小组在 20 分钟时间内想出一个办法,利用这些提供的用品,让鸡蛋从 2 米的高空掉下来而不碎。每人先表达自己的想法,得出一致意见后再开始操作,最后选出一个人做演示和总结,并请每一个人对自己刚才的表现做总结。

## （五）资源争夺问题

此类问题适用于指定角色的无领导小组讨论,是让处于同等地位的被评价者就有限的资源进行分配,从而考察被评价者的语言表达能力、概况或总结能力、发言的积极性和反应的灵敏性等。如让被评测者担当各分部门的经理并就一定数量的资金进行分配。因为要想获得更多的资源,自己必须要有理有据,必须能说服他人,所以此类问题能引起被测评者的充分辩论,也有利于评价者对被测者的评价,只是对试题的设计要求较高。

### ✏ 无领导小组讨论资源争夺问题案例

乐美居公司是一家中等规模的家具配件公司。最近上级拨给公司一个参加国外高级员工培训班的名额,培训的内容与公司大部分岗位相关,而且可由自己选定所需的培训课程。公司传达培训通知后,报名的员工很多,有的甚至托人向经理打招呼。总经理意识到如果这件事处理得不公平的话,会影响员工的士气。于是,他决定让下属的 5 个部门各推出 1 名候选人,然后再将 5 位候选人的情况进行比较,最后再确定 1 名。

5 位候选人的情况如下：

1. 生产部罗翔：掌握最先进的生产技术,经验丰富,曾多次获得先进工作者称号。为人忠厚老实,但灵活性不够,不善与人沟通,喜欢埋头干事,不能整合大家智慧。

2. 销售部薛逸人：进公司虽时间不长,但业绩骄人,并拥有较高的学历,且善于与人交流,为人热情开朗,但容易冲动,凡事缺乏耐心,凭兴趣做事。

3. 人事部沈华：成功策划了几起非常重要的招聘会,提出过富有创意的用人方案,保持了公司较低的员工流失率。他智商很高,但为人孤傲冷僻,员工难以接近他。

4. 财务部程敏：公司的资金运转至今仍保持良好的势头,与她提出的几条很好的财务建议分不开。做事勤勤恳恳、任劳任怨,但不大关心其他部门的事,对员工提出的一些补助申请不做了解就予以否定,为此得罪了不少员工。

5. 设计部孟浩哲：工作主动性强，去年两项新设计的产品赢得了不少市场占有率，也是公司保持核心竞争力的关键因素。因成绩非凡，常看不起别人，总是为自己争取最大利益。

现在你们对号入座，分别充当这 5 个部门的负责人。这 5 位候选人也是由你们各自提出的，你们对自己提出的本部门员工最熟悉，相信有充分的理由推荐他们。现在你们坐在一起，来讨论决定其中的哪一位最有资格获得培训，同时公司员工也最能接受。

## 本章小结

员工甄选是人员招聘中最关键的一个环节，甄选质量的高低直接决定着用人单位能否选聘到优秀的人才。员工甄选，也叫选拔录用，是指运用一定的工具和手段对已经招募到的应聘者进行鉴别和考察，区分他们的人格特点和知识技能水平，预测他们的未来工作绩效，从而最终挑选出用人单位所需要的、恰当的职位空缺填补者。员工甄选的意义主要有三方面：(1)降低人员招聘的风险；(2)增强用人单位核心竞争力；(3)有助于员工的安置和管理。影响员工甄选的外部因素主要包括国家的法律法规、所处时代的主流评价技术水平、所在地域吸引力或行业前景；内部因素主要包括用人单位甄选的决策速度、甄选方法、原则和依据。

作为对应聘者的筛选机制，一个有效的员工甄选系统应达到以下几项标准：甄选程序应该标准化；甄选程序以有效的顺序排列；甄选系统能提供明确的决策点；甄选系统能保证提供甄选决策的充分信息；甄选系统应对参与员工甄选的评价者职责做出清晰界定。为保证员工甄选的效果，按照员工甄选系统的各项标准，员工甄选工作一般来说按照如下七步骤进行：首先评价应聘者的工作申请表和简历，然后进行选拔测试和面试，接下来审核应聘者材料的真实性，再接着就要进行体检，应聘者被录用后经过一个试用期的考察，最后才能做出正式录用的决策。

评价中心是近几十年来西方盛行的一种选拔和评估管理人员或专业人员的评价方法，是基于多种信息来源对个体行为进行的标准化评估。它使用多种测评技术，通过多名经过训练的评价者对个体在设计的模拟情景中表现出的行为做出评价；评价者将各自的评价结果集中在一起进行讨论，每位评价者要全面地解释被评价者行为的原因，以达成一致或用统计方法对评价结果进行汇总，得到对被评价者行为表现的综合评价，这些总评是按照预先设计好的维度或变量来进行的。评价中心的运作全过程包括准备阶段、实施阶段、评定结果阶段以及跟踪检验和反馈阶段。

评价中心作为现代组织在员工招聘、甄选中较为常用的中高层管理人才甄选技术，主要包括文件筐测试、无领导小组讨论、管理游戏、角色扮演和案例分析等多种测评工具。文件筐测试是一种情景模拟测试，它是事先设计好一揽子有待处理的文件，交给设置于某一岗位的应聘者现场办公和处理，并限时做完这些工作以考核应聘者有关能力和素质的测试方法。无领导小组讨论是把一定数目的被测试者组成一个小组,给他们提供一个议题,事先并不指定主持人,让他们通过小组讨论的方式在限定的时间内给出一个决策,评价者通过观察被测试者在讨论中的言语及行为表现,对他们给出评价的一种测评形式。管理游戏也是评价中心常用的方法之一,是一种以完成某项或某些实际工作任务为基础的标准化模拟活动。测评者通过观察被测试者在游戏活动中的表现,从而对其实际管理能力进行评价。角色扮演,是一种主要用以测评人际关系处理能力的情景模拟活动。在这种活动中,测评者设置了一系列尖锐的人际矛盾与人际冲突,要求几位被测评者扮演不同的角色,并进入角色情境中处理各种问题和矛盾。通过对被测试者在不同角色情境中表现出来的行为进行观察和记录,评价被测试者协调处理人际关系的技巧和能力。案例分析,通常是让被测试者阅读一些有关某个组织中存在管理问题的材料,然后让其向更高级的管理部门提交一份分析报告和建议计划。

## 关键术语

员工甄选 评价中心 公文筐测试 无领导小组讨论 管理游戏 角色扮演 案例分析

**【应用案例】**

### 李鸿的一次应聘经历

李鸿毕业于国内某著名大学的工商管理学院,获得 MBA 学位。她在报上看到某大型跨国公司要招聘一位销售部主管,决定去试一试,以下是她的应聘经历。

当我到公司的时候,一位小姐友好地将我引到一个房间,房间里有一张椭圆形的会议桌,来参加面试的人都围着这张会议桌坐下。总共有 8 个人来应聘不同部门的职位。一会儿,几个老外和中国人进来了,估计他们是面试我们的考官。其中一个先生代表公司向大家问好,并让房间里的人都做了自我介绍。他们没有发给我们考题,而是拿出一盒积木。还是刚才那位先生向我们介绍了活动的规则,原来是让我们 8 个人一起设计一个公园。我们花了大约一个小时的时间建好了一个公园,之后那几个考官问了我们一些问题。这个"节目"就算结束了。休息了一会之后,他们给我们发了一些考题本,里面的题目有图形的,也有文字的,好像是一些心理测试。上午的时间就这样过去了。

午饭之后,一个老外和一个中国人一起面试了我。然后又让我们做了一些测试,这个测试与上午的不同,我是被安排在一个单独的小房间里,在一个文件袋里装了一大堆各式各样的文件,我被假设成为一个公司的代理总经理,

批阅这些文件。在我批阅文件的过程中,有一个莫名其妙的"顾客"闯进来投诉。我想,这下糟了,本来批阅文件的时间就很紧张,我快要无法完成作业了。总算把那个难缠的顾客打发走了,我继续批阅那些文件。在我快要批阅完那些文件的时候,一个工作人员进来递给我一张纸条,上面说要求我作为这家公司的总经理候选人参加竞选,竞选将在 10 分钟后开始,我必须根据文件中得到的关于公司的信息做出一个 3~5 分钟的竞选演说。于是,我又匆忙准备这个竞选演说。10 分钟后,工作人员带我到另外一个房间,考官们已经在那里坐好了。我就按照自己准备的内容做了演讲。紧张而有趣的一天就这样结束了。

资料来源:马新建,等.人力资源管理与开发[M].北京:石油工业出版社,2003.

**案例讨论题:**

1. 公司对李鸿采用了哪几种测评技术?各种测评技术的应用分别考察李鸿等人哪些方面能力?

2. 你认为所有的岗位都应该采取同样的甄选办法吗?

## 【复习思考题】

在线习题

1. 什么是员工甄选?它有什么意义?

2. 员工甄选受到哪些因素的影响?

3. 员工甄选的标准程序是什么?

4. 评价中心的含义是什么?其运作过程如何?

5. 中高层管理人员的测评技术有哪些?

6. 文件筐测试的含义是什么?其优劣势各有哪些?

7. 无领导小组讨论的含义是什么?包括哪几类?

## 【HR 考级真题】

人力资源管理师
考试真题

### 一、单项选择题

1. 关于有效的人员甄选系统应当达到的目标,错误的说法是( )。(2010 年)

　　A. 应将那些复杂、费用较高的程序放在甄选系统的最前边

　　B. 应提供明确的决策点

　　C. 应充分提供应聘者是否任空缺职位的信息

　　D. 应按照需要多次核实和检查最重要的信息

2. 在求职者众多,招聘压力成本大的情况下,用人单位常常将( )作为人员甄选的第一步。(2010 年)

　　A. 体检　　　　　　　　　　　　B. 筛选申请材料

　　C. 应聘面试　　　　　　　　　　D. 管理能力测试

3. 公文筐测试不适合测评( )。(2010 年)

　　A. 计划能力　　　　　　　　　　B. 决策能力

　　C. 整体运作能力　　　　　　　　D. 谈判能力

## 二、多项选择题

1. 公文筐测试的缺点包括(　　)。(2011 年)

　　A. 不够经济,投入的精力和费用较多

　　B. 被试者之间的表现可能会相互影响

　　C. 被试者的能力受到口头表达能力的影响

　　D. 参加测试的人数不能过多,要控制在 20 人以内

　　E. 如果用于外部招聘测试,试题对被试者的发挥影响较大

2. 公文筐测试的缺点包括(　　)。(2010 年)

　　A. 评分比较困难

　　B. 被试者的能力受到口头表达能力的影响

　　C. 被试者之间的互动也会影响部分被试者的表现

　　D. 试题的行业性和专业性会影响被试者的发挥

　　E. 测试试题的编写、实施和评分的投入较大

3. 关于评价中心方法的说法,正确的是(　　)。(2012 年)

　　A. 评估人员一般为用人单位的直线经理或相关领域的专家

　　B. 评估者与被评估者双方互相质疑,不能相互信赖

　　C. 评估人员应接受严格的评价训练

　　D. 评估人员应对招聘岗位的工作内容比较熟悉

　　E. 评估人员应随时对被评估者的表现进行现场点评

# 第六章

# 绩效管理

## 学习目标

- ◆ 掌握绩效、绩效管理的含义
- ◆ 理解绩效管理的流程
- ◆ 掌握绩效考核的基本方法

## 引导案例

### 两熊赛蜜

黑熊和棕熊喜食蜂蜜,都以养蜂为生。它们各有一个蜂箱,养着同样多的蜜蜂。有一天,它们决定比赛看谁的蜜蜂产的蜜多。

黑熊想,蜜的产量取决于蜜蜂每天对花的"访问量"。于是它买来了一套昂贵的测量蜜蜂访问量的绩效管理系统。在它看来,蜜蜂所接触的花的数量就是其工作量。每过完一个季度,黑熊就公布每只蜜蜂的工作量。同时,黑熊还设立了奖项,奖励访问量最高的蜜蜂。但它从不告诉蜜蜂们它是在与棕熊比赛,它只是让它的蜜蜂比赛访问量。

棕熊与黑熊想得不一样。它认为蜜蜂能产多少蜜,关键在于它们每天采回多少花蜜——花蜜越多,酿的蜂蜜也越多。于是它直截了当告诉众蜜蜂:它在和黑熊比赛看谁产的蜜多。它花了不多的钱买了一套绩效管理系统,测量每只蜜蜂每天采回花蜜的数量和整个蜂箱每天酿出蜂蜜的数量,并把测量结果张榜公布。它也设立了一套奖励制度,重奖当月采花蜜最多的蜜蜂。如果一个月的蜜蜂总产量高于上个月,那么所有蜜蜂都受到不同程度的奖励。

一年过去了,两只熊查看比赛结果,黑熊的蜂蜜不及棕熊的一半。

资料来源:由网络资料整理

# 第一节 绩效管理概述

## 一、绩效的概念

绩效一词广泛存在于工作、学习、生活等各项事务中，但对于什么是绩效，目前尚未达成统一认识。目前对绩效这一概念有三种不同的理解，分别认为绩效就是结果，绩效就是行为，绩效就是能力。

将绩效视为结果的观点认为，绩效是工作所达到的结果，是一个人的工作成绩的记录。如，伯拉丁等认为："绩效应该定义为工作的结果，因为工作结果与组织的战略目标、顾客满意度及所投资金的关系最为密切。"凯思等认为：绩效是"一个人留下的东西，这些东西与目的相对独立存在"。

将绩效视为行为的观点认为，绩效是员工在工作过程中表现出来的与组织目标有关的行动。如墨菲认为："绩效是与一个人在其中工作的组织或组织单元的目标有关的一组行为。"坎姆布尔指出："绩效是行为，应该与结果区分开，因为结果会受到系统因素的影响。"

将绩效视为能力的观点认为，绩效是员工的素质及胜任能力。知识经济的到来带来了对知识型员工的考核和评价要求，知识型员工的考核应以素质为基础，关注员工的潜能。

综上所述，在绩效管理中，可以将绩效看成包括结果、行为和能力的宽泛概念，即绩效就是指员工在工作过程中所表现出来的与组织目标相关的并且能够被评价的工作业绩、工作能力和工作态度。

## 二、绩效管理的含义

所谓绩效管理，是指为了更有效地实现组织目标，各级管理者和员工共同参与的绩效计划、绩效跟进、绩效考核、绩效反馈的持续改进组织绩效的过程。绩效管理的目的有三个层次：第一层是追求员工绩效的提升；第二层是实现员工的成长和发展；第三层是实现组织的发展。

绩效管理强调组织目标和个人目标的一致性，强调组织和个人同步成长，形成"多赢"局面；绩效管理体现着"以人为本"的思想，在绩效管理的各个环节中都需要管理者和员工的共同参与。

# 第二节 绩效管理的流程

## 一、绩效计划

绩效计划是绩效管理的首要环节，是绩效管理实施的关键和基础。绩效计划是一个确定组织对员工的期望并得到员工认可的过程,通常包括员工的工作目标,实现工作目标的主要工作结果、衡量工作结果的指标和标准、完成工作目标的过程中可能遇到的困难和障碍、部门主管所能够提供的支持和帮助等方面。

绩效计划具有以下几个特点:第一,绩效计划是关于工作目标和标准的契约,说明员工在考核期内要做什么,如何做,做到什么程度;第二,绩效计划是管理者与员工双向沟通的过程。绩效计划强调通过互动式的沟通,使管理者与员工在制定评价周期内的绩效目标及如何实现预期绩效的问题上达成共识。在这个过程中管理者和员工双方都负有责任。如果是管理者单方面布置任务,员工被动接受任务,就变成了传统的管理,就失去了绩效管理的意义。

## 二、绩效跟进

绩效跟进是在绩效计划的执行过程中,管理者和员工双方随时保持联系,全面追踪工作的进展情况,了解影响绩效实现的潜在障碍和问题,共同探讨可能的解决措施。绩效跟进是一个双向的交互过程,贯穿于整个绩效管理的过程中。绩效跟进阶段的主要工作包括两个方面:一是持续的绩效沟通;二是绩效信息的收集。

### (一) 持续的绩效沟通

持续的绩效沟通就是管理者和员工共同工作,以分享有关信息的过程。管理者和员工通过沟通共同制定了绩效计划,但并不意味着目标会完全实现,工作会顺利完成。持续的绩效沟通可以使一个绩效周期里的每一个人,无论管理者还是员工,都可以随时获得有关改善工作的信息,并就随时出现的变化情况达成新的承诺。双方沟通的内容通常包括:工作进展情况,潜在的障碍和问题,可能的解决措施,管理者能为员工提供何种帮助等。

### (二) 绩效信息的收集

绩效信息的收集是一种有组织地、系统地收集员工工作情况和组织绩效的方法。概括起来,绩效信息收集有以下目的:提供真实的员工工作的绩效记录,为绩效评价及相关决策作基础;及时发现问题,提供解决方案;及时掌握员工优缺点,以便有针对性地提供培训与再教育;在发生法律纠纷时为组织的决策辩护。

信息收集的方法包括观察法、工作记录法、他人反馈法等。观察法指主管人员直接观察员工在工作中的表现并将之记录下来的方法;工作记录法指通过工作记录的方式将员工工作表现和工作结果记录下来;他人反馈法指管理者通过其他员工的汇报、反映来了解某些员工的工作绩效情况。

## 三、绩效考核

绩效考核是按照事先确定的绩效目标及衡量标准,采用科学的方法,考察员工在绩效衡量周期内绩效完成情况的过程。绩效考核涉及考核主体、考核周期、考核方法等方面。

## （一）绩效考核主体

绩效考核主体即由谁来进行考核，合格的绩效考核者应了解被考评者职位的性质、工作内容、要求以及绩效考核标准，熟悉被考评者的工作表现，最好有近距离观察其工作的机会，同时要公正客观。考核主体可分为主管考评、自我考评、同事考评和下属考评、外部专家考评等。

主管考核的优点是对工作性质、员工的工作表现比较熟悉，考核可与加薪、奖惩相结合，有机会与下属更好地沟通，了解其想法，发现其潜力。但也存在一定缺点，由于上司掌握着切实的奖惩权，考核时下属往往心理负担较重，不能保证考核的公正客观，可能会挫伤下属的积极性。

同事考核的优点是对被考评者了解全面、真实。但由于彼此之间比较熟悉和了解，受人情关系影响，可能会使考核结果偏离实际情况。最适用的情况是在项目小组中，同事的参与考核对揭露问题和鞭策后进起着积极作用。

下属考核，可以帮助上司发展领导管理才能，也能达到权力制衡的目的，使上司受到有效监督。但下属考核上司有可能片面、不客观；由下级进行绩效考核也可能使上司在工作中缩手缩脚，影响其工作的正常开展。

自我考核是最轻松的考核方式，不会使员工感到很大压力，能增强员工的参与意识，而且自我考核结果较具建设性，会使工作绩效得到改善。缺点是自我考核倾向于高估自己的绩效，因此只适用于协助员工自我改善绩效，在其他方面（如加薪、晋升等）不足以作为评判标准。

外部专家考核的优点是有绩效考评方面的技术和经验，理论修养高，与被考评者没有瓜葛，较易做到公正客观。缺点是外部专家可能对公司的业务不熟悉，因此，必须有内部人员协助。此外，聘请外部专家的成本较高。

## （二）绩效考核周期

绩效考核周期即绩效考核期限，指多长时间对员工进行一次绩效考核。用人单位可以按照具体情况和实际需要，进行月度考核、季度考核、半年度考核或年度考核。绩效考核周期确定，需考虑因素以下几个因素：

### 1. 职位的性质

不同的职位，工作的内容是不同的，因此绩效考核的周期也应当不同。一般来说，职位的工作绩效比较容易考核的，考核周期相对要短一些。

### 2. 指标的性质

不同的绩效指标，其性质是不同的，考核的周期也相应不同。一般来说，性质稳定的指标，考核周期相对要长一些；相反，考核周期相对就要短一些。

### 3. 标准的性质

在确定考核周期时，还应当考虑到绩效标准的性质，就是说考核周期的时间应当保证员工经过努力能够实现这些标准。

## 四、绩效反馈

绩效反馈是绩效管理过程中的一个重要环节。它主要通过考核者与被考核者之间的沟通,就被考核者在考核周期内的绩效情况进行反馈,在肯定成绩的同时,找出工作中的不足并加以改进。

绩效反馈的方式很多,其中绩效面谈是最主要的形式。面谈中要注意以下问题。

### (一)做好面谈前的准备工作

面谈前要做的准备工作主要有:明确面谈的目的;确定一个对管理者和员工都适宜的谈话时间;选择一个不受干扰的面谈场所;准备面谈的相关材料,如绩效计划书、职位说明书、绩效考核表等。

### (二)控制好面谈过程

由于绩效面谈的目的很明确,因此管理者可以开门见山地直接开始,而不必说一些寒暄客套的话来过渡。管理者在与员工就绩效考核结果进行沟通时,首先要向员工明确评价标准,然后逐项说明考核结果及总的绩效等级,沟通过程中要允许员工提出质疑,给员工提出发表自己看法的时间和机会,要耐心地解释考核评价结果。在面谈的过程中,管理者要对员工的工作进行全面客观的评价,在肯定员工优点的同时,就事论事地指出员工的不足。要能够帮助员工共同找出有待改进的地方,制定改进计划及采取的相应措施,并确定下一周期绩效目标。最后,管理者对绩效面谈过程和考核结果进行简要的总结,与员工一同对考核结果确认签字,结束绩效面谈。

### (三)运用好面谈技巧

要坦诚相见,把考核结果展示在员工面前,不要遮掩;反馈对事不对人,不要将反馈,尤其是消极反馈上升到人格的高度;允许员工提反对及不同意见,并要认真对待;将面谈过程升华为激励员工,提高员工认知自己及增进改进动力的过程;提出对员工的支持帮助计划,管理者应该与员工共同研究造成工作失误的原因,以真诚的态度商议提出改进工作的意见与建议,并在工作中为员工提供支持和帮助。

# 第三节　常用的绩效评估方法

## 一、排序法

### (一)直接排序法

直接排序法是最简单的绩效评估方法,它是根据绩效评估要素,从最好到最差依次对员工进行排列。即先找出表现最好的员工,再找出表现次好的员工……以此类推,直到将所有员工排列完毕。直接排序法适用于需要评价的员工人数不多的情形。

## （二）交替排序法

当员工间的绩效差别较小的时候,直接排序变得困难,这时可以采取交替排序法,即先在被评估者中挑出最好的和最差的,分别排在第一位和最后一位,再从剩下的被评估者中挑出次好的和次差的,排在第二位和倒数第二位……以此类推,直到将所有的被考核者排列完毕(见表6-1)。

表6-1　交替排序法示例

| 顺序 | 绩效表现 | 员工姓名 |
|---|---|---|
| 1 | 最好 | 张三 |
| 2 | 次好 | 王五 |
| … | … | … |
| … | … | … |
| 19 | 次差 | 赵六 |
| 20 | 最差 | 李四 |

## （三）配对比较法

配对比较法也叫两两比较法。它将每一个被考核者按照评估要素分别与其他被考核者进行比较,根据比较结果排出次序。每一次比较时,给表现好的员工计"＋",给表现差的员工计"－",所有员工比较完成之后,计算每个人"＋"的个数,即为最终得分(见表6-2)。

表6-2　配对比较法示例

| 员工姓名 | | 比较对象 | | | | | 得分 | 排名 |
|---|---|---|---|---|---|---|---|---|
| | | A | B | C | D | E | | |
| 被评估对象 | A | / | － | － | ＋ | ＋ | 2 | 3 |
| | B | ＋ | / | ＋ | ＋ | ＋ | 4 | 1 |
| | C | ＋ | － | / | ＋ | ＋ | 3 | 2 |
| | D | － | － | － | / | － | 0 | 5 |
| | E | － | － | － | ＋ | / | 1 | 4 |

## 二、强制分布法

强制分布法是指按照事先确定的比例将员工分别分布到每一个工作绩效等级上去。强制分布法可以避免绩效评估中的过宽或过严误差,它假设员工的绩效是呈正态分布的,即"两头小,中间大"(见表6-3)。

表6-3 强制分布法示例

| 等级 | 优秀 | 良好 | 中等 | 较差 | 最差 |
|------|------|------|------|------|------|
| 比例 | 10% | 20% | 40% | 20% | 10% |

强制分布法适合于人数较多情况下对员工总体绩效状况的考核;考核过程简易方便;可以避免考核者过宽、过严或高度趋中等偏差;利于管理控制,特别是在引入员工淘汰机制的公司中,能明确筛选出淘汰对象;由于员工担心因多次落入绩效最低区间而遭解雇,强制分步法因而具有较强激励和鞭策功能。强制分布法如果用在被考核群体样本不够大或者群体绩效状态明显呈非正态分布的情景下,不仅其优势难以发挥,还会影响考核结果的客观公正性。

## 三、业绩评定表法

业绩评定表法是一种被广泛使用的考评方法。采用这种方法,主要是在一个等级表上记录员工的绩效状况。员工的绩效被划分为若干个等级(通常是5等级或7等级),采用优秀、良好、一般等形容词来进行定义(见表6-4)。

表6-4 业绩评定表法示例

| 员工姓名:<br>员工职位:<br>现属部门:<br>评估人姓名:<br>评估日期: | 考核说明:<br>每次仅考虑一个因素,不允许因某个因素的考核结果而影响其他因素的考核。<br>考虑整个绩效周期的业绩,避免集中在近期事件或孤立事件中。 | | | | |
|---|---|---|---|---|---|
| 考核等级<br><br>考核因素 | 较差,不符合要求 | 低于一般,需要改进,有时不符合要求 | 一般,一直符合要求 | 良好,经常超出要求 | 优秀,不断超出要求 |
| 工作数量 | | | | | |
| 工作质量 | | | | | |
| 可靠性 | | | | | |
| 积极性 | | | | | |
| 适应能力 | | | | | |
| 合作精神 | | | | | |

业绩评定表法简单迅速,但考核者容易在进行等级评定时敷衍了事;较多的主管人员和员工习惯于评定为较高的等级;评估等级的标准(如,优秀、一般和较差)比较模糊和抽象,评估准确性低。

## 四、关键事件法

关键事件法是由考核者观察、记录被考核者的关键事件,而对被考核者的绩效进行考评的方法。关键事件指员工在工作过程中表现出来的特别有效的或特别无效的行为,即关键事件包括两个方面,对组织绩效有积极影响的事件和对组织绩效有消极影响的事件。关键事件法由 J. 弗拉纳根提出。

关键事件法在应用时,通常是考核者将关键事件记录下来,然后每隔一段时间,如一个季度或者半年,考核者和被考核者就所记录的事件,共同讨论被考核者的工作绩效。

关键事件法通常作为其他绩效考核方法的很好补充。它具有如下优点:(1)可以为考核者向被考核者解释绩效考核结果提供确切的事实证据;(2)绩效考核所取得的关键事件是在一定时间内累积而来的(如一个季度或者半年),考核者在对被考核者的绩效进行考察时,所依据的是被考核者在整个考核期的表现,可以避免近因效应的误区;(3)利于保存一种动态的关键事件记录,还可以使考核者获得关于被考核者是通过何种途径消除不良绩效的具体实例。

但关键事件法也存在一定的缺点,如:(1)应用关键事件法进行考核的周期较长,需要长期地观察、了解员工的工作行为,操作成本较高;(2)因为考核过程主要是针对被考核者的行为进行,缺乏员工之间的比较,对于人力资源决策的参考性较差;(3)考核的结果依赖于考核者个人的评价标准,考核结果的主观随意性较大。

## 五、行为锚定等级评定表法

行为锚定等级评定表法是业绩评定表法和关键事件法的结合。在行为锚定法中,会通过一张登记表反映出不同的业绩水平,并且根据员工的特定工作行为进行描述(见表 6-5)。

运用行为锚定法进行员工绩效考核,通常要求遵循以下五个步骤:

(1)获取关键事件。首先要求对工作比较了解的人员对一些代表优良绩效和劣等绩效的关键事件进行描述。这些人员通常包括任职者及其主管。

(2)建立绩效维度。再由前述人员人将关键事件合并成为数不多的几个维度(如 5 个或 10 个),并对绩效维度进行界定。

(3)重新分配关键事件。由另外一组同样对工作比较了解的人来对关键事件进行重新分类。先让他们看看已经界定好的绩效维度以及所有的关键事件,再让他们将这些关键事件分别放入他们自己认为最合适的绩效维度中去。如果就同一关键事件而言,第二组中某一比例以上(通常是 60%～80%)的人将其放入的绩效维度与第一组人将其放入的绩效维度是相同的,那么,这一关键事件的最后位置就可以确定了。

(4)对关键事件进行评定。第二组人会被要求对关键事件中做描述的行为进行评定,以判断他们能否有效地代表某一绩效维度所要求的绩效水平。对行为进行评定大多会选择 7 点或 9 点等级尺度评定法。

(5)建立最终的绩效评价体系。对于每一个绩效维度来说,都将会有一组关键事件作为其“行为锚”。每组中通常会有 6～7 个关键事件。

行为锚定等级评定表法对绩效的考核更为准确,具有更好的反馈功能,但其开发和维护需要耗费大量的时间和精力。

表 6-5    生产主管行为锚定法示例

| 等级 | 绩效维度:计划的制定与实施 |
|---|---|
| | 行　为　锚 |
| 7 优秀 | 制定综合的工作计划,编制好文件,获得必要的批准,并将计划分发给所有的相关人员 |
| 6 良好 | 编制最新的工作计划完成图,使任何要求修改的计划最优化;偶尔出现小的操作问题 |
| 5 较好 | 列出每项工作的所有组成部分,对每一部分的工作做出时间安排 |
| 4 一般 | 制定了工作日期,但没有记载工作进展的重大事件;时间安排上出了疏漏也不报告 |
| 3 较差 | 没有很好地制定计划,编制的时间进度表通常是不现实的 |
| 2 很差 | 对将要从事的工作没有计划和安排;对分配的任务不制定计划或者很少做计划 |
| 1 不能接受 | 因为没有计划,且对制定计划漠不关心,所以很少完成工作 |

## 本章小结

绩效管理是指为了更有效地实现组织目标,各级管理者和员工共同参与的绩效计划、绩效跟进、绩效考核、绩效反馈的持续改进组织绩效的过程。本章对绩效管理的四个流程(绩效计划、绩效跟进、绩效考核、绩效反馈)做了详细的论述。本章介绍了五种常用的绩效考核方法,排序法、强制分布法、业绩评定表法、关键事件法、行为锚定等级评定表法。

## 关键术语

绩效　绩效管理　绩效计划　绩效跟进　绩效考核　绩效反馈　强制分布法　关键事件法

**【应用案例】**

## 绩效面谈起冲突

案例讨论

2015年12月15日上午,客户服务经理吴静把长达几页的绩效考核表格分发给所属的7名员工,提醒这两天是公司例行的月底绩效考核周期,要求员工在两天内填好并上交给她。同时,吴静还告诉她的下属:公司将在今年开始实施每月的考核结果与年度的奖金发放、末位淘汰挂钩的制度。

出乎吴静的意料,当天下午,这些复杂的考核表格全都悉数上交回给了她,所得的自评分数均介于70~80分,这是一个既没有优秀又没有普通的分数段。更让她哭笑不得的是,有3名员工在自评后,即在上司评分栏里签下了自己的名字。也就是说,不管上司给予什么样的评分,员工在事前就已经表示了同意。

在下班前,吴静召集员工开了一个简短的通气会,就员工在考核结果的上司评分栏签名的做法,认为是对她表现出的信任表示感谢。但她同时指出,这种提前签名的做法有悖于以往的考核管理,是不合理的。她要求员工重新拿回表格,再做评估与衡量后,合理地打出自己的分数后再返回给她。同时吴静再次强调:HR已经明确发文,考核结果将作为年底奖金发放及末位淘汰的参考依据!

第二天下午,吴静顺利地回收了7名员工的考核表格。结果却让她非常为难:员工自评全都在80分以上!这意味着,部门员工的绩效表现均为优,而这不符合HR制定的强制分布原则:每个部门只有20%的员工得优。

吴静根据月初制定的绩效指标,逐一对7名员工进行了评分。最后,她和往常一样,把考核表格发还给员工,交代员工如有异议,可找她做绩效面谈。

由于在过去,考核结果并没有与收入直接挂钩,中层经理及员工一直都不重视考核结果的应用,绩效面谈也一直流于形式化,最后是如果员工对上司的评分没意见,就干脆把绩效面谈这个流程也省掉了。

但这一次,却因为李小茹的面谈,让吴静尴尬得差点下不了台。李小茹主动找吴静要求面谈时,吴静是有心理准备的,因为入职4个月的李小茹的绩效评分在最近三个月都不是非常理想,这个月吴静给了她一个最低分。

李小茹非常坦诚地问她的上司:这个月她的绩效指标完成情况的确不够理想,也遭到了几个客户的投诉,得了部门的最低分,她心里非常难过。但她希望知道自己应该如何做,才能避免这种情况?

面对准备充分的李小茹,缺乏绩效面谈准备的吴静显得手足无措,一时无言以对。她只是简单地安慰李小茹,她会考虑下一个月度调低对她的考核指标,帮助她把工作做得更好,也会动员其他同事给她提供一些帮助。至于如何调整考核指标、提供什么样的帮助,吴静表示自己正在考虑中。

李小茹对吴静的态度感到不满,认为自己在这种情况下非常无助,的确希望自己的直接上司在工作改进上提供指导性的帮助。但吴静的答复,对她没有任何价值。她认为,这样下去,自己肯定是第一个被淘汰的员工。她再次直截了当地问吴静：怎样帮助自己改善绩效？感到异常无助的李小茹,把绩效面谈的情况及结果以邮件的方式告诉了 HR 经理,对公司的绩效考核目的及直接上司的绩效面谈方式均提出了质疑。她认为,部门经理对绩效改善的漠不关心,是对她工作不满意的前兆。而吴静的逻辑是,尽管公司一再强调月度考核结果会与年底的奖金及末位淘汰挂钩,但实际起作用的,只是年终的考核结果。吴静对李小茹的投诉非常反感,认为自己已经做出了多个承诺,会帮助她在未来的时间做好工作,李小茹实在犯不着捅到 HR 经理处。后来两人的关系一直处得不甚愉快,李小茹的工作绩效也没有起色。

**案例讨论题：**

试分析此次绩效面谈产生冲突的原因何在？如何做好绩效面谈？

**【复习思考题】**

1. 什么是绩效？什么是绩效管理？
2. 绩效面谈中要注意哪些问题？
3. 常用的绩效考核方法有哪些？
4. 简述关键事件法的定义及其优缺点。

**【HR 考级真题】**

简述员工绩效管理总系统的设计流程。（2015 年 5 月）

在线习题

人力资源管理师
考试真题

# 第七章

# 薪酬与福利管理

## 学习目标

- ◆ 掌握薪酬的含义及其构成
- ◆ 了解薪酬管理的概念、原则和内容
- ◆ 理解薪酬制度的含义
- ◆ 明确薪酬设计的步骤和策略
- ◆ 掌握福利的内涵及内容

## 引导案例

YT 公司是一家大型的电子企业。2006 年,该公司实行了企业工资与档案工资脱钩,与岗位、技能、贡献和效益挂钩的"一脱四挂钩"工资、奖金分配制度。

一是以实现劳动价值为依据,确定岗位等级和分配标准,岗位等级和分配标准经职代会通过形成。公司将全部岗位划分为科研、管理和生产三大类,每类又划分出 10 多个等级,每个等级都有相应的工资和奖金分配标准。科研人员实行职称工资管理制度,工人实行岗位技术工资。科研岗位的平均工资是管理岗位的 2 倍,是生产岗位的 4 倍。

二是以岗位性质和任务完成情况为依据,确定奖金分配数额。每年对科研、管理和生产工作中有突出贡献的人员给予重奖,最高的达到 8 万元。总体上看,该公司加大了奖金分配的力度,进一步拉开薪酬差距。

YT 公司注重公平竞争,以此作为拉开薪酬差距的前提。如对科研人员实行职称聘任制,每年一聘,这样既稳定了科研人员队伍,又鼓励优秀人员脱颖而出,为企业长远发展提供源源不断的智力支持。

案例显示,YT 公司的"一脱四挂钩"工资、奖金分配制度,同时考虑了岗位特点、员工技能水平、员工贡献和企业效益四个方面,可见 YT 公司的薪酬体系是一种平衡的薪酬体系。公司将企业的全部岗位划分为科研、管理和生产三大类,岗位分类较合理。公司将每类岗位细分出 10 多个等级,每个等级都有相应的工资和奖金分配标准,可见 YT 公司的薪酬体系细节明确,为新的薪酬体系奠定了坚实的基础。公司的薪酬体系重点突出,偏重于科研人员,使关键技术人才的薪酬水平高于一般可替代性强的员工薪酬水平,在市场中具有竞争力。公司通过加大奖金分配力度的做法来拉开薪酬差距,有利于企业效益增长。公司注重公平竞争,如对科研人员实施聘任制,为拉开薪酬差距提供前提。

资料来源:2016 年人力资源管理师题库(二级)

以上案例说明,薪酬是推动组织战略目标实现的一个强有力工具,也是影响组织变革成功的决定性因素之一。薪酬是组织成本的重要组成项目,薪酬水平的高低影响着组织在人力资源市场上的竞争能力;薪酬对于员工的态度和行为有着重要的影响,且能成为一种使员工的个人利益与组织利益相一致的有力工具。

# 第一节　薪酬管理概述

薪酬是在人力资源管理中最受人关切、敏感的部分,因此也是最受重视的模块。员工按照组织要求创造了工作绩效后,组织应该给予合理的回报。员工工作作为一种职业活动,是有偿劳动,薪酬是劳动报酬的主要形式。

## 一、薪酬概述

### (一)薪酬的概念

1. 薪酬

薪酬是指组织对员工所做的贡献,包括他们实现的绩效、付出的努力、时间、学识、技能、经验与创造所付给的相应的回报或答谢。这实质上是一种公平的交易或交换,也就是某种程度的补偿。

对于薪酬的理解,可以从狭义和广义两个方面来分析。狭义的薪酬是指员工因为雇佣关系存在而获得的各种形式的经济收入以及有形无形的服务和福利。广义的薪酬还包括非经济补偿,即个人对工作本身或者对工作在心理与物质环境上的满足感,如工作的成就感、发展空间、和谐协调的同事关系等(见表7-1)。

在现实生活中,往往更多强调的是狭义薪酬,但非经济报酬已经越来越受到人们的关注,并成为影响员工工作的一个重要因素。

工作的报酬和对雇员的活动具有强有力的影响的因素,如赞扬与地位、学习的机会、雇佣安全、挑战性等,往往是来源于工作任务本身,应当属于隐性酬劳,因此本书不将这种精神收益作为薪酬的主要内容来探讨。本书所定义的薪酬包括直接以现金形式支付的工资(如基本工资、绩效工资、激励工资)和通过福利与服务(如养老金、医疗保险、带薪休假等)支付的薪酬。

表 7-1　广义薪酬的内涵

| 直接的 | 间接的 | 其他 | 工作 | 用人单位 | 友谊 |
|---|---|---|---|---|---|
| 基本工资 | 公共福利 | 带薪假期 | 有兴趣的 | 社会地位 | 友谊 |
| 加班工资 | 保险计划 | 休息日 | 工作 | 个人成长 | 关怀 |
| 奖金 | 退休计划 | 病、事假等 | 挑战性 | 个人价值的 | 舒适的工作 |
| 奖品 | 培训 | | 责任感 | 实现等 | 环境 |
| 津贴等 | 住房餐饮等 | | 成就感等 | | 便利的条件等 |
| 经济性报酬 | | | 非经济性报酬 | | |

### 2. 工资

与薪酬相联系,在现实生活中更为常用的一个概念是工资。

从形式上看,工资是劳动者付出劳动后,以货币形式得到的劳动报酬。国际劳工组织《1949 年保护工资公约》中对工资定义为:"工资"一词系指不论名称或计算方法如何,由一位雇主对一位受雇者,为其已完成和将要完成的工作或已提供和将要提供的服务,可以货币结算并由共同协议或国家法律或条例予以确定而凭书面或口头雇佣合同支付的报酬或收入。[①]

工资和薪金是常常混淆的概念。薪金,按《辞海》的解释,旧指俸给,意思是供给打柴汲水等生活上的必需费用。工资和薪金的划分可以说是出于一种习惯考虑。一般而言,以工作品质要求为主的报酬收入称为薪金,以工作数量要求为主的收入称为工资。其实无论薪金还是工资,都是工作的报酬,在本质上并没有差别。

## (二) 薪酬的构成

薪酬包括基本薪酬、绩效薪酬、激励薪酬、福利与津贴四个部分。

### 1. 基本薪酬 (Basic Pay)

基本薪酬是指组织根据员工所承担或完成的工作本身或者是员工所具备的完成工作的技能向员工支付的稳定性报酬,反映的是工作或技能的价值,是员工收入的主要部分,也是计算其他薪酬收入的基础。

基本薪酬由于其数额基本固定,因此能为员工提供基本的生活保障和稳定的收入来源,以满足员工起码的生活需要。基本薪酬是员工薪酬的主要部分,而且也经常作为确定可变薪酬的主要依据。

对基本薪酬也会进行定期和不定期的调整,主要是基于以下原因:总体生活水平发生变化或通货膨胀;其他组织支付给同类员工的基本薪酬的变化;

---

[①]　国际劳工组织.国际劳工公约和建议书(第一卷)(1949—1994)[M].北京:国际劳工组织北京局,1994:131.

员工自身的知识、经验、技能的变化以及由此导致的绩效的变化;组织所处外部环境的变化和产品市场的竞争能力等。

2. 绩效薪酬(Merit Pay)

绩效薪酬是对员工超额工作部分或工作绩效突出部分所支付的奖励性报酬,旨在鼓励员工提高工作效率和工作质量。它是对员工过去工作行为和已取得成就的认可,通常随员工业绩的变化而调整。例如:有突出业绩的员工,可以在上一次加薪的 12 个月以后,获得 6%～7% 的绩效工资;而仅让雇主感到过得去的雇员,只可以获得 4%～5% 的绩效工资。调查资料表明,美国 90% 的公司使用了绩效薪酬。

3. 激励薪酬 (Incentive Pay)

激励薪酬也和业绩直接挂钩,也称可变薪酬(Variable Pay),用于衡量业绩的标准有成本节约、产品数量、产品质量、税收、投资收益、利润增加等。激励薪酬有短期的,也有长期的。短期的激励薪酬可以表现得很具体。比如,如果每个季度达到或者超过了 8% 的资本回报率目标,公司的任何员工都可以拿到相当于一天工资的奖金;如果达到 9.6%,则每个员工都可以拿到相当于两天工资的奖金;如果达到 20%,则可以拿到等于 85 天工资的奖金。长期的激励薪酬则是对雇员的长期努力实施奖励,目的是使雇员能够注重组织的长期目标。例如,为高层管理人员和高级专业技术人员分配股份或红利,对有突出贡献者奖励股份,或者像微软、百事可乐、沃尔玛等公司那样让其所有的雇员拥有股票期权。

激励薪酬与绩效薪酬是不同的。激励薪酬是一种提前将收益分享方案明确告知员工的方法,它是以支付工资的方式影响雇员将来的行为,而绩效薪酬则侧重于对过去突出业绩的认可。激励薪酬制度在实际业绩达到之前已经确定,通常雇员对于超额完成财务目标后所能得到的红利非常清楚,而绩效薪酬往往不会提前知道。另外,两者的最大区别在于:绩效薪酬通常会加到基本薪酬上面,是基本薪酬永久的增加;而激励薪酬是一次性付出,对劳动成本不形成永久的影响,雇员业绩下降时,激励薪酬也会自动下降。

4. 间接薪酬——福利(Welfare)与津贴(Subsidy)

这部分薪酬通常不与员工的劳动能力和提供的劳动量相关,而是一种源自员工组织成员身份的福利性报酬,所以叫间接薪酬。间接薪酬一般包括带薪非工作时间(年休假、不严格的考勤制度等)、员工个人及家庭服务(儿童看护、家庭理财、工作餐等)、健康及医疗保健、人寿保险、养老金等。一般情况下,间接薪酬是由雇主全部支付的,有的也要求员工承担其中一部分。

间接薪酬一般为非现金支付,能达到适当避税的目的,同时也为退休生活或不测事件提供保障,而且还可以作为调整员工购买力的一种手段,使员工以较低的价格购买自己所需的产品。

福利因国家的不同而不同。如亚洲的韩国、日本、中国等国都会发放各种津贴和补贴作为福利。津贴,是指工资或薪水等难以全面、准确反映劳动条件、劳动环境、社会评价等对员工身心造成的某种不利影响,为了保证员工工资水平不受物价影响而支付给员工的一种补偿。人们常把与工作相联系的补偿称为津贴,如员工的工作环境对身体健康有害,员工的工作对员工造成伤害的可能性较大,员工从事的是社会上某些人看来不太体面的工作。人们常把与员工生活相联系的补偿称为补贴,如交通补贴、住房补贴、生育补贴、物价补贴。津贴与补贴常以货币形式支付给员工。这在欧美是较少的,他们的福利更多地表现为非货币形式,比如休假、服务(医疗咨询、员工餐厅)和保障(医疗保险、人寿保险和养老金)等。当前,福利和服务已日益成为薪酬的重要形式,它对于吸引、保有员工有着不可替代的作用。

薪酬的构成形式没有固定统一的模式和组合比例,不同国家、地区和组织应根据实际需要和条件,制定自己的薪酬标准。

### (三) 影响薪酬水平的因素

在组织中,每位员工的薪酬显而易见是不同的。那么,造成这种不同的薪酬水平的因素主要有哪些呢?

1. 员工个人因素

(1) 技能与训练水平。高技能和高训练水平的员工其工作表现会好一些,因此其薪酬水平也相应高一些,同时也是为了补偿员工在学习技术时所耗费的时间、体能和智慧,所承担压力,所造成的机会损失等,而且还能激励员工不断地学习新技术,提高劳动生产率。

(2) 工作绩效。一个员工的劳动贡献大,往往是由于其劳动强度大、劳动能力强、劳动付出多并形成了有效劳动,因此其薪酬水平也就高。

(3) 任职岗位。组织中不同的岗位在组织中的地位和对组织的价值有很大的差异,这就决定了处于不同岗位员工的价值的不同,因此也导致了薪酬水平的差异。

(4) 资历。资历是将工作年限作为一种经验和能力提供回报,是为了补偿员工过去的投入,同时减少人员的流动,起到稳定员工队伍的作用。

此外,员工的经验、从事工作的难易程度、危险性、个人的潜力,甚至运气都会影响员工的薪酬水平。

2. 组织方面因素

(1) 组织的支付能力。生产率水平高、产品市场竞争能力强,其财力雄厚,员工往往有高薪酬水平;生产经营持续发展,就为员工的薪酬水平的提高奠定了物质基础。薪酬水平的高低必然和组织的发展阶段、发展水平有关。如果组织薪酬负担过重,就会造成组织经营不善。

(2) 组织的薪酬政策。一个组织的薪酬政策和薪酬管理理念是决定组织薪酬水平的直接因素。处于外部竞争的需要而制订"领导者"的薪酬政策时,该组织的薪酬水平必然高于市场薪酬水平。组织的薪酬政策为薪酬的几个重要方面提供了基本的指导方针,包括薪酬增长的基准、提升和降级等。

### 3. 外部因素

（1）人力资源市场供求情况。在人力资源市场上，当供给大于需求时，市场的工资水平就会降低；当供给小于需求时，市场的工资水平就会提高。组织的薪酬水平往往是以市场工资水平为参照和基准。

（2）国家的法律和政策。在市场经济条件下，政府不直接干预组织的薪酬决定，一般运用法律和经济手段，必要时也会采用行政手段进行调控。如对最低工资、加班工资支付的法律规定；通过工资政策、税收政策、工资谈判制度、工资指导线以及冻结工资等行政手段进行的调控。

（3）物价水平和补偿要求。消费品物价上涨会导致生活费用的增加，为了维持员工的实际购买力，组织就需要对工资水平做出相应的调整和补偿。支付给员工的薪酬必须能够满足员工的基本生活费，这是薪酬的最低限度。

（4）工会的影响。工会的主要工作就是监督组织的活动并确保员工能享受法定权利，保证员工的合法权益。市场化国家的行业和组织的薪酬水平往往由雇主与工会的集体谈判来决定，工会对组织的薪酬决策具有相当大的影响。

事实上，为建立一个合理的薪酬系统，组织在制定薪酬政策时，会综合权衡上述所有因素，参见图 7-1。

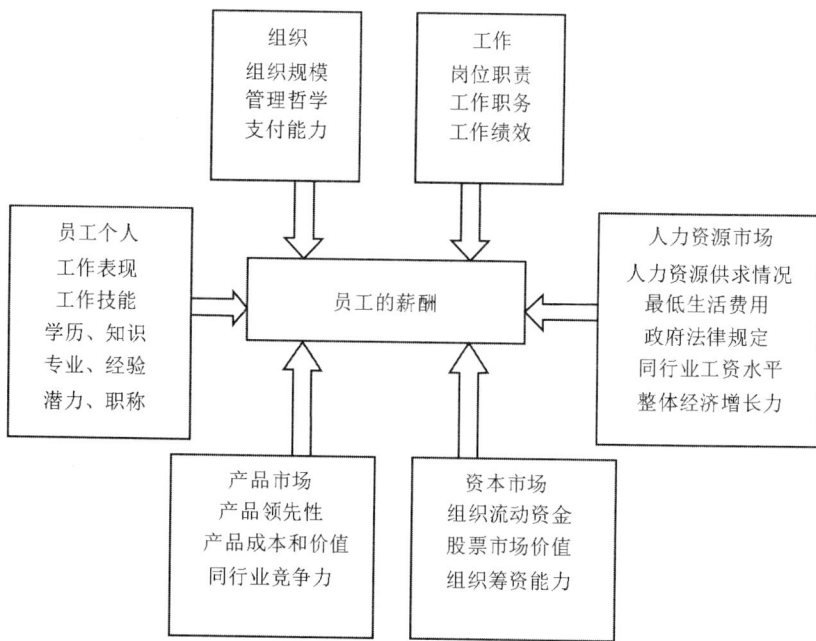

图 7-1 员工薪酬的主要影响因素

资料来源：廖泉文.人力资源管理（第二版）[M].北京：高等教育出版社，2011：200.

## （四）薪酬的功能

薪酬的功能是指薪酬作为生产投入和分配的结果，作为市场经济的杠杆和组织的激励机制,在社会经济活动中客观上应当发挥的功能,我们可以从员工、组织和社会三个方面来分析。

**1. 员工方面**

(1)经济补偿功能。薪酬对员工的补偿功能是其最基本的功能。劳动者通过付出劳动来换取薪酬,以满足个人以及家庭的基本生活需求,从而实现劳动力的再生产。薪酬对劳动者及其家庭生活所起到的保障作用是其他保障手段所无法替代的。在现代社会,员工必须持续地接受教育培训,才能适应产业结构变化和技术更新的挑战,因此,薪酬的功能还应包括满足员工在教育、娱乐及自我开发方面的发展需要,同时薪酬也应当适应经济发展、员工生活内容也在不断扩展的需要。

(2)心理激励功能。员工对薪酬状况的感知会影响员工的工作行为、工作态度以及工作绩效。员工的薪酬需求得到满足的程度越高,薪酬对于员工的激励作用就越大;反之,则有可能产生消极怠工、工作效率低下、人际关系紧张、组织凝聚力不高、员工忠诚度下降等不良后果。

(3)社会信号功能。在市场经济条件下,薪酬除了具有经济功能外,实际上还向他人传递着一种信号,人们可以根据薪酬情况来判断特定的员工在社会上所处的位置,判断其家庭、朋友、职业、受教育程度、生活状况甚至宗教信仰和政治取向等。

(4)价值实现功能。高薪酬是员工工作业绩的显示器,是对员工工作能力和水平的承认,也是对个人价值实现的回报,是晋升和成功的标志。员工在组织内部的薪酬水平也代表着他在组织中的地位和层次,从而成为对员工个人价值和成功进行识别的一种信号。

**2. 组织方面**

(1)增值功能。薪酬既是雇主购买劳动力的成本,也是用来交换劳动者活劳动的手段,同时薪酬还是一种活劳动投资,能够给雇主带来预期的收益。这种收益的存在,成为雇主雇用劳动力、投资劳动力的动力机制。

(2)激励功能。组织管理者可以通过有效的薪酬制度,反映和评估员工的工作绩效,即根据员工表现出来的不同工作绩效支付不同的薪酬,从而促进员工工作数量和质量的提高,保护和激发员工的积极性和工作热情。

(3)协调功能。一方面,薪酬作为一种强烈的信号,向员工传递组织的经营目标和管理者的意图,促使员工个人行为与组织行为相融合;另一方面,通过合理的薪酬差别和结构,化解员工之间的矛盾,协调人际关系。

(4)配置功能。薪酬制度可以发挥导向功能,即通过薪酬水平的变动,结合其他管理手段,合理配置组织内部的人力资源和其他资源,引导人力资源的流向并促进其有效配置。

**3. 社会方面**

(1)社会劳动力资源配置功能。薪酬作为劳动力价格信号,调节着劳动力的供求和劳动力的流向。当某一地区、部门和某一职业、工种的劳动力供不应求时,薪酬就会上升,从而促使劳动力从其他地区、部门、单位及工种向紧缺的区域流动,使流入区域劳动供给增加,逐步趋向平衡;反之亦然。薪酬也影响着人们对于职业和工种的评价,调节着人们择业的愿望和就业的流向。

(2)薪酬对国民经济的影响也是举足轻重的。事实上,在各国的国民生产总值中,大约有60%是以薪酬的形式体现出来的,因此薪酬水平的高低直接影响到国民经济的运行。薪酬也是一国经济和社会发展水平的重要指标,薪酬分配的恰当与否,对经济社会的平等与效率产生直接的影响,有时甚至会引发重大的政治和社会问题。

## 二、薪酬管理概述

### (一)薪酬管理的概念

薪酬管理是指一个组织针对员工所提供的服务来确定其应得的报酬总额、报酬结构和报酬形式的过程,涉及薪酬系统的一切管理工作。

薪酬管理不仅涉及组织的经济核算和效益,还关系到员工的切身利益,是员工激励的核心,体现了组织管理机制的综合运营,也是组织与社会的重要联系纽带。

### (二)薪酬管理的内容

组织在薪酬管理过程中需要做出的选择或决策,构成了薪酬管理的主体内容。

1. 薪酬体系

薪酬体系主要是指组织的基本薪酬以什么为基础。目前,社会上比较通行的薪酬体系主要有三种:职位或岗位薪酬体系、技能薪酬体系和能力薪酬体系。其中职位薪酬体系是应用最为广泛的。

当组织根据员工所承担的工作本身的重要性、难度或对组织的价值来确定员工的基本薪酬时,采用的就是职位薪酬制;当组织根据员工所拥有的完成工作的技能或能力的高低来确定基本薪酬时,采用的就是技能或能力薪酬制。

2. 薪酬水平

薪酬水平是指组织中各职位、各部门以及整个组织的平均薪酬水平。薪酬水平决定了组织薪酬的外部竞争性。

同行业或地区中竞争对手支付的薪酬水平、组织的支付能力和薪酬战略、社会生活成本指数、外界因素如工会政策的影响等都是影响组织薪酬水平的主要因素。

组织的薪酬策略一般应该包括三个层次:能够吸引并保留适当员工所必须支付的薪酬水平;组织有能力支付的薪酬水平;实现组织战略目标所要求支付的薪酬水平。[①]

---

① 劳动和社会保障部,国家就业培训指导中心.国家职业资格培训教程——企业人力资源管理人员[M].北京:中国劳动社会保障出版社,2002:199.

薪酬调查是组织进行薪酬水平决策的主要依据。薪酬调查是指组织搜集信息来判断其他组织所支付的薪酬状况的系统过程,目的在于了解市场上的各种相关组织(包括自己的竞争对手)向员工支付的薪酬水平和薪酬结构等方面的信息,从而为本组织薪酬决策提供参考。

### 3. 薪酬结构

薪酬结构是指同一组织内部不同职位所得到的薪酬之间的相互关系,强调的是同一组织内部的一致性问题,即组织内部不同职位(或者技能)之间的相对价值比较。一个完整的薪酬结构包括薪酬的等级数量、同一薪酬等级内部的薪酬变动范围、相邻两个薪酬等级之间的交叉与重叠关系这几项内容。

在薪酬管理中,往往将岗位评价结果相同或接近的岗位定为一个等级,从而划分出若干岗位等级,相应地就划出了若干薪酬等级。不同的组织有不同的岗位,因此其薪酬等级也不同,但一般有两种类型:

分层式薪酬等级:薪酬等级多,呈金字塔形排列,员工的薪酬水平随着个人岗位级别提升而提高。该类型在成熟的、等级型的、传统的组织中比较常见。

宽泛式薪酬等级:也称宽带薪酬。组织的薪酬等级少,呈平行形,员工薪酬水平的提高既可以通过岗位级别的提升来实现,也可以通过横向工作调整而提高。该类型在业务灵活性强、扁平化的组织中比较常见。

### 4. 薪酬形式

薪酬形式是指员工所得到的总报酬的组成成分,通常由基本薪酬和可变薪酬两部分构成,一般包括以货币形式支付的直接薪酬和以非货币形式提供的间接薪酬所组成。薪酬形式有基本工资、岗位工资、技能工资、工龄工资、效益工资、业绩工资、职称工资、薪点工资、奖金、津贴等,且呈现多样化趋势。

### 5. 特殊群体的薪酬

在一个较为复杂的组织里,往往存在着一些预期不同的员工群体,这些员工群体在工作目标、工作内容、工作方式和工作行为等方面与其他员工有着显著的区别,因此对这些员工群体需要根据其工作性质在薪酬管理上加以区别对待。一般情况下,销售人员、专业技术人员、管理人员尤其是高级管理人员、外派员工可以视为组织中的特殊群体。

### 6. 薪酬管理政策

薪酬管理政策主要涉及组织的薪酬成本与预算控制,以及组织的薪酬制度、薪酬规定和薪酬保密等问题。薪酬管理政策必须确保员工对于薪酬系统的公平性看法以及薪酬系统有助于组织以及员工个人目标的实现。

## (三) 薪酬管理的原则

### 1. 公平性原则

公平性是薪酬管理最主要也是最基本的原则。公平性是指员工对组织薪酬管理系统以及管理过程的公正性看法或感知,这种公平性涉及员工本人薪酬水平与组织外部人力资源市场薪酬状况、与组织内部不同职位上的人员以及类似职位上的人员的薪酬水平之间的对比结果。

公平目标强调设计薪酬制度时,要综合考虑组织、人力资源市场、工作以及员工四个方面的因素,处理好内部公平、外部公平和员工个人公平三个公平问题。

内部公平:组织按照员工所从事工作对于组织的价值来支付薪酬,不同岗位所获得的薪酬均与各自的贡献相对应。组织内部不同工作之间、不同技能水平之间的薪酬应相互协调。

外部公平:本组织员工所获得的薪酬与其他类似组织从事类似工作的员工所获得的薪酬基本一致,反映的是组织薪酬水平与其他组织比较时的竞争力。

员工个人公平:根据业绩、资历等个人因素对组织内从事同一工作的员工支付薪酬。

2. 补偿性原则

薪酬应保证员工收入能足以补偿其付出的费用,这不仅包括补偿与员工恢复工作精力所必要的衣食住行费用,而且还包括员工为开展工作所必须投入的学习知识、技能等的费用。

3. 竞争性原则

竞争性是指组织的薪酬标准在社会上和人才市场中要有吸引力,以便引进和留住所需人才。薪酬标准的高低很大程度上决定了组织所能吸引到的员工的技术和能力水平。

4. 激励性原则

有效的薪酬管理应该能够刺激员工努力工作,多做贡献,并强化组织吸引、保持和激励雇员的作用。良好的薪酬系统能将组织支出的薪酬成本转化为高度激励员工取得理想绩效的诱引,把员工的行为引向组织期望的目标。

5. 经济性原则

薪酬管理的经济性体现在两个方面:一是作为组织成本的重要组成部分,在确定员工薪酬水平时必须全面考虑组织的运营情况和支付能力;二是薪酬制度的具体操作应该简单,确保实施成本较低。

6. 合法性原则

合法性是指组织的薪酬管理体系和管理过程要符合国家的最低工资立法、同工同酬立法、反歧视立法等相关法律和政策规定,这是组织薪酬管理必须坚持的基本要求。

7. 战略导向性原则

合理的薪酬制度有助于组织发展战略的实现。组织在进行薪酬设计时,必须从组织的战略的角度进行分析,分析复杂因素中哪些因素相对重要,哪些因素相对次要,并赋予这些因素相应的权重,从而确定各岗位价值的大小,继而进行薪酬制度设计。

## 第二节　薪酬水平确定

### 一、薪酬水平的含义

薪酬水平是组织薪酬体系的重要组成部分和薪酬战略要素之一。

所谓薪酬水平,是指组织支付给不同职位的平均薪酬。薪酬水平侧重分析组织之间的薪酬关系,是相对于其竞争对手的组织整体的薪酬支付实力。一个组织所支付的薪酬水平高低无疑会直接影响到组织在人力资源市场上获取劳动力能力的强弱,进而影响组织的竞争力。

薪酬水平是组织内部各类职位和人员平均薪酬的高低状况,它反映了组织薪酬的外部竞争性。薪酬水平反映了组织薪酬相对于当地市场薪酬行情和竞争对手薪酬绝对值的高低。它对员工的吸引力和组织的薪酬竞争力有着直接的影响,其数学公式为:薪酬水平＝薪酬总额/在业的员工人数。

### 二、薪酬水平的划分

薪酬水平有不同层次的划分,它可以指一定时期内一个国家、地区、部门或组织任职人员的平均薪酬水平,也可以指某一特定职业群体的薪酬水平。其中组织员工的薪酬水平主要指以组织为单位计算的员工总体薪酬的平均水平,包括时点的平均水平或时期的平均水平。测定组织薪酬水平主要有两种方法:其一是组织支付给不同职位的平均薪酬,这是一种绝对量指标;其二是组织薪酬水平在相关人力资源市场中的位置,这是一种相对量指标。

### 三、影响薪酬水平决策的主要因素

#### (一) 人力资源市场因素

组织必须根据人力资源市场的供求变化支付薪酬,人力资源市场的变化及其差异形成对薪酬支付的限制。而人力资源市场,从某种意义上讲,是指雇主和求职者以薪酬和其他工作奖励交换组织所需要的技能与行为的场所。具体包括:人力资源市场的地理区域、劳动力供求影响、内部人力资源市场、失业率和离职率以及政府与工会等因素。人力资源市场的状况直接影响组织劳动力的供给,主要表现在两个方面:一是雇用数量;二是雇用价格,即薪酬水平。

#### (二) 产品市场、要素市场因素

产品市场、要素市场在很大程度上决定了组织的薪酬支付能力。在同行业内或者行业之间,影响组织支付能力进而影响薪酬水平策略的因素很多,主

要包括产品的需求弹性、品牌的需求弹性、劳动力成本占总成本的比例以及其他生产要素的可替代性等。

### （三）组织特征因素

组织特征从本质上决定了组织薪酬的支付能力。影响薪酬水平的组织特征因素一般包括组织的经济效益、管理取向、员工规模与配置效率等。

### （四）组织经营战略因素

组织战略意图决定了组织对不同职位薪酬水平的支付意愿，尤其是竞争战略对组织薪酬水平的影响最为直接，它反映了组织经营业务对环境的反应。通常，低成本战略会考虑控制薪酬水平；而差异化和创新战略则会在薪酬水平策略选择上较为宽松。

## 四、薪酬水平的调整

薪酬水平的调整是指保持薪酬结构、等级要素、构成要素等不变，只调整薪酬结构上每一等级或每一要素的数额。薪酬水平调整的依据包括市场、绩效、职位和能力等因素，可以采用其中一种依据也可以其中一种依据为主，其他为辅。

### （一）市场

通过市场薪酬调查，了解组织关键岗位的薪酬水平，当发生偏离时及时进行调整以保持此类岗位在人力资源市场上的竞争力。这类关键岗位一般包括研发技术类人才、高级管理人才和组织特定发展阶段的稀缺人才等。

### （二）绩效

对于那些薪酬支付是以绩效为导向的员工，如销售类人员、生产类人员，通过绩效调薪使绩效表现与员工薪酬直接挂钩，其主要目的是奖励先进，鞭策后进。

### （三）职位

对于职位价值发生变化的职位要重新进行评估，从而重新归入相应的薪酬等级。另外，对于职位发生变化的员工，其薪酬也要与员工的职位及管理职责挂钩。

### （四）能力

对于公司认可的技能提升，比如经过培训而得以提升的最新的技能，要给予员工调薪，其目的是为了更好地激励员工在专业水平及技能上的提升。

### （五）工龄

对于鼓励员工长期服务的组织，可以依据工龄调薪，但一般幅度不大。

### 五、薪酬水平策略的类型

一般来讲,组织在战略目标指引下,往往会根据组织战略和人力资源市场状况制定薪酬水平策略。薪酬水平的确定,可参照当地上一年行业薪酬水平,结合物价因素制定。薪酬水平策略的类型主要有 4 种,分别是:领先型策略、跟随型策略、滞后型策略、混合型策略。

#### (一)领先型薪酬策略

领先型薪酬策略是采取本组织的薪酬水平高于竞争对手或市场的薪酬水平的策略。这种薪酬策略以高薪为代价,在吸引和留住员工方面都具有明显优势,并且将员工对薪酬的不满降到一个相当低的程度。

#### (二)跟随型薪酬策略

跟随型薪酬策略是力图使本组织的薪酬成本接近竞争对手的薪酬成本,使本组织吸纳员工的能力接近竞争对手的能力。跟随型薪酬策略是组织最常用的策略,也是目前大多数组织所采用的策略。

#### (三)滞后型薪酬策略

滞后型薪酬策略是采取本组织的薪酬水平低于竞争对手或市场薪酬水平的策略。采用该薪酬策略的组织,大多处于竞争性的产品市场上,边际利润率比较低,成本承受能力很弱。受产品市场上较低的利润率所限制,没有能力为员工提供高水平的薪酬,是组织实施滞后型薪酬策略的一个主要原因。当然,有些时候,滞后型薪酬策略的实施者并非真的没有支付能力,而是没有支付意愿的问题。

#### (四)混合型薪酬策略

所谓混合型薪酬策略,是指组织在确定薪酬水平时,根据职位的类型或者员工的类型来分别制定不同的薪酬水平决策,而不是对所有的职位和员工均采用相同的薪酬水平定位。比如,有些公司针对不同的职位族使用不同的薪酬决策,对核心职位族采取市场领先型的薪酬策略,而在其他职位族中实行市场追随型或相对滞后型的基本薪酬策略。

进而言之,对组织里的关键人员例如高级管理人员、技术人员,提供高于市场水平的薪酬,对普通员工实施匹配型的薪酬政策,对那些在人力资源市场上随时可以找到替代者的员工提供低于市场价格的薪酬。此外。有些公司还在不同的薪酬构成部分之间实行不同的薪酬政策。比如在总薪酬的市场价值方面处于高于市场的竞争性地位,在基本薪酬方面处于稍微低一点的拖后地位,同时在激励性薪酬方面则处于比平均水平高很多的领先地位。

# 第三节　薪酬体系设计

　　薪酬体系是组织的人力资源管理整个系统的一个子系统。它向员工传达了在组织中什么是有价值的,并且为向员工支付报酬建立起了政策和程序。一个设计良好的薪酬体系直接与组织的战略规划相联系,从而使员工能够把他们的努力和行为集中到帮助组织在市场中竞争和生存的方向上去。薪酬体系的设计应该补充和增强其他人力资源管理系统的作用,如人员选拔、培训和绩效评价等。

　　在一个设计良好的薪酬体系中,员工会感觉到,相对于同一组织中从事相同工作的其他员工,相对于组织中从事不同工作的其他员工,相对于其他组织中从事类似工作的人而言,自己的工作获得了适当的薪酬。比如,一个书记员会将自己的薪资与行政助理、会计等同一组织中的其他工作的薪资进行比较。如果他认为相对于组织中的其他工作,自己的工作获得了公平的薪酬(即对组织越重要的工作获得的报酬也越多,组织需要越少、越不重要的工作获得的报酬也越少),他就感到了内部公平性。他也可能将自己的薪酬与其他组织中的书记员相比较。如果他认为相对于其他组织中的类似工作而言,自己的薪酬也是公平的话,他就感到了外部公平性。他还有可能将自己的薪酬与同一组织中的其他书记员进行比较。如果他认为相对于组织中的其他书记员,自己的薪酬也是合理的,那么,他就感到了个体公平性。一个组织越是能够建立起面向员工的内部公平、外部公平和个体公平的条件,就越是能够有效地吸引、激励和保留其所需要的员工,来实现组织的目标。

　　薪酬体系设计是具有挑战性的,它既是一门科学,同时也是一门艺术。薪酬体系设计与管理应该被看作是一个动态的过程,这是因为组织的内外部环境会以一种不可预见的方式发生变化。因此,一个有效的薪酬体系不应是僵化和死板的,而应该根据需要随时进行监控和调整。本节将会帮助你获得一个不断优化和不断改进的薪酬体系。保持薪酬设计的不断改进是一个持续的过程。

## 一、基本薪酬体系

　　建立健全合理的基本薪酬体系是薪酬管理的重要内容。基本薪酬体系设计可以以工作为导向、以技能或能力为导向、以绩效为导向、以资历为导向,这样就形成了多种形式的基本薪酬体系。目前使用最为广泛的是职位薪酬体系和技能(能力)薪酬体系两大类。

### (一) 职位薪酬体系的含义与操作流程

#### 1. 职位薪酬体系的含义

　　所谓职位薪酬体系,就是首先对职位本身的价值做出客观的评价,然后根据这种评价的结果赋予承担这一职位工作的人与该职位的价值相当的薪酬这样一种基本薪酬决定制度。

职位薪酬体系实际上暗含着这样一种假定：担任某一种职位工作的员工恰好具有与该工作的难易水平相当的能力。

职位薪酬体系有利于按照职位系列进行薪酬管理，操作比较简单，管理成本较低，晋升和基本薪酬增加之间的连带性促使员工提高自身技能和能力。但是，由于薪酬与职位直接挂钩，因此当员工晋升无望时，也就没有机会获得较大幅度的加薪，其工作积极性必然会受到影响，甚至会出现消极怠工或者离职的现象，而且职位相对稳定也不利于组织对于多变的外部经营环境做出迅速的反应，不利于及时地激励员工。

2. 职位薪酬体系的设计流程

职位薪酬体系的设计步骤主要有四个：

（1）搜集关于特定工作的性质的信息即进行工作分析；

（2）按照工作的实际执行情况对其进行确认、界定以及描述即编写职位说明书；

（3）对职位进行价值评价即进行职位评价或工作评价；

（4）根据工作的内容和相对价值对它们进行排序即建立职位结构。

## （二）职位评价的含义与工作程序

1. 职位评价的含义

所谓职位评价，就是指系统地确定职位之间的相对价值从而为组织建立一个职位结构的过程，它是以工作内容、技能要求、对组织的贡献、组织文化以及外部市场等为综合依据，来决定各种工作之间的相对价值，并根据它们对组织价值的大小进行排序，说明各种工作之间的差别。

2. 职位评价的工作程序

（1）选择工作分析方法进行工作分析。工作分析就是指运用合理的方法或方法组合，了解一种工作（或职位）并以特定格式把这种信息描述出来，从而使其他人能了解这种工作（或者职位）的过程。

组织通过工作分析可以得到两类信息：工作描述，即对经过工作分析所得到的关于某一特定工作的职责与任务的一种书面记录；工作规范，即对适合从事被分析工作或职位的人的特征所进行的描述。两者共同构成了职位说明书。

（2）成立职位评价小组。组织进行职位评价时，要先成立一个由员工自己选出来的职位评价工作小组。评价小组负责确定基准岗位和薪酬因素，选择职位评价方法进行职位评价。

（3）选择职位评价方法进行职位评价。职位评价方法有量化和非量化两大类。非量化方法是指那些仅仅从总体上来确定不同职位之间的相对价值顺序的职位评价方法，有两种方法：排序法和分类法。量化方法则是试图通过一套等级尺度系统来确定一种职位的价值比另外一种职位的价值高多少或低多少,也有两种方法:要素比较法和要素计点法。

### (三)职位评价方法

1. 排序法

排序法是根据总体上界定的职位的相对价值或者职位对于组织成功所做出的贡献来将职位进行从高到低的排列。

排序法的类型如下:

(1)直接排序法:简单地根据职位价值大小从高到低或从低到高对职位进行总体排队。

(2)交替排序法:首先从待评价职位中找出价值最高的一个职位,然后找出价值最低的一个职位,最后从剩余的职位中找出价值最高的职位和价值最低的职位。如此循环,直到所有的职位都被排列起来为止。

(3)配对比较法:首先将每一个需要被评价的职位与其他所有职位分别加以比较,然后根据职位在所有比较中的最终得分来划分职位的等级顺序。

排序法的操作步骤如下:

(1)获取职位信息:通过职位分析来充分了解职位的具体职责和职位承担者所应当具备的能力、技术水平、经验等任职资格。

(2)选择报酬要素并对职位进行分类:排序的依据可以是单一要素,或综合考虑多种要素。

(3)对职位进行排序。

(4)综合排序结果。

排序法是一种简单的职位评价方法,快速、简单,费用比较低,容易和员工进行沟通;但精确度不高,难以避免个人的主观偏见和误差,难以确定职位之间的价值差距,而且在职位数量太多时使用难度会很高。

2.分类法

分类法是按照一个事先确定的量表,把岗位划分为几个类别,根据所判断的岗位价值与集中分类描述的关系,将各种职位放入事先确定好的不同职位等级中的一种职位评价方法。

分类法的操作步骤如下:

(1)确定合适的职位等级数量:组织中职位类型越多,职位差距越大,则所需要的职位等级越多。

(2)编写每一职位等级的定义:指明每一职位等级中的职位承担的责任的性质和复杂程度,以及从事本等级中的职位上所需要的技能或者职位承担者所应当具备的特征。

(3)根据职位等级定义对职位进行等级分类:分类法简单,容易解释,执行起来速度较快;但等级说明过于一般化,而且在职位多样化的复杂组织中,也很难建立起通用的职位等级定义。

## 3.要素计点法

要素计点法要求首先确定组织为评价职位的价值所需要运用的若干报酬要素,然后对每个报酬要素进行等级划分和界定,并赋予不同的点值,一旦分别确定了每一种职位中的每一个报酬要素实际处于的等级,评价人员就只需把该职位在每一个报酬要素上的点值进行加总就可以得出该职位的总点值,最后根据每一种职位的总点值大小对所有职位进行排序,即可完成职位评价过程。

(1)要素计点法的三大要素如下:

① 薪酬要素:是指一个组织认为在多种不同的职位中都包括的一些对其有价值的特征,这些特征有助于组织战略的实现以及组织目标的达成。

②反映每一种报酬要素的相对重要程度的权重。

③数量化的报酬要素衡量尺度。

(2)要素计点法的操作步骤如下:

①确定要评价的岗位系列,如行政系列、工程系列和管理系列等。

②搜集岗位信息,包括岗位描述和岗位说明书。

③选取合适的报酬要素。

(3)报酬要素:最为常见的是四大报酬要素。

责任:组织对于员工按照预期要求完成工作的依赖程度,强调职位上的人所承担的职责的重要性。

技能:完成某种职位的工作所需具备的经验、培训、能力和受教育水平。

努力:为完成某种职位上的工作所需发挥的体力或脑力程度。

工作条件:所从事工作的伤害性和工作的物理环境。

组织在选择报酬要素时,需要注意:

①报酬要素必须是能够得到清晰界定和衡量的,并且那些运用报酬要素对职位进行评价的人应当能够一致性地得到类似的结果;

②报酬要素必须对准备在某一既定职位评价系统之中进行评价的所有职位来说具有共通性;

③报酬要素必须能够涵盖组织愿意为之支付报酬的与职位要求有关的所有主要内容;

④报酬要素之间不能出现交叉和重叠;

⑤报酬要素的数量应当便于管理。

● 对每一种报酬要素的各种程度或水平加以界定:被评价职位在该报酬要素的差异程度越高,则报酬要素的等级数量就越多。

● 确定要素的相对价值:即确定不同报酬要素在职位评价体系中所占的"权重"。对于不同的岗位系列,各要素的重要性是不同的。可以运用经验法,即评价小组通过讨论共同确定不同报酬要素的比重;也可以采用统计法,即运用统计技术或者数学技术来进行确定。

● 确定各报酬要素在不同等级或水平上的点值:将各报酬要素的总点值

以等差的形式分配到每个要素等级上。

● 运用这些报酬要素来评价每一职位。

● 将所有被评价职位根据点数高低排序，建立职位等级结构。

（4）要素计点法的优缺点如下：

①优点：与非量化的职位评价方法相比，要素计点法的评价更为精确，评价结果更容易被员工所接受，而且还允许对职位之间的差异进行微调；可以运用可比性的点数来对不相似的职位进行比较；通过报酬要素，能够反映组织独特的需要和文化，强调组织认为有价值的那些要素。

②缺点：要素计点法方案的设计和应用比较耗时，它要求组织必须首先进行详细的职位分析，有时还可能会用到结构化的职位调查问卷。此外，在报酬要素的界定、等级定义以及点数权重确定等方面都存在一定的主观性，并且在多人参与时可能会出现意见不一致的现象，这些都会加大运用计点法评价体系的复杂性和难度。

### 4. 要素比较法[①]

要素比较法依据不同的报酬要素多次对岗位进行排序，然后综合考虑每一岗位的序列等级，并得出一个加权的序列值，最终确定岗位序列的岗位评价方法，比较精确和复杂。

（1）要素比较法的操作步骤如下：

①获取职位信息，确定报酬要素：根据工作说明书搜集岗位信息，依据岗位系列特征选取报酬要素。

②选择典型职位：评价小组挑选关键岗位，这些岗位在所研究的岗位等级中具有典型性。

③根据报酬要素对典型职位进行排序：评价小组每个成员按照不同要素逐个进行岗位排序，然后再开会讨论确定每个岗位的序列值。表7-2表明如何分别依据五个报酬要素对典型岗位进行排序。

表 7-2　按不同报酬要素对典型岗位进行排序的结果

| 报酬要素<br>岗位名称 | 心理要求 | 身体要求 | 技术要求 | 责任 | 工作条件 |
|---|---|---|---|---|---|
| 焊工 | 1 | 4 | 1 | 1 | 2 |
| 起重工 | 3 | 1 | 3 | 4 | 4 |
| 冲床工 | 2 | 3 | 2 | 2 | 3 |
| 保安 | 4 | 2 | 4 | 3 | 1 |

注：1、2、3、4分别代表从高到低的排序。

---

① 劳动和社会保障部，国家就业培训指导中心.国家职业资格培训教程——企业人力资源管理师[M].北京：中国劳动社会保障出版社，2002：169-174.

④将每一典型职位的薪酬水平分配到每一报酬要素上去,按工资率对典型岗位排序:根据每个报酬要素在工资决定中的权重将被评价岗位的工资额分配给每个要素,根据每个典型职位内部的每一报酬要素的价值分别对职位进行排序(见表7-3)。

表7-3 按工资率对典型岗位进行排序的结果

| 岗位名称 | 工资率 | 心理要求 | 身体要求 | 技术要求 | 责任 | 工作条件 |
|---|---|---|---|---|---|---|
| 焊工 | 980 | 400(1) | 40(4) | 300(1) | 200(1) | 40(2) |
| 起重工 | 560 | 140(3) | 200(1) | 180(3) | 20(4) | 20(4) |
| 冲床工 | 600 | 160(2) | 130(3) | 200(2) | 80(2) | 30(3) |
| 保安 | 400 | 120(4) | 140(2) | 40(4) | 40(3) | 60(1) |

⑤根据两种排序结果选出不便于利用的典型职位:如表7-4所示,③表示步骤③的排序结果,④表示步骤④的排序结果。

表7-4 典型岗位筛选表

| 岗位名称 | 心理要求 | | 身体要求 | | 技术要求 | | 责任 | | 工作条件 | |
|---|---|---|---|---|---|---|---|---|---|---|
| | ③ | ④ | ③ | ④ | ③ | ④ | ③ | ④ | ③ | ④ |
| 焊工 | 1 | 1 | 4 | 4 | 1 | 1 | 1 | 1 | 2 | 2 |
| 起重工 | 3 | 3 | 1 | 1 | 3 | 3 | 4 | 4 | 4 | 4 |
| 冲床工 | 2 | 2 | 3 | 3 | 2 | 2 | 2 | 2 | 3 | 3 |
| 保安 | 4 | 4 | 2 | 2 | 4 | 4 | 3 | 3 | 1 | 1 |

比较步骤③和④的排序结果,每个要素所对应的排序结果应该是一致的。如果这两者排序结果之间差异太大,就表明这个岗位不能作为典型岗位使用。

⑥建立典型职位报酬要素等级基准表:按照表7-3,对所有关键岗位依据其报酬要素分别确定相应的工资水平,例如心理要求400元一项上写上焊工,140元一项上写上起重工,160元一项上写上冲床工。对于所有的典型岗位的薪酬要素都按此操作。

⑦使用典型职位报酬要素等级基准表来确定其他职位的工资:其他岗位按每一报酬要素与典型岗位相比较从而确定该岗位相应薪酬要素的工资率,将该岗位所有报酬要素的工资率相加就得到该岗位的薪酬水平。

(2)要素比较法的优、缺点如下:

①优点:要素比较法是一种比较精确、系统、量化的职位评价方法,其每一个步骤的操作都有详细的说明,能够直接得到各岗位的薪酬水平,而且也很容易向员工解释。

②缺点:这种方法整个评价过程会异常复杂,需要经常做薪酬调查,成本相对较高,因此实际应用相对较少。

## 二、技能(能力)薪酬体系

以人为基础的薪酬主要有两种形式:一是以人所具备的技能为基础,二是以人所拥有的能力为基础。以技能为基础的薪酬一般应用于所谓的蓝领工作,以能力为基础的薪酬一般应用于所谓的白领工作。

### (一)技能(能力)薪酬体系的内涵及其特点

技能(能力)薪酬体系是指组织根据一个人所掌握的与工作有关的技能、能力以及知识的深度和广度支付基本薪酬的一种报酬制度。

以技能或能力为基础的薪酬制度支付个人薪酬时,依据的是个人所表现出来的技能水平,而不是他们所从事的特定的工作。与职位薪酬体系相比,最基本差别是:个人的薪酬是由经鉴定具有的技能决定的,而不管所开展的工作是否需要这些特定的技能。而以职位为基础的薪酬,员工的薪酬是根据他们从事的工作支付的,与他们所具备的技能无关。

技能(能力)薪酬体系向员工传递的是关注自身发展和不断提高技能的信息,它激励员工不断开发新的知识和技能,使员工在完成同一水平层次以及垂直层次的工作任务方面具有多功能性,在员工配置方面为组织提供了更大的灵活性,从而有利于员工和组织适应快速的技术变革,在一定程度上还有利于鼓励优秀专业人才安心本职工作。

但技能(能力)薪酬体系往往要求组织在培训以及工作重组方面进行持续投资,结果很有可能会出现薪酬在短期内上涨的状况,而且在设计和管理上都比职位薪酬体系更为复杂。

### (二)技能(能力)薪酬体系的设计流程

1. 成立技能(能力)薪酬计划设计小组

制订技能薪酬计划通常需要建立起两个层次的部门,一个是指导委员会,另外一个是设计工作小组。在一般情况下,设计工作小组至少应当由来自不同层次和部门的 5 个人组成才能开展工作。设计工作小组需要确定哪些技能或能力是支持公司战略,为组织创造价值,应当获得报酬的。

2. 进行工作任务的技能(能力)分析

即系统性地辨别和收集有关开展组织内某项工作所需技能和能力的资料,这与工作分析有明显的相似之处。收集资料主要用于描述、鉴定和评价这些技能或能力。

3. 评价工作任务,创建新的工作任务清单

在技能(能力)分析的基础上,评价各项工作任务的难度和重要性程度,重新编排任务信息,对工作任务进行组合,为技能(能力)等级的界定和定价打下基础。

4. 技能(能力)等级的确定与定价

技能(能力)等级是指员工为了按照既定的标准完成工作任务而必须能够

执行的一个工作任务单位或者是一种工作职能。对技能(能力)等级的定价实际上就是确定每一个技能单位的货币价值。

5. 技能(能力)的分析、培训与认证

对员工进行技能分析,鉴定员工当前处于何种技能水平,并将技能或能力与薪酬水平联系起来。同时针对技能或能力需求明确培训需求并制订培训计划,建立技能等级或能力资格的认证与再认证。

✎ **相关链接 7-1：从职位薪酬到能力薪酬的过渡性方法**

由于能力薪酬的开发成本比较高,人们在实践中探索了一些基于相对成熟的职位薪酬来强化"能力"的过渡性方法,往往更易操作。

1. 在职位评价中强调能力要素的权重。职位评价的一个重要工作就是对要素的选择和赋权,如果需要强化对任职者能力的激励,我们可以通过加大评价要素中能力要素的权重来实现。

2. 以职位评价确定薪酬等级、以能力评价确定薪酬定位。首先以职位评价得出职位的相对价值,由此某一职位分布于哪一薪酬等级;然后对该职位上的任职者进行能力评价,由此确定任职者个体在这一薪酬等级内具体的薪酬水平。这是一种兼容职位评价和能力评价的方法。

3. 对应于职位等级开发基于任职资格等级的宽带薪酬。首先进行系统的职位评价并得到基本的职位工资结构,然后将某一序列人员的任职资格与职位等级相对照进行工资带的划分,使得工资带呈现宽带化趋势。在确定薪酬水平时,获得相应任职资格的任职者就可以得到相当于中位值的基本薪酬,再根据任职者的绩效表现来确定在该薪酬宽带内浮动的绩效工资,这样就实现了职位、能力和绩效三要素的综合处理。

资料来源：曾湘泉.薪酬：宏观、微观与趋势[M].北京：中国人民大学出版社,2006：244-250.

## 三、基本薪酬的调整

基本薪酬的调整一般表现为全体员工的薪酬同时增加,目的是为了保障员工的生活。

### (一) 物价性调整

物价性调整是为了补偿因物价上涨而给员工造成实际收入损失而实施的一种工资调整方法。组织可以通过员工工资水平与物价指标之间的挂钩来补偿因物价上涨而造成的实际薪酬水平的下降。由于加薪总是在通货膨胀之后,因此物价性调整具有"时滞性"特点。

### (二) 工龄性调整

工龄的增加意味着工作经验的积累与丰富,代表了能力或绩效潜能的提高,因此组织会随着员工工作年限的增加,对员工进行提薪奖励。工龄性调整是把员工的资历和经验当作一种能力和效率予以奖励的工资调整方式。

### (三) 奖励性调整

奖励性调整是根据员工实际工作绩效确定的基本薪酬的增长方式,也被称为绩效加薪。这是一种用来承认员工过去的令人满意的工作行为以及业绩,鼓励员工继续保持优点的论功行赏性质的薪酬调整方式。

### (四) 效益性调整

效益性调整是一种当组织效益提高时,对全体员工给予一定比例的薪酬增加的调整方法,但它在分配上的平均主义原则使其对员工的激励作用十分有限。

基本薪酬的调整有定额和定率两种形式。定额形式是指给不同薪酬等级的员工制定相应的基本薪酬增加数额;定率形式是指给不同薪酬等级的员工制定相应的薪酬增加比率。

## 四、员工奖励——可变薪酬体系

可变薪酬是指员工个人的薪酬随着个人、团队或者组织绩效的某些衡量指标所发生的变化而变化,随着工作绩效的变化而上下浮动的一种薪酬设计,通常被称为奖金或浮动薪酬。在设计可变薪酬时,需要考虑奖励的单位是员工个人层面、小组/部门层面还是组织层面。

### (一) 员工个人层面的奖励制度

个人奖励制度是针对员工个人的工作绩效提供奖励的一种报酬计划。个人奖励制度的共同点是将员工个人的绩效同已经制定的标准相比较。主要形式有以下几种。

1. 计件制

这是按员工个人所生产的符合要求的产出数量进行奖励的方式,薪酬的决定根据单位时间生产产品的数量而浮动。工作标准通过工作测量研究决定,并通过集体的讨价还价加以调整;实际的计件工资率通过薪酬调查数据得出。这种激励系统对员工而言容易理解,但设定工作标准比较困难。

计件制的一种变异形式是差别计件工资制,包括泰勒计件工资计划和莫里克(Merrick)计件工资计划两种。差别计件工资制对不同产量水平的员工设计了不同的工资率水平,泰勒的计件计划设计了两种计件工资率,而莫里克则将计件工资率划分为三个等级。差别计件的目的是奖励生产率高的员工并惩罚生产率低的员工。

2. 计时制

这是把时间作为奖励尺度,鼓励员工努力提高工作效率,节约人工和其他成本。计时制首先确定正常技术水平的工人完成某种工作任务所需要的时间,然后确定完成这种工作任务的标准工资率,是将工资建立在某一预期时间内完成一项工作或任务的基础上。具体做法有:

(1) 标准计时制。以节约时间的多少来计算应得的工资,当个人的生产标准确定后,按照节约的百分比给予不同比例的奖金,对每位员工都有最低工资保障。

(2) 海尔塞(Halsey)50—50 奖金制。组织确定标准工作时间,员工因节约时间而产生的收益(通过节约成本获得)在组织和员工之间平分。

(3) 罗恩(Rowan)制。基本思路与海尔塞相同,两者都主张在工人和雇主之间分摊来自工作时间低于定额时间的成本节余,不同的是收益分享的比例随收益的增加而上升。

(4) 甘特(Gantt)计时制。设定一个较高水平的标准工时,不能在标准工时内完成工作的员工得到一个有保证的工资率,而向能在标准工时内完成工作的人提供 120% 工资率。

3. 佣金制

支付给销售人员的佣金是另一类型的个人奖励制度,佣金是建立在一定销售数量或金额的基础上的薪酬。市场上存在的销售人员佣金方案主要有以下几种:

(1) 纯佣金制。纯佣金制是指在销售人员的薪酬中没有基本薪酬部分,销售人员的全部薪酬收入都是由佣金构成的,通常是以销售额的一定百分比来提取的。纯佣金制类似于直接计件工资制。

(2) 基本薪酬加佣金制。销售人员每月领取一定数额的基本薪酬,然后再按销售业绩领取佣金。基本薪酬给予销售人员必要的生活保障,佣金是对其销售业绩的奖励。

(3) 基本薪酬加奖金制。销售人员所达成的业绩只有超过了某一销售额,才能获得一定数量的奖金。奖金的数量取决于销售目标达成度。

(4) 基本薪酬加佣金加奖金制。这种薪酬制度将佣金制和奖金制结合在一起。

## (二) 小组/部门层面的奖励制度

当工作成果由小组或部门的合作所促成时,就很难对个别员工的贡献进行衡量,这时就要以小组/部门的绩效为单位,奖励小组/部门的所有员工。小组/部门奖励制度一般以节约成本或分享收益为基础。

1. 斯坎伦计划

斯坎伦计划的宗旨是降低公司的劳动成本而不影响公司员工的积极性,从生产率改变和成本控制的角度对财务结果进行衡量。奖励主要是根据员工的工资与组织销售收入的比例。所节约的成本的 75% 作为奖金分给工人,25% 留给公司设为储备金,以便公司经营状况不佳时使用。

## 2. 拉克计划

拉克计划,在决定工人奖金时,原理与斯坎伦计划类似,但计算更为复杂,需要计算一个反映总工资中每一元生产的价值比率。根据类似斯坎伦计划的公式将盈余作为奖金进行分配:75%直接分给员工,25%留作紧急资金。

## 3. 集体收益分享计划

集体收益分享计划,该计划下的奖金根据工作小组或部门的整体产出分发,是一种通过分享来提高生产率的计划。该计划的产量用工作团队在既定时间内生产的产量来衡量,是建立在因减少生产完工产品的时间而得到的生产效率的基础上,组织和员工各获得因绩效提高而产生的收益的50%。由于合作对所有的人有利,就推动了员工与组织之间更多的互动和支持。

### (三)组织层面的奖励制度

组织层面的奖励制度多采用利润分享形式,当组织的利润超过某个预定的水平时,将利润中的一部分与全体员工分享。分享的形式包括发放现金、拨作退休金积累、发放公司股票等。

## 1. 利润分享计划

利润分享计划是根据对某种组织绩效指标的衡量结果来向员工支付报酬的一种绩效奖励模式。一般会使用财务指标如利润作为衡量指标,奖励比例事先确定,奖励方式多种多样,全体员工都能获得以组织利润为基础的即期或延迟支付的奖励。利润分享计划旨在为员工提供通过为组织的发展做贡献而增加收益的机会。

## 2. 股票所有权计划

股票所有权计划实际上是指用人单位以股票为媒介所实施的一种长期绩效奖励计划。常见的股票所有权计划可以划分为三类:现股计划、期股计划以及期权计划。

(1)现股计划。现股计划是指通过公司奖励的方式直接赠予,或者是参照股权的当前市场价值向员工出售股票。用人单位赋予员工一定比例的所有者权益,公司一旦给予员工现股,其相应份额的所有权也随之转移。公司一般规定员工在一定时期内必须持有股票,不得出售。

(2)期股计划。公司和员工约定在将来某一时期内以一定的价格购买一定数量的公司股权,购股价格一般参照股权的当前价格确定。一旦双方确定股权购买协议,获取方就必须购买,公司同时对员工购买期股后再出售股票做出规定。

(3)期权计划。公司给予员工在将来某一时期内以一定的价格购买一定数量的权利,获取方到期可以行使或放弃这种权利。购买期权的价格一般参照股权当前价格确定,行权日以当初约定价格购买相应数量的股权。同时公司对购买股权后再出售股票的期限做出规定。

奖励制度是为了提高员工的工作积极性和生产效率,从而使得用人单位获得竞争优势,具有较大的针对性和灵活性,能够弥补基本薪酬体系的不足,将员工的个人发展与用人单位目标结合起来。奖励制度实施的好坏直接影响用人单位经营目标的实现,因此用人单位应对奖励制度进行科学分析和设计,并随着内外部环境的变化不断地进行改进和完善。

## 五、宽带薪酬体系设计

从工业革命给早期工厂制度带来的冲击开始发展到今天知识经济对管理变革的全面渗透,组织薪酬理论体系也在不断发展。从最早的计件工资制、计时工资制发展到后来被大多数组织使用的职位工资制、技能工资制和以绩效为基础的浮动工资制等。薪酬理论体系的不断发展也折射出了薪酬设计体系思想和理念的进步和完善。从最初对工人的压榨、监管和约束为目的转变为从员工的根本利益出发,以充分调动员工的工作积极性和创造性为目的,它已不仅仅是对员工贡献的认可和回报,更是组织"人本管理"战略思想的真正体现,宽带薪酬体系正是基于这种"以人为本"的战略管理思想应运而生的。

### (一) 宽带薪酬的含义及其产生背景

宽带薪酬是 20 世纪 80 年代美国提出的一种新型的薪酬设计理论体系。按照美国薪酬管理学会的定义,宽带薪酬结构就是指对多个薪酬等级以及薪酬变动范围进行重新组合,从而变成只有相对较少的薪酬等级以及相应较宽的薪酬变动范围。宽带薪酬模式打破了传统薪酬体系结构中职位等级的观念,强调个人的绩效水平和能力拓展。具体来说,就是组织将原来十几甚至几十个固定的薪酬等级压缩成几个薪酬带(一般不超过 10 个),同时,将每个薪酬带所对应的薪酬浮动范围拉大,并参照市场薪酬率来确定薪酬浮动的范围。一般说来,典型的宽带薪酬体系有 4～8 个等级的薪酬带,每个薪酬带的最高值与最低值之间的区间变动比率通常在 100% 以上。传统薪酬结构中,同一职位等级上的薪酬浮动范围通常只有 30%～40%,而在这种薪酬体系设计中,员工不是沿着组织中唯一的薪酬等级层次垂直往上走,相反,他们在自己职业生涯的大部分或者所有时间里可能都只是处于同一个薪酬宽带之中。他们在组织中的流动是以横向为主的,员工将随着工作时间的增加不断获得新的技能、能力,承担新的责任,或者是在原有的岗位上不断改善自己的绩效,他们就能够获得更高的薪酬。这也是区别于职位浮动薪酬制的主要优势之一。因此,宽带薪酬是一种真正鼓励和发挥自身优势的以人为本的薪酬制度。宽带薪酬产生的背景具体来说,有以下几点。

#### 1. 组织扁平化趋势的需要

现代组织为了提高自身对外部环境的反应能力和反应速度,采取了降低组织的决策重心,提倡员工参与管理和决策等措施,缩短了组织和外界信息交换的时间,在进行组织变革的时候,越来越强调组织的扁平化,即缩减组织的管理层次,使组织从原来的众多级别变成少数的几个级别,这样的组织为员工提供的晋升职位就会相对减少,提供的职业生涯通道就会相对较短。为了适应这样的变化,组织的工资结构就必须做相应的改变,由原来的众多工资等级转变为少数的几个工资等级,这就出现了工资结构的宽带化。

2. 组织"人本管理"理念的真正体现

传统的薪酬模式中,薪酬往往与一个人在组织中的行政等级相匹配,即一个人在组织中担任的职位越高,他的薪酬就会越高,这就会导致员工为了得到更高的薪酬而不遗余力地往上爬,却不管这个职位是否适合他去做。多数组织也遵循着这样的晋升哲学:对优秀的员工最大的奖励就是晋升到上级的领导岗位上,不管他们是否真正适合这个岗位。著名的管理学家劳伦斯·彼得所提出的"彼得高地"危机阐述的就是这样的状况。他在 1969 年出版的《彼得原理》中阐述,在组织和各种其他组织中都普遍存在一种将员工晋升到一个他所不能胜任的职位上去的总体倾向,即一旦员工在低一级职位上干得很好,组织就将其提升到较高一级的职位上来,一直将员工提升到一个他所不能胜任的职位上来之后,组织才会停止对一位员工的晋升。结果,本来这个人往下降一个职位等级,他可能是一位非常优秀的员工,但是,他现在却不得不待在一个自己所不能胜任、但级别较高的职位上,并且要在这个职位上一直耗到退休。这种状况对于员工和组织双方来说无疑都是没有好处的。而宽带薪酬的设计无疑为员工提供了更多的职业发展通道,使他们由被动变为主动,依照个人的绩效水平和技能扩展能力加薪而不必提职。

3. 大规模职位轮换的需要

扁平化的组织越来越需要复合型人才,为了培养具有多种技能和经验的复合型人才,组织必须展开大规模的职位轮换。在传统的薪酬模式下,员工进行职位的横向调动,到新的岗位要重新进行岗位学习,工作难度和辛苦程度会很高,同时也会增加管理上的困难,因为在职位轮换中要不断地改变调职人员的工资水平。在宽带薪酬中,这样的问题可以迎刃而解。由于组织将多个薪酬等级进行重新组合,将过去处于不同等级薪酬中的大量职位纳入到现在的同一薪酬宽带中,这样对员工进行不同工种的横向调动甚至向下调动时,遇到的阻力就小得多。同时,调动的工作处在同一薪酬带内,有效地避免了频繁的工资变动,为组织的薪酬管理带来了便利。

### (二)薪点表法下的宽带薪酬体系设计

薪等和薪级的工资点数,使工资的核算更加科学、合理。所谓薪点表指的是建立组织内部工资等级结构的一个纵向坐标系,即将组织内的工资水平从低到高划分为若干等,再将每个薪等划分为若干薪级。相邻薪级之间的差距为级差,不同薪等内部的级差往往并不相同,薪等越高,薪点的数量就越大。

薪点表设计的关键是要确定薪点表的起点和每个等级内部的级差,这要根据市场工资率和组织自身的情况来定。明确了这两个基本变量之后就可以确定组织内部薪酬的坐标系,但这个坐标系的最高薪级必须能够涵盖组织内部的最高工资水平。薪点表法可以作为多种工资结构设计的基础,薪点表法下的组织宽带薪酬体系设计步骤如下。

1. 进行工作分析和职位评价,为职位分层分类,保持内部公平性

工作分析和职位评价是薪酬设计的基础。进行工作分析是为了充分认识工作的职责和任务,从而确定完成工作所需的知识和技能。而职位评价是保持内部公平性的重要前提。目前比较常用的方法有排序法、职位分类法、要素计点法和要素比较法等。根据职位评价的结果,我们可以将所有的职位分层分类。如果在进行评价时使用的是要素计点法,那么一个工资等级包括的是点值大致相同的职位;如果使用的是排序法,那么就包括两到三个等级的职位;如果使用的是职位分类法,那就包括同一类或同一级的职位,等等。譬如把所有岗位分为核心层、部门主管层、骨干层和基础员工层 4 大职层以及管理类、技术类、事务类、销售类和销售类等 5 大职类。

2. 薪点表法下的宽带薪酬结构的设计

根据薪酬设计的原则,薪酬体系由 4 部分组成,即基本薪酬、绩效薪酬、津贴和福利保险。

(1)基本薪酬。是根据员工所承担或完成的工作本身、所具备的完成工作的技能或能力和资历而向员工支付的稳定性报酬。在薪点表法下,组织根据员工所承担的工作本身的重要性、难度或者对组织的价值来确定员工的基本薪酬点数,即所谓的职位薪点,依此所得的报酬为职位薪酬。此外,组织还会根据员工所拥有的完成工作的知识和技能来确定员工的技能薪点并支付相应的薪酬,即所谓的技能薪酬,用来激发员工不断地开发自身的能力和创造力。同时,员工的资历也会对薪酬产生影响。因此,基本薪资是由职位薪点、技能薪点和资历薪点所计算出来的职位薪酬、技能薪酬和资历薪酬三部分组成,它一般组成员工所得薪酬的固定部分,也是计算员工绩效薪酬的基数。

(2)绩效薪酬。是为了鼓励员工为公司创造出超额业绩而设计的,它根据员工的绩效而上下浮动,其作用在于激励员工提高工作效率和工作质量。绩效薪酬根据员工所得的浮动薪点数计算得出。

(3)津贴。是为了补偿和鼓励员工在恶劣的工作环境下劳动而计付的薪资,它有利于吸引劳动者到工作环境相对较差的岗位上工作,包括岗位津贴、出差津贴等等。

(4)福利保险。是为了吸引员工到组织工作或维持组织骨干员工的稳定而支付的各种补充项目,包括各类补贴和保险等。

为了更好地说明问题和简化内容,我们在设计薪点表时,薪酬结构只包括基本薪资和绩效薪资。因此,薪点点数＝职位薪点＋技能薪点＋资历薪点＋绩效薪点。

### 3. 薪点表法下的宽带薪酬水平的设计

（1）根据薪等表进行职位划分。根据设定的 4 大职层和 5 大职类，将其设置为宽带薪酬中的 4 大薪酬带以及薪酬带中的 5 大职类，并将组织内的职位按照其重要性划分为 10 个薪等。同时，由于各个员工业务技能存在差异，即使是处在相同的职位，承担相同的职责，其工作绩效也有很大不同，为了激励优秀员工，在薪等不变的情况下，为优秀员工提供工资上升通道，我们将各个薪等又分为 10 个薪级。

以部门主管层为例，部门主管层薪酬带中包括管理类、事务类、销售类和技术类 4 大职类，不包含作业类。在每个职类中包含不同层次的薪等，如销售类包含 G6 和 G7 两个薪等，而事务类、技术类和管理类则包含 G6、G7、G8 三个薪等。这主要是因为在各职类中，部门主管层人员的管辖范围和责任大小不同。同时，即使在同一职类中，人员也有不同的薪等，比如财务主管和后勤主管薪等也会不同，而且工作业绩也会因个人绩效和能力的不同而发生变化，所以，他们还会在同一薪等中处在不同的薪级。

（2）薪等的设计和员工薪酬的确定。薪点表薪等的上限和下限以及级差的确定要根据组织自身的情况而定。但要以能涵盖组织内部的最高工资水平和最低工资水平为准。假定工资等级的上限和下限分别为 500 和 8500 点，根据适度重叠的原则，规定各薪等基本薪资的中低级别与较低薪等的中高级别重叠。由此推算出各等各级薪点数额。

需要说明的是，薪点并不是工资额，它只是一个数值，薪点与薪点值相乘才是工资额。员工薪点数主要由其工作性质和任职资格中职类、职种的等级所决定，薪点值主要由组织所处地区的社会平均工资和组织的经营绩效决定。由于薪酬有基本薪酬和绩效薪酬之分，与此相对应，薪点分为固定薪点和浮动薪点，薪点值也分为固定薪点值和浮动薪点值。固定薪点和浮动薪点所占的比例由员工的工作岗位的性质和与市场的关联程度来决定。具体的确定原则是：工作内容、任务相对稳定且难以量化的事务类人员和技术类人员，固定薪点比例应相对较大；工作绩效可以量化且受个人努力程度影响较大的生产、销售类人员及技术类人员，浮动薪点比例应相对较大；生产、销售和技术类一线人员固定薪点比例相对较小；而对于处于核心决策层的各职类的高级管理更应注重的是公司整体的组织构建和战略目标的实现，为了充分提高其积极性，绩效薪点所占的比例要大一些。

为计算简便起见，我们假设固定薪点值为 1 元，则基本薪酬就是对应的固定薪点，因此，固定薪点越大，基本薪酬就越高。而对于绩效薪酬则根据组织和个人的经营业绩的考核结果，由浮动薪点和浮动薪点值推算得出。

具体计算公式如下：

绩效薪酬＝浮动薪点数×浮动薪点值×考核结果系数

浮动薪点值＝绩效工资总数÷员工个人浮动薪点数

## （三）组织实施宽带薪酬应注意的问题

尽管宽带薪酬模式具有传统薪酬体系所不具备的种种优点，但是，它的设计模式也不是"放之四海而皆准"。因此，组织在运用过程中要注意以下问题。

1. 组织的组织结构和文化是否适合

宽带薪酬模式是为组织的扁平化组织结构而量身定做的，是与不强调资历、提倡职业发展和成长的扁平化组织结构相匹配的，它建立在承认员工个人之间的能力差异、对个人能力和对组织的贡献充分肯定的文化基础上。因此，在资本密集型组织和智力密集型组织，如高科技组织中适用。如果目前的组织结构、组织特征和外部环境与这些相悖，盲目推行宽带薪酬模式往往达不到应有的效果。

2. 实施宽带薪酬使组织职务晋升激励不足

宽带薪酬模式虽然减少了薪酬等级，拓宽了管理幅度，缓解了组织的晋升压力，也使员工提薪而不用升职。但是，晋升机会的缺少也会导致薪酬激励功能弱化。在宽带薪酬模式下，员工可能一生都只在一个薪酬带里移动，只有薪酬的变化而没有职位的晋升。实际上，职位晋升对员工来说是一种相当重要的激励手段。因为人们可能普遍认为薪酬的增加只意味着员工在某一时期有突出的表现，而晋升则是对员工个人整体素质的肯定。因此，对于那些崇尚自我价值实现，不断追求和挑战更高职位的员工来说，宽带薪酬并不是一个好的选择。

3. 增加组织管理成本和薪酬成本

实施宽带薪酬首先要求组织夯实和完善基础管理，这需要大量先行的设计和分析工作；另一方面，根据市场同质人力资源薪酬水平以及本组织的薪酬战略来确定薪酬水平和结构也是一项复杂的系统工程，所有这些都必须以一定数量的人力、物力、财力消耗为支撑才能完成。由于报酬的刚性特征，加上宽带薪酬结构在同一职级支持涨薪的导向性而丧失了传统薪酬结构中的自动遏止机制，使得一旦实施宽带薪酬会大幅提高薪酬成本。

4. 宽带薪酬使员工对组织减少归属感

宽带薪酬的实质是从传统薪酬注重岗位转变为注重绩效，体现出"业绩比岗位重要"的思想，必然导致绩效评估成为宽带薪酬的基础。如果绩效评估本身存在着缺陷，组织管理机制落后，整个薪酬结构体系就可能遭到破坏，员工对薪酬公平产生怀疑，容易造成公司内部人际关系紧张，导致员工对组织的归属感减少，容易离职跳槽等。

此外，薪点表下的宽带薪酬体系的设计和运用相对来说比较复杂，工作量也相对较大，相对而言，大中型组织采用宽带薪酬模式能更好地推进组织人力资源管理工作，而一些小型组织很难配备相应的部门和人员来处理这方面的事务，不适宜采用这种管理模式。

## （四）组织实施宽带薪酬应采取的主要措施

### 1. 明确组织人力资源战略

薪酬体系的最终目标是推动人力资源管理，从而服务于组织战略目标。推行宽带薪酬的组织首先应该系统梳理组织战略，分析组织的核心竞争能力，明晰组织的核心价值观，并将它们量化为指标，在此基础上建立人力资源战略。这样建立起来的薪酬体系才可能有明确的目标，那就是根据组织战略，借助薪酬激励，强化员工作为，推动组织战略实施。

### 2. 鼓励员工广泛参与

在宽带薪酬体系的设计之初，要积极争取各个层级的员工参与，广泛征集意见和建议，并依据这些意见和建议反复修改，尽可能使薪酬设计透明化。设计完成后要进行一定时期的试用，在此过程中，依然要对暴露出来的问题反复加以修改，力图得到全体员工的支持，这样才有助于消除员工的抵触和不满情绪。各部门的经理在人力资源管理方面必须有足够的成熟度，能与人力资源部门一起做出各种关键性的决策。宽带薪酬制度的一个重要特点就是部门经理将有更大的空间参与下属员工的有关薪酬决策。如果没有一个成熟的管理队伍，在实行宽带薪酬制度的过程中就会困难重重。例如，部门经理不能对员工进行客观评价，破坏了内部平衡；部门经理不重视员工的发展等。另外，如果各部门都以自我为中心，不认同宽带薪酬制度，人力资源部就很难发挥其作用，这样一来，宽带薪酬制度就很难发挥其应有的作用。

### 3. 对员工薪点数计量的关键考核指标的设计和实行要公平、公正和合理

在整个宽带薪酬体系的设计和实施过程中，员工薪点数的计量和计算是最核心的问题，如果关键指标的制定不科学或者运用不合理，不仅不能激发员工的工作热情，而且还会挫伤员工的积极性。因此，在设计薪等表和薪点表时，要提倡管理层和各职能层的广泛参与，使整个薪酬体系的设计尽可能科学合理。一个组织若不重视员工的工作表现，必定会导致"大锅饭"现象。在此氛围下，员工表现的优劣并不能被公平地区别对待，宽带薪酬制度所提供的"宽带"也就失去了意义。在宽带薪酬体系下，员工薪酬在其所处宽带范围之内随其工作绩效值的大小而不断浮动变化，从而使得工作绩效的考评体系备受员工的关注，一个公平、透明的绩效考评程序是实行宽带薪酬所必不可少的。波特和劳勒的综合激励理论认为，激励措施是否会令员工感到满意，关键取决于员工认为其所获得的报酬是否公平。基于上述理论，宽带薪酬这种注重绩效的浮动式薪酬结构更应强调程序的公平，而且这种程序还必须被透明化，让员工知道每一个评分细则，这不仅有助于完善公司监督体系，提高员工积极性，还有助于员工通过评分标准来了解组织的愿望，从而随时调整个人预期，使之与组织的整体价值取向保持一致。这样，员工个人发展与组织整体发展自然地联系在一起，从而最终实现员工和组织的双赢。

4．拥有一支高素质的人力资源管理队伍

推行宽带薪酬制度需要人力资源部门的薪酬管理人员与各部门进行密切的合作,他们在与部门经理一起给新职位定级、了解市场信息及协助制定薪酬计划方面,必须以提供优质的服务态度和以专业顾问的角色去为部门服务。因此,是否拥有一支高效的人力资源管理队伍非常重要。

薪点表法下的宽带薪酬体系的设计和运用尽管需要的工作量非常庞大和复杂,也不是所有组织都可以适用,但是,在组织中真正运行起来以后,能给组织带来巨大的利益。它使薪酬支付体系量化为不同的薪点数,体现了公平性,而且支付方式灵活,根据员工自身的绩效水平和技能扩展能力来确定薪点和报酬,极大地提高了员工的积极性和满意度,同时,还为员工的职业生涯发展提供了多途径选择,员工可以根据自身的兴趣和爱好来规划自己的未来,而不必为了提薪一味地往行政岗位上钻。因此,这样的薪酬体系设计真正体现了组织"以人为本"的战略思想,为组织的发展和壮大奠定了坚实的基础。

# 第四节 福 利

福利是薪酬的重要组成部分,组织的福利体系能为员工提供一个比较满意的工作条件。有效的福利管理能够加强组织员工的归属感和安全感,增强组织的凝聚力。

## 一、员工福利概述

### (一) 员工福利的特点

福利既不是以员工对组织的相对价值,也不是以员工当前贡献为基础,与基本薪酬和可变薪酬有明显的区别。福利具有以下特点：

1．针对性

组织为员工提供的福利都具有明显的针对性,一项福利往往是针对员工的需要而设立的,有时会有很强的时间性,如员工夏季的防暑费、冬季的取暖费。

2．集体性

组织为员工提供的福利一般是员工集体消费或共同使用的公共物品,如员工食堂、俱乐部、娱乐设施等都具有集体性这一特征。

3．补偿性

组织提供的福利一般只起到满足员工生活优先需要的作用,只是对员工为组织提供劳动的一种物质补偿,也是员工薪酬的一种补充形式。

4．均等性

组织所提供的福利是针对所有的履行劳动职能的组织员工,不管是谁,只要是组织的员工,就可以享受相应的福利项目。福利的均等性在一定程度上起着平衡劳动者收入差距的作用。

与基本薪酬和可变薪酬往往采取货币支付和现期支付的方式不同,福利通常采用实物支付或延期支付的方式。

### (二)福利制度的设计

福利制度旨在为员工有效和持续地投入工作提供有用的因素。福利制度的设计必须综合考虑外在因素和内在因素。

1. 外在因素

首先,组织应该参考人力资源市场调查的资料来决定自身的福利水平和福利项目;其次,组织在制订福利计划时,必须遵守政府的法律和相关规定;第三,有时组织还需要与工会进行洽商,以决定福利计划的范围和内容。

2. 内在因素

组织实施不同的竞争策略,需要有不同的福利制度相匹配;不同的组织文化,在关心和照顾员工方面的重视程度也会不同;不同类型的员工因其需要的千差万别,其关心和重视的福利内容也各不相同,因此福利制度的设计应根据组织的竞争策略、组织文化和员工需要的变化而有所侧重。

### (三)福利管理的原则

1. 经济性原则

组织是一个经济组织,无论出于何种目的,设置福利项目所需的资金应该看作是一种投资,如何用最小的投资获得最大的收益,也是衡量福利管理的经济法则。由于福利项目的设置具有刚性,一旦设立很难取消,因此在福利管理中成本控制十分重要。

2. 普遍性原则

福利是以全体员工为对象的,无论什么员工,只要符合条件就可以享受,所以福利项目的设计应该从全体员工的愿望和需要出发,首先建设为绝大多数员工服务的项目。

3. 灵活性原则

组织福利项目的设置如果与员工的需要不匹配,不仅难以换来员工的热情和认可,而且还有可能出现费力不讨好的结果。因此,组织的福利管理要具有灵活性,提供尽量多的福利项目并赋予员工挑选的权利。

## 二、员工福利的种类

福利是一个庞大的体系,可以分为社会保险福利和用人单位集体福利两大类。

### (一)社会保险福利

社会保险是为了保障员工的合法权利,由政府统一管理的福利措施。社会保险在福利体系乃至整个薪酬体系中占据越来越重要的地位。社会保险主要包括：

1．基本养老保险

基本养老保险是针对退出劳动领域或无劳动能力的老年人实行的社会保护和社会救助措施。是社会保险中覆盖面最大的项目，对社会稳定的保护作用也最大。

2．失业保险

失业保险是为遭遇失业风险、收入暂时中断的失业者设置的一道安全网。

3．基本医疗保险

医疗社会保险是指由国家立法，通过强制性社会保险原则和方法筹集医疗资金，保证人们平等地获得适当的医疗服务的一种制度。

4．工伤保险

工伤保险是针对那些最容易发生工伤事故和职业病的工作人群的一种特殊社会保险。工伤保险是一种无过失保险，即使是雇员自身的行为造成的事故，他也有资格享受该福利。工伤保险对雇佣期内的受伤和疾病提供保障。

5．生育保险

即由女职工所在的单位承担女职工的生育费用和由于生育而带来的经济损失的保险方法。

## （二）用人单位集体福利

用人单位集体福利是指用人单位为了吸引人才和稳定员工而自行为员工采取的福利措施，可以分为经济性福利和非经济性福利两大类。

1．经济性福利

这是指以金钱或实物为形式的福利。主要包括：

（1）住房性福利：如免费宿舍、廉价公房出租或出售、低息或无息购房贷款、购房或租房补贴等。

（2）交通性福利：如免费或廉价班车、公共交通补贴、个人交通工具购买低息贷款或津贴、保养费或燃料费补助等。

（3）饮食性福利：如免费或低价午餐、工间免费饮料、公关应酬餐饮补贴、食品免费发放、集体折扣代购等。

（4）医疗保健福利：公费医疗、免费体检、药费和营养费补贴、职业病防护、免费或优惠疗养等。

（5）教育培训福利：如用人单位内在职或脱产培训、用人单位外公费进修、报刊书籍订阅或购买补贴、免费学习设施等。

（6）离退休福利：如退休金、公积金及长期服务奖金等。

（7）带薪节假日：节日、假日、事假、探亲假和带薪年休假等。

（8）文化旅游性福利：有组织的集体文化活动、用人单位自建文体设施、集体旅游等。

（9）金融性福利：如优惠利率、低息贷款、预支薪金、额外困难补助等。

（10）用人单位补充保险和商业保险：如补充养老保险、补充医疗保险、安全和健康保险、家庭财产保险等。

（11）其他经济性福利。

2. 非经济性福利

用人单位提供的非经济性福利，其目的在于全面改善员工的"工作生活质量"。主要包括：

（1）咨询性服务：包括免费提供法律咨询和员工心理健康咨询等，如财务咨询、家庭咨询、职业生涯咨询、重新谋职咨询以及退休咨询。

（2）保护性服务：如平等就业权利保护、隐私权保护等。

（3）工作环境保护：如缩短工作时间、弹性工作时间、民主化管理等。

（4）员工援助服务：如儿童看护帮助、老人护理服务、饮食服务、健康服务等。

### 三、弹性福利制度

#### （一）弹性福利制度的内涵

弹性福利计划（Flexible Benefits Plan）又被称为"自助餐福利计划"（Cafeteria Benefits Plan），其基本思想是允许员工在各种可能的福利方案中按自己的实际生活需求进行选择，即员工可以从用人单位所提供的一份列有各种福利项目的"菜单"中自由选择其所需要的福利。

弹性福利制度强调让员工依照自己的需求从用人单位所提供的福利项目中来选择组合属于自己的一套福利"套餐"。每一个员工都有自己"专属"的福利组合。但这种选择会受两个方面的制约：一是用人单位必须制定总成本约束线，二是每一种福利组合中都必须包括一些非选择项目。另外，弹性福利制度非常强调"员工参与"的过程，希望从其他角度来了解员工的需要。

#### （二）弹性福利制度的意义

从管理者的角度看，弹性福利制度的有效性体现在：自由的选择权提供给员工的是满意、拥有权利和有价值的感觉；管理者能够把福利管理与公司的战略目标联系起来，与公司的人力资源计划联系起来；有助于管理者实现对福利的成本管理。

从员工的角度看，弹性福利制度体现了人本管理理念。员工可以根据自己的实际需要来选择恰当的福利项目，并且可以随着需要的变化而变化，使得不同的需要得到满足。

弹性福利制度并非完美无缺，它的管理和登记手续比较烦琐，易引发管理成本的上升；员工也可能因缺乏专业知识或急功近利而选择不当；也容易导致"逆向选择"现象，选择自己较易发生问题的部分来进行保障等。因此，用人单位在推行弹性福利制度时必须考虑这些问题并建立解决对策,这样才可能发挥弹性福利制度的优越性。

福利虽然没有工资、奖金那样具有明显的直接激励力量,但是同样具有吸引优秀员工、提高员工士气、降低离职率、增强员工凝聚力的作用,从而提高用人单位的生产率。用人单位应该密切关注并加强福利管理,鼓励员工参与福利管理;员工的福利计划还必须适应社会经济环境的变化,实施动态的福利管理。

## 本章小结

员工在组织从事的是有偿劳动,根据劳动状况向员工支付合理的劳动报酬是人力资源管理的一项基本任务。

薪酬是指组织对员工所做的贡献,包括他们实现的绩效、付出的努力、时间、学识、技能、经验与创造所付给的相应的回报或答谢。影响薪酬的因素来自员工个人、组织和外部环境。对于组织和员工而言,薪酬发挥着不同的功能。

薪酬管理是指一个组织针对所有员工所有提供的服务来确定他们应当得到的报酬总额以及报酬结构和报酬形式的全过程,包括薪酬体系、薪酬结构、薪酬水平、薪酬形式、特殊群体的薪酬和薪酬管理政策等内容。组织的薪酬管理应该遵循公平性、竞争性、激励性、经济性、合法性等基本原则。

薪酬可以分为基本薪酬、可变薪酬和间接薪酬三大部分。职务薪酬和技能(能力)薪酬是基本薪酬的两种主要形式;可变薪酬是与绩效直接挂钩的薪酬,是对个人、小组/部门、组织整体业绩的奖励,形成了个人层面、小组/部门层面、组织层面的多种形式的奖励制度;宽带薪酬是一种新型的薪酬设计理论体系,指对多个薪酬等级以及薪酬变动范围进行重新组合,从而变成只有相对较少的薪酬等级以及相应较宽的薪酬变动范围;福利和服务是间接薪酬的主要内容,包括法定的各种社会保险以及用人单位的集体福利。弹性福利制度是福利发展的一种新思路。

## 关键术语

报酬 薪酬 基本薪酬 可变薪酬 间接薪酬 宽带薪酬 薪酬管理 薪酬体系 薪酬水平 薪酬构成 薪酬结构 薪酬调查 薪酬等级 福利 弹性福利

【应用案例】

### 高薪没有换来员工持续的高效率

F公司是一家生产电信产品的公司。在创业初期,依靠一批志同道合的朋友,大家不怕苦不怕累,从早到晚拼命干。公司发展迅速,几年之后,员工由

案例讨论

原来的十几人发展到几百人,业务收入由原来的每月 10 多万元发展到每月 1000 多万元。企业大了,人也多了,但公司领导明显感觉到,大家的工作积极性越来越低,也越来越计较报酬。

F 公司的总经理黄先生一贯注重思考和学习,为此特地到书店买了一些有关成功企业经营管理方面的书籍来研究,他在《松下幸之助的用人之道》一文中看到这样一段话:"经营的原则自然是希望能做到'高效率、高薪资'。效率提高了,公司才可能支付高薪资。但松下幸之助提倡'高效率、高薪资'时,却不把高效率摆在第一个努力的目标,而是借助提高薪资,来激发员工的工作意愿,以此达到高效率的目的。"黄先生想,公司发展了,确实应该考虑提高员工的待遇,这一方面是对老员工为公司辛勤工作的回报,另一方面也是吸引高素质人才加盟公司的需要。为此,F 公司聘请一家知名的咨询公司为企业重新设计了一套符合公司老总要求的薪酬制度,大幅度提高了公司各类员工的薪酬水平,并对工作场所进行了全面整修,改善了各级员工劳动环境和工作条件。

新的薪酬制度推行以后,其效果立竿见影,F 公司很快就吸引了一大批才华有能力的人,所有的员工都很满意,工作十分努力,工作热情高涨,公司的精神面貌焕然一新。但这种好势头没有持续多久,员工的旧病复发,又逐渐地恢复到以前懒洋洋、慢吞吞的状态。

公司的高薪没有换来员工持续的高效率,公司领导陷入两难的困境,既苦恼又彷徨,问题的症结到底在哪儿呢?

资料来源:三茅人力资源网 http://www.hrloo.com/

**案例讨论题:**

1. 该公司应采取哪些措施对员工的薪酬制度进行再设计、再改进?

2. 为了持续保持公司员工旺盛的斗志,应当采取哪些配套的激励措施?

**【复习思考题】**

在线习题

1. 什么是薪酬?请区分薪酬与报酬、工资、收入等概念。

2. 薪酬有哪些项目构成?不同的项目有什么不同的作用?

3. 什么是薪酬管理?薪酬管理需要遵循哪些原则?

4. 设计企业的薪酬体系应该考虑哪些因素?这些因素是如何相互作用的?

5. 你如何看待福利的作用?请分析弹性福利制度的实施条件。

**【HR 考级真题】**

人力资源管理师
考试真题

一、单选题

1. ( )是企业薪酬制度设计的基本依据和前提。(2007 年 5 月)

　A. 薪酬的市场调查　　　　　　B. 岗位分析与评价

　C. 绩效考评的实施　　　　　　D. 岗位调查与分类

2. 进行薪酬调查时,若岗位复杂且数量大,应采用(    )。(2007 年 5 月)

    A. 用人单位之间相互调查        B. 问卷调查法

    C. 采集社会公开信息          D. 委托中介机构进行调查

3. 关于绩效工资说法错误的是(    )。(2007 年 5 月)

    A. 佣金制不属于绩效工资形式      B. 绩效工资过于强调个人的绩效

    C. 计件工资属于绩效工资形式      D. 绩效工资的基础缺乏公平性

4. 薪酬满意度调查的步骤包括①设计并发放调查表;②回收并处理调查表;③确定调查方式;④确定调查对象;⑤反馈调查结果;⑥确定调查内容。排序正确的是(    )。(2007 年 11 月)

    A. ④③⑥①②⑤          B. ⑥④③①②⑤

    C. ④⑥③①②⑤          D. ⑥③④①②⑤

5. (    )是将企事业单位的所有岗位纳入由职组、职系、岗级和岗等构成的体系之中。(2007 年 11 月)

    A. 岗位评价    B. 岗位调查    C. 岗位分类    D. 岗位分析

6. 员工的(    )应与企业的经济效益、部门业绩考核结果和个人业绩考核结果挂钩。(2007 年 11 月)

    A. 浮动工资    B. 固定工资    C. 基本工资    D. 岗位工资

7. (    )是企业及其员工在依法参加基本养老保险的基础上,自愿建立的补充养老保险制度。(2007 年 11 月)

    A. 企业公积金            B. 企业年薪

    C. 企业附加福利         D. 企业年金

8. 能够鼓励员工发展各项技能,提高业绩表现,增强参与意识的工资种类是(    )。(2008 年 5 月)

    A. 能力工资    B. 提成工资    C. 技术工资    D. 岗位工资

9. 使营销人员和企业之间产生较大的离心力的工资形式是(    )。(2008 年 5 月)

    A. 计件工资制    B. 提成工资制    C. 技能工资制    D. 岗位工资制

10. (    )反映不同岗位之间在工资结构中的差别。(2008 年 5 月)

    A. 工资等级    B. 工资档次    C. 工资级差    D. 浮动幅度

11. 工资结构具有高稳定性的工资制度是(    )。(2008 年 5 月)

    A. 岗位工资制    B. 考核工资制    C. 技能工资制    D. 年功序列制

12. 企业效益提高,对全体员工给予等比例奖励的工资调整方法是(    )。(2008 年 5 月)

    A. 物价性调整    B. 工龄性调整    C. 奖励性调整    D. 效益性调整

13. (    )的薪酬调查方式更适合于有着良好的对外关系的企业。(2008 年 11 月)

    A. 企业之间相互调查        B. 问卷调查

    C. 委托中介机构调查       D. 访谈调查

14. 在完成了岗级划分之后,对生产性岗位统一列等时,不宜采用的方法是( )。(2008 年 11 月)

    A. 倒推比较法                  B. 基本点数换算法

    C. 经验判断法                  D. 交叉岗位换算法

15. 以员工的工作业绩为基础支付工资的工资制度称为( )。(2008 年 11 月)

    A. 奖励工资制     B. 提成工资制     C. 技术工资制     D. 绩效工资制

16. 工资分配直接与企业效益和员工的工作业绩相联系的工资制度为( )。(2009 年 5 月)

    A. 一岗一薪制     B. 薪点工资制     C. 一岗多薪制     D. 提成工资制

17. 销售提成工资制度属于( )。(2009 年 5 月)

    A. 能力工资     B. 绩效工资     C. 技术工资     D. 奖励工资

18. ( )的工资结构主要根据员工所具备的工作能力与潜力来确定员工工资。(2009 年 5 月)

    A. 以绩效为导向                B. 以行为为导向

    C. 以工作为导向                D. 以技能为导向

19. ( )适合于对复杂的、数量大的岗位进行薪酬调查。(2009 年 11 月)

    A. 企业之间相互调查           B. 问卷调查

    C. 采集社会公开信息           D. 访谈调查

20. ( )能比较准确地反映员工工作的质量和数量,有利于贯彻"同工同酬"的原则。(2009 年 11 月)

    A. 岗位工资制     B. 绩效工资制     C. 技能工资制     D. 提成工资制

21. ( )要求企业要有一种比较开放的、有利于员工参与的企业文化。(2009 年 11 月)

    A. 计时工资制     B. 计件工资制     C. 技能工资制     D. 组合工资制

22. ( )主要用于营销人员的工资支付。(2009 年 11 月)

    A. 计件工资制     B. 提成工资制     C. 浮动工资制     D. 绩效工资制

23. ( )是指各个相邻的工资等级浮动幅度在数值上的交叉程度。(2009 年 11 月)

    A. 工资差距     B. 工资档次     C. 等级重叠     D. 浮动幅度

24. 如果被调查单位没有给出某类岗位完整的工资数据,只能采集到某类岗位的平均工资数据,在进行工资调查数据分析时,可以用( )。(2010 年 5 月)

    A. 数据排列法                B. 离散分析

    C. 频率分析法                D. 趋中趋势分析

25. 反馈的频率不是很高,反馈的方向大部分是单方向的工资形式是( )。(2010 年 5 月)

    A. 能力工资     B. 绩效工资     C. 技术工资     D. 岗位工资

26. 企业进行的工资市场调查就是要保证工作的（　　）。（2010年5月）
    A. 内部竞争性　　　　　　　　B. 外部竞争性
    C. 内部公平性　　　　　　　　D. 外部公平性

27. 企业薪酬调查报告的内容不包括（　　）。（2010年11月）
    A. 薪酬数据分析　　　　　　　B. 薪酬与绩效的相关性分析
    C. 薪酬水平调整建议　　　　　D. 薪酬状况与市场状况比较

28. （　　）能够鼓励员工发展各项技能，提高业绩表现，增强参与意识。
    （2010年11月）
    A. 绩效工资　　　B. 提成工资　　　C. 技术工资　　　D. 岗位工资

29. （　　）容易使营销人员和企业之间产生较大的离心率。（2010年11月）
    A. 计件工资制　　B. 提成工资制　　C. 技能工资制　　D. 岗位工资制

30. （　　）反应不同岗位在工资结构中的差别。（2010年11月）
    A. 工资等级　　　B. 工资档次　　　C. 工资级差　　　D. 浮动幅度

31. 企业经营业绩提高，对全体员工给予等比例奖励的工资调整方式是
    （　　）。（2010年11月）
    A. 物价性调整　　B. 工龄性调整　　C. 奖励性调整　　D. 效益性调整

32. （　　）将企事业单位的所有岗位纳入由职组、职系、职级和岗等构成的体
    系之中。（2011年5月）
    A. 岗位评价　　　B. 岗位调查　　　C. 岗位分级　　　D. 岗位分析

33. 实行（　　）时，必须将工资计划和培训计划结合在一起。（2011年5月）
    A. 岗位工资制　　B. 技能工资制　　C. 绩效工资制　　D. 年薪制

34. 员工的（　　）同时与企业的经济效益、部门业绩考核结果和个人业绩考
    核结果挂钩。（2011年5月）
    A. 浮动工资　　　B. 固定工资　　　C. 基本工资　　　D. 岗位工资

## 二、多选题

1. 从调查的组织者来看，正式薪酬调查可以分为（　　）。（2007年5月）
    A. 企业薪酬调查　　　　　　　B. 商业性薪酬调查
    C. 行业薪酬调查　　　　　　　D. 专业性薪酬调查
    E. 政府薪酬调查

2. 薪酬调查的意义在于能够为（　　）提供参考依据。（2007年5月）
    A. 绩效管理制度的调整　　　　B. 薪酬晋升政策的调整
    C. 整体薪酬水平调整　　　　　D. 岗位薪酬水平的调整
    E. 薪酬制度结构的调整

3. 对薪酬调查的数据进行整理、分析时，可以采取的方法有（　　）。（2007
    年5月）
    A. 数据排列法　　　　　　　　B. 频率分析法
    C. 回归分析法　　　　　　　　D. 离散分析法
    E. 图表分析法

4. 岗位工资制的特点主要有（　　　）。（2007 年 5 月）

    A. 根据业绩支付工资　　　　　　B. 客观性较强

    C. 以岗位分析为基础　　　　　　D. 对岗不对人

    E. 根据岗位支付工资

5. 关于宽带式工资结构说法正确的是（　　　）。（2007 年 5 月）

    A. 有利于工作绩效促进　　　　　B. 支持扁平型组织结构

    C. 有利于工作岗位变动　　　　　D. 能引导员工自我提高

    E. 有利于管理人员的角色转变

6. 从薪酬调查的（　　　）来看，薪酬调查可以分为薪酬市场调查和员工薪酬满意度调查。（2007 年 11 月）

    A. 对象　　　　　B. 作用　　　　　C. 组织者　　　　　D. 方式

    E. 具体内容

7. 确定薪酬调查的范围，即确定（　　　）。（2007 年 11 月）

    A. 被调查的岗位　B. 调查的目的　　C. 调查的时间段　D. 调查的步骤

    E. 被调查的企业

8. （　　　）属于绩效工资制。（2007 年 11 月）

    A. 销售提成工资制　　　　　　　B. 计件工资制

    C. 岗位技能工资制　　　　　　　D. 计时工资制

    E. 佣金制

9. 工资制度总体设计的前期工作包括（　　　）。（2007 年 11 月）

    A. 个人业绩考评　　　　　　　　B. 工资的市场调查

    C. 确定工资原则与策略　　　　　D. 工资制度的调整

    E. 工作岗位分析与评价

10. 企业进行薪酬调查要了解的信息包括（　　　）。（2008 年 5 月）

    A. 家庭人口　　　B. 奖金福利　　　C. 长期激励　　　D. 加班时间

    E. 健康状况

11. 技能工资的种类包括（　　　）。（2008 年 5 月）

    A. 技术工资　　　B. 能力工资　　　C. 提成工资　　　D. 薪点工资

    E. 效益工资

12. 影响企业工资水平的外部因素包括（　　　）。（2008 年 5 月）

    A. 市场因素　　　B. 所属行业　　　C. 生活费用　　　D. 企业规模

    E. 物价水平

13. 企业进行薪酬调查可选择的企业类型包括（　　　）。（2008 年 11 月）

    A. 合乎一般标准的企业

    B. 同行业中同类型的其他企业

    C. 与本企业构成人力资源竞争对象的企业

    D. 其他行业中有相似相近工作岗位的企业

    E. 在本地区同一劳动力市场上招聘员工的企业

14. 常用的薪酬调查方式有( )。(2008 年 11 月)

    A. 用人单位之间相互调查　　　　B. 问卷调查

    C. 委托中介机构调查　　　　　　D. 访谈调查

    E. 采集社会公开信息

15. 一个合理的工资结构应该包括( )。(2008 年 11 月)

    A. 固定工资　　B. 浮动工资　　C. 特殊津贴　　D. 提成工资

    E. 特殊福利

16. ( )属于组合工资结构。(2008 年 11 月)

    A. 岗位技能工资　　　　　　　　B. 能力资格工资

    C. 岗位效益工资　　　　　　　　D. 技术等级工资

    E. 薪点工资

17. 薪酬市场调查时,被调查岗位应在( )方面与本企业所需调查的岗位具有可比性。(2009 年 5 月)

    A. 工作性质　　B. 岗位职责　　C. 薪酬水平　　D. 任职资格

    E. 工作年限

18. 在不同企业中,工作内容基本相同的岗位,薪酬却存在较大差距,其原因可能是( )。(2009 年 5 月)

    A. 不同行业有不同的惯例

    B. 管理理念和薪酬策略不同

    C. 企业所处的地理位置不同

    D. 对企业的价值或贡献大小不同

    E. 在职者在该岗位上工作时间的长短不同

19. 企业工资制度设计的基本原则包括( )。(2009 年 5 月)

    A. 互动性原则　　B. 等级化原则　　C. 竞争性原则　　D. 经济性原则

    E. 合法性原则

20. 宽带式薪酬结构要求企业必须具有相应的( )。(2009 年 5 月)

    A. 生产文化　　B. 绩效文化　　C. 团队文化　　D. 沟通文化

    E. 制度文化

21. 在薪酬调查中,与薪酬政策有关的信息包括( )。(2009 年 11 月)

    A. 新毕业学生的起薪点

    B. 薪酬水平地区差异的控制

    C. 员工异地调配时的薪酬处理

    D. 被调查企业在加薪时的百分比

    E. 公司的加班与工作轮班方面的政策

22. 工资调整的具体类型包括( )。(2010 年 5 月)

    A. 物价性调整　　　　　　　　　B. 工龄性调整

    C. 定期性调整　　　　　　　　　D. 效益性调整

    E. 考核性调整

23. 技能工资的种类包括( )。（2010 年 11 月）

A. 技术工资　　B. 能力工资　　C. 提成工资　　D. 薪点工资

E. 效益工资

24. 影响企业工资水平的外部因素包括( )。（2010 年 11 月）

A. 市场因素　　　　　　　B. 所属行业

C. 生活费用　　　　　　　D. 企业规模

E. 物价水平

25. 从薪酬调查的( )来看,薪酬调查可以分为薪酬市场调查和员工薪酬满意度调查。（2011 年 5 月）

A. 对象　　　B. 方法　　　C. 组织者　　　D. 方式

E. 具体内容

26. 确定薪酬调查的范围,即确定( )。（2011 年 5 月）

A. 调查的岗位　　　　　　B. 调查的目的

C. 调查的企业　　　　　　D. 调查的步骤

E. 调查的薪酬信息

27. 下面关于设计薪酬调查问卷的说法正确的是( )。（2011 年 5 月）

A. 把相关的问题分开,分散收集信息

B. 调查问卷语言规范,问题简单明确

C. 充分考虑信息处理的简便性和正确性

D. 确保表格中的每个调查项目都是必要的

E. 先明确薪酬调查问卷的主要内容,再设计调查表

28. 工资制度总体设计的前期工作包括( )。（2011 年 5 月）

A. 个人业绩考评　　　　　B. 工资的市场调查

C. 确定工资原则与策略　　D. 工资制度的调整

E. 工作岗位分析与评价

29. 薪酬调查时,被调查岗位应该在( )等方面与本企业岗位具有可比性。（2011 年 11 月）

A. 工作性质　　B. 岗位职责　　C. 薪酬水平　　D. 任职资格

E. 工作念想

## 三、简答题

1. 简要说明可以采用哪些方法对薪酬调查的数据进行统计分析?（2008 年 5 月）

2. 简述工作岗位分类以及采用点数法对生产性岗位进行纵向分级的主要步骤。（2008 年 11 月）

# 第八章

# 人员培训与开发

## 学习目标

- ◆ 掌握员工培训的概念和实质
- ◆ 了解员工培训的组织与实施的程序
- ◆ 掌握简单的培训需求分析方法
- ◆ 掌握培训计划的方案制订技巧
- ◆ 熟悉各种培训的形式与方法
- ◆ 掌握简单的培训效果评估技巧

## 引导案例

### 培训经费用不完[①]

为了打造学习型组织，A 公司规定公司每年的培训经费为公司毛利的 2%，并将其是否使用到位作为考核人力资源部的一项指标。2016 年年初公司估计全年的毛利为 2000 万元，因此其培训费用预算为 40 万元。公司人力资源部根据员工的状况以及职业生涯规划要求制定了相应的培训计划。但到 10 月底，公司经营状况非常好，毛利已达 2300 万元，预计全年毛利在 2700 万元左右。公司总经理指示人力资源部将培训费用调整为 54 万元。但由于人力资源部做培训计划时只按照 40 万元进行考虑，加上已经是 11 月份了，因此人力资源部不知如何使用多出来的 14 万元培训经费。为了应付考核指标，人力资源部经理就把这一任务交给了负责培训工作的小李。由于时间紧，小李就到网上搜索培训广告，凡是与本公司业务有关联的一律报名，然后要求各部门必须派人参加培训。由于年底工作任务比较重，各部门在派人参加培训时都是将非关键岗位上的人员派出去，而这些人员虽然觉得课上得不错，但由于和自己的工作关联不大，因此参加培训的人员都不是太重视。到 12 月 25 日，小李终于把增加的 14 万元培训经费用完了。

---

① 资料来源于网络：https://wenku.baidu.com/view/73d33ff6d5bbfd0a7956734e.html.

**请思考下列问题：**

1. A 公司的培训工作有何可取之处？
2. A 公司的培训工作存在哪些问题？

# 第一节　培训与开发概况

## 一、员工培训与人力资源开发

员工培训是人力资源开发管理的重要内容，是指组织根据组织目标，采用各种方式对员工实施的有目的、有计划的系统培养和开发训练的学习行为，使员工不断更新知识、发展技能、改善态度、提高工作绩效，确保员工能够按照预设标准完成本职或以上的任务，从而使组织效率更好提升，组织目标更好达成。

人力资源开发是一个内涵比较广泛的概念，它与教育、与培训、与管理等都有所不同，表8-1对这些概念的比较有助于大家清楚地了解其各自的特点。

表8-1　培训、教育、开发与管理的特点比较

| 活动形式 | 主要内容 | 活动目的 | 效用时间 | 财政理念 | 风险程度 |
|---|---|---|---|---|---|
| 培训 | 知识与技能方面的掌握与提高 | 满足当前工作需要 | 当前 | 短期投资 | 较低 |
| 教育 | 行为习惯、行为方式、智力与体力的基础素质培养 | 满足将来组织与个人需要 | 不久的将来 | 中期投资 | 中等 |
| 开发 | 潜能的挖掘与现有能力的发展与发挥 | 满足将来组织的需要 | 将来 | 长期投资 | 较高 |
| 管理 | 现有人力资源的利用与发挥 | 满足目前组织的需要 | 现在 | 消费 | 无 |

资料来源：萧鸣政.人力资源开发学[M].北京：高等教育出版社，2002.

从表8-1可以看出，教育和培训都是人力资源开发的具体形式，其他还有面谈、开发性考核和职业生涯发展规划等也都属于此范畴；人力资源开发和人力资源使用是两个相对独立的概念，对于人力资源来讲，一个是形成过程一个是消费过程。

## 二、人力资源开发的现代理念

现代社会的各级各类组织对人力资源的要求没有最高只有更高，作为个体的人对于自身的发展提升的需求也是日益迫切，同时，人力资源开发的现代理念也在日新月异不断更新迭代。比如复合型人才的综合能力理念，学到老才能活到老的终身学习理念，全球化视野理念，全员全过程开发理念，开放创新与因时而变理念等。

### 三、培训的作用

科学技术是第一生产力,人是生产力诸要素中最具活力也是最重要的因素,组织的竞争归根结底是人的竞争,培训被看作 21 世纪最重要的组织竞争利器。

培训的作用主要表现在以下几个方面:
(1)培训是人岗匹配度的有效实现方式。
(2)培训是团队战斗力的最佳实现途径。
(3)培训是激发个体活力的有效媒介。
(4)培训是形成团队凝聚力的有效抓手。
(5)培训是收获回报率最高的投资方式。

# 第二节 人员培训

## 一、培训需求分析及其种类和方法

### (一)培训需求分析

培训需求的产生不仅仅来源于组织中各层级员工个人的需要,它也同样来源于组织各职能群体的需要,甚至组织作为一个整体都有可能产生培训需求。

1. 员工个人的培训需求

当组织的生存和发展取决于其领导者和手下员工对变化是否具有积极应对的意愿时,或者当组织转入一个新的行业时,相关的培训需求是许多员工普遍存在的。

2. 职能群体的培训需求

源于组织中特定群体的培训需求。这些群体可能是一个具体的单位、部门或者机构,比如财务部门,人事部门;也可能是居于一个特定层次的职能,例如监事长、董事会秘书等;也可能是一种具体业务或者从事一项特殊任务的机构,如安全保卫部门。

3. 组织整体的培训需求

源于组织整体的培训需求包括:组织转入新的经营领域所进行的准备和调整;组织的各种自我发展和提升活动;对不达标行为的集中指导等等。

所谓培训需求分析,是指在规划设计系统性的培训活动之前,由培训主管、培训工作人员等采用各种方法与技术,对参与培训的所有组织和成员进行培训目标、知识结构、技能状况等方面的鉴别与分析,以确定这些组织和成员是否需要培训及需要如何培训的一种活动或过程。相对于一个组织来说,培训需求分析既是确定培训目标,设定培训规划的前提,也是进行培训评估的基础,因而成为培训活动的首要环节。

### (二)培训需求分析的种类

1. 培训需求的层次分析

(1)战略层次分析。包括对未来的分析,多数由人力资源部发起,主要考虑改变组织优先权的因素。

(2)组织层次分析。主要目的在于找出组织存在的问题并确定是否进行培训,考察组织目标和对目标发生影响的因素。

(3)个人层次分析。主要针对个人实际绩效与绩效标准对员工技能要求的差距进行分析。依据员工业绩、技能测试和个人需求调查问卷等。

2. 培训需求的对象分析

(1)新员工培训需求分析。确定是否需要对组织文化、规章制度、工作岗位要求等方面进行培训,通常使用任务分析法。

(2)在职员工培训需求分析。确定是否需要对新技术、新技能、新要求等方面进行培训,通常使用绩效分析法。

3. 培训需求的阶段分析

(1)目前培训需求分析。围绕组织目前存在的问题和不足进行培训需求分析。

(2)未来培训需求分析。围绕组织未来发展需要所进行的培训需求分析。

### (三)培训需求分析的方法

培训需求分析有多种途径,如从企业经营战略着手,或从员工构成入手,或从绩效分析入手,或从重大事件(一般为失误)入手等等。尽管培训需求分析的突破口和路径不同,但各种分析的结果大体上应该是相同的,因为组织中存在的问题是客观的,组织所需要达到的目标也是客观的。所以从哪一个方面入手并不重要,重要的是在需求分析过程中采取正确的方法,依靠合理的手段。

人力资源部门通常都会进行人力资源的工作分析,编制各职位的工作说明书和岗位规范,这是培训需求分析最容易获得的资料来源。工作说明书不仅说明了工作职责,指出应达到绩效标准以及相应的行为规范,而且说明了岗位对人的要求,由此可大致确定培训的目标,因为这是对员工最基本的要求。

培训需求的分析方法有很多,这里介绍比较有代表性的两种方法。

1. 诺伊分析方法

诺伊分析方法是由著名企业管理专家 R. A. 诺伊提出的,它包括组织分析、任务分析以及人员分析三个要素。

在进行培训需求分析,制定培训规划时,可以将调查收集的数据分门别类,分别归入组织、人员、岗位这三个层面,然后从这三个层面进行具体、详尽的分析,以获得所需的信息。

2．必要性分析方法

必要性分析方法是指通过收集并分析信息或资料,以确定是否有必要通过培训来解决组织存在问题的方法。它包括一系列的具体方法和技术,还包括了运用培训方式来解决这些问题的成本和收益等等一系列问题。

## 二、培训的实施步骤

### (一) 人员培训制度的制定

1．培训服务制度

员工参加培训前提出申请,相关部门批准,签订培训协议,约定企业与员工之间的责任和义务及违约责任。培训协议签订后方可参加培训。

2．培训的考核制度

主要包括对培训工作本身进行考核,对受训者进行考核。

3．培训的激励制度

培训前提出培训目标,对照培训考核结果,对组织培训者和受训人进行各种奖励和惩罚,以促进培训效果的提高。

### (二) 人员培训计划的制定与实施

培训计划是根据企业发展战略和企业文化,结合人力资源规划及企业的实际情况,对年度、季度或月度的培训工作进行规划,确定培训时间、培训地点、培训讲师、培训的参与者,并进行培训经费预算的一系列工作。年度培训工作是最普遍的,在年末对当年的培训工作进行总结,根据企业经营情况,制定下一年的培训方案,在实施的过程中不断细化、修改和完善,以增强培训效果。

### (三) 员工培训计划的制定步骤

培训计划的制定和实施是通过进行培训需求分析来制定的,还要充分考虑到企业的实际情况和经费的预算约束条件,对培训方案进行优选,以满足企业经营管理的需求。

员工的职业生涯规划是培训计划中最重要的一项工作。通过制定员工的发展规划,确定员工的发展区域,对个人岗位的人才进行有针对性的培养。

### (四) 人员培训实施工作的流程

人员培训实施工作流程如表 8－2 所示。

表8-2　人员培训实施工作流程

| 流程名称 | 培训需求<br>调查流程 | 编号 | | 001 | |
|---|---|---|---|---|---|
| 任务概要 | 培训需求<br>调查管理 | 执行单位 | | 人力资源部 | |
| 配分单位 | 总裁 | 行政人事<br>中心总裁 | | 人力资源部 | 各职能部门 |
| 工作程序 | | | | | |
| 相关制度 | | 员工管理制度 | | | |

## 三、人员培训的方法

培训方法有讲授法、演示法、研讨法、视听法、角色扮演法、案例研究法和导师—师徒制等。各种教育培训的方法具有各自的优缺点,为了提高培训质量,往往需要将各种方法配合运用。

## （一）讲授法

讲授法是一种将大量知识通过授课的便捷方式一次性传播给众多听课者的教学方法。就是培训讲课教师通过语言表达，系统地向受训者传授知识，期望这些受训者能记住其中的重要观念与特定知识。讲授法在培训员工的教学中，是活用程度最高和运用范围最广的基本技法，在方法选用时应予以最大的重视。

以讲授方式传播知识与技能，古已有之。在印刷术未普及的年代，讲授法被视为一种集体性抄写技术，讲授者的知识能一次性地"抄写"给大量听课者，是古代非常普及的一种教学方式。在西方，讲授法的历史可追溯到公元 14 世纪；而在东方的孔子时代，讲授法已广为使用了，这也是先秦文化远远领先于当时西方文明的一大原因。不论是孔子的"因材施教"，还是释迦牟尼的"设坛讲经"，都离不开他们卓越的讲授技巧。在今天，讲授法又被现代科学赋予了新的内涵，已成为非常完善的教育技法。

为了使讲授法充分发挥效果，除了授课的内容应符合对象外，授课的技巧也应得到重视。要听课者完全融入授课的气氛中，讲课者就应注意讲课的每一细节，不断提高授课技巧。

1. 上台前的要点

讲授法的关键在于教师打动人的嗓音，在未登台前，应首先确认几点事项，使自己的声音呈现最佳状态；检查自己的仪表及着装。

2. 引出主题的方式

为激发听者的听课兴趣，导入主题的技巧非常重要，一般可采取以下方式：开门见山直切主题，以社会热点问题作开场白，以格言、警句引出问题，以幽默、笑话的方式引出话题。不管以何种方式作开场白，都应迅速地切入主题，切忌长久游离于主题之外，喧宾夺主。

3. 讲授时要点

保持讲述的条理性；听觉与视觉结合，最好能活用黑板、幻灯片等辅助教具，配合自己的表情、手势，达到视觉与听觉的双重效果；注重身体语言的重要性，注意手势与动作，特别是手势应符合当时的语气与内容，身体姿势切不可单一、僵硬，应尽量放松自然。

## （二）演示法

演示法是指教师运用一定的实物和直观教具，通过实地示范演示实验，配合谈话或讲解引导学生进行系统观察使学生对事物的现象获得感性认识以便在感性认识的基础上理解概念和原理或过程，间接验证知识的一种教学方法。要求示范前准备好所有的用具，搁置整齐，让每个受训者都能看清示范物，示范完毕，让每个受训者试一试，对每个受训者的试做给予立即的反馈。

演示法在中国有悠久的历史。宋代王唯一于 1026 年撰《铜人腧穴针灸图经》,并铸成铜人模型,刻示经络腧穴位置;又绘制十二经图,刊行后,刻石流传。在西方,16 世纪比利时学者维萨利乌斯于 1537 年在帕多瓦对众讲学,并对学生演示了人体解剖。17 世纪捷克教育家夸美纽斯用皮制人体模型在教学中进行演示。后来又有瑞士教育家裴斯泰洛齐关于算术箱的使用。

随着自然科学和现代技术的发展,演示手段和种类日益繁多。根据演示材料的不同,可分为实物、标本、模型的演示;图片、照片、图画、图表、地图的演示;实验演示;幻灯、录像、录音、教学电影的演示等。根据演示内容和要求的不同,可分为事物现象的演示和以形象化手段呈现事物内部情况及变化过程的演示。

演示法的优点是有助于激发受训者的学习兴趣;可利用多种感官,做到看、听、想、问相结合;有利于获得感性知识,加深印象。缺点是适用范围有限;演示装置移动不方便,不利于场地变更;演示前需要大量准备。

使用演示法要注意的问题如下:

第一,课前,教师应对演示材料做充分的准备和检查,以保证演示顺利进行。

第二,演示材料的形象与演示方法及演示过程中使用的语言要和学生认识实际相符合,尽量避免产生错觉和错误的理解。

第三,演示也要突出重点,使学生抓住对象的主要部分,掌握知识的本质。

第四,演示过程要做必要的说明和讲解。使学生明确先看什么,注意什么问题,使学生有针对性地学习知识。

第五,演示要和言语密切配合。为学生从感性认识上升到理性认识创造条件。言语和演示相结合有下面三种形式:(1)先演示后讲解;(2)边演示边讲解;(3)先讲解后演示。

## (三)研讨法

所谓研讨法是指由指导教师有效地组织研习人员以团体的方式,通过培训师与受训者之间或受训者与受训者之间的讨论,对工作中的课题或问题进行研讨并得出共同的结论,由此让研习人员在研讨过程中互相交流、启发,以提高研习人员知识和能力的一种教育方法。

研讨法要求每次讨论要建立明确的目标,并让每一位参与者了解这些目标;要使受训人员对讨论的问题发生内在的兴趣,并启发他们积极思考;在大家都能看到的地方公布议程表(包括时间限制),并于每一阶段结束时检查进度。

研讨法的优点是受训人员能够主动提出问题,表达个人的感受,有助于激发学习兴趣;鼓励受训人员积极思考,有利于能力开发;在讨论中取长补短,互相学习,有利于知识和经验的交流。缺点是讨论课题选择的好坏将直接影响培训的效果;受训人员自身的水平也会影响培训的效果;不利于受训人员系统地掌握知识和技能。

研讨形式包括演讲、小组讨论、沙龙、集体讨论、委员会式、系列研讨式。

以研讨作教学方式的历史渊源已无从查考,但在今天,它作为一种用人单位培训员工的教育方法,以其显著的培训效果在实际应用中占有非常重要的地位。

须知,一个人的知识总是有限的,虽然今天提倡通才,通则通矣,但个人力量毕竟势单力薄,始终赶不上有组织的群体力量。"集思广益"是研讨法的基础,只有收集众人之智慧,并相互激发,才可达到 $1+1>2$ 的创造性效果。

在实际应用中,研讨法并不注重知识的传播,其重点目标为意识的培养、灵感的激发。若想达到理想的教育效果,讨论法还是应与多种教学方式综合使用。

### (四)视听法

1. 视听法及其优缺点

视听法就是利用幻灯、电影、录像、录音、电脑等视听教材进行培训的一种训练方法。通常会与其他培训方法结合使用,作为单独培训方法多用于新进员工培训中。

要求播放前要清楚地说明培训的目的;依讲课的主题选择合适的视听教材;学员讨论后培训师必须做重点总结或将如何应用在工作上的具体方法告诉受训人员。

优点是由于视听培训是利用人体的五种感觉(视觉、听觉、嗅觉、味觉、触觉)去体会的一种培训,所以比讲授或讨论给人更深的印象。并且教材内容与现实情况比较接近,不单单是靠理解,而是借助感觉去理解;生动形象且给听讲者以新近感,所以也比较容易引起受训人员的关心和兴趣;视听教材可反复使用,从而能更好地适应受训人员的个别差异和不同水平的要求。

缺点是视听设备和教材的购置需要花费较多的费用和时间;选择合适的视听教材不太容易;受训人员受视听设备和视听场所的限制。

2. 视听法的实施要点

(1)应发挥视听技术的长处。视听技术的优势在于画面优美,声音动听,学员很容易细心学习。但视听教育不能根据教育现场的实际情况改变教育策略,这是缺憾之一。所以在视听教育中指导教师的作用也非常重要,应在实际教学中加入授课法、讨论法的技巧,克服视听教育的呆板。

(2)视听器材教材的选择。多种多样的视听器材,选择时不仅要考虑是否适应,还要预估教育费用。一般视听器材的购买都是昂贵的,要做到物有所值,就应对用人单位的教育需要和财务状况有正确的认识。

### (五)角色扮演法

角色扮演是一种情景模拟活动。所谓情景模拟就是指根据被试者可能担任的职务,编制一套与该职务实际根据相似的测试项目,将被试者安排在模拟的、逼真的工作环境中,要求被试者处理可能出现的各种问题,用多种方法来测评其心理素质、潜在能力的一系列方法。情景模拟假设解决方法往往有一种以上,其中角色扮演法是情景模拟活动应用的比较广泛的一种方法,其测评主要是针对被试者明显的行为以及实际的操作,另外还包括两个以上的人之间相互影响的作用。

总的来说,角色扮演法既是要求被试者扮演一个特定的管理角色来观察被试者的多种表现,了解其心理素质和潜在能力的一种测评方法,又是通过情景模拟,要求其扮演指定行为角色,并对行为表现进行评定和反馈,以此来帮助其发展和提高行为技能最有效的一种培训方法。

角色扮演借助角色的演练来理解角色的内容,从而提高主动地面对现实和解决问题的能力。重点包括宣布练习的时间限制;强调参与者实际作业;使每一事项都成为一种不同技巧的练习;确保每一事项均能代表培训计划中所教导的行为。

1. 角色扮演法的优点

(1) 强烈的参与性与娱乐性。作为受试者,可以充分调动其参与的积极性,为了获得较高的评价,受试者一定会充分表现自我,施展自己的才华。作为受训者都知道怎样扮演指定的角色,是明确的有目的的活动。在扮演培训过程中,受训者会抱有浓厚的兴趣,并带有娱乐性功能。

(2) 高度的灵活性与调整性。可以根据需要设计测试主题,场景。受试者的表现也是灵活的,培训内容也可以做出适于角色的调整。在培训时间上没有任何特定的限制。

(3) 全程的模拟性与无害性。受试者或受训者在做出决策行为时可以尽可能的按照自己的意愿去完成,也不必考虑在实际工作中决策失误会带来工作绩效的下降或失败等问题,它是一种可反馈的,反复行为。受试者或受训者只要充争地扮演好角色就行,没必要为自己的行为担心,因为这只是角色扮演行为,其产生的影响可以控制在一定的范围内,不会造成不良影响,也没必要在意他人对你的看法。

(4) 多向的沟通性与配合性。需要角色之间的配合、交流与沟通,因此可以增加角色之间的感情交流,培养人们的沟通,自我表达,相互认知等社会交往能力。尤其是同事之间一起接受培训进行角色扮演时,能够培养员工的集体荣誉和团队精神。

可相互学习对方的优点,可以模拟现实的工作生活,从而获得实际工作经验,明白本身能力的不足之处,通过培训,使各方面能力得到提高。

2. 角色扮演法的缺点

(1) 需要精湛的设计能力。否则可能会出现简单化,表面化和虚假人工化等现象。这会造成对培训效果的直接影响,使受训者得不到真正的角色锻炼能力提高的机会。

（2）需要强烈的参与意识。否则角色表现可能会漫不经心，会影响培训的效果。

（3）需要克服刻板和模式行为。这不是反映他们自身的特征，使测评失去其意义。

换句话说，角色扮演法是在培训情景下给予受训者角色实践的机会，使受训者在真实的模拟情景中，体验某种行为的具体实践，帮助他们了解自己，改进提高。通常，角色扮演法适用领导行为培训（管理行为、职位培训、工作绩效培训等），会议成效培训（如何开会，会议讨论、会议主持等），沟通、冲突、合作等。此外，还应用于培训某些可操作的能力素质，如推销员业务培训，谈判技巧培训等。

## （六）案例研究法

案例研究法是结合市场实际，以典型案例为素材，并通过具体分析、解剖，促使人们进入特定的营销情景和营销过程，建立真实的营销感受和寻求解决营销问题的方案。

### 1. 案例研究法的背景与步骤

案例法乃由美国哈佛大学法学院创始，其在法律和医学教育领域中的成功激励了商业教育领域。哈佛大学洛厄尔教授在哈佛创建商学院时建议，向最成功的职业学院法学院学习案例法。1908 年案例法在哈佛商学院开始被引入商业教育领域。由于商业领域严重缺乏可用的案例，由此，人们开始有针对性的研究和收集商业案例。

案例研究法的实施步骤包括：案例研究设计、选择案例、收集数据、分析资料、撰写报告等。

研究案例选择数量在以下情况下可以采用单个案例研究：（1）成熟理论的关键性案例；（2）极端或是独特的案例；（3）揭露式案例。

案例研究成果的表述形式具有很大程度的灵活性，并不存在标准或统一的报告格式。但在社会科学研究领域，常常会使用与案例研究过程相匹配的格式，从而将案例研究报告分为相对独立的几个部分：（1）背景描述；（2）特定问题、现象的描述和分析；（3）分析与讨论；（4）小结与建议。

### 2. 案例研究法的质量指标

第一是建构效度（Construct Validity），即对所研究的概念形成一套正确的、可操作性的测量。在案例研究中，采用多元的证据来源；形成证据链；要求证据的提供者对案例研究报告草案进行检查、核实。该策略所使用的阶段分别为资料收集、资料收集、撰写报告。

第二是内在效度（Internal Validity），其仅用于解释性或因果性案例研究，不能用于描述性、探索性研究。从各中纷乱的假象中找出因果联系，即证明某一特定的条件将引起另一特定的结果。案例研究策略为进行模式匹配，尝试进行某种解释，分析与之相对立的竞争性解释，使用力多逻辑模型。策略所使用的阶段是证据分析。

第三是外在效度(External Validity),即建立一个范畴,把研究结果归纳于该类项下。案例研究策略为用理论指导单案例研究,通过重复、复制的方法进行多案例研究。该策略用于研究设计阶段。

第四是信度(Reliability),其表明案例研究的每一步骤,例如资料的收集过程,都具有可重复性,并且如果重复这一研究,就能得到相同的结果。案例研究策略为采用案例研究草案,建立案例研究数据库。该策略用于资料收集。

### (七)导师—学徒制

师傅带徒弟是一种古今中外都非常流行的培训方法,即便是当今的现代组织中,仍然可以看到它的身影,主要用于培训新员工,特别是制造企业应用更广。可以一对一,也可以一对多;指导的内容包括工艺技术、服务技巧、办事方法,也可以包括品性、作风、价值观、伦理取向等。

其核心关键点在于一是选对合适的师傅,既有技能又会带人;二是做好导师的激励机制,明确责任、权利和义务,并对其事先进行学徒工作绩效的绑定;三是做到师徒之间的自由选择,杜绝拉郎配,更好地发挥主观能动性。

## 四、培训的效果评估

### (一)培训效果评估

培训效果评估是培训工作的最后一个环节,是组织在培训之后,通过一定的方法对组织从中所得到的收益进行分析与评价的一种人力资源管理活动。

### (二)柯克帕特里克的四层次培训评估模型

美国威斯康星大学教授柯克帕特里克认为,若评估某一培训项目,应明确根据什么来判断项目是否有效。培训的效果可在反应层、学习层、行为层和结果层这四个方面上进行评估。

1. 反应评估

反应评估是第一级评估,即在课程刚结束时,了解学员对培训项目的主观感觉或满意程度。第一级评估目标往往包括对培训项目的肯定式意见反馈和既定计划的完成情况。

反应层面需要评估以下几个方面:内容、讲师、方法、材料、设施、场地、报名的程序等。对这个层次的评价,首先要有总体的评价,比如询问学员:你感觉这个课怎么样?你会向其他人推荐这个课吗?但是这样容易产生一些问题,比如以偏概全、主观性强、不够理智等。因此还必须有涉及以上内容的更细致的评估方法。适合的方式有问卷、面谈、座谈、电话调查等。

这个层面的评估易于进行，是最基本、最普遍的评估方式。但它的缺点显而易见，比如，因为对老师有好感而给课程全部高分，或者因为对某个因素不满而全盘否定课程。

### 2. 学习评估

学习评估是第二级评估，着眼于对学习的度量，即评估学员在知识、技能、态度或行为方式方面的收获。评估的方法很具体，无论是测试、模拟、技能练习还是教师的评价，都是为了评估学习的情况。往往在培训之中或之后进行，由教师或培训辅导员来负责实施。

学习层面主要的评估方法有：考试、演示、讲演、讨论、角色扮演等多种方式。这个层面评估的优点是：对培训学员有压力，使他们更认真地学习；对培训讲师也是一种压力，使他们更负责、更精心地准备课程和讲课。学习是行为改善的第一步。但问题在于压力是好事也可能是坏事，有可能使报名不太踊跃。再者，这些测试方法的可靠度和可信度有多大？测试方法的难度是否合适？对工作行为转变来说并非最好的参考指标。

### 3. 行为评估

行为评估即评估学员在工作中的行为方式有多大程度的改变。行为层面的评估主要有观察、主管的评价、客户的评价、同事的评价等方式。这个层面评估的好处是：培训的目的就是改变学员的行为，因此这个层面的评估可以直接反映课程的效果；可以使高层领导和直接主管看到培训的效果，使他们更支持培训。

对于这个第三级评估来讲，其目标涉及更广泛的领域，即培训的应用领域，包括重要的在岗活动。评估的实施时间往往是在培训结束后的几周或几个月之后。由于这种评估将涉及几个方面的参与，包括培训和开发人员、区域培训师或地方经理的参与，所以在运作的初期就明确这个问题是很重要的。

但是，这个层面的评估要花很多时间和精力，人力资源部门可能忙不过来；问卷的设计非常重要却比较难做；因为要占用相关人员较多时间，大家可能不太配合；员工的表现多因多果，如何剔除其他因素的影响也是一个问题。

### 4. 结果评估

这是第四级评估，其目标着眼于由培训项目引起的业务结果的变化情况，其目标可以包括对每个项目的度量方法。通过诸如质量、数量、安全、销售额、成本、利润、投资回报率等用人单位或学员的上司最关注的并且可量度的指标来考查、判断培训成果的转化与培训前进行对照，看最终产生了什么结果和时间的间隔，这取决于学员多长时间才能取得持续不变的业务效果，往往是培训后的几个月。收集四级评估的数据所涉及的责任人包括学员自己、主管、区域培训协调员或者外部的评估人员。

这种评估方式的优点显而易见，因为用人单位及用人单位高层主管在培训上投资的根本目的,就是为了提高这些指标。如果能在这个层面上拿出翔实的、令人信服的调查数据,不但可以打消高层主管投资于培训的疑虑心理,而且可以指导培训课程计划,把有限的培训费用用到最能够为用人单位创造经济效益的课程上来。

但是,这个层面的评估首先需要时间,在短期内是很难有结果的;其次,对这个层面的评估,人们才刚刚开始尝试,缺乏必要的技术和经验;第三,必须取得管理层的合作,否则就无法拿到相关的数字;最后,多因多果,简单的对比数字意义不大,必须分辨哪些果与要评估的课程有关系,在多大程度上有关。培训评估层次与方法见表8-3。

**表8-3  培训评估层次与方法表**

| 评估层次 | 评估内容 | 评估方法 | 评估时间 | 评估单位 |
|---|---|---|---|---|
| 反应层评估 | 衡量学员对具体培训课程、讲师与培训组织的满意度 | 问卷调查<br>面谈观察<br>综合座谈 | 课程结束时 | 培训单位 |
| 学习层评估 | 衡量学员对于培训内容、技巧、概念的吸收与掌握程度 | 提问法<br>笔试法<br>口试法<br>模拟练习与演示<br>角色扮演<br>演讲<br>心得报告与文章发表 | 课程进行时<br>课程结束时 | 培训单位 |
| 行为层评估 | 衡量学员在培训后的行为改变是否因培训所导致 | 问卷调查<br>行为观察<br>访谈法<br>绩效评估<br>管理能力评鉴<br>任务项目法<br>360度评估 | 三个月或半年以后 | 学员的直接主管上级 |
| 结果层评估 | 衡量培训给公司的业绩带来的影响 | 个人与组织绩效指标、生产率、缺勤率、离职率、成本效益分析、组织气候等资料分析<br>客户与市场调查<br>360度满意度调查 | 半年、一年后公司绩效评估 | 学员的单位主管 |

资料来源:Kirkpatrick, D. Great Ideas Revisited: Techniques for Evaluating Training Programs[J]. Training & Development, 1996(1):54-59.

# 第三节　人员开发

## 一、人员体能开发——健康与安全

### （一）身体健康与生命安全

按照世界卫生组织的定义：65 岁以前算中年人，65 岁至 74 岁算青年老年人，75 岁至 90 岁才算正式老年人，90 岁至 120 岁算高龄老年人。人的生理寿命应该是多大岁数呢？按照生物学的原理，哺乳动物的寿命是它的生长期的 5 倍至 7 倍。人的生长期是用最后一颗牙齿长出来的时间（20 至 25 岁）来计算，因此人的寿命最短 100 岁，最长 175 岁，公认的人的寿命正常应该是 120 岁。可现在情况呢？应该平均活 120 岁却只有 70 岁，整整少活 50 岁。现在提前得病，提前残废，提前死亡成为当今社会普遍现象。这是多么严重的人力资源损耗啊，对国家、对家庭、对个人都是最大的损耗，而且是经验丰富过了学习时代的成熟的人力资本损失。身体是事业的本钱，是人力资本的载体，可是很多人不爱惜自己的身体，平时生活习惯不好，抽烟喝酒、饮食油腻、精神压力大、不定时体检，学习时代经常熬夜玩游戏，全球职场过劳死现象有增加趋势。生命诚可贵，作为人力资源开发的一个重要内容，我们觉得很有必要在大学时代就向年轻人普及一下身体健康与生命安全的知识。

世界卫生组织指出：健康长寿的影响指数中，遗传占 15%、社会占 10%、医疗占 8%、气候占 7%、自我保健占 60%。由此可见人们自己的生活思想和保健行为对自己的健康是很重要的。得病有两个原因，一个叫内因，一个叫外因。内因就是遗传，外因就是环境因素，得病是内因和外因交互作用。内因在慢性病中所占的作用不是主要的，只占 20% 左右，其他 80% 左右是外因造成的。因此可以通过外因调控，科学的生活方式来减少疾病。健康的钥匙在自己手里。外因可概括四句话十六个字（健康四大基石）：第一，合理膳食；第二，适量运动；第三，戒烟限酒；第四，心理平衡。

#### 1. 合理膳食

在此特别介绍两句洪昭光教授的合理膳食口诀：第一句话叫作一、二、三、四、五，第二句话叫作红、黄、绿、白、黑。

合理膳食十个字：一、二、三、四、五、红、黄、绿、白、黑。

"一"：每天睡前喝一袋牛奶，用以补充钙质。

"二"：二百五十克至三百五十克碳水化合物，相当于六两至八两主食。

"三"：三份高蛋白。一份就是一两瘦肉或者一个大鸡蛋，或者二两豆腐，或者二两鱼虾，或者三两鸡和鸭，或者半两黄豆。

"四"：一个礼拜吃四次粗粮。

"五"：一天 500 克蔬菜和水果。

"红"：一天一个西红柿，喝少量的红葡萄酒，吃点红辣椒改善情绪，少焦虑。

"黄"：胡萝卜，西瓜、红薯、老玉米、南瓜、红辣椒，即红黄色的蔬菜，红黄色的蔬菜维生素 A 多。

"绿"：饮料数茶最好，茶叶绿茶最好。

"白"：燕麦粉、燕麦片。

"黑"：黑木耳。

2. 适量运动

生命在于运动：运动是人类回归自然最好，最美的方式；最好的运动是步行，简单运动作用大；因地制宜，小运动大功效。首先介绍行走的好处。

行走是世界上最好的运动：国际卫生组织将行走定义为"世界上最好的运动"。研究表明，人体的各种解剖结构、生理机能、心肺的形成、人体骨骼、肌肉位置等方面最适合步行。温和的健步行走，有神奇的抗衰老功效，成年人只要坚持有规律地行走超过 12 周，就会达到体态端正、腰围变细的效果，而且身体结实，不易疲劳。此外，还可以治疗头痛、腰痛、肩痛等，并可以促进睡眠。专家建议健康成年人每天步行锻炼，并作为一种规律性的终生运动方式。

愉悦身心，快乐行走，越走越健康：当你置身户外，有规律地行走于大自然中，新鲜的空气和周围的美景能够让人产生非常愉悦的感受，甚至对治疗忧郁症有一定的效果。行走锻炼还是天然的镇静剂，经常进行行走锻炼，可以提高神经系统的兴奋性，抑制低落情绪，让人在行走之后精神状态良好，周身轻松，精力充沛。

走路比慢跑安全：曾几何时，慢跑被认为是绝佳的全身运动，但现在我们已然探寻到一种更安全、更简单、更有效，同时也更有利于身心的运动方式——行走！行走比散步有效，比慢跑安全，尤其对于很少运动以及 40 岁以上者来说，贸然进行跑步锻炼，膝关节、肌腱等部位很容易受伤；心、肾、肝等脏器或新陈代谢系统有问题的人，会出现明显的血氧供应不足的状况。而行走时，人的脚底所受的冲击大约是体重的 1～2 倍，仅为慢跑的 1/3 左右，行走时对身体的冲击能提高免疫，延缓衰老。走路是最平凡的行为，最经济的运动，却常常有不凡的效果。经常坚持行走锻炼，可以减少 30% 心脏病，50% 糖尿病的概率，还可以防治精神忧郁，神经衰弱等疾病。适量强度与时间，并能持之以恒的行走锻炼，可以促进机体免疫系统功能，推迟免疫器官的老化。

行走是最好的补药：此言出自西方医学鼻祖希波克拉底，中医也将行走称为"百炼之祖"。多年来已有许多研究证实，有规律的行走计划，可增进人身体所有部位的健康。历届美国总统都是行走锻炼的拥护者和实践者：罗斯福只通过行走运动就治好了哮喘；艾森豪威尔通过行走使心脏病得到痊愈；肯尼迪是个"行走狂"，一周能走 80 公里。对于关注自身健康的人来说，与其大把吞咽保健品,不如走出家门,更加积极地为自己的健康加油。

走路是懒人的运动:对于很多人而言,持之以恒的体育锻炼无异于天方夜谭,三天打鱼两天晒网和数张过期的健身卡使大多数人很无奈。现在,运动懒人们的福音来了,对行走的运动效果深信不疑的西方医学界说,体育运动并不是保持健康的唯一途径。专家们认为,每天散步30分钟可以摆脱"成人病"的危险。每天走一万步的人,患心脑血管病的概率会下降60%。

走路零成本,高回报:走路健身,时间灵活,没有场地和设备的限制。不用担心健身卡过期,不用特别安排健身时间,不用专门跑到密闭的健身房与众人一起挥汗如雨。只要迈开双腿,走起来,健康和快乐就会自动找上门。而且,行走还是最环保的健身运动。让低碳生活,从行走开始吧!

走出好身材,健身减肥两不误:目前,许多运动医学专家一致认为,长期科学地坚持行走锻炼,可以减少体内多余的脂肪,使身材变得匀称和健美,是众多运动中健美效果最为显著的项目之一。

除了走路,还有一些好的有氧运动,如打太极拳、慢跑、瑜伽、站桩等。另外还有一些比较流行的方法,如:下蹲起,十点十分去看戏。现在很多中年人、年轻人,自主神经紊乱,头晕头疼,精神、体力不好,蹲着一站起来,眼睛发黑,眼冒金星,有的还摔倒晕倒。有的人睡不好觉,浑身难受。怎么加强自主神经功能呢?下蹲起就是站起来再蹲下,蹲下去再站起来,也许能做15~20次。人在下蹲站起的时候,体位变化,对交感神经、副交感神经是最好的锻炼。交感、副交感神经一好,以后突然一下子站起来就没事了。头晕头疼脑袋发蒙也没有了。

什么叫10点10分去看戏?很多人得颈椎病,到医院里治,做牵引,戴颈托,很多颈椎病都是可以预防治疗的,比如用10点10分去看戏这种方法就很有效。具体方法是:双臂向身体两侧伸开,和地面平行,类似钟表九点一刻时时针与分针的位置;然后双臂同时向10点10分的位置抬起,再回落九点一刻的位置。重复这个动作,连续做20次到30次。腰肌、背肌、胸肌、颈部肌肉都得到锻炼。在农村,墙很矮,隔壁在演戏,想看戏的话就得把脚跐起来,伸长脖子。保持这个姿势几秒钟,之后再反复去做。这样一锻炼以后,肩部、上肘、颈部、脚部肌肉都能得到锻炼。

要坚持适量运动,要做到有恒、有序、有度。

3. 戒烟限酒

吸烟不仅使人成瘾,还会促发高血压、冠心病,引起肺癌等多种癌症和气管炎、肺气肿等,因此,吸烟是健康的大敌。任何年龄的戒烟都可获得健康上的真正收益。如戒烟一时有困难,每天吸烟应限制在5支以内,逐步减少吸烟量直至彻底戒烟。酒可少饮,经常或过量饮酒则伤肝,容易引起肝硬化,甚至肝癌。注意做到不要喝高度烈性酒,低度白酒也不可常喝,黄酒、葡萄酒也要有节制。一日饮酒量不宜超过15克酒精,相当于葡萄酒60~100毫升,白酒25~30毫升,或一罐啤酒。勿空腹饮酒,勿与碳酸饮料共饮。另外,孕妇、服药期间的人,以及患肝病、消化性溃疡、心脏病的人都不宜饮酒。

**4.心理平衡**

只要注意心理平衡,就掌握了健康的主钥匙。做到"三个快乐":第一助人为乐;第二知足常乐;第三自行其乐。常年坚持十二个字,能使高血压减少55%,脑瘁中、冠心病减少75%,糖尿病减少50%,肿瘤减少1/3,平均寿命延长10年以上。

最好的医生是自己,最好的心情是宁静,最好的药物是时间,最好的运动是步行。

### (二)体质类型

了解自己属于哪种体质,对症下药平和自己的体质,就会事半功倍,对日常养生会有用处。气和力量是生命的活力。消化——胃气、呼吸——肺气、心脏搏动——心气。气的来源有两种:(1)呼吸天地之气、(2)水谷精华之气(物质转化为营养)。

九种体质类型和特征是:平和体质——是健康体质,约占5%。阳虚体质——怕冷。气虚体质——无力。阴虚体质——缺水。痰湿体质——肥胖。湿热体质——出油。气郁体质——失眠。血瘀体质——长斑。特禀体质——过敏。

体质的分类是更好地了解身体得了什么病,提早预防。提倡个性化养生,要按自己的体质、选择适应自己的方法针对性地做好自己身体的保养。

体质大致类型:

(1)南方人:湿热(特别是沿海一带)。

(2)高原人:血瘀、阴虚,是缺氧气。

(3)东北人:阳虚。

(4)男性痰湿、湿热的多。因应酬多,烟酒多。

(5)女性阳虚的多,小心眼、气郁、易着凉。

(6)老年人易血瘀、阳虚(气血运行不畅)毛细血管易堵,阳气减少。

**1.平和质——健康派**

总体特征:阴阳气血调和,以体态适中、面色红润、精力充沛为主要特征。

形体特征:体形匀称健壮。

常见表现:(望诊)外表身体匀称,面色红润,两目有神,肌肤、毛发润泽,鼻色明润,唇色红润。精力充沛不易疲劳,对季节适应能力强,耐受寒热。睡眠好,胃纳佳,心中快乐,两便正常,舌淡红,苔薄白,脉和缓有力。

**2.阳虚质—怕冷派**

总体特征:阳气不足,以畏寒怕冷,手足不温等虚汗表现为主要特征。

形体特征:肌肉松软不实。

常见表现:精神不振(阳气者,精则养神,柔则养筋),平素畏寒,手足不温,喜热饮食,耐夏不耐冬,易感风、寒、湿邪,舌淡胖嫩,脉沉迟。

心理特征：沉静、内向。

发病倾向：痰饮、肿胀、泄泻。

3．气虚质——无力派

总体特征：元气不足，以疲乏、气短、自汗为特征。

形体特征：肌肉松软不实。

常见表现：精神不振，少气懒言，疲乏无力，语音低弱，面色㿠白，自汗，头晕，心悸，易感冒，不耐风寒暑湿，舌淡红有齿痕，脉弱。

4．阴虚质—缺水派

总体特征：阴液亏少，以口燥咽干、手足心热为特征。

形体特征：形体偏瘦。

常见表现：口燥咽干，喜冷饮，手足心热，大便干燥，心烦急躁，眩晕耳鸣，目干，颧红、唇红，耐冬不耐夏，不耐暑、热、燥邪。舌红少津，脉细数。

心理特征：性情急躁、外向，活泼好动。

发病倾向：虚劳、失精、不寐。

5．痰湿质——肥胖派

总体特征：痰湿凝聚，以形体肥胖、腹部肥满、口黏苔腻为特点。

形体特征：体形肥胖、腹部肥满松软。

常见表现：面部皮肤油脂增多（光彩照人），秃顶（聪明绝顶），打呼噜（如雷贯耳），气短（财大气粗），胸闷，痰多，腹部胀满，身体沉重，汗粘，口粘或甜，喜欢吃甜的、粘的、油的，舌苔腻，脉滑。对梅雨季节和潮湿环境适应能力差。

6．湿热质——出油派

总体特征：湿热内蕴，以面垢油光、口苦、苔黄腻为主要特征。

形体特征：形体中等或偏瘦。

常见表现：面垢油光，易生痤疮，口苦口干，身重困倦，大便黏滞不爽，小便短黄，女性白带多，男性阴囊潮湿，舌质偏红，苔黄腻，脉滑数。

7．气郁质——失眠派

总体特征：气机郁滞，以神情抑郁，忧虑脆弱为特征。

形体特征：形瘦者多。

常见表现：神情抑郁，烦闷不乐，情感脆弱，多愁善感，情绪低落，易害怕，惊吓，善太息。脉弦。

心理特征：内向，敏感多虑。不耐精神刺激，不适应阴雨天气。

发病倾向：脏躁、梅核气、百合病、抑郁症、更年期精神分裂症、乳腺增生。

8．血瘀质—长斑派

总体特征：血行不畅，以肤色晦暗、舌质紫暗等血瘀表现为特征。

形体特征：胖瘦均见。

常见表现：肤色晦暗，色素沉着，容易出现瘀斑，口唇黯淡，舌黯或有瘀点，舌下络脉紫黯或增粗，脉涩。

心理特征：易烦，健忘。

发病倾向：易患症结及痛证、血症等。

对外界环境适应能力：不耐受寒邪。

9. 特禀质——过敏派

总体特征：先天失常，以生理缺陷，过敏反应为特征。

形体特征：过敏反应者一般无特殊，先天禀赋异常者或有生理缺陷或有畸形。

常见表现：过敏反应者常见哮喘、风团、咽痒、咳嗽、打喷嚏。对外界环境适应能力差，过敏后易引发宿疾。

心理特征：随禀质不同而异。

## （三）腹式深呼吸

人靠呼吸存活，呼吸停止人马上就会死亡，呼吸重要到几乎等于人生，只有会呼吸的人才有生机。深呼吸，一种叫胸式呼吸，一种叫腹式呼吸。用腹式呼吸可以锻炼横膈下来。平时呼吸每一次吸入呼出空气 500 毫升。一次深呼吸就有 2500 到 3000 毫升。一次就有 7 次到 8 次平时呼吸的量。更重要的不仅是氧气多了 7 倍到 8 倍，而且横膈一下降，胃、肝、脾、肠等得到温和的按摩，改善了肠胃功能，还能保护内脏。

一般的人大都只用浅呼吸过活（胸式呼吸），因此只使用到 1/3 的肺，另外 2/3 的肺都沉积着旧空气。如果运用腹式呼吸法（呼吸意识化）进行呼吸，肺就能够完全被使用。腹式呼吸能够让体内充分取得气的功能，同时也摄取更足够的氧气。如此一来，既可净化血液，又能促进脑细胞活性化。

所谓腹式呼吸法是指吸气时让腹部凸起，吐气时压缩腹部使之凹入的呼吸法。正确的腹式呼吸法为：开始吸气时全身用力，此时肺部及腹部会充满空气而鼓起，但还不能停止，仍然要使尽力气来持续吸气，不管有没有吸进空气，只管吸气再吸气。然后屏住气息 4 秒，此时身体会感到紧张，接着利用 8 秒的时间缓缓地将气吐出。吐气时宜慢且长而且不要中断。做完几次前述方式后，不但不会觉得难过，反而会有一种舒畅的快感。实际上测定呼吸时的脑波，可以知道在吸气时屏住气息的瞬间而且在吐气时 α 波也持续出现。也就是说，屏住气息可以使得 α 波更容易出现。

做腹式呼吸时，体内会产生一种前列腺素的物质，可消除活性氧，并且有扩张血管的功能。当你用腹式呼吸法，活动横隔膜时，它会从细胞内渗入血管及淋巴管，去除活性氧的毒素、促进血液循环。此外，做腹式呼吸可使腹部的各个内脏，皆得以受到呼吸节奏的刺激。这种刺激透过神经，作为一种和缓的呼吸节奏的自我调节信号传至大脑，大脑在接受这些刺激之后便成为 α 状态。

所谓好的呼吸是在意识之下"缓缓"进行的，另外"深深的"也很重要。换言之，意识之下既缓且深的呼吸法是造就 α 波最有效的方法之一。腹式呼吸法可使脑波维持在 12 赫兹以下，就大脑生理而言，就是 α 波最容易出现的时候，同时它能增进脑内啡的分泌，有助于创造力的开发。

在冥想中最重要的是呼吸法,如果未能掌握正确的呼吸法,就无法实现深度冥想意识,所以,也可以说,呼吸法如何,将会决定冥想的成功与否。

## 二、人员智能开发——快速阅读、快速记忆与思维导图

"一目十行""过目不忘",曾是千百年来对于那些"多智而近妖"的著名历史先贤或者某些特殊才能者的描述,但在现代科学条件下,某些学习技能正在慢慢地解开神秘的面纱。在一个人要读完全国当天出版的报纸需一年时间的知识爆炸的今天,快速阅读价值巨大。

现代中国,一个合格学生在高中三年中,要看 780 万字的教科书和 600 万字到 900 万字的课外读物。而中学语文教学大纲规定,初、高中学生的阅读速度分别要达到每分钟 500 字和 600 字。实际上达到这一速度的学生只占 5%。许多好学生的代价就是,因无时间锻炼体质差,因拼命看书视力差。

快速阅读记忆法并非只有超常人所能,任何一个具有小学 4 年级文化的人只要在快速阅读中,以一种全新的阅读方式,代替传统的阅读习惯即可。因为人本来就具备这种能力,只是此前无人开发。对于这些先进的学习技能,掌握它必将使我们的培训学习与自我开发产生不一样的效果,大大提升学习的效率,对于考研、考公务员以及各种资格考试将提供有效的帮助。我们在本章中,有必要进行一些简略的介绍,使有兴趣者可以借此有个概要性的了解,为进一步的深入学习打开一扇窗。

### (一)快速阅读法

快速阅读就是在不影响阅读效率的情况下,以尽可能快的速度来阅读,一般速读高手可以达到每分钟上万字的阅读速度。传统的阅读是目光在每一个字间跳跃的点式阅读,大脑对信息的反应,受制于目光移动的速度。阅读时眼在字的停留时间为 0.1~0.3 秒,移在字间的跳跃仅占 5% 左右。而且从阅读到理解要经过视觉、语言、听觉三个中枢处理信息过程才能完成。快速阅读法是根本改变点式阅读为整行文字的线式阅读,这种方法使目光不在单字上停留,而是在整行的文字上停留,比眼球接受文字信号的速度快 10 倍以上,达到与大脑的思维速度同步。

据神经生理学和心理学研究,阅读主要是由大脑皮层的言语视觉中枢、言语运动中枢和言语听觉中枢协同活动的结果。言语视觉中枢和言语听觉中枢没有特殊的外周感受器,它们以眼睛、耳朵为感受器,但在大脑皮层的分工是专门化的。这类研究和实验发现大脑两半球各有相对独立的意识功能:左半球主管言语活动(听、说、读、写)、数学运算、逻辑推理等具有连续性、有序性、分析等功能,是进行抽象思维的中枢;右半球主管音乐节奏、空间定向、图形识别、情感、做梦等,具有不连续性、弥漫性、整体性等功能,是处理表象知觉,进行形象思维的中枢。

我们开车在路上以 100 千米的时速行驶时,还可以同时掌握仪表盘上的

显示数字,听听收音机里的广播,打打蓝牙电话,或者跟同车的人聊天,同时做这些事一点也不费劲。那么,为什么我们读书的时候那么慢,驾驶的时候却能那么快呢?这个问题的答案就是解决速读问题的关键。

1. 阅读速度的影响因素

通常,能够影响阅读速度的主要是以下几个方面。

(1)阅读途径。目前大多数人都是采用默读的方法,也就是看到文字,先在大脑中读一遍,然后理解。这个读一遍的过程,就是限制阅读速读最大的障碍。因为你读的再快,也不可能超过每分钟 500 字。而速读的时候,阅读者是眼睛看到文字,直接理解的,省略了脑内发音这个步骤,也就是无声阅读。

千万不要以为,无声阅读就是自己想办法抑制住大脑的发音就能实现的。那样训练会适得其反,不仅练不成速读,还会影响理解率。比如那个流传很广的方法:口中默念 1234 或者无关文字,就是一种饮鸩止渴的方法。早在 20 世纪 80 年代,苏联专家就已经在著作中明确说明这个方法的不可行性,但是国内某些老师还在传授给他的弟子这样的方法。另外,无声阅读的过程中,绝对不能让大脑自己去抑制发音,这会严重影响理解率。现在有些是采用外部手段切断音读方法,大脑无须担心音读问题。

(2)视野大小。阅读过程中,人眼是不断地跳动的。每次瞬间的眼睛停顿,就是摄取文字的时候,然后眼睛跳向下一个目标。速读中训练的,就是在这短暂的眼停中摄取尽可能多的文字的能力。所以说,速读中的视野大小,更严格地说,应该是视幅大小。阅读过程中,眼动的时间占 95%,而眼停的时间仅仅占 5%。

目前的速读训练中常见的视野训练以视觉注意力的扩大为主,也就是扩大"看"的区域。但是区域内的字能不能看清,这些训练就达不到了。好的视野训练,是二者结合,既能扩大注视区域,也能提高视野的分辨率。

(3)阅读中的回视。阅读过程中遇到难理解的部分,视点停留,然后往回看,重新阅读,这就是"回视"。回视的毛病有两个方面:第一,就是没有养成整体理解的习惯,不能把看到的文字组成完整的意义,看了后面,忘了前面。第二,就是速读训练中,不能忽略大脑思维能力的练习,所以,眼睛刷刷地看过去了,结果理解和思维没跟上,那就必须回视了。应该从思维入手,提高思维能力和理解能力,从而消除回视,而不仅仅是"形式"上的消除回视。

(4)阅读的时候注意力是集中还是分散。阅读过程中是否注意力完全集中在了阅读上。只有注意力集中,才会积极思维,积极理解,提升阅读效率。但是我们很多人在阅读的时候,往往在某一句话上纠缠很久,使阅读的思路一再中断,这样,大脑很是不适应,很快就会走神。要重视培养眼睛看到即理解的能力,阅读过程几乎是一个被动过程,文字意义直接往大脑里"灌"。这就迫使大脑不得不集中精力处理信息。

(5)能够正确处理文字信息。在阅读过程中,哪些地方是重要的,哪些地方是次要的,哪些是需要理解的,哪些是无须理解的,哪些是需要记忆的,哪些可以忽略等等的信息处理是非常重要的。如果在一个细枝末节上浪费很长的时间才弄明白,这本来是不用阅读的,那肯定会大大降低阅读兴趣。要训练的是直接理解的通路,眼睛看到即可理解,从而为大脑提供了充分的思维材料,可以高效率地筛选信息。

**2. 快速阅读的主要方法**

(1) 浏览法。浏览法是指对一般不需要细致了解的书籍,只是从总体上粗略掌握书中大概内容的一种阅读方法。它可以在有限的时间内尽可能广泛地了解信息,有助于开阔视野,是博览群书所常用的重要方法。

浏览阅读主要是重点注意文中的一些关键位置:一是篇名,包括文章的题目和书名,题目是文章的眼睛,往往集中概括了全文的主要论点、主要论题或是主要内容等。这些将会帮助读者对文章或书籍大体框架、基本思路有所了解。二是正文,这一部分浏览的关键主要是开头、结尾以及中间各段落起首的中心句。将这些关键部分浏览完毕后,会对文章或书籍形成总的印象,如果经回忆有不够完整的地方,或有值得深究之处,可再作必要的重点补阅。

(2) 扫读法。扫读法是指对文章内容一目数行、一目十行地扫描,以大容量获取信息的一种快速阅读方法。

扫读法不像传统阅读方法那样逐字逐句地来读,而是将眼停的视域尽可能扩大,将几行文字、一段文字甚至整页文字作为每次眼停的注视单位,在快速扫视中获得对文章或书籍的总体印象、整体理解。这种方法最快可以由数行扫读达到一页一页扫读,逐页扫读的方法又称为面式阅读法。由于摆脱了个别字句上的语意纠缠,这种方法不仅提高了阅读速度,而且并不像有些人担心的那样会影响理解程度,很多时候甚至比逐字逐句阅读更能够把握文章内容的精髓。扫读法阅读的速度非常快,但要熟练掌握这种方法必须经常专门训练,比如经常做一些视力扩展训练,在平时阅读时要注意克服逐字逐句阅读的习惯,有意识地扩大每次眼停的视野范围。利用舒尔特表等进行专门的视力扩展训练,也是非常有效的方法。

(3) 跳读法。跳读法是指跳过一些无关紧要的部分而直取读物的关键性内容的一种快速阅读方法。

跳读与扫读不同,扫读是逐页扫视,而跳读则是有所取舍地跳跃式前进,只停留在那些最有价值的内容上阅读,其他次要内容则大段大段甚至整页整页地略过。所以,善于运用跳读法阅读,不但可以提高阅读速度,而且能够很快抓住关键,把握文章要旨。可以根据关键词语的提示阅读,有关键词语的地方大都是同阅读者所关心的内容或问题联系最密切的;可以重点在篇章的开头、结尾,文中段落的首句或尾句跳读,这些常常是议论性文体的主要观点或论据要点的所在;可以沿着情节发展线索跳读,如在记叙文体中情节之外的纯景物、人物的大段静态描写可直接略过;可以根据语法结构的提示跳读,通过结构词语的帮助来把握书中的思路,如"由此看来""总之"等就可提示读者很快找到关键性的总结句。

（4）寻读法。寻读法是指为得到急需的有关资料,在众多相关书籍资料中搜寻查找的一种快速阅读方法。

寻读法是日常工作和学习中经常使用的一种快速阅读方法。我们在词典中查阅某个字词的意义或读音;在报纸上查看当天的重要新闻;在电视报上了解想看的电视节目;在产品说明书中查询某个故障的排除方法;在某本书中通过目录提要寻找自己最感兴趣的内容;在写作中搜集需要引用的有关资料等时,都会自觉不自觉地用到寻读法。寻读时,要在快速扫视书页的过程中,能够很快地对自己所要查找的某些问题的细节如人名、地名、事件、年代、概念术语等,做出识别判断。这种快速筛选识别信息的能力,需要在阅读实践中不断锻炼提高。

（5）猜读法。猜读法是指在读书读文章时,以所了解的题目或已看的前文作为前提,对后面的内容预作猜想,然后将其与后文实际内容进行印证比较的一种阅读方法。

猜读法使读者角度转换为作者,为作者设身处地地考虑作品内容的安排,这就使阅读活动始终处于高度活跃的积极思维状态,有助于锻炼提高读者的认识判断能力、创造能力。随着猜读准确性的提高,读者在阅读中领会把握作品内容的时间就会大为减少,因而猜读的能力对提高快速阅读能力也会起到重要的促进作用。读议论性文体时,可以先由题目设想作者怎样提出论点,采用哪些论据,用什么方法来具体论证。

猜想之后,要在原文的相关处重点阅读,将猜想与原文的内容进行对照,一致便说明自己较好地准确理解了作品,不一致则说明自己的理解或作者对内容的处理有问题。在不断的猜想、比较、总结中,猜读能力会不断提高,思维能力与创造能力也会得到很好锻炼。

## （二）快速记忆法

快速记忆法需要结合记忆规律,用各种方法把枯燥乏味的记忆材料转化为生动易记的物像,并通过有趣的奇特联想串联起来,来强化记忆效果,以物像为根本,以联想为关键,以奇特为秘诀,以谐音为窍门,用有趣的记忆过程达到准确的记忆目的,再结合科学的复习方法,达到记忆快速、长久、牢固的目的,从而高效记忆、高效学习。最快速、最有效地让你拥有超级记忆力。

### 1. 快速记忆法的关键步骤与要点

快速记忆法的四大关键步骤是第一步图像转化,第二步图像联结,第三步图像整理简化,第四步图像定桩。

**步骤 1　图像转化:把记忆材料转化为图像**

图像转化就是把我们所看到的文字、数字、英文单词等材料,统统转化为形象具体的图像来进行记忆。例如词语"石榴",我们现在所看到的只是文字,没有任何图像,假如我们发挥一下想象力,在脑海中想象出一个生动具体的石榴图像,这就能够开始发挥我们的图像记忆力了。否则,没有图像的话,图像记忆力就运用不出来。记忆材料可以分为具体和抽象两种,像"石榴""飞机"等具体的词语,只要直接想象就能把图像想象出来。但碰到诸如"自由""快乐""祖国"等抽象的词语,或者数字、英文字母等的时候,就无法直接想象出图像了。这个时候就需要运用一些方法或技巧把这些抽象的材料转化为具体的图像。把抽象资料转化为图像的常见方法主要有两种:谐音法、代替法。例如数字21,可以通过谐音转化为"鳄鱼"的图像,例如"快乐"可以用一个小孩的笑脸这个生动的图像来代替。

**步骤2 图像联结:用心灵胶水让图像之间互相联结、互动**

图像联结的意思就是把原本相互独立的各个图像,运用想象让它们互动、联结在一起。例如:"钥匙""鹦鹉"这两个词语,看到的是两组文字,通过第一步图像转化把它们转化成生动的图像之后,脑海中就有了两个生动的图像。但光是有图像而没有图像联结,对图像记忆来说是远远不够的,所以还应该通过心灵胶水把这两个图像联结在一起。例如可以在脑海中这样想像:一把巨大的彩色钥匙插入到鹦鹉的屁股之中,鹦鹉立即跳了起来。这样一联想,两个图像就产生了互动,就联结成了一个整体,这样记忆就很深刻了。前面第一步图像转化是运用图像记忆法的前提,而第二步图像联结则是运用图像记忆的基本方法,就是运用联想法把一个个或一组组图像联结起来,就像一条铁链中的各个环,环环相扣。

**步骤3 图像整理:把杂乱的图像整理成容易记忆的图像片段**

图像简化就是把原本杂乱无章的图像按照一定的顺序或一定的逻辑整理成为一连串比较好记忆的画面。

**步骤4 图像定桩:运用定桩法来进行记忆图像**

图像定桩的意思就是通过定桩法来记忆比较复杂的材料。这就需要在我们的记忆对象之外,再引入一些记忆工具来帮助记忆,这些记忆工具就叫作桩子,常用的桩子类型包括:数字桩、地点桩、身体桩、人物桩、字母桩、语句桩等等。

快速记忆第一步图像转化,解决的是文字转化为图像的问题,这是基础,因为没有图像就没有办法运用图像记忆。第二步图像联结,解决的是图像相互之间联结成一个整体的问题,只有把图像联结起来,才能充分运用出图像记忆的威力。第三步图像简化,解决的是复杂的记忆问题,需要灵活地运用图像整理的方法,把这些杂乱无章的图像变得更简单、更有规律、更容易记忆。第四步图像定桩,解决的是大量记忆需求的问题,当有大量资料要让我们记忆的时候,图像定桩法能够让我们的记忆过程变得非常简单同时也更加快速、更加有效。

快速记忆法的要点:记忆法的关键是想象要夸张、奇特、形象。因为大脑对夸张的东西不容易忘记,对形象的东西也容易记住。

**2.快速记忆的方法**

(1)谐音记忆法。是通过读音的相近或相同把所记内容与已经掌握的内容联系起来记忆。

例如用谐音法记忆数字：气体的摩尔体积 22.4 升/摩，可记作："二二得四"。用谐音法记忆物理公式：电功的公式 $W = UIt$，可用谐音法记作："大不了，又挨踢。"用谐音法记忆地理数据：地球的表面积为 5.1 亿 $km^2$，可记作："地球穿着有污点的衣服。"用谐音法记忆历史年代，李渊 618 年建立唐朝，可记作："李渊见糖（建唐）搂一把（618）。"清军入关是 1644 年，可记作："一溜死尸"，因为清军入关尸横遍野。用谐音法记忆电话号 2641329，可用谐音记作："二流子一天三两酒。"同理，电话号 3145941 可记作："这件衣服虽然少点派，但我就是要。"少点派即 $\pi = 3.14$ 变为 314。

（2）连锁记忆法。就是对将要进行记忆的词语，进行——串接，由一个词语想到另一个词语，这种记忆的关键在于串接的链条的结实程度，例如，我们来记忆书桌、篮球、高楼三组词语，首先，书桌和篮球链接，书桌下的篮球慢慢变大，把书桌顶到房顶，然后篮球和高楼，大大的篮球样的球从高空落下，把高楼砸得粉碎。

（3）定桩法。首先用定桩，有身体桩、数字桩、罗马房间等，然后需记忆内容与桩子挂钩，达到记忆的目的。

（4）口诀记忆法。利用口诀，顺口溜记忆，如，1851 年，洪秀全起义在金田，1839 年 6 月 3 日，林则徐硝烟虎门滩等。

（5）首字母记忆法。提取首字母减少记忆负担。

（6）归纳记忆法。把同类内容记忆，按照大脑存储原理。

（7）图表记忆法。把所需要记忆内容用形象表现出来，利用右脑帮助记忆。

（8）音乐记忆法。利用 a 波段音乐，调动潜意识帮助记忆。

（9）复述记忆法。用尝试回忆的方法来帮助记忆。

（10）联想记忆法。首先对需记忆内容进行提取关键词，然后通过形象、生动的故事把关键词串接起来，帮助记忆。

利用联想编故事等手段，辅助记忆。好的联想联结，在回想时速度快，也不易忘记。有声音的联想联结比没有声音好，有颜色的联想联结比没有颜色的好，有变形的联想联结比没有变形的好，动态的比静态的好。

原本只要记住三四样东西，强记就行了，为什么要通过联想联结编出比这些资料还复杂的故事呢？首先，头脑比较容易接受像电影剧本一样的流程，所以先连贯一些比较简单的资料或需要记的项目；其次，记忆训练的好处在于，方法简单、过程一致，虽然目前只需记三四样资料，可是只要建立了好的基础，再用故事联想更多的资料都不是问题；第三，可以随着故事联想长期存盘，不像单纯的硬记那么容易忘记。

世界记忆锦标赛创始人、心理学家托尼·布赞告诫说：记住，保持你的思维活跃。对待你的记忆力，要像对待你的身体一样，必须坚持经常锻炼。

### （三）思维导图

思维导图是开启大脑的使用说明书。思维导图是快速提升工作效率的绝佳思考工具，随时随地都可以获得它的帮助。无论是目标设定、时间管理、资源分配、创新思考、会议报告，还是人生规划，都可以运用思维导图在一张纸上把它完整、清晰地展示出来。在任何关键时刻，即使是再错综复杂的事情，思维导图都可以给予最有力的支持！

#### 1. 思维导图的概述

思维导图（Mind Mapping）又叫心智图，是表达发射性思维的有效的图形思维工具，它简单却又极其有效，是一种革命性的思维工具。思维导图运用图文并重的技巧，把各级主题的关系用相互隶属与相关的层级图表现出来，把主题关键词与图像、颜色等建立记忆链接。思维导图充分运用左右脑的机能，利用记忆、阅读、思维的规律，协助人们在科学与艺术、逻辑与想象之间平衡发展，从而开启人类大脑的无限潜能。思维导图因此具有人类思维的强大功能。

思维导图是一种将放射性思考具体化的方法。放射性思考是人类大脑的自然思考方式，每一种进入大脑的资料，不论是感觉、记忆或是想法——包括文字、数字、符码、香气、食物、线条、颜色、意象、节奏、音符等，都可以成为一个思考中心，并由此中心向外发散出成千上万的关节点，每一个关节点代表与中心主题的一个联结，而每一个联结又可以成为另一个中心主题，再向外发散出成千上万的关节点，呈现出放射性立体结构，而这些关节的联结可以视为记忆，也就是个人数据库。

人类从一出生即开始累积这些庞大且复杂的数据库，大脑惊人的储存能力使人们累积了大量的资料，经由思维导图的放射性思考方法，除了加速资料的累积量外，更多的是将数据依据彼此间的关联性分层分类管理，使资料的储存、管理及应用因更有系统化而增加大脑运作的效率。同时，思维导图最能善用左右脑的功能，借由颜色、图像、符码的使用，不但可以协助我们记忆、增进创造力，也让思维导图更轻松有趣，且具有个人特色及多面性。

思维导图以放射性思考模式为基础的收放自如方式，除了提供一个正确而快速的学习方法与工具外，运用在创意的联想与收敛、项目企划、问题解决与分析、会议管理等方面，往往产生令人惊喜的效果。它是一种展现个人智力潜能极致的方法，将可提升思考技巧，大幅增加组织力与创造力。它与传统笔记法和学习法有质的差异，主要是因为它源自脑神经生理的学习互动模式，并且开展人生而具有的放射性思考能力和多感官学习特性。

思维导图为人类提供一个有效思维图形工具，运用图文并重的技巧，开启人类大脑的无限潜能。心智图充分运用左右脑的机能，协助人们在科学与艺术、逻辑与想象之间平衡发展。

近年来思维导图完整的逻辑架构及全脑思考的方法在世界和中国都被广泛应用在学习及工作方面,大量降低所需耗费的时间以及物质资源,对于每个人或公司绩效的大幅提升,必然产生令人无法忽视的巨大功效。

2. 思维导图的实施步骤

手工制作思维导图的工具包括一些 A3 或 A4 的白纸和一套 12 支或更多的好写的软芯笔和 4 支以上不同颜色,色彩明亮的涂色笔以及 1 支钢笔。思维导图范例见图 8-1。

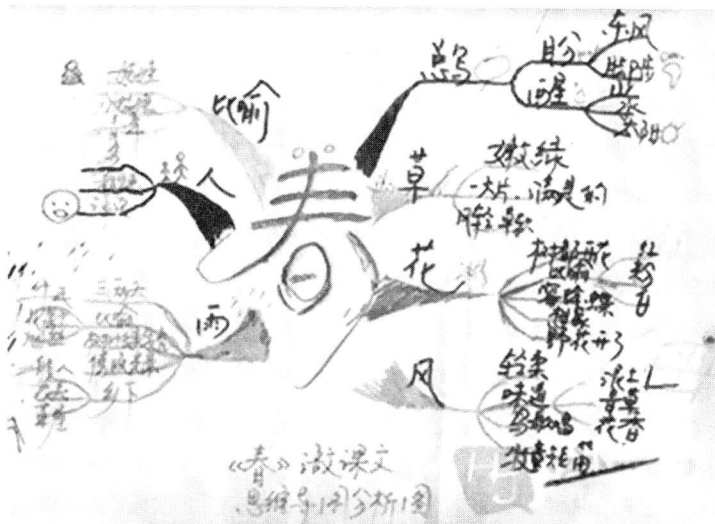

图 8-1　思维导图范例

(1) 最大的主题(文章的名称或书名)要以图形的形式体现出来。以前作的笔记都会把最大的主题写在笔记本纸面上最顶格的中间。而思维导图则把主题体现在整张纸的中心,并且以图形的形式体现出来,称之为中央图。

(2) 中央图要用三种以上的颜色。

(3) 一个主题多个主干(主干不超过 7 个)。思维导图把主题以主干的形式体现出来,有多少个主要的主题,就会有多少条大的主干。

(4) 每条主干要用不同的颜色。每条主干用不同颜色可以让你对不同主题的相关信息一目了然。

(5) 运用代码。小插图不但可以更强化每一个关键词的记忆,同时也突出关键词要表达的意思,而且还可以节省大量的记录空间。当然除了这些小的插图,我们还有很多代码可以用。比如厘米可以用 cm 来代表。所以可以用代码的尽量用代码。

(6) 箭头的连接。在分析一些信息的时候,各主题之间会有信息相关联的地方,这时,可以把有关联的部分用箭头把它们连起来,这样就可以很直观地了解到信息之间的联系了。如果在分析信息的时候,有很多信息是相关有联系的,但是如果都用箭头相连接起来会显得比较杂乱了。解决这个问题的方法就是,你可以运用代码,用同样的代码在它们的旁边注明,当你看到同样的代码的时候,你就可以知道这些知识之间是有联系的。

(7)只写关键词,并且要写在线条的上方。思维导图的记录用的全都是关键词,这些关键词代表着信息的重点内容。不少人刚开始使用思维导图时,会把关键词写在线条的下面,这样是不对的,记住一定要写在线条的上面。

(8)线长等于词语的长度。思维导图有很多线段,它每一条线条的长度都是与词语的长度是一样的。刚开始使用思维导图的人会把每根线条画得很长,词语写得很小,这样不但不便于记忆,同时还会浪费大量的空间。

(9)中央线要粗。思维导图的体现的层次感很分明,最靠近中间的线会越粗,越往外延伸的线会越细,字体也是越靠近中心图的最大,越往后面的就越小。

(10)线与线之间相连。思维导图的线段之间是互相连接起来的,线条上的关键词之间也是互相隶属、互相说明的关系,而且线的走向一定要比较平行,换言之线条上的关键词一定要让你自己能直观地看到,而不是要把纸的角度转了120度角才能看清楚自己在写什么。

(11)环抱线。有些思维导图的分支外面围着一层外围线,它们叫环抱线,这些线有两种作用:第一,当分支多的时候,用环抱线把它们围起来,能让你更直观地看到不同主题的内容。第二,可以让整幅思维导图看起来更美观。要注意的是,要先在思维导图完成后,再画外围线。

(12)纸要横着放。大多数人在写笔记的时候,笔记本是竖着放的。但做思维导图时,纸是横着放的,这样空间感比较大。

(13)用数字标明顺序。可以有两种标明顺序的方式,主要是以你的需要和习惯而定。第一种标明顺序的方式:可以从第一条主题的分支开始,用数字从1开始,把所有分支的内容按顺序地标明出来,这样就可以通过数字知道内容的顺序了。第二种标明顺序的方式:是每一条分支按顺序编排一次,比如第一条分支从1标明好顺序后。第二条分支再重新从1开始编排,也就是说,每条分支都重新编一次顺序。

(14)布局。做思维导图时,它的分支是可以灵活摆放的,除了能理清思路外,还要考虑到合理地利用空间,你可以在画图时思考,哪条分支的内容会多一些,哪条分支的内容少一些,你可以把最多内容的分支与内容较少的分支安排在纸的同一侧,这样就可以更合理地安排内容的摆放了。整幅画看起来也会很平衡,你画思维导图前,要记得思考如何布局会更好。

(15)个人的风格。学会思维导图之后,还要能够成立自己的风格,每一幅思维导图虽然都有一套规则,但都能形成个人的风格。

思维导图的这15条技法中,关键词是最重要的一部分,因为思维导图只记录关键词,如果关键词选择不正确,思维导图所要表达的信息就不准确了,要想学会全面总体的分析信息,你需要学会观察出信息当中哪部分是它们的关键部分,并搜索到它们的关键点,也就是关键词。

3. 思维导图的基本软件介绍

思维导图的基本软件包括 imindmap 和 Mindmanager 以及简单、易用、灵巧、基于数据库并且支持中、日、英多种语言的 iMindMate。另外还有 mindmapper 和开源导图软件 FreeMind,以及基于 FreeMind 二次开发并支持中文的 Sharemind 等。

在此,重点推荐思维导图软件——XMind,这是一款跨平台的思维导图软件,支持多国语言,可以运行在 Windows,Mac OS X 和 Linux 三大操作系统上的易用性很强的软件,通过 XMind 可以随时开展头脑风暴,帮助人们快速理清思路。XMind 绘制的思维导图、鱼骨图、二维图、树形图、逻辑图、组织结构图等以结构化的方式来展示具体的内容,人们在用 XMind 绘制图形的时候,可以时刻保持头脑清晰,随时把握计划或任务的全局,它可以帮助人们在学习和工作时提高效率。XMind 是一款顶级商业品质的思维导图和头脑风暴软件,从 2008 年 10 月起,XMind 推出开源版本,曾荣获最佳学术应用奖。在 Windows 下的安装包 14MB,安装后 27MB,体积尚算小巧。它采用 Java 语言开发,基于 Eclipse RCP 体系结构,可以运行于 Windows/Mac/Linux 平台,它的界面比善用佳软此前使用的 FreeMind 要美观很多,绘制出的思维导图也更加漂亮,功能也更加丰富。加上它兼容 FreeMind 和 MindManager 数据格式,并且不仅可以绘制思维导图,还能绘制鱼骨图、二维图、树形图、逻辑图、组织结构图。XMind 的特点可用"国产而国际化发展;商业化而兼有开源版本;功能丰富且美观"来概括。推荐 XMind 来代替或补充 FreeMind,除了功能、界面因素之外,还有两个原因:一是国产软件(虽然网站和软件只有英文);二是 XMind 由商业软件开源而来——多数情况下,有商业背景的产品可持续性会比开源/免费软件好一些。

拓展与链接 8 - 1

**美国波音公司使用思维导图的实例**

"使用思维导图是波音公司的质量提高项目的有效组成部分之一。这帮助我们公司节省了 1000 万美元。"——Mike Stanley,美国波音公司

美国波音公司在设计波音 747 飞机的时候就使用了思维导图。据波音公司的人讲,如果使用普通的方法,设计波音 747 这样一个大型的项目要花费 6 年的时间。但是,通过使用思维导图,他们的工程师只使用了 6 个月的时间就完成了波音 747 的设计,并节省了一千万美元。思维导图的威力如何?

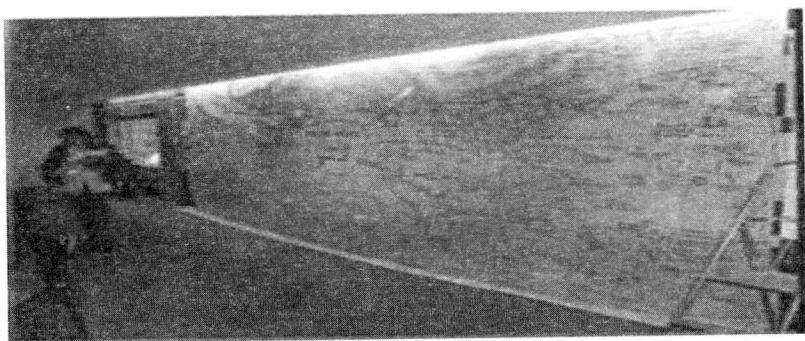

# 本章小结

员工培训是人力资源开发管理的重要内容,是指组织根据组织目标,采用各种方式对员工实施的有目的、有计划的系统培养和开发训练的学习行为,使员工不断更新知识、发展技能、改善态度、提高工作绩效,确保员工能够按照预设标准完成本职或以上的任务,从而使组织效率更好提升,组织目标更好达成。

培训的形式很多,但最基本的是分成岗前培训、在职培训、脱产培训三种。

培训需求分析是指在规划设计系统性的培训活动之前,由培训主管、培训工作人员等采用各种方法与技术,对参与培训的所有组织和成员进行培训目标、知识结构、技能状况等方面的鉴别与分析,以确定这些组织和成员是否需要培训及需要如何培训的一种活动或过程。相对于一个组织来说,培训需求分析既是确定培训目标,设定培训规划的前提,也是进行培训评估的基础,因而成为培训活动的首要环节。

培训的作用主要表现在:培训是人岗匹配度的有效实现方式;培训是团队战斗力的最佳实现途径;培训是激发个体活力的有效媒介;培训是形成团队凝聚力的有效抓手;培训是收获回报率最高的投资方式。

培训效果评估是培训工作的最后一个环节,是组织在培训之后,通过一定的方法对组织从中所得到的收益进行分析与评价的一种人力资源管理活动。

柯克帕特里克的四层次培训评估模型:美国威斯康星大学教授柯克帕特里克认为,若评估某一培训项目,应明确根据什么来判断项目是否有效。培训的效果可在反应层、学习层、行为层和结果层这四个方面上进行评估。

健康四大基石可概括四句话十六个字(健康四大基石):第一,合理膳食;第二,适量运动;第三,戒烟限酒;第四,心理平衡。

九种体质类型和特征是:平和体质——是健康体质,约占5%。阳虚体质——怕冷。气虚体质——无力。阴虚体质——缺水。痰湿体质——肥胖。湿热体质——出油。气郁体质——失眠。血瘀体质——长斑。特禀体质——过敏。

所谓腹式呼吸法是指吸气时让腹部凸起,吐气时压缩腹部使之凹入的呼吸法。

快速阅读就是在不影响阅读效率的情况下,以尽可能快的速度来阅读,一般速读高手可以达到每分钟上万字的阅读速度。

快速记忆法的四大关键步骤是第一步图像转化,第二步图像联结,第三步图像整理简化,第四步图像定桩。

思维导图又叫思维脑图或心智图,是表达发射性思维的有效的图形思维工具,它简单却又极其有效,是一种革命性的思维工具。运用图文并重的技巧,把各级主题的关系用相互隶属与相关的层级图表现出来,把主题关键词与图像、颜色等建立记忆链接,充分运用左右脑的机能,利用记忆、阅读、思维的规律,协助人们在科学与艺术、逻辑与想象之间平衡发展,从而开启人类大脑的无限潜能,因此具有人类思维的强大功能。

## 关键术语

人员培训　培训需求分析　培训目标　培训效果评估　岗前培训　在职培训　脱产培训　培训方法　养生保健四大基石　九种体质类型　快速记忆法　快速阅读法　思维导图

【应用案例】

# 如何选派员工出国培训

国内某公司与英国某大学签订了一项培训协议,每年选派2~3名管理人员到该学校攻读管理硕士学位。学业完成后,员工必须回公司服务5年,服务期满可调离。某年5月,销售部助理小张经过公司几轮挑选,终于与其他两位同事一起获得了推荐。但小张早有预谋,在此之前已获取了英国另一所学院管理硕士的录取通知书。虽然该校的学费较高,但其声誉好,教学质量高,还能帮助学生申请到数额可观的助学贷款。经过公司人事部的同意,小张用公司提供的奖学金交了学费,又申请了3万美元的助学贷款,以解决和妻子在英国的生活费。按照目前小张的收入水平,需要8年时间才能还清贷款,如果

他在一家外资公司工作,不到 4 年便可还清贷款。行期将近,公司人事部多次催促与其签订培训合同书,一直到离开公司的前一天小张才在协议书上签了字。次年 9 月末,小张学成回国,并马上回公司报到。不过,10 月初,他便向公司人事部递交了辞呈,并按合同还清了公司为其支付的英语培训考试费、赴英签证费、学费等一切费用。不久,他便在一家美国大公司得到一个年收入 20 万元以上的职位。

**案例讨论题:**

1. 该公司在选派员工出国培训的工作中主要存在哪些问题?

2. 该公司采取哪些措施才能确立更有效的培训体系,防止此类的事件发生?

3. 如果要为该公司起草一份员工培协议书,应当包含哪些条款?

## 【HR 考级真题】

**一、单选题**

1. ( )是现代培训活动的首要环节。(2016 年 11 月)

 A. 培训需求分析　　　　　　　　B. 培训效果评估

 C. 培训计划设计　　　　　　　　D. 培训方法选择

2. 培训项目规划中较容易被企业忽略的是( )。(2016 年 11 月)

 A. 培训内容的开发　　　　　　　B. 培训资源的筹备

 C. 培训成本的预算　　　　　　　D. 项目的评估规划

3. 为了保证培训取得预期的效果,必须对培训进行全程( )。(2016 年 11 月)

 A. 监控和反馈　　　　　　　　　B. 监控和评估

 C. 监控与规划　　　　　　　　　D. 监控与协调

4. 培训课程设计步骤分为:①目标;②策略;③模式;④定位;⑤评价。正确的顺序为( )。(2016 年 11 月)

 A. ④①②③⑤　　B. ①④②③⑤　　C. ①④③②⑤　　D. ④①③②⑤

5. 培训有效性评估应该始于( )。(2016 年 5 月)

 A. 培训目标　　　　　　　　　　B. 培训需求分析

 C. 培训方案　　　　　　　　　　D. 员工培训计划

6. ( )是指企业开展培训所获得的货币收益与培训总投入之间的比值。(2015 年 11 月)

 A. 培训投资回报率　　　　　　　B. 培训项目收益率

 C. 培训项目成本率　　　　　　　D. 培训效率

**二、多选题**

1. 在制定培训评估方案时,最好能够由( )共同进行,以保证评估方案的科学性和切实可行性。(2015 年 11 月)

 A. 项目实施人员　　　　　　　　B. 培训管理人员

人力资源管理师
考试真题

C. 培训评估人员      D. 培训评估应用人员

E. 外部培训顾问

2. 企业培训制度除了入职培训制度外,还包括( )。(2016 年 5 月)

A. 培训服务制度      B. 培训激励制度

C. 培训考核评估制度      D. 培训反馈制度

E. 培训风险管理制度

### 三、简答题(2016 年 11 月)

1. 简述设计培训效果评估方案的基本步骤。

2. 简述基于资源整合的培训课程设计的基本内容。(2016 年 5 月)

### 四、综合分析题(2014 年 11 月)

　　某公司是一家高科技生产企业,随着公司生产规模和市场范围的不断扩大,现有员工的综合素质无法满足公司发展的需要。针对公司频频出现的技术问题和管理部门管理不到位等一系列问题,为全面提升员工技能素质,公司决定定期举办专门的培训来解决这些问题。为了更好地完成所预定的目标,公司有关领导请负责培训的主管尽快制定出一份详细的公司培训计划方案。

　　请结合本案例,说明该公司培训计划方案应包括哪些内容。

# 第九章

# 职业生涯规划管理

## 学习目标

- ◆ 掌握职业生涯管理的基本概念及内涵
- ◆ 理解职业生涯管理的内容与意义
- ◆ 掌握个人和组织的职业生涯规划流程
- ◆ 能够运用相关方法为个人和组织设计职业生涯
- ◆ 掌握职业生涯管理的内在影响因素与外在影响因素

## 引导案例

### 施瓦辛格的职业规划案例

五十多年前,一个十多岁的穷小子,身体非常瘦弱,却在日记里立志长大后做美国总统。如何能实现这样宏伟的抱负呢?经过思索,他拟定了一系列目标。

做美国总统首先要做美国州长——要竞选州长必须得到雄厚的财力后盾的支持——要获得财团的支持就一定得融入财团——要融入财团最好娶一位豪门千金——要娶一位豪门千金必须成为名人——成为名人的快速方法就是做电影明星——做电影明星前得练好身体,练出阳刚之气。

按照这样的思路,他开始行动。某日,当他看到著名的体操运动主席库尔后,他相信练健美是强身健体的好点子。他开始刻苦而持之以恒地练习健美,他渴望成为世界上最结实的壮汉。三年后,借着发达的肌肉,一身似雕塑的体魄,在以后的几年中,他囊括了各种世界级的"健美先生"称号。

22岁时,他踏入了美国好莱坞。在好莱坞,他花费了十年时间,利用自身优势,刻意打造坚强不屈、百折不挠的硬汉形象。终于,他在演艺界声名鹊起。当他的电影事业如日中天时,女友的家庭在他们相恋九年后,也终于接纳了这位"黑脸庄稼人"。他的女友就是赫赫有名的肯尼迪总统的侄女。

2003年,年逾五十七岁的他,告老退出影坛,转而从政,成功竞选为美国加州州长。他的下一个目标就是美国总统。

他就是阿诺德·施瓦辛格。他的经历告诉我们:科学规划,行动有力,就能成功。

这个职业规划案例可以告诉大家：职业规划制定的越早、步骤越详细，越能早日实现自己的梦想。不管这个目标多么艰难、自己的现实和理想之间相差多远，只要自己有恒心、有切实可行细致的计划，并一步一个脚印踏踏实实地去完成，就一定能实现自己远大的理想！

# 第一节　职业生涯规划管理概述

## 一、职业基本范畴和定义

### （一）职业的内涵和功能

1. 职业的内涵和定义

美国社会学家塞尔兹认为，职业是一个人为了不断取得个人收入而连续从事的具有市场价值的特殊活动，这种活动决定着从业者的社会地位。职业范畴的构成包括三个条件，即技术性、经济性和社会性。日本学者保谷六郎进一步指出，职业的特性在前述三个条件的基础上还包括：（1）伦理性，即符合社会需求，为社会提供有用的服务；（2）连续性，即所从事的劳动相对稳定，是非中断性的。

从科学的角度看，职业是指人们从事的相对稳定的、有收入的、专门类别的工作，是对人们的经济状况、文化水平、行为模式、生活方式以及思想情操的综合反映，也是一个人的权利、义务、社会职责和社会地位的综合表现，是人的社会角色中极为重要的一个方面。

2. 职业的功能

（1）职业的个人功能。职业，是人的一种社会活动和生活方式，又是人的一种经济行为，是人们从社会中牟取各种利益的资源，它对于每个人都极为重要。具体来说，职业对于个人有以下作用：

①职业是人生的主要活动；

②职业是人们获取利益的手段；

③职业是个人发挥才能的手段；

④职业是个人为社会做出贡献的途径。

（2）职业的社会功能有以下几个方面：

①职业发展是促进社会进步的推动器；

②职业状况是维持社会稳定的安全阀；

③职业活动是影响组织绩效的重要因素。

## （二）职业岗位

### 1. 职业岗位的社会需求——职业岗位需求

社会对岗位的需求是用人单位雇用人员和职业岗位得以存在的原因。一个社会要进行生产经营、进行经济活动，一个用人单位要雇用人员，必然要对人力资源、物质资源（如厂房、机器设备、原材料）提出需求。一个社会、一个用人单位为什么要提出这种资源需求？这有着其内在的原因——社会消费。一个社会在一定时期的人力资源需求，实际上包括原有的仍然维持的人力资源需求和追加的即新增的人力资源需求两个部分。原有的人力资源需求一般可以由原有的人力资源供给来满足，其中少量部分会发生变化，如离职、退休等，需要新招收人员予以补充。新增人力资源需求则是源于用人单位扩大生产经营规模、建立新的分支部门机构。

### 2. 职业岗位的提供者——用人单位

事业、机关等用人单位是庞大的职业世界中的一个个细胞，是微观的职业需求单位。每个求职者面对的是一个个具体的招收单位。有的用人单位非常渴望人才，有用才的新观念，也非常注重"人"的发展，注重人的事业生涯，它们让受聘者认识到：一个人如果到该单位就业，就会有良好的前途。

### 3. 职业岗位的数量

一个社会的职业岗位"多"还是"不多"，不是一个绝对量的问题，而是人力资源供给、需求两个方面的关系问题。二者的这种数量比例关系，是一个社会就业状况最基本的成因。人力资源的供给与需求的关系，从总体上可以分为三种基本状况，即供过于求、供不应求和供求平衡。

## （三）市场经济中的职业体制

就业的基本格局是由一个社会的经济管理体制和经济发展水平共同决定的。改革开放以来，我国实行了市场经济体制，在职业方面也采取了相应的做法。其基本内容包括以下几点。

### 1. 市场就业，双向选择

在市场经济国家，就业的最根本特征是通过劳动市场的配置而实现的。

### 2. 用人单位自主，优化用人

在市场经济条件下，就业作为社会人力资源的配置，是由企事业的用人单位环节或者说单位层次来主导实现的。

### 3. 个人自由，择业竞争

从一般意义上说，在市场经济体制下，劳动者具有个人自由，要凭借自己的实力在劳动市场、人才市场上寻求工作机会，参与就业竞争，最后与某个用人单位达成雇佣协议。

### 4. 高效劳动，公开失业

社会上就业的具体状况是由用人单位招收人员所决定的。在市场经济体制下,每个用人单位也处于社会的竞争之中,决定就业配置的用人单位追求高效率劳动而精简内部过剩人员,这就必然造成外部即社会上的公开失业。

5. 宏观目标,政策干预

政府从宏观上把握经济发展,制定经济政策,通常都把实现充分就业作为一个重要的目标,甚至作为最重要的问题。为此,政府还采取一系列的经济政策和直接的就业政策,干预劳动市场,促进充分就业的实现。

6. 依法就业,政府监控

政府对关系劳动者和用人单位合法权益的雇用问题,以及雇佣以后发生的一系列问题给予关注,诸如劳动合同、职业安全卫生条例、工作内容、工资报酬、社会保险等,并制定了一系列的政策法规。

### (四)职业生涯基本分析

1. 职业生涯的概念

对于职业生涯的认识与研究,由来已久。沙特列(Shartle)提出,职业生涯是指一个人在工作生活中所经历的职业或职位的总称。麦克法兰德(McFarland)指出,职业生涯是指一个人依据心中的长期目标,所形成的一系列工作选择,以及相关的教育或训练活动,是有计划的职业发展历程。

美国著名职业问题专家萨帕(Donald E. Super)给出了"职业生涯指一个人终生经历的所有职位的整体历程"的定义,以后又进一步指出:"职业生涯是指生活中各种事件的演变方向和历程,是统合人一生中的各种职业和生活角色,由此表现出来个人独特的自我发展组型;它也是人自青春期以迄退休之后,一连串有报酬或无报酬职位的综合,甚至包括了副业、家庭和公民的角色。"中国台湾学者林幸台指出:职业生涯包括个人一生中所从事的工作,以及其担任的职务、角色,同时也涉及其他非工作或非职业的活动,即个人生活中衣食住行各方面的活动与经验。

2. 职业生涯的特性

从总体上看,人的职业生涯具有以下特征:

(1)独特性;

(2)发展性;

(3)阶段性;

(4)终生性;

(5)互动性。

3. 影响职业生涯的因素

人们的职业道路选择、职业发展和事业成功,受到个人、家庭、社会多方面原因的影响,具体包括以下几方面因素:

(1)教育背景;

(2)家庭影响;

(3)个人需求与心理动机;

（4）机会；

（5）社会环境。

## 二、对职业生涯规划进行管理的前提——社会职业

### （一）社会产业部门

我国国民经济中的"部门"，目前分为农、林、牧、渔业，采矿业，制造业，电力、热力、燃气及水的生产和供应业，建筑业，交通运输、仓储和邮政业，批发和零售业，住宿和餐饮业，信息传输、软件和信息技术服务业，金融业，房地产业，租赁和商务服务业，科学研究和技术服务业，水利、环境和公共设施管理业，居民服务、修理和其他服务业，教育，卫生和社会工作，文化、体育和娱乐业，公共管理、社会保障和社会组织、国际组织，共计 20 个部门。

国民经济的 20 个部门，可以概括为三大产业。下面对三大产业分别介绍。

1. 第一产业的职位岗位

第一产业指的是从自然界取得产品的产业，也叫作"第一次产业"。第一产业具体是指农、林、牧、渔业。

第一产业从事初级产品的生产，它在整个国民经济中居于基础的地位，其产品除了直接为人们所消费外，也是第二产业许多行业进行生产的原材料。由于科学技术的进步和生产管理水平的提高，第一产业逐渐实现机械化、电气化和自动化，在其总产量增加的同时，就业数量下降，对从事者的素质要求提高，从而会分流出一部分人向第二产业、第三产业转移。

2. 第二产业的职业岗位

第二产业是国民经济中对农业等初级产品进行多种层次的加工，为社会提供各种生产资料与生活资料产品的生产劳动。第二产业因此也叫作"第二次产业"。

第二产业，具体指在国民经济中居于核心、骨干地位的制造业、采矿业、建筑业等生产领域。第二产业的经济单位通常称为"工矿用人单位"，职业岗位种类繁多，从工作用人单位的角度可以分为工人、学徒、工程技术人员、管理人员、服务人员、其他人员六类。

3. 第三产业的职业岗位

第三产业是一个包括众多部门的庞大领域。第三产业在整个国民经济中担当着完成流通、提供服务和社会管理的职能，也叫作"第三次产业"。

第三产业具有大量吸纳社会劳动力、提供大量就业岗位的功能。从世界的角度看，第三产业的比重增加迅速，在经济发达的国家已经占全部就业人员的一半以上，有的国家甚至达到 $80\% \sim 90\%$ 的水平。

第三产业可分为五个类别：

（1）为流通服务的部门。该部门包括交通运输业、邮电通信业、商业、饮

食业、物流和仓储业等。

（2）为生产服务的部门。该部门包括金融保险业、地质勘查业、公用事业、商务服务业、咨询服务业、技术服务业、经济与工商法律服务业等。

（3）为居民生活服务的部门。该部门包括金融保险业、公用事业、家政服务业、物业管理业、居民司法服务业等。

（4）为提高社会科技文化水平和公民素质服务的部门。该部门包括教育、文化、广播电视、科学研究、卫生、体育和社会福利事业等。

（5）为社会公共事务与管理服务的部门。该部门包括国家机关、政党机关、社会团体，以及军队和警察等。

第三产业的就业岗位数量、类别众多，要求从业者具有不同的素质条件。许多就业岗位需要经过专门的选拔，如公务员需要经过考试录用。在教育、文化、卫生、科学研究等部门工作的专业技术人员，要具备较高的学历和专业水平。

## （二）社会用人单位

### 1. 用人单位的一般职业需求

用人单位是从事社会经济活动的单位，其用人可以分为经营、管理、技术、操作等类别。用人单位的类型可分为：国有用人单位、私营用人单位、外资用人单位、合资用人单位和股份制用人单位。

### 2. 事业单位

事业单位一般是指主要由国家财政负担、不从事独立经营而从事教育、科技、文化、卫生等活动的社会服务组织。有许多事业单位已经实行"事业单位用人单位化管理"体制，完全靠自收自支维持活动。

事业单位用人的特点有：

（1）具有较强的专业性，职业特点是以脑力劳动为主。

（2）事业单位的职业岗位以各类专业技术人员为主，一般实行专业技术人员聘任制。

### 3. 政府机关

政府机关是国家和地方各级政府行政管理机构的总称。在政府部门工作的人员中，除了部门专业技术人员（如医生、计算机操作人员）和工勤人员（如清洁工人、司机、炊事员）外，主要是国家公务员。

## （三）社会职业的进入

### 1. 市场就业

劳动市场从本质上讲，是一种社会经济机制，即平等竞争、供求见面、双向选择的社会环境；从个人就业的直观角度看，是完全自由地进行职业选择的场所，是一般人找工作与用人单位、事业、机关单位招收员工的"鹊桥会"。

劳动市场有着不同的形式：

（1）职业介绍所。

（2）人才交流中心或人力资源市场。

（3）各个企事业单位的对外招聘市场。

（4）其他非组织形态的自发市场。

2．应聘就业

许多用人单位需要招聘员工时，通过报刊、电台、电视台、广告栏或校园招聘会等形式或途径，发布"招聘启事"。求职者可以按照招聘启事中所提供的时间、地点前去应聘，参加面试，或者邮寄个人材料与求职信进行联系，也可以打电话询问详情，约定面试时间。

3．亲友介绍

在我国目前的社会环境下，亲友介绍是青年获取职业岗位极为重要的途径。处于择业的青年人的长辈，往往会对他们的职业生涯提供各种帮助，如按照自己的阅历和价值观对青年的职业选择进行指导，为青年谋求职业出主意、想办法、到处奔走，亲自安排工作岗位等。在经济发达的国家，一些用人单位在技术竞争、员工流动剧烈的情况下，采取亲友介绍就业的方法，使雇员能够可靠、稳定和尽责地工作。

4．社会选拔

我国现在开始实行的国家公务员考试录用制、研究生招考制、企事业单位经营管理人员和工程技术专家的社会招聘制等，都属于社会选拔式就业途径。

5．个人谋业

个人自谋职业是充分体现个人择业权利的就业途径。

6．国家分配

国家分配工作是我国计划经济体制下沿袭了几十年的做法。国家分配工作的范围已经大大缩小，目前只对部分退伍军人和少数定向招生（如师范院校、军事院校）的毕业生进行工作分配。

7．自然继承

这种类型一般是出身于农民、小手工业者、特殊工匠手艺世代传承者以及艺术工作者等家庭的青年所走的路。

## 三、职业生涯规划的决策方法与实施步骤

职业生涯决策，简称职业决策或职业决定，最早起源于经济学中的决策理论在职业行为研究方面的应用。凯恩斯经济学理论（Keynesian Economic Theory）认为，职业生涯决策是个人以收益最大化及损失最低为标准，对职业生涯目标或职业进行的"理性选择"的过程，其中收益与损失不限于金钱，而是包含社会声望、人身安全、社会流动等任何对个人有价值的事物。

目前人们广泛认同的是：职业决策是一个过程，而不单单是一种结果，这

个过程中涉及很多因素。我们认为,职业决策是一个依据决策者自身的特性,并参照外在环境的现状与发展趋势,通过合乎逻辑的分析,最终确定未来适当的教育或职业领域的过程,这一过程具有目的性、选择性、满意性、过程性、动态性的特点。

### (一)职业生涯决策方法

1. 职业生涯规划的决策方法——"三分法"

根据著名职业生涯学者哈瑞恩(Harren)的研究,大部分人的职业决定方式可以归纳为一下三类:

(1)理性型:这种类型崇尚逻辑分析,往往在系统收集足够的自我和环境信息基础上,权衡各个选项的利弊得失,按部就班地做出最佳的决定。

(2)直觉型:这种类型是以自己在特定的情景中的感受或者情绪反应,直接做出决定。这种风格的人做决定全凭感觉,比较冲动,很少能系统地收集相关信息,但他们能为自己做出的抉择负责。

(3)依赖型:这种类型的人常常是等待或者依赖他人为自己收集信息做出决定,比较被动和顺从,做选择时十分注重他人的意见和期望。他们以社会赞许、社会评价和社会规范作为做决定的标准。

2. 职业生涯规划的决策方法——"八分法"

著名学者丁克赖吉(Dinklage)根据人做决策的不同行为特征,把职业决策分为八种类型:

(1)延迟型:这种类型的人知道问题所在,但是经常迟迟不做决定,或者到最后一刻才做决定。

(2)宿命型:这种类型的人自己不愿做决定,把决定的权利交给别人或者命运,认为做什么选择都是一样的。

(3)顺从型:这种类型的人自己想做决定,但是无法自己坚持己见,常会屈从权威的决定。

(4)麻痹型:这种类型的人害怕做决定的结果,也不愿意负责,选择麻痹自己来逃避做决定。

(5)直觉型:这种类型的人根据感觉做决定,大多数情况下只考虑自己想要的不在乎外在的因素。

(6)冲动型:这种类型的人不愿意思考太多,往往基于第一想法做出决定。

(7)犹豫型:这种类型的人考虑过多,在诸多选择中无法下决定,常常处在痛苦的挣扎状态中。

(8)计划型:这种类型的人做决定倾听自己内在的声音,也考虑外在的环境要求,以做出适当的决策。

### （二）职业生涯决策的过程

1．生涯决策 CASVE 模型

职业决策是一个复杂的认知过程,为了更好地完成职业决策过程,美国职业生涯理论家里尔登(Reardon)等人在认知信息加工理论中提出了 CASVE 决策模型。

该模型认为一个良好的决策需要经历五个步骤:C(沟通)、A(分析)、S(综合)、V(评估)和 E(执行)。

(1)沟通(Communication):包括内部和外部的信息交流,通过交流使个体意识到理想和现实之间存在的巨大差距。内部的信息交流,是指个体自身的身心状态,比如在毕业找工作的时候,你可能在情绪上会感受到焦虑、抑郁、受挫等情绪,在身体上会有疲倦、头疼、消化不良等反应,这些情绪和身体状态都是一些提醒你需要进行内部交流沟通的信号。外部的信息交流,是指外界的一些对你产生影响的信息,如在求职过程中父母、老师、朋友给你提供的各种建议。通过内部和外部沟通,你意识到自己需要解决某些问题,这样的交流对开始生涯选择十分重要。沟通阶段需要回答的最基本的问题是:此刻我正在思考并感觉到的自己的职业选择是什么?

(2)分析(Analysis):是通过思考、观察和研究,对兴趣、能力、价值观和人格等自我知识以及各种环境知识进行分析,从而更好地理解现存状态和理想状态之间的差距。在分析阶段主要运用的是前两章认识自我和认识职业环境中提到的方法。在分析阶段需要对两方面的知识进行了解。首先是自我知识;其次是环境知识。

(3)综合(Synthesis):是根据分析阶段所得出的信息,先把选择范围扩展开来,然后再逐步缩小,最终确定 3～5 个最可能的选项。这个先扩大后缩小的过程非常重要。通过分析阶段,我们对自我的各方面都有了很多了解,每一个方面都分别对应着很多职业,把这些职业都列出来,就会得到一个范围很广的选择列表。接着选取其中的交集,就得出了缩小的职业选择范围。然后,把最可能从事的职业限定到 3～5 个。最后,可以问自己"假如我有这 3～5 个选择,是否可以解决问题,消除现实和理想状态的差距? 如果可以,就进入评估阶段选出最适合的选择,如果还是不能解决问题就需要重新回到分析阶段了解更多信息。

(4)评估(Valuing):对于综合阶段得出的 3～5 个职业进行具体的评价,评估获得该职业的可能性,以及这个选择对自身及他人的影响,从而进行排序。比如,可以问:①对我个人而言什么是最好的? ②对我生活中的重要他人而言什么是最好的? ③大体上,对我所处的环境而言什么是最好的? 还可以通过生涯平衡单和 SWOT 分析等方法进行评估。

(5)执行(Execution):是整个 CASVE 的最后一部分,前面的步骤只是确定了最适合的职业,还不能带来职业选择的成功,需要在执行阶段将所有想法付诸实践,如:开始具体的求职过程;也为再一次回到沟通阶段提供线索,以确定沟通阶段所存在的职业问题是否得到了很好的解决。在执行阶段,需要制订计划,进行实践尝试和具体行动。如果没有解决可以再次回到沟通阶段,重新开始一次 CASVE 循环,直到职业生涯问题被解决为止。

2. 有效的职业生涯决策——SWOT 分析模型

(1) SWOT 分析模型简介。SWOT 分析法(也称 TOWS 分析法、道斯矩阵)即态势分析法,20 世纪 80 年代初由美国旧金山大学的管理学教授韦里克提出,经常被用于用人单位战略制定、竞争对手分析等场合。在现在的战略规划报告里,SWOT 分析应该算是一个众所周知的工具。来自于麦肯锡咨询公司的 SWOT 分析,包括分析用人单位的优势(Strengths)、劣势(Weaknesses)、机会(Opportunities)和威胁(Threats)。因此,SWOT 分析实际上是将对用人单位内外部条件各方面内容进行综合和概括,进而分析组织的优劣势、面临的机会和威胁的一种方法。

通过 SWOT 分析,可以帮助用人单位把资源和行动聚集在自己的强项和有最多机会的地方,并让用人单位的战略变得明朗。

(2) SWOT 分析模型的方法。在适应性分析过程中,用人单位高层管理人员应在确定内外部各种变量的基础上,采用杠杆效应、抑制性、脆弱性和问题性四个基本概念进行这一模式的分析(见图 9 - 1)。

①杠杆效应(优势+机会)。杠杆效应产生于内部优势与外部机会相互一致和适应时。在这种情形下,用人单位可以用自身内部优势撬起外部机会,使机会与优势充分结合发挥出来。然而,机会往往是稍瞬即逝的,因此用人单位必须敏锐地捕捉机会,把握时机,以寻求更大的发展。

②抑制性(劣势+机会)。抑制性意味着妨碍、阻止、影响与控制。当环境提供的机会与用人单位内部资源优势不相适合,或者不能相互重叠时,用人单位的优势再大也将得不到发挥。在这种情形下,用人单位就需要提供和追加某种资源,以促进内部资源劣势向优势方面转化,从而迎合或适应外部机会。

③脆弱性(优势+威胁)。脆弱性意味着优势的程度或强度的降低、减少。当环境状况对公司优势构成威胁时,优势得不到充分发挥,出现优势不优的脆弱局面。在这种情形下,用人单位必须克服威胁,以发挥优势。

④问题性(劣势+威胁)。当用人单位内部劣势与用人单位外部威胁相遇时,用人单位就面临着严峻挑战,如果处理不当,可能直接威胁到用人单位的生死存亡。

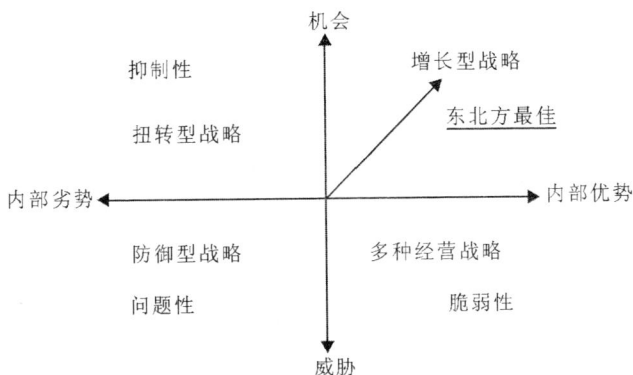

图 9-1　SWOT 分析模型图

（3）成功应用 SWOT 分析法的简单规则如下：

①进行 SWOT 分析的时候必须对公司的优势与劣势有客观的认识；

②进行 SWOT 分析的时候必须区分公司的现状与前景；

③进行 SWOT 分析的时候必须考虑全面；

④进行 SWOT 分析的时候必须与竞争对手进行比较，比如优于或是劣于你的竞争对手；

⑤保持 SWOT 分析法的简洁化，避免复杂化与过度分析；

⑥SWOT 分析法因人而异。

一旦使用 SWOT 分析法决定了关键问题，也就确定了市场营销的目标。SWOT 分析法可与 PEST analysis、Porter's Five－Forces analysis 等工具一起使用。市场营销课程的学生之所以热衷于 SWOT 分析法是因为它的易学性与易用性。运用 SWOT 分析法的时候，要将不用的要素列入相关的表格当中去，很容易操作。

3．职业生涯的决策步骤

（1）职业生涯规划＝知己＋知彼＋选择。知己包括在性格、兴趣、气质、特长、智商、情商、价值观等方成的自我认知；知彼包括组织环境、组织发展战略、人力资源需求、晋升发展机会、政治环境、社会环境、经济环境等方面的认知；选择包括职业选择、路线选择、目标选择、行动选择等方面的确认。

（2）职业生涯的决策步骤可分为七个步骤：

①树立信心；

②自我评估；

③生涯机会评估；

④锁定目标；

⑤行动计划与措施；

⑥执行；

⑦评估与反馈。

# 第二节　职业生涯规划管理的代表性理论

## 一、职业"自我"的概念

美国著名学者萨帕对人的"自我概念"(亦即"自我意识")与职业行为之间的关系进行了大量的研究。他进一步把金兹伯格的"职业性"看作"自我意识"。这种自我意识是人们,尤其是青年学生明确地认识自己与外界环境的关系,特别是就外界对自己的看法和认定而认识的自己。这种自我意识成为人们迈入社会生活、完成社会化的动力与导向系统。而人的职业性的发展,也就是人们的"自我"概念或意识的建立和发展过程。

班尼斯特和福朗塞拉对"自我"做了比较全面的归纳,他们指出:第一,每个人均具有区别于他人的、独特的并依赖于自我意识的"自我"特性。第二,每个人都有自身体验的完整概念,而且自己就是这种"体验"本身。其含义是,人们把事物分为"与自己有关"和"与自己无关"两种,与自己有关的事物即"我的世界"。第三,每个人都有自己的历史和自己的环境,这对自己的未来有一定的影响。第四,每个人都有自己的目标,都在自己进行选择,也要为自己的行动负一部分责任。第五,人们通过与别人的类比的区别,来定义"自我",也可以推论出别人的"自我"。第六,人们经历即体验,并且要反思、总结、评价、分析。人们的反思能力正是体现了"自我"的中心地位。

萨帕对自我概念形成的因素也进行了分析。萨帕指出,职业性发展是一个妥协过程。在此过程中,天生才能、神经系统和内分泌组成、起各种作用的机遇、对所起作用(指个人作用)得到的上级和同事的赞许程度的评价等,所有这些因素的相互作用产生了自我概念。

## 二、职业发展理论

### (一) 金兹伯格的职业发展理论

1. 金兹伯格的职业决策论

美国著名职业指导专家金兹伯格,对职业生涯的发展进行过长期研究,对于实践产生过广泛影响。

(1)职业决策是一连串的过程。美国著名职业问题专家金兹伯格等人经过对实证材料的研究,首先提出了职业发展理论。金兹伯格等人指出,职业选择决策是一种发展过程,它不是一个某一时刻一下子就能完成的"决定",而是基于人们的选择观念,这种观念要经历若干年才形成。职业选择过程包括一连串的决定,每一个决定都与童年、青年个人的经验和身心发展有关。

（2）职业选择是一种优化决策。金兹伯格认为，职业选择的实现也是个人意识与外界条件的折中、调适。他还进一步指出，个人最终所做的职业决策，是寻求个人所喜爱的职业与社会所提供、个人能获取的机会之间的最佳结合。

（3）影响职业决策的因素。金兹伯格指出，影响职业选择的因素包括实现因素、教育因素、个人情感和人格因素、职业价值与个人价值观因素。

2. 金兹伯格的职业发展理论

金兹伯格将职业发展理论分为幻想期、尝试期和现实期。

（1）幻想期（0～11岁）：儿童们对大千世界，特别是对于他们所看到或接触到的各类职业工作者，充满了新奇、好玩的感觉。此时期职业需求的特点是：单纯凭自己的兴趣爱好，不考虑自身的条件、能力水平和社会需要与机遇，完全处于幻想之中。

（2）尝试期（12～19岁）：这是由少年儿童向青年过渡的时期。具体划分四个阶段：兴趣阶段、能力阶段、价值阶段和转移阶段。这一时期，人的心理和生理在迅速成长发育和变化，有独立的意识，价值观念开始形成，知识和能力显著增长和增强，初步懂得社会生产和生活的经验。在职业需求上呈现出的特点是：有职业兴趣，对职业有更深层次的探索，更多的和客观的审视自身各方面的条件和能力；开始注意职业角色的社会地位、社会意义，以及社会对该职业的需要。

（3）现实期（19岁以后）：这一时期又分为试探、具体化和专门化三个阶段。青年即将步入社会劳动，能够客观地把自己的职业愿望或要求，同自己的主观条件、专业方向、能力，以及社会现实的职业需要紧密联系和协调起来，寻找合适于自己的职业角色。他们对所希求的职业不再模糊不清，已有的具体的、现实的职业目标，表现出的最大特点是客观性、现实性、讲求实际。

金兹伯格的职业发展论，展示了从幼年到青年期个体职业心理发展的生动图景，表明早期职业心理的发展对人生职业选择有着重大的影响。

## （二）萨帕的职业发展理论

1. 萨帕的职业生涯整体发展论

美国学者萨帕的职业发展理论比金兹伯格的学说更为详细、更为进步，扩大到整个人生。其主要包括以下论点：

（1）人是有差异的。

第一，人的才能、兴趣和人格各不相同。

第二，人们因自己的上述特性而各自适应于若干种职业。

第三，各种职业均具有一套对于人的才能、兴趣和人格要求的特定模式，但是职业与人均有一定的改革余地。

第四，职业生涯模式的不同性质，是由人们不同的家庭地位与经济状况、个人智力水平和人格特征,以及个人的机遇所决定的。

(2)职业选择与调适是一个连续的过程。

第一,人们对于职业的偏爱和资格、人们的生活与工作情境,以及人们的自我概念,都会随着时间的推移和经验的增加而改变,这使得职业的选择和调适成为一种连续的过程。

第二,职业选择和调适过程可以总括为探索阶段和固定阶段。

第三,探索阶段分为空想、尝试和现实三个时期。

第四,固定阶段分为尝试和固定两个时期。

第五,从更大的范围看,人的职业生长、探索、固定、维持、衰退各个阶段的总和,即构成一连串的人生阶段。

(3)职业发展过程具有可塑性。

第一,职业性发展过程,从根本上说,是一种完成自我概念的过程。这种自我概念的建立过程,也是一种折中、调和的过程。"自我"是个人自身条件与外界各种条件、各种反响的相互作用的产物。

第二,个人与社会、自我概念与现实之间的折中调和,使人们把自身放入社会的职业角色的过程。这种角色扮演也是一个人从青年的空想,到职业选择咨询商谈,再到工作初任等系列性演进过程。

第三,一个人工作的满意(进而是生活的满意)程度,视个人的才能、兴趣、人格特征和价值观能否找到对应的归宿,或者上述各方面宣泄的适应程度而定。

第四,职业性发展的各个阶段可以通过指导而加以改善。

2. 萨帕的职业生涯阶段论

萨帕对人生生涯的分析,是围绕着职业生涯的不同时期进行的。这就构成了他的职业生涯阶段理论。该理论各个阶段的内容具体如下:

(1)成长阶段(0～14岁):个人在这一阶段,自我概念发展成熟起来。初期时,个人欲望和空想起到支配作用,后期对社会实现产生兴趣,个人能力与趣味则是次要的。

在成长过程中,又可分为空想期、兴趣期和能力期三个阶段。

(2)探索阶段(15～24岁):个人在学校生活与闲暇活动中研究自我并进行职业上的探索。探索阶段是人生道路上非常重要的转变时期,它可以分为暂定期、过渡期和试行期。

(3)确立阶段(25～44岁):就职以后的人发现真正适合于自己的领域,并试图使其成为自己的永恒职业。这一阶段,有些人在岗位上"试验",若不适合就改为其他职业。以后,人们就在某种职业岗位上稳定下来。这一阶段又可分为试行期和稳定期。

(4)维持阶段(45～65岁):在这一阶段,人们主要是保住现有的职业位子,按既定方向工作。极少数人会冒险探索新领域,寻求新的发展。

(5)衰退阶段(65岁以后):该阶段的人们,是经历、体力逐渐减退的时期,也是人们逐步退出职业劳动领域的生涯下降时期。

３．萨帕的职业生涯层面论

萨帕认为,人生的整体发展空间是由时间、领域和投入程度决定的,即职业生涯包括时间、领域和深度三个层面。其具体内容为:

(1) 时间层面。职业生涯的时间层面,即按人的年龄和生命历程划分的成长、探索、确立、维持和衰退五大阶段。

(2) 领域层面。职业生涯的领域或者范围层面,是指一个人终生所扮演的各种不同角色,如儿童、学生、公民、赋闲在家者、工作者和家庭主妇等。

(3) 深度层面。深度,即职业生涯的投入程度,指一个人在扮演每一个角色时所投入的程度。这一理论又被称为"彩虹理论"。

## 三、职业匹配理论

### (一) 人格特性—职业因素匹配理论

所谓人格特性—职业因素匹配理论,指的是依据人格特性及能力特点等条件,寻找具有与之对应因素的种类的职业选择与指导的理论,也称"特性—因素匹配理论"。

该理论是由职业指导的创始人、美国波士顿大学教授帕森斯创立的。

１．人格特性—职业因素匹配过程

匹配的过程共分为三个过程:第一,特性评价;第二,因素分析;第三,二者匹配。

２．人格特性的划分

人格特性—职业因素匹配理论的基础是人格特性理论。人格特性理论认为,人格可以划分若干特性,每一个特性都是人所共有的,但不同人的同一特性方面的强调或水平是不相同的。关于人格特性的划分,有着不同的理论,影响较大的是阿尔波特的理论和卡特尔的理论。

(1) 阿尔波特的人格论。美国著名社会心理学家和人格心理学家阿尔波特(G. Allport)的人格理论,将人格的特性分为支配、自我扩张、外倾(即外向)、对自己能批评、自炫、合群、利他、社会智力水平、对理论的兴趣、对经济的兴趣、对艺术的兴趣、对政治的兴趣、对宗教的兴趣等 14 项,并与人的心理、生理基础方面的 9 项特征合并成 21 个项目,制成心理图示评定量表。在量表的每一项都区分 11 个等级的答案,即从 $-5$ 至 $0$,再至 $+5$。

(2) 卡特尔的 16 种特性论。卡特尔(R. B. Cattell)发展了阿尔波特的理论,把人格特性分为表面特性(Surface Traits)与根源特性(Source Traits)。根源特性是人格特性中相当稳定和持久的基本特性,包括乐群性、聪慧性、稳定性、好强性、兴奋性、有恒性、敢为性、敏感性、怀疑性、幻想性、世故性、忧虑性、激进性、独立性、自律性、紧张性等 16 项,这就是卡特尔 16PF 学说。根据一个人在这些项目上的不同水平,可以判断该人的人格特性总体情况。卡特尔的研究发现,人的根源特性对职业方向、婚姻关系方面都有明显的影响。

## (二)人格类型—职业类型匹配理论

人格类型—职业类型匹配理论的基础是人格类型理论。人格在一定意义上是对社会刺激的反映,是人与环境、与社会互动的反映。人格类型的划分及其理论,比人格特性论简明方便,是人们进行职业选择及职业定向时所常用的。人格类型—职业类型匹配理论,是将人格与职业均划分不同的大的类型,当属于某一类型的人选择了相应的类型的职业时,即达到匹配。人格与职业类型的匹配可以从多方面进行。这一思路还可以扩大到气质与职业匹配、个性与职业匹配、兴趣与职业匹配、价值观与职业匹配等方面。

## (三)霍兰德的人职匹配论

### 1. 人职六类型

美国著名的职业指导专家霍兰德(Holland)于 1997 年提出的人格与职业类型匹配学说,成为沿用至今、一直被公认为有效的重要理论和方法。霍兰德从心里价值观理论出发,经过大量的职业咨询指导的实例积累,提出了职业活动意义上的人格分类,包括现实型、调研型、艺术型、社会型、用人单位型、常规型等 6 种基本类型,相应的,社会职业也分为上述 6 种基本类型(见图 9-2)。霍兰德的人格与职业类型,具体内容包括:

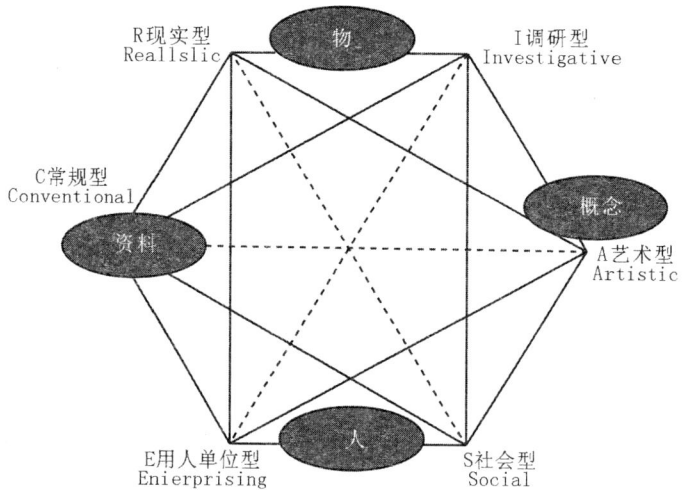

图 9-2　霍兰德人格六角模型

228

（1）现实型（R型）。现实型也称为实际型。属于现实型人格者,喜欢做使用工具、实物、机器或与物有关的工作;动手能力强,动作协调;脚踏实地,实事求是,不善言辞和交际。具有手工、机械、农业、电子方面的技能,爱好与建筑、维修有关的职业。

主要职业有:工程师、技术员、机械操作、维修安装、矿工、木工、电工、鞋匠、司机、测绘员、农民、渔民、牧民等。

（2）调研型（I型）。调研型也称为调查型、研究型或思维型。属于调研型人格者,喜欢独立和富有创造性的工作如生物科学、物理科学活动;抽象思维能力强,生性好奇,具有极好的数学和科学研究能力,知识渊博,不善于领导他人,爱好科学或医生领域里的职业。

主要职业有:自然科学和社会科学的研究人员、专家,化学、冶金、电子、无线电、电视、飞机等方面的工程师、技术人员,飞机驾驶员,计算机操作人员等。

（3）艺术型（A型）。艺术型人格者喜欢不受常规约束,以便利用时间从事创造性的活动,天资聪慧,创造性强,不拘小节,自由放任,具有特殊的才能和个性,渴望表现自己的个性,具有语言,美术,音乐,戏剧,写作等方面的技能。爱好能发挥创造才能的职业。

主要职业有:音乐、舞蹈、戏剧等方面的演员、艺术家编导、教师,文学、技术方面的评论员,广播节目的主持人、编辑、作者;绘画、书法、摄影家;艺术、家具、珠宝、房屋装饰等行业的设计师。

（4）社会型（S型）。社会型也称服务型。属于这种人格者喜欢参加咨询、培训、教学和各种理解、帮助他人与教育他人的活动;具有与他人相处共事的能力,渴望发挥社会的作用;比较看重社会义务和社会道德。

主要职业有:教师、保育员、行政人员;医护人员;衣食住行服务行业的干部、管理人员和服务人员;福利人员等。

（5）用人单位型（E型）。用人单位型也称决策型或者领导型。属于用人单位型人格者善交际,喜爱权利、地位和物质财富,喜欢领导和左右他人,具有领导能力,说服能力及其他一些与人打交道所必需的重要技能;雄心勃勃,友好大方,精力充沛,信心十足,喜欢竞争,敢冒风险。爱好商业或与管理人有关的职业。

主要职业有:厂长干部、营销员、采购员、律师、政府官员、行业部门和单位的领导、管理者等。

（6）常规型（C型）。常规型又称传统型。属于常规型人格者喜欢按计划办事,习惯接受他人的指挥和领导,不敢冒险和竞争;尽职尽责,忠实可靠;善于做系统地整理信息资料一类的事情;具有办公室工作和数字方面的能力。爱好记录,整理文件,打字,复印及操作计算机等职业。

主要职业有:会计、出纳、统计人员;打字员;办公室人员;秘书和文书;图书管理员,保管员、旅游、外贸职员,邮递员,审计员人事职员等。

霍兰德认为，每个人都是这六种类型的不同组合，只是占主导地位的类型不同;每一种职业的工作环境也是由六种不同的工作条件所组成，其中有一种占主导地位。一个人的职业是否成功，是否稳定，是否顺心如意，在很大程度上取决于其个性类型和工作条件之间的适应情况。

2. 六类型的个性与环境特点分析

霍兰德还对人的个性和环境特点做了进一步的分析。具体内容见表9-1。

表9-1  霍兰德类型的个性和环境特点

| 类型 | 个性特点 | 环境特点 |
|---|---|---|
| 现实型 | 攻击性 | 要求明确的、具体的、体力的任务 |
| | 机械呆板倾向 | 户外的 |
| | 重视现实 | 需要立即行动 |
| | 体魄强壮 | 需要立即强化 |
| | 传统的男子气质 | 较低的人际关系需求 |
| | 借助手势表达问题 | |
| | 避免人际关系的任务 | |
| 调研型 | 思考问题透彻 | 要求思考和创造性 |
| | 讲究科学性 | 思考任务倾向 |
| | 有创造力 | 极少社会要求 |
| | 简明扼要 | 要求实验室设备但不需要强体力劳动 |
| 艺术型 | 成就感 | 解释和修正人类行为 |
| | 害羞 | 对于优秀有模糊的标准 |
| | 彻底性、独创性 | 喜欢长时间的埋头苦干 |
| | 不合群 | 单独工作 |
| | 不喜欢有程序和内容要求的任务 | |
| | 较多的传统女性气质 | |
| | 情绪性的 | |

续　表

| 类型 | 个性特点 | 环境特点 |
|---|---|---|
| 社会型 | 责任感 | 解释和修正人类行为 |
| | 人道主义 | 要求高水平的沟通 |
| | 接受传统的女性气质的冲动 | 帮助他人 |
| | 具有人际技能 | |
| 用人单位型 | 避免智力性的解决问题 | 强调权威 |
| | 善于口头表达 | 完善督查性角色 |
| | 倾向于权力和地位 | 需要说服他人 |
| | | 需要有管理行为 |
| 常规型 | 偏爱有程序和内容要求的工作 | 体力要求极低 |
| | 高度的自我控制 | 户内的 |
| | 权力和地位的强烈认同 | 人际交往技能需要较低 |

## 四、职业周期理论

### (一) 利维古德的生涯周期理论

荷兰学者伯纳德·利维古德有着更加开阔的思路,他对人的发展和生活道路问题进行了 40 多年的研究。他从人的生理、心理和精神三个方面因素拟合、统一的角度对人生进行了分析。

利维古德在大量分析他人关于生涯阶段学说的基础上,将人生划分为"生长期、平衡期、衰老期"三大部分。在生长期,人的成长超过了衰退;在平衡期,人的成长与衰退之间是平衡的;在衰退期,显然衰退速度是加快的。

基于上述理论,利维古德指出,人的职业生涯包括下述时期。

1. 青春期(16～22 岁)

这阶段是人的"觉醒"时期,其青少年时期的幻想破灭,而要从现实出发做出人生的抉择。

2. 成年初期(20～28 岁)

即人的"初入成年阶段"。成年初期的人开始对自己的行为负责,并从主观与客观的相互关系中确立自己的地位。

3. 组织阶段(28～35 岁)

在这一时期,人们尝试性地寻找好工作的职业变换行为停止,而是要从自己现在从事的职业中找出路。

4. 继续阶段(35～40 岁)

该阶段也是维持阶段,这时的人们真正地现实了。

**5.危机阶段(40多岁时期)**

在这一阶段,人的体力开始衰退,在期末又进入了生理的更年期。

**6.晚年阶段(50多岁时期)**

在该阶段,人生发展会再一次出现不同的分化,有的人还会出现成功的新高峰。到了56岁以后,人们倾向于对这一生的生涯际遇做出总结。

### (二)施恩的职业周期理论

美国的施恩教授立足于人生不同年龄段面临的问题和职业工作主要任务,把人的职业生涯划分为9个阶段,他把个人发展与人在组织中的角色紧密联系起来,来阐述职业生涯发展方面有着深刻的见解,该学说也有着相当高的实用价值。

**1.成长、幻想、探索阶段(0~21岁)**

此阶段的主要任务是:发展和发现自己的需要和兴趣,发展和发现自己的能力和才干,为进行实际的职业选择打好基础;学习职业方面的知识,寻找现实的角色模式,获取丰富信息,发展和发现自己的价值观、动机和抱负,做出合理的受教育决策,将幼年的职业幻想变为可操作的现实;接受教育和培训,开发工作世界中所需要的基本习惯和技能。在这一阶段所充当的角色是学生、职业工作的候选人、申请者。

**2.进入工作世界(16~25岁)**

个人通过查看劳动力市场,谋取可能成为一种职业基础的第一项工作;同时个人和雇主之间达成正式可行的契约,个人成为一个组织或一种职业的成员,充当的角色是:应聘者、新学员。

**3.基础培训(16~25岁)**

与查看职业工作或组织阶段不同,个体在此阶段要担当实习生、新手的角色。也就是说,已经迈进职业或组织的大门。此时主要任务已是了解、熟悉组织,接受组织文化,融入工作群体,尽快取得组织成员资格,成为一名有效的成员;并能适应日常的操作程序,应付工作。

**4.早期职业的正式成员资格(19~30岁)**

面临的主要任务有:承担责任,成功地履行与第一次工作分配有关的任务;发展和展示自己的技能和专长,为提升或查看其他领域的横向职业成长打基础;根据自身才干和价值观,根据组织中的机会和约束,重估当初追求的职业,决定是否留在这个组织或职业中,或者在自己的需要、组织约束和机会之间寻找一种更好的配合。

**5.职业中期(25岁以上)**

主要任务是:选定一项专业或查看管理部门;保持技术竞争力,在自己选择的专业或管理领域内继续学习,力争成为一名专家或职业能手;承担较大责任,确定自己的地位;开发个人的长期职业计划。

6. **职业中期危险阶段(35～45 岁)**

主要任务为：现实的估价自己的进步、职业抱负及个人前途；就接受现状或者争取看得见的前途做出具体选择；建立与他人的良师关系。

7. **职业后期(40 岁以后)**

此时的职业状况或任务：成为一名良师,学会发挥影响,指导、指挥别人,对他人承担责任；扩大、发展、深化技能,或者提高才干,以担负更大范围、更重大的责任；如果求安稳,就此停滞,则要接受和正视自己影响力和挑战能力的下降。

8. **衰退和离职阶段(40 岁至退休)**

不同的人在不同的年龄会衰退或离职。此阶段主要的职业任务一是学会接受权力、责任、地位的下降；二是基于竞争力和进取心下降,要学会接受和发展新的角色；三是评估自己的职业生涯,着手退休。

9. **离开组织或职业至退休**

在失去工作或组织角色之后,面临两大问题或任务：保持一种认同感,适应角色、生活方式和生活标准的急剧变化；保持一种自我价值观,运用自己积累的经验和智慧,以各种资源角色,对他人进行传帮带。

需要指出的是,施恩虽然基本依照年龄增大顺序划分职业发展阶段,但并未囿于此,其阶段划分更多的根据职业状态、任务、职业行为的重要性。正如施恩教授划分职业周期阶段是依据职业状态和职业行为和发展过程的重要性,又因为每人经历某一职业阶段的年龄有别,所以,他只给出了大致的年龄跨度,并在为职业阶段上所示的年龄有所交叉。

## 五、施恩的职业生涯系留理论

1. **职业生涯系留点的意义及职业锚的内容**

施恩的职业生涯系留点理论,是职业生涯发展理论中一个很重要的内容。它反映人们在有了相当丰富的工作阅历以后,真正乐于从事某种职业,反映了一个人进入成年期的潜在需要和动机,并把它作为自己终身的职业归宿的思想原因。在我国近年的职业生涯著作中,人们一般把这一理论称之为"职业锚理论",即人们因为某种思想原因选中了一种职业,就此"抛锚"、安身。

职业锚是个人和工作情境之间早期相互作用的产物,是经过若干年的实际工作实践后,人们对个人的"需要与动机""才能""价值观"等方面的真正认识,寻找到了职业方面的"自我"以及"适合自己的职业",形成了人们终身认定的、在再一次职业选择之中再也不肯放弃的东西,或者说,某种因素把一个人"系"在了某一种职业上,即"职业锚"。

职业锚核心内容的职业自我观由三部分内容组成：

(1)自省的才干和能力,以各种作业环境中的实际成功为基础。

(2)自省的动机和需要,以实际情境中的自我测试和自我诊断的机会以及他人的反馈为基础。

（3）自省的态度和价值观,以自我与雇佣组织和工作环境的准则和价值观之间的实际遭遇为基础。

职业锚是在不断发生变化的,它实际上是一个不断探索过程所产生的动态结果。

2. 职业锚的类型

（1）技术/功能能力型职业锚。这种类型的特点如下:

①强调实际技术/功能等业务工作。

②拒绝一般管理工作但愿意在其技术/功能领域管理他人。

③追求在技术/功能能力区的成长和技能不断提高,其成功更多地取决于该区域专家的肯定和认可,以及承担该能力区日益增多的富有挑战性的工作。

（2）管理能力型职业锚。这种类型的特点如下:

①管理能力型职业锚的雇员追求承担一般管理性工作,且责任越大越好。他们倾心于全面管理,掌握更大权力,肩负更大责任。

②管理能力型职业锚的雇员具有强有力的升迁动机和价值观,以提升、等级和收入作为成功的标准。

③具有分析能力、人际沟通能力和情感能力的强强组合。分析能力是指在信息不完全以及不确定的情况下发现问题、分析问题和解决问题的能力。

④管理型职业锚的人对组织有很大的信赖性。

（3）创造型职业锚。这种类型的特点如下:

①有强烈的创造需求和欲望。

②意志坚定,勇于冒险。

③创造型锚同其他类型职业锚存在着一定程度的重叠。

（4）安全/稳定型职业锚。这种类型的特点如下:

①追求安全、稳定的职业前途,是这一类职业锚雇员的驱动力和价值观。

②对组织具有较强的依赖性。安全/稳定型职业锚的人,一般不愿意离开一个给定的组织,愿意让他们的雇主来决定他们去从事何种职业,倾向于根据顾主对他们提出的要求行事,不越雷池半步。

③个人职业生涯的开发与发展往往会受到限制。安全型职业锚的人,对组织的依赖性强,个人缺乏职业生涯开发的驱动力和主动性,从而不利于自我职业生涯的发展。

（5）自主/独立型职业锚。麻省理工学院的有些学生在选择职业时似乎被一种自己决定自己命运的需要所驱使着,他们希望摆脱那种因在大用人单位中工作而依赖别人的境况。

这种职业锚的特点如下:

①追求自主/独立的人希望随心所欲安排自己的工作方式、工作习惯、时间进度和生活方式。

②自主/独立型职业锚的人追求在工作中享有自身的自由,有较强的职业认同感,认为工作成果与自己的努力紧密相连。

③自主/独立型职业锚与其他类型的职业锚有明显的交叉。

# 第三节　职业生涯目标规划与个人职业生涯管理

## 一、职业生涯目标规划

### (一)影响职业生涯目标的因素

影响职业生涯目标的设计与生涯选择的因素有很多,从总体上看,可以分为社会因素和个人因素。

1. 影响职业生涯目标的社会因素

社会是人才得以活动、发挥才干的舞台,也是影响人们生涯成长与成功的重要条件和因素。决定人们生涯设计的最基本因素——社会条件可以分为三个方面:第一,政治、经济、科技发展形势。第二,用人单位对员工的培养。第三,其他社会条件。

2. 影响职业生涯目标的个人因素

(1)能力因素。关于生涯成功的能力因素,本书前面已经论述过。在能力因素与职业生涯目标设计的关系方面,应当把握三点:第一,从客观事实出发。第二,寻找优势所在,发挥长项。第三,在设计职业生涯目标时,要"有能力论,又不唯能力论",注意发挥自身能力因素与非能力因素的最佳综合效应。

(2)非能力因素。在个人生涯的道路上,能力因素和非能力因素是相辅相成,缺一不可的。一个人除了具备和培养一定的能力外,还应该具备和培养良好的非能力因素即良好的个性心理品质,才能顺利发展,取得生涯的成功。

### (二)职业生涯目标的规划设定与调整

1. 职业生涯目标规划要考虑的因素

职业生涯的目标设立,是关系着人生际遇的重大问题。但是一个人发展的道路是什么? 目标如何设定? 不论是尚未就业的年轻人,还是已经有了一定职业经历的人,许多人都是盲目的。合理地选择个人生涯成长目标,要考虑以下因素:

(1)职业生涯目标的存在状态;

(2)职业生涯目标的热门程度;

(3)职业生涯目标的时间设定;

（4）职业生涯目标难度的层次分级。

2. 职业生涯目标的规划设定与调整

（1）职业体验与反思。人们在初次职业选择中思前想后，对不同的职业难以取舍，是必然的。由于他们没有人生实践，因此，存在着几个"未知数"。

第一，对于职业的自我认知是相当主观、没有把握；第二，对外部职业世界如何接纳自己是心中无数的；第三，对某一项择业决策的机会成本与收益是心中无数的，即不知道选择这个职业，会丢掉哪些职业、丢掉哪些随之而来的职业收益，自己的选择是不是最优选择；第四，个人对未来的期望是不确定的，甚至是盲目的。

（2）长期职业体验后的认知。人们通过一定时间的职业生涯的实践，在有了相当丰富的职业阅历，对自己的能力、价值观有了充分的自省以后，基于外界环境与自身情况，会对自己从事的职业产生一种心理认同，这种心理上的认同就会使得人们真正愿意从事某一种职业以致终身从事该职业。这种"职业认同基于心理需求和价值观"可以通过三个方面反映出来：

第一，同一种职业对于不同的人有着不同的意义，也就说不同的人从事同一种职业是基于不同的价值观，有着不同的目的的；第二，一个人在原有工作和前途很好的情况下转换职业、重新选择，是基于新的职业更加符合自身需求、对自己有着更大的价值、与自己从业的根本目标更为接近；第三，人们会在不同的单位的同种职业方面进行流动，这显然是基于相同的两个职业对于人价值和效用的不同。

（3）职业的再选择。有人说"人到中年万事休"；有人说"人过三十不学艺"；也有人说"三十而立""人到中年万事和"。人们对于"中年"的看法，往往和自身的职业目标高低与职业生涯顺利与否有关。实际上，中年是人生的重要的转折时期。美国管理学家巴达维（M. K. Badawy）对于职业设计与再选择的内容，总结出"职业行动计划模型"。模型包括以下七个步骤：

第一步，明确自己的终身计划与职业意识；

第二步，进行职业再选择的分析与决策；

第三步，进行自我评价和对成功风险的分析；

第四步，为新的抉择做准备，了解成功途径；

第五步，为实现新的职业而努力，提高能力和素质；

第六步，职业发展的行动战略，这是最关键的一步；

第七步，跟踪和再评价，重新审视和思索假话抑或重新制定终身计划。

## 二、个人职业生涯管理

职业素质是在先天与后天共同作用下形成的，是与职业发展相关的各种影响因素的综合，是包括内在素质（如认知能力、情感态度、意志、需要、动机、兴趣、性格、气质等智力和非智力因素）和外在素质（如社会、经济背景、机遇、努力程度、健康状况等)有机结合的复杂体。一个人的素质总体,又可分为已经具备的竞争实力和尚待开发的发展潜力。成功职业生涯的素质条件包括成功素质的多维性和成功素质条件的结构。

## (一) 能力素质分析

### 1. 一般能力因素——智力

所谓智力,是指人人事客观事物并运用知识解决实际问题的能力,也就是人的"聪明程度"。智力,作为人的基本能力,也被看作一般能力。心理学家在分析智力结构时,一般都承认包括感知力、记忆力、思维力、想象力这四个基本方面。感知力包括观察力和注意力,思维力可划分为判断力、思考力或者逻辑思维、逻辑推理能力。

### 2. 特殊能力因素

人们从事各种活动千差万别,人的能力,除了作为"一般能力"的智力以外,还有特殊能力。国际上具有权威地位的《加拿大职业分类词典》把特殊能力分为以下 10 个方面:

(1) 言语表达能力(V);

(2) 数学计算能力(N);

(3) 空间感觉能力(S);

(4) 形体感觉能力(P);

(5) 文书事务办公能力(Q);

(6) 动作协调能力(K);

(7) 手指的灵活性(F);

(8) 手的灵巧性(M);

(9) 眼—手—脚配合能力(E);

(10) 辨色能力(C)。

### 3. 职业能力因素

职业能力,就是职业科学中的"能向"。我们知道,从事任何职业,都需要这种一般的能力和若干的特殊能力,职业的不同就需要不同的能力,包括智力总水平以及各要素的不同于各项特殊能力水平及结构的不同。因此每一种具体的职业都有不同的职业能力要求,这就要求从事某一种职业的人具有特定的职业能力。

### 4. 知识因素

所谓知识,是指人们头脑中所记忆的经验和理论,或者说是头脑中储存的信息。从社会职业劳动的角度看,知识可以分为 3 个部分。

(1) 一般知识或者说普通知识,它反映一个劳动者的一般文化水平。

(2) 专业理论知识,它反映职业所必需的专业知识和技能。

(3) 工作经验和操作知识,它反映劳动者在相关职业上的工作经历和经验积累。

5．技能因素

技能，通俗地说，就是技术、技巧，其含义是人们从事活动的某种动作能力，使人经过长期实践活动所形成的顺序化的、自动化的、完善化的动作系列。一个人具有某种技能的标志，是从事劳动的动作的准确性，包括动作的方向，距离、速度、力量的准确性。技能在劳动能力中极为重要，所谓"三百六十行，行行出状元"，各行各业的"状元"即是各种职业技能的出类拔萃者。

## （二）个性人格素质分析

心理学是研究人类差异的科学，个性则是心理学"永恒的主题"。个性，从整体上来说，是指人们比较稳定的基本的心理特征。在谈及一个人的个性或者性格时，经常会说"内向"或者"外向"，这就是人们心理特征的倾向性。除此之外，人的性向还可以按照血型、体态、文化（即价值观）类型进行分类。

1．性向的分类

（1）内向型。具有内向型的人，重视主观世界，内心世界丰富，安定性、逻辑性、周密性强，而应变能力差，不善于交际。

（2）外向型。具有外向型的人，经常对外部世界表示关心。他们开朗，活泼，感情外露，自由奔放，做事当机立断，不拘小节，具有独立性、开放性、灵活性强的特点。

（3）中间型。中间型顾名思义就是内向型和外向型程度差不多。中间型实际上是一种过渡形态。

2．气质因素

古希腊医生希波克拉特就提出人有血液、黏液、黄胆汁、黑胆汁四种体液，后人由此就建立了气质学说，包括胆汁质、多血质、黏液质和抑郁质四种类型。

3．情感因素

情商范畴包括人们对自身情绪的体察和把握、对他人情绪的认识、对人际关系的把握和对于自身的要求和激励。

## （三）品德素质分析

1．基本价值观因素

价值观是人们对于社会事务的根本看法，由此还导致对社会事务的基本态度，并进一步导致人的行为方式。人们对价值观有着各种各样的分类方法，美国心理学家斯普兰格把人的价值观分为理论的、经济的、艺术的、社交的、权力的和宗教的六种类别，这是既简单又全面的分类方法。它是构成霍兰德职业个性理论的依据。

2．职业价值观因素

除了基本的价值观，人们在职业、就业、工作、劳动上还有具体的挂念、想法和价值判断标准。日本学者田崎仁把人的职业价值观分为独立经营型、经济型、支配型、自尊型、自我实现型、志愿型、家庭中心型、才能型和自由型等9种类型。

### 3. 责任心因素

责任心是一种良好的心理品质,因为一个人认真地做事,是有利于达到预期目标的。对自己负责固然为成功生涯所必需,对他人负责,对自己所在组织、群体负责,同样有利于自己的发展。

### 4. 意志力因素

人贵立志,更贵坚持。在竞争激烈的社会,机会虽然是有的,但是趋利而来之徒也是众多的,而任何事物的成功也都是属于少数人的。一个人有着执着的精神,有不怕失败、不计得失的努力,"咬定青山不放松",用超人的毅力去追求、去做事,其成功的概率就比浅尝辄止者要大得多。

### 5. 道德修养因素

道德修养是一个人得以成才、得以成功的重要条件之一。一个人具有较高的修养,往往与他有着丰富的社会知识、生涯知识和人生阅历相关。当他有了较高的道德修养,就能够较好地认识条件、机遇、命运和自己与他人的关系,也能够较好地把握自身的奋斗过程,还能够较好地得到旁边人的支持、社会的扶助与承认。

# 第四节　组织储备干部系统与组织职业生涯管理

## 一、组织的储备干部系统

### (一) 组织建立储备干部系统的目的

企事业单位等组织建立储备干部系统的目的,是为了建立和完善组织的人才培养机制,通过制定有效的关键岗位继任者和储备干部甄选计划以及岗位轮换计划、内部兼职计划、在职辅导、在职培训等人才培养与开发计划,合理地挖掘、开发、培养储备干部队伍,以便建立组织的人才梯队,为组织的可持续发展提供人才资本支持。

### (二) 组织培养储备干部的目标

坚持"专业培养和综合培养同步进行"的储备干部培养政策,即培养职业化素养高、专业技能突出和综合型的管理人才。专业技能突出是指在某一工作领域内掌握较高专业技术水平的人才,综合型管理人才指在本部门工作领域具备全面知识,有较高管理水平的人才。

## （三）储备干部培养的组织形式

**1. 由人力资源部负责**

由组织的人力资源部负责组织实施储备干部培养,并为各部门储备干部培养提供支持。

**2. 由所在部门负责**

各部门负责所在部门的储备干部培养,并配合人力资源部实施相关储备干部培养工作。

## （四）储备干部梯队建设培养实施

**1. 建设基础**

（1）建立储备干部库。

（2）入库人员的评价重点包括下面两点。

①知识经验和工作业绩:知识全面、经历丰富、业绩出色、综合素质较强、品行端正。

②关键潜质:沟通能力、判断能力、组织能力、管控能力、应变能力、执行能力、创新能力、决断能力、交往能力、协作能力、承压能力。

**2. 培养原则**

（1）人力资源部制定储备干部总体培训计划,计划的制定必须遵循的原则:需要体现层次性、逐步深化由低级向高级递进性和三个层级的系统性。

（2）培养的实施必须充分利用各种资源,人力资源部和各部门采取分工协作的方式来实施。

**3. 实施方式**

（1）培养程序:以教育培训、导师辅导、见习历练为核心环节的储备干部培养体系。

（2）培养方式的执行重点包括下面三点。

①教育培训:由人力资源部主导,确定有关部门及人员分别为储备干部进行组织文化理念、管理制度,职业素养以及如何管理团队、运作业务、商务谈判等全方位、立体式培训,使储备干部真正掌握各种管理基础知识以及综合素质的全面提升。

②导师辅导:由人力资源部主导,将干部和储备干部建立帮扶关系,或由储备干部所在部门指定其职业辅导人。干部和职业辅导人每月提交辅导纪录及对储备干部的评价。

③见习实践:分阶段实施,循序渐进。

**4. 培养内容**

（1）共性需求:管理基础知识＋管理技能(自我管理/管理他人/管理团队/管理工作等),组织文化理念、商务谈判技巧、产品常识类相关课程的集中学习与研修。

（2）个性需求：业务能力短板＋管理实务操作（综合管理/后勤管理/信息管理/绩效管理等）。

（3）培训机构、学校举办的各类管理培训、专业系列培训等。

5．过程管控

（1）沟通机制：加强与储备干部沟通，了解其所思所想并及时解决相关问题，解除后顾之忧。

（2）反馈机制：及时将储备干部课堂表现及学习工作成果反馈至本人及相关主管。

（3）考核机制：实施阶段性考核，对优秀者给予表扬激励、表现一般者给予负激励和教育。

6．培养考核

（1）考核指标：专业知识（50分）、工作能力（30分）、职业素质（20分）。

（2）考核数据记录：分教育培训、导师辅导、行动学习三大培养内容，每大类根据实际培养情况进行细分，比如课堂表现、培训总结提交、工作历练表现、工作案例发表、培训次数、培训质量评估、考察报告撰写质量评估等。此类过程数据将统一记录到《储备干部培养档案登记表》。

（3）考核结果运用：实施阶段考核，考核得分60分（含）以上者为合格，合格者继续培养，不合格者取消储备干部培养资格。

（4）每位储备干部必须确定一位培养导师。培养导师根据培养目标，每月对培养过程进行效果反馈记录，定期向人力资源部报备，人力资源部进行跟踪整理，分析培养效果，以便及时做出方案调整。

## （五）退出及处罚机制

第一，储备干部在培养期间岗位发生调动或离职，公司可根据情况另外选择储备干部。

第二，培养期间储备干部出现记大过以上违纪现象，立即停止培养并取消其储备干部资格。

第三，未准时或未向人力资源部呈报相关报表，对相应储备干部或负责人处以一定的罚款。

## （六）费用投入

1．培养费用
包括出差费用、培训费用、考察费用等。

2．见习实践期间薪酬
在其原有工资补助标准上每天补助。

3．培训协议及赔偿
考虑用人单位为储备干部付出的培养成本（时间成本、实践成本、费用成本），须签订相关培训协议，并顺利取得各项培训或培养合格证，否则，按照协议规定进行一定的赔偿。

4．实施全面预算

由人力资源部每年制定相应的储备干部建设预算方案,根据当年业绩、回款情况及职员层级考虑成本投入。

## 二、组织职业生涯管理的内容

### （一）组织职业生涯管理的概念

组织职业生涯管理是指用人单位从员工个人的职业发展需求出发,有意识地将之与用人单位组织的人力资源需求和规划相联系、相协调、相匹配,为员工的职业提供不断成长和发展的机会,帮助、支持员工职业生涯发展所实施的各种政策措施和活动,以最大限度地调动员工的工作积极性。在实现员工个人的职业生涯目标同时,实现用人单位的生产经营目标和持续发展。开展职业生涯管理工作是满足员工与用人单位组织双方需要的极佳方式,它将二者的需要、目标、利益相结合,相匹配,以达动态均衡和协调,达到"双赢"效果。

组织职业生涯管理的内容主要包括:帮助员工进行职业规划,建立各种适合员工发展的职业通道,针对员工职业发展的需求进行的各种培训,给予员工必要的职业指导等等。

### （二）组织进行职业生涯管理的原则

长期性原则:员工的职业生涯发展规划要贯穿集团员工职业生涯的始终,并应该长期坚持才能取得良好的效果,避免成为用人单位管理中的"花瓶"。

动态原则:根据公司的发展战略、组织结构的变化与员工不同时期的发展需求进行相应调整。

### （三）如何做好组织职业生涯管理

组织职业生涯管理需要各方面的有效配合,包括个人、人力资源部门、直线部门和上级的共同合作与努力是做好职业生涯规划与管理的基础。

用人单位在为员工开展职业生涯规划时,应当根据不同职员的特点来采取对应有效的职业生涯规划和方法的选择,一般可以针对新员工、中期员工和老员工三类人员进行操作。

1．对新员工的职业规划方法

提供一个富有挑战性的最初工作,能产生相当的吸引力,实践证明,用人单位能够做的最重要事情之一就是争取做到为新员工提供的第一份工作是具有符合这个人最初的意愿和带有挑战性的特点。比如,在一项以某公司年轻管理人员为对象的调研和评价中发现,这些人在公司的第一年中所承担的工作越富有挑战性,他们的工作也就显得越有效率、越容易达到要求完成的目标,即使是在成长阶段后期,这种情况依然存在。因此,提供富有挑战性的起步性工作是帮助新员工取得职业发展的有效方法和前途径之一。

2. 对中期员工的职业规划方法

提拔晋升,从职位晋升中清晰地找到个人发展的路向,是最大的吸引和动力。职业通路畅通,能够让有培养前途、有作为的员工努力去争取。所谓有前途和看到希望才是留住人才的最大吸引力。同时,安排富有挑战性的工作和通用轮换岗位方式让其保持新感觉,或者安排探索性的职业工作。对于处于职业中期的员工,是一种很实在而有效的方法。

3. 老年员工的职业规划方法

到职业后期阶段,员工退休(当前以及未来社会保险体系逐步健全)问题必然提到议事日程上。如果,这个后顾之忧不是忧的时候,相信如何让这些员工发挥最大的"余热"是不成问题的。

### (四)构建组织职业生涯管理体系

在传统人力资源管理基础上构建组织职业生涯管理体系:组织原有的人力资源管理机构、制度和观念,是构建职业生涯管理体系建立的基础。要完成组织的职业生涯管理任务,要充分考虑职业生涯管理的环境因素,不同部门之间、员工和管理人员之间都要有充分的信息沟通,组织的每一项职业生涯管理活动都应该从开发的步骤上、思想组织制度的保障上展开,即应由信息沟通平台、保障体系和实施过程体系构成全面的职业生涯管理体系。

## 三、组织对员工的素质提升培训与职业生涯开发

### (一)员工素质提升培训与职业生涯开发

职业生涯管理与培训的联系紧密。具体来说,员工培训在职业生涯开发中有以下几方面的作用。

第一,通过培训给员工传输职业生涯的基本知识。

第二,通过培训引导员工树立正确的职业观。

第三,通过培训帮助员工掌握相关技能。

第四,通过培训增强员工的归属感。

### (二)生涯导向的员工素质提升培训

"生涯导向"的培训也称之为发展性培训,即培训不仅是根据当时岗位对求职者的要求,也是依据下一时期岗位对未来任职者的要求来进行的。其特征主要包括以下三点。

第一,"生涯导向"培训是发展性的培训。

第二,"生涯导向"培训体现了"以人为本"的管理理念。

第三,"生涯导向"培训是用人单位与员工实现双赢的重要基础。

　　"生涯导向"培训的实施是以职业生涯发展为基点确定培训需求，以职业生涯开发为核心设计培训方案，以职业生涯目标为导向评估培训效果的。"生涯导向"培训模式经典代表有英国阿什里德培训模式、螺旋培训发展模式（Spiral Training，又称 ST 培训模式）。

　　1. 阿什里德培训模式

　　阿什里德培训模式是由阿什里德管理学院研究课题组承担的一个极有分量的研究项目。该项目由阿什里德管理学院和管理教育基金会组织共同发起资助的。研究人员对英国一些优秀的公司进行了考察研究，并做了大量的文献检索后于 1986 年提出来的。研究人员按照等级水平将培训活动划分为三个阶段：离散阶段、整合阶段、聚集阶段。

　　该模式对从目前阶段向所期望的聚焦阶段的发展，提出了清晰的阶梯进程。三个阶段的描述作为一个培训和发展模式，使得组织可借此制定培训升级计划。该模式提供了一个组织培训与发展的理想状态。但对此更多的是描述、说明，而不是给出其配方。它提供了一系列用以评估这一进程的有用的指标，但并没有涉及确保这一进程的详细机制。尤其是没有为培训干部提供具体的操作指南。而这一指南是很难产生于组织中的。

　　2. 螺旋培训发展模式

　　ST 培训模式又称之为螺旋培训发展模式，由高文举在《培训管理》（2001）一书中，在分析系统型模式、咨询型模式和所罗门型模式的基础上，提出了更加符合中国用人单位需要的"ST 培训模式"。该模式以用人单位战略和目标为基础和导向，结合影响用人单位的内外环境因素和员工个人职业生涯规划，以"全程评估"贯穿螺旋上升的各个流程环节。

　　它更加强调了在不同环境、不同的组织目标和不同的个人目标阶段将出现不同的培训目标和培训战略，培训组织也同时要根据这些因素进行调整才能够保障不同的培训目标的实现。具有上述优越性的同时，ST 培训模式也难免有一些局限性。虽然它是建立在对学习型组织的研究基础上的，但是它忽略了培训中改善员工心智模式、团体学习等内容，关于系统思考的应用还是局限在了培训工作本身之中。

## 📖 本章小结

　　职业生涯规划管理是人力资源管理与开发的一项重要内容。本章对职业生涯规划管理的理论与实践进行了较为系统和全面的阐述。首先对职业生涯规划管理的基本概念及有关的职业分类等进行了介绍；第二对职业生涯规划管理的代表性理论做了介绍，重点对霍兰德 6 种职业性向和施恩的职业锚理论进行了阐述；其三对职业生涯目标规划与个人职业生涯管理进行了介绍，对知己、知彼和决策选择三者进行了阐述；第四对组织储备干部系统与组织职业生涯管理进行了介绍，重点介绍了组织储备干部系统的内在结构，对组织进行生涯导向的员工素质提升的两种培训方法做了介绍。

## 关键术语

职业　职业生涯　职业生涯规划　职业生涯管理　霍兰德职业性向理论
职业锚及其类型　生涯导向的培训

【应用案例】

## 向诸葛亮学习职业规划

案例讨论

东汉三国时期,群雄逐鹿,人杰辈出! 与绝大多数怀才不遇者的思维定式相反:长期隐居南阳草庐的诸葛亮一出山就投靠了当时最为势单力薄的刘备集团并终生为其奔走效力。在为刘备集团做出杰出贡献的基础上,诸葛亮实现了个人事业的成功——这归根结底取决于诸葛亮近乎圆满的职业选择策划!

一、诸葛亮的个人职业发展定位非常清晰

诸葛亮自幼胸怀大志,始终以春秋战国时期两位著名的最高参谋管仲、乐毅为个人楷模,立誓要成为他所处时代杰出的"谋略大师",为光复汉室贡献力量;同时,诸葛亮也非常清楚:他自己长期积累的才干已具备了实现职业目标的可能!

二、从应聘对象选择上看,诸葛亮也独具慧眼

曹操已经统一了半个中国,实力雄厚,最有资格挑战全国统治权;孙权只求偏安自保;而势力最为弱小的刘备集团却具备快速成长、与曹操、孙权三足鼎立乃至在此基础上一统天下的可能性。原因在于:第一,刘备始终坚持光复汉室的理想并在全国赢得了相当一批支持者——这与诸葛亮的个人价值观吻合;第二,刘备品性坚忍顽强,敢于与任何强大的敌人对抗;第三,刘备待人宽厚谦和,团队凝聚力超强;第四,刘备是汉朝皇族后裔,具备名正言顺继承"大统"的资格——以上条件恰恰是刘备增值潜力最大的资源且其他诸侯很难模仿、替代。此外,还有一个非常重要的原因:到赤壁之战前夕时,曹操和孙权两大集团都已人才济济、颇具规模,诸葛亮若去投奔,最多也只能成为一名"中层管理人员";而刘备集团当时主要由一些武将构成,高级参谋人才奇缺,诸葛亮完全有可能被破格提拔进入最高领导层!

三、在应聘准备和应聘实施方面,诸葛亮更是做得登峰造极

在个人推销方面,诸葛亮首先通过躬耕陇亩给外界留下踏实肯干的印象;其次,他还自作了一篇《梁父吟》,含蓄地表明心志;第三,诸葛亮在与外人言谈中每每自比管仲、乐毅,一方面宣传了个人的卓越才华,另一方面也表明了他对"和谐双赢"的君臣关系的向往;第四,借助大微号——水镜先生等人的传播渠道;第五,打响个人品牌"卧龙凤,得一可安天下"。最终,诸葛亮个人才能和求职意向等重要信息通过各种渠道传递到了目标客户刘备那里。

在应聘临场发挥方面,诸葛亮在完全私密性的"隆中对"时,通过逻辑严谨

的精彩表述充分展现了个人对国内军事、政治形势以及刘备集团未来发展战略的全面深入思考,令刘备对这个 27 岁的年轻人大为叹服! 此后,刘备始终待诸葛亮为上宾,全部重大决策都要与其共同协商探讨,甚至在临终之时还有托孤让位之举;诸葛亮也始终对刘备忠诚一心,鞠躬尽瘁! 深厚的君臣情谊是刘备集团后来事业蓬勃发展,最终与曹操、孙权三足鼎立的重要因素并传为千古佳话!

诸葛亮是昔日乱世中的一个孤儿,若非正确的职业选择,很可能就淹没在历史的尘埃之中,永不为人所知! 但积极进取且颇有心计的诸葛亮通过在职业选择上的完美谋划,彻底改变了自己的命运。

资料来源:中国人力资源开发网,http//www.hrdm.net/bbs/viewthread.php

**案例讨论题:**

诸葛亮的一生对我们个人的职业规划有什么启示?

【复习思考题】

1. 职业生涯、职业生涯规划和职业生涯管理的含义是什么?
2. 职业生涯管理的基本理论有哪些? 你认为哪种分类方式更合理些?
3. 阐述员工职业生涯目标的设计与实施流程。

在线习题

# 第十章

# 员工关系管理

学习目标

- ◆ 了解员工关系及员工关系管理的含义
- ◆ 理解劳动合同的含义、内容
- ◆ 掌握劳动合同管理过程中的相关法律要求
- ◆ 熟悉我国社会保险相关内容
- ◆ 理解劳动争议产生的原因,并能运用相关知识解决劳动争议

引导案例

## 用人单位与劳动者不能约定解除条件

胡某于 2015 年 2 月 1 日进入某科技公司担任销售部高级客户经理,与单位签订了 3 年期的劳动合同,合同期限至 2018 年 1 月 31 日,约定试用期为 3 个月。试用期满后,胡某的销售业绩一直未能达标。2015 年 7 月 1 日,应公司要求,胡某与单位签署了《个人业绩改进计划》,该计划中公司给予胡某 3 个月的观察期,胡某承诺 2015 年 7 月至 9 月期间其本人每月的销售业绩不低于 5 万元,如未能完成该销售业绩,胡某需自行提出辞职。之后胡某未能完成与公司约定的销售业绩。2015 年 9 月 30 日,某科技公司以胡某应履行其自行离职的约定为由,要求胡某离职并收回了办公电脑、考勤卡等。胡某依照公司要求办理了离职手续,但不认为是自行离职。后胡某提出仲裁申请,要求公司支付其违法解除劳动合同的赔偿金。

**【仲裁意见】**

仲裁委审理后认为,本案实质上是某科技公司与胡某约定了解除劳动合同条件,但该约定不符合法律规定,故公司要求胡某离职的行为构成违法解除,支持了胡某的仲裁请求。

本案中胡某未能完成销售业绩,属于不能胜任工作。某科技公司与胡某的约定,实际上是在胡某不胜任工作时单位可以立即解除劳动合同,且可以不支付解除劳动合同经济补偿金。该约定不符合《劳动合同法》的相关规定,以这种方式解除劳动合同属于违反《劳动合同法》,构成违法解除劳动合同。

引导案例讲述的是关于解除劳动合同应符合法律规定的问题。按照《劳动合同法》第四十条第(二)项的规定,劳动者不能胜任工作,经过培训或者调整工作岗位,仍不能胜任工作的,用人单位提前三十日以书面形式通知劳动者本人或者额外支付劳动者一个月工资后,才可以解除劳动合同。

# 第一节　员工关系概述

## 一、员工关系的概念

员工关系是指组织中劳动者和用人单位双方由于雇佣行为而产生的关系,员工关系会对用人单位的未来发展产生强烈的影响,这种关系取决于不同的社会环境以及管理者对员工的基本看法。随着现代管理理论的不断发展,以及国家劳动法律体系的不断完善,用人单位越来越注重加强内部沟通,改善员工关系。

员工关系具有两层含义,一是从法律层面界定双方因签订雇佣契约而产生的权利义务关系,这是一种法律关系;二是从社会层面界定双方在履行契约过程中存在的人际、情感以及道义等伦理关系。员工关系强调以员工为主体和出发点的用人单位内部关系,注重和谐与合作,是从人力资源管理角度提出的一个取代劳资关系的概念。

## 二、员工关系管理

员工关系管理(Employee Relations Management,ERM)从广义上讲,是在用人单位人力资源体系中,各级管理人员和人力资源职能管理人员,通过拟订和实施各项人力资源政策和管理行为,以及其他的管理沟通手段调节用人单位和员工、员工与员工之间的相互联系和影响,从而实现组织的目标并确保为员工、社会增值。从狭义上讲,员工关系管理就是用人单位和员工的沟通管理,这种沟通更多采用柔性的、激励性的、非强制的手段,从而提高员工满意度,支持组织其他管理目标的实现。其主要职责是:协调员工与管理者、员工与员工之间的关系,引导建立积极向上的工作环境。管理者一直以来非常关心如何才能让员工努力工作,但他们更应该考虑如何实现对员工所承担义务的承诺,包括对员工工作的引导、资源的支持、服务的提供等。

员工关系管理是用人单位人力资源部门的重要职能之一,良好的员工关系可以使员工在心理上获得一种满足感,有利于提高其工作意愿和积极性,也在一定程度上保障用人单位战略和目标的有效执行。员工关系管理的内容包括以下几个方面:

## （一）劳动关系管理

### 1．员工入职管理

员工入职管理即为新员工入职时的员工管理,专人负责对新员工的一系列入职手续办理,此部分内容包括入职前、入职中、入职后三个部分,公司对此可以制定员工入职管理办法来规范入职管理工作。

### 2．员工离职管理

员工的离职应该按照公司制定的员工离职管理规定或者办法执行,这样有程序有依据,才不会产生法律纠纷。

### 3．员工信息管理

员工信息管理包括员工的个人基本信息、员工的岗位情况、薪资情况、绩效考核情况、员工技能情况、培训情况、奖惩情况等重要信息。这些信息管理者应该及时更新,便于公司对员工信息的掌握和动态管理。

### 4．人事档案管理

人事档案管理主要包括人员入职时基本资料、在职期间资料、离职资料三大部分及其他资料,具体内容可在公司制定的管理办法中予以明确。

### 5．劳动合同管理

就是用人单位在使用劳动者时,必须严格按照相关的劳动法律法规的管理规定执行,规范用工,消除劳动争议和劳动纠纷。

### 6．劳动争议处理

劳资争议处理是指劳动者和用人单位之间因薪酬、工作时间、福利、解雇及其他待遇等工作条件而产生的纠纷,产生纠纷后按照一定的程序进行处理,可选择协商、调解、仲裁、诉讼的方式进行。

## （二）员工纪律管理

### 1．员工奖惩管理

就是在公司的日常管理中,对违反公司管理规定的行为进行惩罚,对员工为公司做出贡献或者为公司取得的荣誉等行为等给予奖励,公司必须制定相应的奖惩管理办法,才可以将员工的奖惩管理工作做好。

### 2．员工冲突管理

员工冲突管理是指员工在平时的交往过程中产生的意见分歧,出现的争论、对抗,而导致的彼此间关系紧张而使公司介入管理情形。

## （三）员工沟通管理

### 1．员工申诉管理

申诉是指组织成员以口头或书面等正式方式,表现出来的对组织或有关事项的不满。表现为个人申诉和集体申诉两种。

### 2．员工人际关系管理

引导建立良好的工作关系,创建和谐的人际关系环境,保证公司内部上下级之间、同级之间的关系融洽,相互理解,互相包容,从而为员工创建良好的工作环境和人际关系环境。

3. 员工满意度调查

用人单位的获利能力主要是由客户忠诚度决定的,客户忠诚度是由客户满意度决定,客户满意度是由对公司忠诚的员工来创造的,而员工对公司的忠诚取决于其对公司是否满意。所以,欲提高客户满意度,需要先提高员工满意度。

4. 心理咨询服务

心理咨询服务就是应用心理学的方法,帮助员工解决心理冲突,降低精神压力,从而保证心理健康发展的过程。

5. 员工援助计划(EAP)

EAP又称员工帮助项目或员工援助项目,是由组织为员工设置的一套系统的、长期的福利与支持项目。其目的在于协助员工解决其生活及工作上的问题,如:工作适应、感情问题、法律诉讼等,帮助员工排除障碍,提高适应能力。

## (四)员工活动管理

就是公司定期组织开展各类文体活动,以丰富员工的文娱生活,增进员工之间的沟通交流,调动员工工作积极性,缓解工作压力,实现劳逸结合,增强团队的凝聚力。活动的内容包括运动会、晚会、联谊会、户外拓展活动、旅游、年终聚餐等以及各类体育活动等。

## (五)用人单位文化建设

用人单位文化建设是非常重要的,建设积极有效、健康向上的用人单位文化,对凝聚人心,提升公司的竞争力和员工的忠诚度是至关重要的。

# 三、员工关系管理的现状

## (一)用人单位对员工关系管理认知不足,专业性不强

目前,我国用人单位多数对员工关系的理解还停留在劳动关系管理的初级阶段,职能范围有限,相关从业人员专业技能有限等等。大部分用人单位没有设置独立的岗位,无法行使员工关系管理的职能,多数用人单位的员工关系管理局限在劳动关系管理,尤其是劳动合同管理和简单的组织用人单位文化活动方面,有关劳动法规、员工沟通、员工活动管理等领域的知识和技能亟待提升。

## (二)缺乏共同的愿景

用人单位的共同愿景首先必须是用人单位利益相关者的共同追求,由此,

员工关系管理的起点是让员工认同用人单位的愿景。没有共同的愿景,缺乏共同的信念,就没有利益相关的前提。据估计,中国年度营业收入规模在 2 亿以上的用人单位存在清晰战略愿景的不到 20%。很多用人单位也提出了远大的目标,但是目标的制定缺乏员工的参与,目标的宣贯远远不够,对于愿景的不认同也就在所难免。

## (三) 缺乏完善的激励约束机制

员工关系管理的根本是内部公平,调查显示,员工离职的第一原因不是薪酬水平低,而是员工的内部不公平感。内部不公平体现在激励、职业发展、授权等方面。从程序看,过程的不公平比结果的不公平更加突出。如何完善激励约束机制,建立科学合理的薪酬制度和晋升机制成为员工关系管理的根本。

## (四) 员工关系管理的主体不清晰

在用人单位员工关系管理系统中,职能部门负责人和人力资源部门处于联结用人单位和员工的中心环节。人力资源部为公司员工关系管理的组织部门,广大的直线经理是员工关系管理的首要负责人,他们相互支持和配合,从而保证用人单位目标的实现。用人单位内部员工关系或者人力资源管理最大责任者是董事长或者总经理,但是这一观点在很多用人单位得不到确认,导致用人单位员工关系管理水平和效果得不到有效的体现。

## (五) 过度追逐短期利益

用人单位的价值观规定了人们的基本思维模式和行为模式,是用人单位的伦理基准,是员工对事物共同的判定标准和行为准则,用人单位核心理念的深根必须通过制度去体现,价值观只有反复强化才会得到员工认同。中国很多行业的集中度都不高,用人单位面临激烈的竞争,如海尔这样的用人单位,亦是如此。他们经常在短期利益和长期利益之间摇摆不定,例如,诚信固然重要,但不诚信但却能带来业绩的行为往往得到褒奖,导致评判员工关系管理的是非标准模糊不清。

## (六) 员工需求的实现程度不高

20 世纪 70 年代,美国心理学家施恩提出了心理契约的概念。虽然心理契约不是有形的,但却发挥着有形契约的作用。目前用人单位对于合同、协议等契约比较重视,但对心理契约普遍忽视,用人单位没有清楚地了解每个员工的需求和发展愿望,并尽量予以满足,也没有对员工的需求进行适当的引导,导致员工需求期望的实现程度不高,老板和员工心理定位差距较大,双方的满意度都较低。

## 四、完善员工关系管理

### (一)设立专人负责制度

公司根据自己的发展情况和规模,在加强员工关系管理的过程中设立专人负责制度是十分必要的,专人负责员工关系管理工作,可以提升公司员工关系管理的水平。

### (二)员工参与管理

员工参与公司的日常管理,参与公司的部分决策,为公司的发展建言献策,对公司的发展进行监督,提出建设性的建议和意见,这样可以促进公司管理更加规范,制度日益完善,所以公司在员工关系管理过程中,需更加重视员工的参与管理工作。

### (三)建立有效的信息渠道,加强内部沟通管理

及时准确的信息是用人单位决策的基础,尤其是在员工关系管理的决策中,要求信息必须真实、可靠、可信,为公司的领导决策提供参考和帮助,因此公司内部就必须建立有效的信息渠道,以提供及时可信的信息来源。加强公司内部沟通能力管理,是员工关系管理的核心内容。公司要完善内部沟通机制和沟通渠道,建立和谐融洽互通有无的沟通氛围,充分利用好正式沟通和非正式沟通方式,把握好坦诚、尊重的沟通原则。

### (四)做好员工离职管理

适度的员工离职可以促进公司规范管理,增强用人单位活力,但是过度的话,就会影响公司的正常发展,所以公司应通过建立完善的员工离职管理制度,做好员工离职面谈工作,分析员工离职的原因,以完善公司管理制度,减少离职率,将优秀的人才真正留在公司内部。

### (五)优化人力资源管理制度,构建和谐劳资关系

公司要不断优化人力资源管理制度,对不适应公司发展的予以修订或者废除;没有规范的应及时制定,以保证公司的人才战略,并且优化公司人力资源管理制度,对员工关系的管理起到一定的支撑作用。

现在员工的法律意识越来越强,劳动争议事件也越来越频繁,公司为解决这些事件要花费大量的人力、物力和财力,甚至还要付出其他方方面面的成本,因此,构建和谐的劳资关系是做好员工关系管理的基础。

### (六)建设积极的用人单位文化,提升员工的工作满意度

建立积极的用人单位文化,明确用人单位的共同愿景,鼓励员工参与用人

单位文化的建设,充分展现员工的风貌,发展一种积极、学习、创新、和睦的文化氛围,将用人单位的发展目标与员工的个人发展联系起来,培育他们的责任感与使命感,从而充分地打好员工关系管理的工作基础。

员工关系管理的最高境界就是通过提高员工满意度来建立起良好的员工关系,促进用人单位快速持久的发展。用人单位要制定合理的调查方案,明确调查任务,选好调查时机,做好员工满意度调查工作。

# 第二节　劳动合同管理

劳动合同是世界上建立劳动关系普遍采用的法律形式。我国《劳动合同法》第 10 条规定:"建立劳动关系,应当订立书面劳动合同。已建立劳动关系,未同时订立书面劳动合同的,应当自用工之日起一个月内订立书面劳动合同。用人单位与劳动者在用工前订立劳动合同的,劳动关系自用工之日起建立。"但在实际运行过程中,一些用人单位和劳动者对劳动合同的重要性认识不足,劳动者也不善于运用法律形式来保护自身的合法权益。同时,用人单位和劳动者对劳动合同的订立、履行、变更、解除、终止和续订等环节的操作缺乏法律知识,致使劳动合同行为经常处于不规范状态,不能充分发挥劳动合同对劳动关系的调节作用。因此,加强对劳动合同的管理,完善合同管理制度的相关配套工作,在现阶段具有重要的现实意义。

## 一、劳动合同概述

### (一) 劳动合同的含义

劳动合同又称劳动契约、劳动协议,是劳动者和用人单位之间明确劳动权利义务,规范劳动合同订立、履行、变更、解除和终止行为的协议。对劳动合同的理解,要把握以下几点。

第一,劳动合同的主体具有特定性,一方是劳动者,另一方是用人单位。根据《劳动合同法》规定,用人单位主要是指用人单位、个体经济组织、民办非事业单位,以及国家机关、事业单位、社会团体等与劳动者建立了劳动合同关系的组织和个人。

第二,劳动合同是明确双方权利义务的协议。劳动合同以确定劳动关系为目的,劳动合同的内容是双方的劳动权利义务,劳动者依据劳动合同成为用人单位的一员,有义务按照合同约定的岗位、工种或职务提供劳动,完成劳动任务,执行劳动安全卫生规程,遵守用人单位依法制定的规章制度和职业道德。同时,劳动者享有平等就业和择业权,享有获得劳动报酬、休息休假、安全卫生保护、社会保险的权利,享有接受职业技能培训、提请劳动争议的权利等。

第三,劳动合同是双方在平等自愿基础上意思表示一致达成的协议,对双方都具有约束力,也是双方维护合法权益的法律保障。

### (二)劳动合同的内容

劳动合同的内容是指劳动者和用人单位双方经过平等协商所达成的劳动权利义务的条款,具体表现为合同条款,可分为法定条款和约定条款。

法定条款是指一份合法有效的劳动合同必须具备的条款。根据《劳动法》第十九条规定,劳动合同应当以书面形式订立,并具备以下条款。

1. 劳动合同期限

劳动合同期限是劳动合同规定的双方当事人权利义务的有效时间,根据有效期限的不同可分为:固定期限、无固定期限和以完成一定任务为期限的劳动合同。

2. 工作内容

工作内容是劳动者应当为用人单位提供的劳动,包括劳动者从事的工种、岗位和工作要求等。

3. 劳动保护和劳动条件

劳动保护是用人单位为保障劳动者在劳动过程中的安全和健康,防止工伤事故和预防职业病的发生,所应采取的技术措施和组织措施。劳动条件是为完成工作任务应由用人单位提供的、不得低于国家标准的必要条件。

4. 劳动报酬

劳动报酬是用人单位根据劳动者的数量和质量,以货币形式支付给劳动者的工资。劳动报酬条款应当明确工资的支付周期、支付时间、支付数额等。工资标准不得低于当地的最低工资标准。

5. 劳动纪律

劳动纪律是在劳动过程中,劳动者必须遵守的劳动规则,包括国家的法律、法规规定的规则以及用人单位制定的、符合国家法律规定的劳动规则。

6. 劳动合同终止的条件

劳动合同的终止是指因劳动合同期限届满或者劳动合同履行过程中发生特定的情况,合同双方当事人的权利义务自行终止。

7. 违反劳动合同的责任

劳动合同应当明确约定一方当事人违反劳动合同约定时,应承担的法律后果。

用人单位与员工在签订书面劳动合同时,对劳动合同的内容,应该首先围绕劳动法律中规定的劳动合同必须具备的条款进行协商,然后再协商、约定其他条款。劳动合同除前款规定的必备条款外,当事人可以协商约定其他内容。常见的约定条款包括试用期条款、保守商业秘密和专有技术秘密条款、竞业禁止条款等内容。

签订劳动合同可以不约定试用期,也可以约定试用期,但试用期最长不得超过 6 个月。劳动合同期限在 6 个月以下的,试用期不得超过 15 日;劳动合同期限在 6 个月以上 1 年以下的,试用期不得超过 30 日;劳动合同期限在 1 年以上 2 年以下的,试用期不得超过 60 日。试用期包括在劳动合同期限中。非全日制劳动合同,不得约定试用期。

### (三)劳动合同的形式

劳动合同的形式分为书面和口头两种。我国《劳动法》规定,劳动合同应当以书面形式订立。

### (四)劳动合同的种类

1. 劳动合同按人数划分

可以分为个人劳动合同和集体劳动合同。

2. 劳动合同按合同期限划分

可以分为有固定期限的劳动合同、无固定期限劳动合同及以完成一定任务为期限的劳动合同。

## 二、劳动合同管理过程

劳动合同的管理过程主要包括以下六个部分:劳动合同的订立、劳动合同的履行、劳动合同的变更、劳动合同的解除、劳动合同的终止和劳动合同的续订。

### (一)劳动合同的订立

劳动合同订立是指用人单位与劳动者就劳动合同的具体内容,通过平等协商达成一致意见,并以书面形式依法签订协议,建立劳动关系的法律行为,是劳动关系双方明确各自的责任、义务和权利的过程。《劳动合同法》第七条规定:"用人单位自用工之日起即与劳动者建立劳动关系。"

1. 劳动合同订立的原则

(1)符合法律的原则。劳动合同必须依法订立,不得违反法律、行政法规的规定。依法订立劳动合同必须符合三项要求:订立合同的主体合法,合同当事人必须具备合法的资格;劳动合同的内容要合法;劳动合同订立的程序和形式必须符合劳动法律、行政法规的规定。

(2)平等自愿、协商一致的原则。平等是指在签订劳动合同的过程中,当事人双方的法律地位平等;自愿是指双方当事人自由地表达各自主张的权益,任何一方不得将自己的意愿强加于对方,也不允许第三者进行非法干预;协商一致是指用人单位和劳动者在平等自愿的基础上进行充分协商,最终达成一致的意见。

(3)互惠互利、诚实守信的原则。劳动合同关系本质上是一种经济利益关系,劳动合同必须在经济利益上保证双方当事人的互利互惠。同时,订立劳动合同的双方都必须诚实,守信用,不得采用欺诈、胁迫等手段,否则订立的劳动合同无效。

### 案例分析 10 - 1

钟女士于 2015 年 3 月入职某皮具厂,任行政和人力资源总监,双方签订了书面劳动合同,约定钟女士的月薪为 4 万多元,试用期 3 个月,期满后调至 5 万多元,到职前需提交毕业证等相关证明文件复印件,若发现伪造资料,则不录用。

钟女士在提交给皮具厂的应聘材料中自称毕业于华南师范大学,曾任多家大型用人单位的行政总裁秘书、人力资源及行政总监等职位,并提交了"华南师范大学毕业证书""学士学位证书"及相关离职证明。两个月后,皮具厂意外发现钟女士上述离职证明及毕业证书、学位证书竟然全部是伪造的。5 月 10 日,皮具厂解除了双方的劳动合同,并向钟女士发出解除劳动合同通知书,双方办理了离职交接。

被辞退后,钟女士向市劳动人事争议仲裁院厚街仲裁庭申请仲裁,要求皮具厂向其支付 2015 年 3 月至 5 月的工资及加班费 8 万多元、赔偿金 4 万多元,补缴社保费 1000 元等。仲裁部门确认双方的劳动关系已解除,驳回钟女士的申诉请求。2015 年 9 月,钟女士向市第二人民法院状告皮具厂,称该厂未足额支付其工资及加班费,"为了维护自身合法权益",请求法院判令皮具厂支付其 3 月至 5 月的工资及加班费 8 万多元,并支付拖欠工资的赔偿金 4 万多元。

皮具厂辩称,钟女士伪造离职证明、学历证明应聘,双方签订的劳动合同依法无效。考虑到钟女士确实在厂里工作过,该厂已向其支付工资 4 万多元。

**分析:**

法院经审理认为,双方签订的聘书中有约定"伪造毕业证等资料者不录用",双方签订的劳动合同中也有钟女士以欺诈手段订立合同使合同无效的,该厂可以解除合同等约定,可见钟女士的学历及其工作经验是其应聘皮具厂行政和人力资源总监职位的重要条件。法院认为,钟女士伪造材料应聘,已构成欺诈,双方签订的聘书及劳动合同依法应属无效。钟女士虽应聘职位为行政和人力资源总监,但其重要资料均属伪造,实际并不具备该任职条件。

法院表示,钟女士在职期间应得的工资可参照 2015 年当地劳动力市场工资指导价位人力资源开发与管理工程技术人员的月工资平均数 3670 元计算,共为 8200 多元。由于皮具厂已向钟女士支付了 4 万多元工资,远超出其应得工资数额。故法院对钟女士的工资及加班费诉讼请求不予支持。钟女士请求皮具厂 4 万多元拖欠工资的赔偿金也缺乏事实依据,法院也不予支持。

2. 劳动合同订立的程序

劳动合同的订立就是劳动合同当事人就合同条款通过协商达成一致意思的过程,这一过程一般分为要约和承诺两个阶段。

(1)要约。要约是指一方当事人以订立合同为目的向另一方就合同主要内容做出的意思表示。如果仅有订约的意思而未就合同主要内容做出表示,只能称为要约邀请,不能产生要约的效力。用人单位如果仅在招聘启事、广告或招聘简章中介绍公司自身情况,并发出招工信息,并未就合同主要内容给予说明,该行为只能算是要约邀请,不构成有效要约。如果用人单位在招聘简章中对合同条件给予明确说明,则属于要约,一旦应聘者承诺,用人单位有义务与劳动者签订劳动合同。如果应聘者不同意所列条件,而提出新的条件,则属于反要约,用人单位可以承诺,也可不予承诺而不成立合同。

(2)承诺。承诺是指受要约人完全无条件地接受要约以成立合同的意思表示。劳动者或用人单位一旦同意对方要约而做出承诺,劳动合同即告成立。

任何一个劳动合同的成立,一般都要经过上述两个阶段,但具体可能要经过要约—反要约—再要约—承诺的复杂的反复协商,最后成立合同的过程,合同一经成立,即对双方当事人产生法律拘束力。

(3)劳动合同订立步骤。订立劳动合同具体需要经历以下几个步骤:用人单位提出劳动合同草案—双方协商劳动合同内容—双方签约—合同公证。

## (二)劳动合同的履行

劳动合同依法订立后,用人单位和劳动者就应当按照劳动合同的约定,全面履行各自的义务,并享受相应的权利,任何一方都不得擅自变更或者解除劳动合同。

1. 劳动合同履行的原则

(1)亲自履行原则。指劳动合同双方当事人须自己履行劳动合同规定的义务的行为。

(2)权利义务统一原则。劳动合同的内容具有劳动权利义务的统一性和对应性,没有只享受权利而不履行义务的,也没有只履行义务而不享受权利的。一方的劳动权利是另一方的劳动义务,反之亦然。

(3)全面履行原则。指劳动合同双方当事人必须按照劳动合同约定的内容、方式、期限,亲自、正确、全部履行其承担的义务。

2. 劳动合同履行的要求

用人单位与劳动者应当按照劳动合同的约定,全面履行各自的义务。

(1)用人单位应当按照劳动合同约定,为劳动者提供休息和休假、支付工资、缴纳社会保险费用,提供劳动保护、劳动条件和职业危害防护。

（2）用人单位应当严格执行劳动定额标准,不得强迫或者变相强迫劳动者加班。

（3）用人单位变更名称、法定代表人、主要负责人或者投资人等事项,不影响劳动合同的继续履行。

（4）用人单位发生合并或者分立等情况,原劳动合同继续有效,劳动合同由承继其权利和义务的用人单位继续履行。

（5）用人单位应当依法建立和完善劳动规章制度,保障劳动者享有劳动权利、履行劳动义务。

建立劳动规章制度需经职代会或全体职工讨论,提出方案和意见,再与工会或职工代表平等协商确定,用人单位应当将直接涉及劳动者切身利益的规章制度和重大事项决定在单位内公示,或者告知劳动者。如果用人单位的规章制度未经公示或者未对劳动者告知,该规章制度对劳动者不生效。用人单位公示或告知劳动者规章制度可以采用张贴通告、员工手册送达、会议精神传达等方式。

### （三）劳动合同的变更

劳动合同的变更是指劳动合同依法订立后,在合同尚未履行或者尚未履行完毕之前,经用人单位和劳动者双方当事人协商一致,对劳动合同内容做部分修改、补充或者删减的法律行为,具体包括工作内容、工作地点、工资福利的变更等。根据《劳动合同法》第三十五条规定,用人单位与劳动者协商一致,可以变更劳动合同约定的内容。变更劳动合同,应当采用书面形式。

1. 劳动合同变更的条件

（1）订立劳动合同时所依据的法律、法规已经修改,致使原来订立的劳动合同无法全面履行,需要做出修改。

（2）用人单位经上级主管部门批准转产、调整生产任务,或由于上级主管机关决定改变用人单位的生产任务,原来订立的劳动合同中的某些条款与发展变化的情况不相适应,需要做出相应的修改。

（3）用人单位严重亏损或发生不可抗力的情况,确实无法履行劳动合同的规定。

（4）当事人双方协商一致,同意对劳动合同的某些条款做出变更。

（5）法律规定的其他情形。

2. 劳动合同变更的程序

（1）一方当事人向另一方当事人提出变更请求。当事人一方要求变更劳动合同相关内容的,应当将变更要求以书面形式送交另一方,向对方提出变更合同的要求和理由,并约定答复期限。

（2）双方协商,达成书面协议。答复方按期向提出方做出答复,可以同意、不同意或提议再协商。在达成一致意见的基础上,书面记载变更的内容。变更后的书面文件须经用人单位和劳动者双方签字或盖章,才能发生法律效力。

（3）各执一份。为保证用人单位和劳动者全面履行劳动合同,避免劳动合同纠纷,同时也为了便于发生劳动争议时有据可查,变更劳动合同应当采用书面形式。变更后的劳动合同文本由用人单位和劳动者各执一份。

### （四）劳动合同的解除

劳动合同解除是指劳动合同订立后,尚未全部履行以前,由于一定事由的出现,导致劳动合同一方或双方当事人提前终止劳动合同关系的法律行为。劳动合同的解除分为协商解除、法定解除两种。劳动法对劳动合同的解除规定了严格的限制条件和程序。

1. 劳动合同解除的条件

（1）双方协商解除。《劳动合同法》第三十六条规定:"用人单位和劳动者协商一致,可以解除劳动合同。"双方在自愿、平等、不损害对方利益的基础上,互相协商,可以提前终止劳动合同效力。

（2）劳动者单方提出解除劳动合同。《劳动合同法》第三十七条规定:"劳动者提前三十日以书面形式通知用人单位,可以解除劳动合同。劳动者在试用期内提前三日通知用人单位,可以解除劳动合同。"《劳动合同法》第三十八条规定:用人单位有下列情形之一的,劳动者可以解除劳动合同。

①未按照劳动合同约定提供劳动保护或者劳动条件的;

②未及时足额支付劳动报酬的;

③未依法为劳动者缴纳社会保险费的;

④用人单位的规章制度违反法律、法规的规定,损害劳动者权益的;

⑤因本法第二十六条第一款规定的情形致使劳动合同无效的;

⑥法律、行政法规规定劳动者可以解除劳动合同的其他情形。

用人单位以暴力、威胁或者非法限制人身自由的手段强迫劳动者劳动的,或者用人单位违章指挥、强令冒险作业危及劳动者人身安全的,劳动者可以立即解除劳动合同,不需事先告知用人单位。

（3）用人单位单方提出解除劳动合同。《劳动合同法》第三十九条规定:劳动者有下列情形之一的,用人单位可以解除劳动合同。

①在试用期间被证明不符合录用条件的;

②严重违反用人单位的规章制度的;

③严重失职,营私舞弊,给用人单位造成重大损害的;

④劳动者同时与其他用人单位建立劳动关系,对完成本单位的工作任务造成严重影响,或者经用人单位提出,拒不改正的;

⑤因本法第二十六条第一款第一项规定的情形致使劳动合同无效的;

⑥被依法追究刑事责任的。

《劳动合同法》第四十条规定:有下列情形之一的,用人单位提前三十日以书面形式通知劳动者本人或者额外支付劳动者一个月工资后,可以解除劳动合同。

①劳动者患病或者非因工负伤,在规定的医疗期满后不能从事原工作,也不能从事由用人单位另行安排的工作的;

②劳动者不能胜任工作,经过培训或者调整工作岗位,仍不能胜任工作的;

③劳动合同订立时所依据的客观情况发生重大变化,致使劳动合同无法履行,经用人单位与劳动者协商,未能就变更劳动合同内容达成协议的。

《劳动合同法》第四十一条规定:有下列情形之一,需要裁减人员二十人以上或者裁减不足二十人但占用人单位职工总数百分之十以上的,用人单位提前三十日向工会或者全体职工说明情况,听取工会或者职工的意见后,裁减人员方案经向劳动行政部门报告,可以裁减人员。

①依照企业破产法规定进行重整的;

②生产经营发生严重困难的;

③企业转产、重大技术革新或者经营方式调整,经变更劳动合同后,仍需裁减人员的;

④其他因劳动合同订立时所依据的客观经济情况发生重大变化,致使劳动合同无法履行的。

《劳动合同法》第四十二条规定:劳动者有下列情形之一的,用人单位不得依照本法第四十条、第四十一条的规定解除劳动合同。

①从事接触职业病危害作业的劳动者未进行离岗前职业健康检查,或者疑似职业病病人在诊断或者医学观察期间的;

②在本单位患职业病或者因工负伤并被确认丧失或者部分丧失劳动能力的;

③患病或者非因工负伤,在规定的医疗期内的;

④女职工在孕期、产期、哺乳期的;

⑤在本单位连续工作满十五年,且距法定退休年龄不足五年的;

⑥法律、行政法规规定的其他情形。

2. 劳动合同解除的程序

我国法律对用人单位单方解除劳动合同的程序做了明确规定。《劳动合同法》第四十三条规定:"用人单位单方解除劳动合同,应当事先将理由通知工会。用人单位违反法律、行政法规规定或者劳动合同约定的,工会有权要求用人单位纠正。用人单位应当研究工会的意见,并将处理结果书面通知工会。"

(1)提出书面通知。用人单位和劳动者解除劳动合同需提前 30 日以书面形式通知对方。

---

**解除劳动合同通知书**

某某员工：

　　因你的行为严重违反了劳动合同法第39条之规定(包括但不限于试用期不符合录用条件等)，公司决定即日与你解除劳动合同，请于某年某月某日办理离职交接工作。

　　本通知书已呈送工会。

　　特此通知！

　　本通知书一式两份，公司一份，员工一份。

某市某某有限公司

年　　月　　日

————————————签收回执————————————

　　本人已收到《解除劳动合同通知书》一份。

签名：

年　　月　　日

---

　　(2)征求工会意见。我国法律规定，用人单位进行经济性裁员时，要听取工会或者员工的意见。用人单位违反法律、行政法规规定或者劳动合同约定的，工会有权要求用人单位纠正。用人单位应当研究工会的意见，并将处理结果书面通知工会。

　　(3)劳动合同解除的经济补偿。经济补偿是用人单位提前解除劳动合同而给予劳动者的一次性经济补偿金。经济补偿金的标准主要取决于劳动者在本单位的工作年限和劳动者解除合同前12个月的平均工资水平。《劳动合同法》第四十七条规定："经济补偿按劳动者在本单位工作的年限，每满一年支付一个月工资的标准向劳动者支付。六个月以上不满一年的，按一年计算；不满六个月的，向劳动者支付半个月工资的经济补偿。劳动者月工资高于用人单位所在直辖市、设区的市级人民政府公布的本地区上年度职工月平均工资三倍的，向其支付经济补偿的标准按职工月平均工资三倍的数额支付，向其支付经济补偿的年限最高不超过十二年。本条所称月工资是指劳动者在劳动合同解除或者终止前十二个月的平均工资。"

　　(4)依法为劳动者办理档案转移手续。《劳动合同法》第五十条规定："用人单位应当在解除或者终止劳动合同时出具解除或者终止劳动合同的证明，并在十五日内为劳动者办理档案和社会保险关系转移手续。劳动者应当按照双方约定，办理工作交接。用人单位依照本法有关规定应当向劳动者支付经济补偿的，在办结工作交接时支付。用人单位对已经解除或者终止的劳动合同的文本，至少保存二年备查。"

✎ **案例分析 10－2**

劳动者张某自 2005 年 3 月进入 A 单位工作,与单位签订了无固定期限劳动合同。2015 年 3 月,张某欲另谋高就,但对在单位工作 10 年的经济补偿心有所念,不甘心主动离职。张某后来发现,单位在与其签订的劳动合同中有一条,"劳动者因未提前 30 天通知单位解除劳动合同的,单位可以扣押该劳动者 3 个月的工资,作为违反双方劳动合同的违约金",张某遂提请仲裁,以"劳动合同中存在非法违约金约定,违反了法律、行政法规强制性规定"为由,要求与单位解除劳动关系并支付经济补偿金。

**分析:**

要适用经济补偿的法定情形,需要满足特定的法定情形,以"用人单位订立劳动合同违反法律、行政法规强制性规定的,致使劳动合同无效,劳动者解除劳动合同的"依据为由,要求单位支付经济补偿金,其解除劳动合同的事由必须是:用人单位订立劳动合同违反法律、行政法规强制性规定的,致使劳动合同无效。本案中,虽然双方之间存在非法约定违约金的条款,但该情形只能导致该条款的无效,并不能达到劳动合同无效的程度,也即满足不了上述法定情形的要求,故劳动者的经济补偿金不能被支持。

### (五)劳动合同的终止

劳动合同终止是指劳动合同期满或双方当事人约定的劳动合同终止条件出现,以及劳动合同一方当事人因某种原因无法继续履行劳动合同时终结劳动关系的法律行为。劳动合同签订后,双方当事人不得随意终止合同,而应依法终止。

《劳动合同法》第四十四条规定:有下列情形之一的,劳动合同终止。

(1)劳动合同期满的;

(2)劳动者开始依法享受基本养老保险待遇的;

(3)劳动者死亡,或者被人民法院宣告死亡或者宣告失踪的;

(4)用人单位被依法宣告破产的;

(5)用人单位被吊销营业执照、责令关闭、撤销或者用人单位决定提前解散的;

(6)法律、行政法规规定的其他情形。

### (六)劳动合同的续订

劳动合同的续订是指劳动合同期限届满,经双方协商一致,可以续订劳动合同。其具体内容包括:

(1)劳动合同期限届满前 30 日,双方经协商续订劳动合同的,应办理续订劳动合同手续。续订劳动合同不得约定试用期。

(2)劳动者在同一用人单位连续工作满 10 年以上,当事人双方同意延续劳动合同的,如果劳动者提出订立无固定期限劳动合同,用人单位应当与劳动者订立无固定期限劳动合同。

(3)劳动者患职业病或者因工负伤并被确认达到伤残等级,要求续订劳动合同的,用人单位应当续订劳动合同。

(4)劳动者在规定的医疗期内,或者女职工在孕期、产期、哺乳期内,劳动合同期限届满时,用人单位应当将劳动合同期限顺延到医疗期、孕期、产期、哺乳期期满为止。

(5)劳动者在本单位连续工作满十五年,且距法定退休年龄不足五年的,劳动合同期限顺延至劳动者法定退休日。

## 第三节　员工社保政策与实务

社会保障是指国家与社会通过立法和行政措施,积极动员社会各方面资源,保证无收入、低收入以及遭受各种意外灾害的公民能够维持生存,保障劳动者在年老、失业、患病、工伤、生育时的基本生活不受影响,同时根据经济和社会发展状况,逐步增进公共福利水平,提高国民生活质量所采取的各种社会措施、制度和事业的总称。社会保障作为一种国民收入再分配形式是通过一定的制度实现的。我们将由法律规定的、按照某种确定规则经常实施的社会保障政策和措施体系称之为社会保障制度。由于各国的国情和历史条件不同,在不同的国家和不同的历史时期,社会保障制度的具体内容不尽一致。但有一点是共同的,那就是为满足社会成员的多层次需要,相应安排多层次的保障项目。

一般来说,社会保障由社会保险、社会救济、社会福利、优抚安置等组成。其中,社会保险是社会保障的核心内容。全球的社会保障模式,大致可分为国家福利、国家保险、社会共济和积累储蓄四种,分别以英国、苏联、德国、新加坡为代表。目前我国在建的社会保障制度,属于社会共济模式,即由国家、单位(用人单位)、个人三方共同为社会保障计划融资,而且这是未来相当长一段时期的改革趋势。个人责任的强化已经成为全球社会保障制度改革的共识。社会保障是现代国家一项基本的社会经济制度,是社会安定的重要保障,也是社会文明进步的重要标志。

### 一、社会保障的内容

社会保障包括的范围与实施程度各国有所不同,主要取决于一个国家的社会经济发展水平,一般来说,经济越发达的国家,其社会保障的范围就越宽,水平也就越高。一般社会保障的内容,主要包括以下几个方面。

#### (一)社会保险

社会保险,是指国家通过立法建立的一种社会保障制度,目的是使劳动者因遇到年老、失业、患病、工伤、生育等风险而暂时或永久丧失劳动能力或失业，导致收入减少或丧失劳动收入时，能从社会获得经济补偿和物质帮助，以维持其基本生活的一种社会保障制度。从社会保险的项目内容看，它是以经济保障为前提的。社会保险是社会保障体系最基本和核心的部分，所占资金也是社会保障基金的最大部分。一切国家的社会保险制度，不论其是否完善，都具有强制性、互济性、资金来源的多元性、权利和义务的一致性、福利性这五个特点。我国劳动法规定，社会保险项目分为养老保险、失业保险、医疗保险、工伤保险和生育保险五个方面。社会保险的保障对象是全体劳动者，资金主要来源是用人单位和劳动者个人的缴费，政府给予资助。依法享受社会保险是劳动者的基本权利。

### （二）社会救济

社会救济，是指国家和社会对没有生活来源，或虽有一定收入但生活水平低于国家法定最低标准，或因自然灾害等各种原因无法维持最低生活水平的社会成员给予一定的经济、物质和服务上的帮助，以保障其最低生活水平，维护其基本生存权利的一种社会保障制度。社会救济也是社会保障体系中的重要内容之一。其目的是帮助救济对象获得最低水平的生活条件，所以也被看作是社会保障的最低纲领。社会救济经费的主要来源是政府财政支出、社会团体和个人的捐赠以及国际组织的援助和捐赠。社会救济的实施需要被救助者提出申请，有关机构对其实际经济状况进行调查，经审核批准后方可按一定标准执行。社会救济的目标是保障被救助者的最低生活需要，其给付标准一般低于其他社会保险金的发放标准。

### （三）社会福利

广义的社会福利，是指国家和社会依法或政策规定，为社会全体成员提供各种公共福利设施、福利津贴和社会服务的总称。狭义的社会福利，是指国家向老人、儿童、残疾人等社会中需要给予特殊关心的人群提供的必要的生活保障。社会福利相对于其他社会保障项目，覆盖面更广泛，它是政府向社会全体成员普遍提供的公共福利，不管社会成员的职业、身份、地位和其他个人状况如何，都可以享受医疗卫生福利待遇。社会福利要实现的目标是高层次的目标，目的是为改善和提高社会成员的生活质量，因此被看作是社会保障的最高纲领。

### （四）优抚安置

优抚安置，是指国家对从事特殊工作者及其家属，如军人及其亲属予以优待、抚恤、安置的一项社会保障制度。在我国，优抚安置的对象主要是烈士军属、复员退伍军人、残疾军人及其家属；优抚安置的内容主要包括提供抚恤金、优待金、补助金，举办军人疗养院、光荣院，安置复员退伍军人等。

## （五）社会互助

社会互助是指在政府鼓励和支持下，社会团体和社会成员自愿组织和参与的扶弱济困活动。社会互助具有自愿和非营利的特征，其资金主要来源于社会捐赠和成员自愿交费，政府往往从税收等方面给予支持。社会互助主要形式包括：工会、妇联等群众团体组织的群众性互助互济；民间公益事业团体组织的慈善救助；城乡居民自发组成的各种形式的互助组织等。

## 二、养老保险

养老保险，全称社会基本养老保险，是国家和社会根据一定的法律和法规，为解决符合条件的劳动者在达到国家规定的解除劳动义务的劳动年龄界限，或因年老丧失劳动能力退出劳动岗位后，由国家和社会提供一定的物质经济帮助，以保障其晚年的基本生活而建立的一种社会保险制度。养老保险是社会保障制度的重要组成部分，是社会保险五大险种中最重要的险种之一。养老保险的目的是为保障老年人的基本生活需求，为其提供稳定可靠的生活来源。

在我国，20 世纪 90 年代之前，用人单位职工实行的是单一的养老保险制度。1991 年，《国务院关于企业职工养老保险制度改革的决定》中明确提出："随着经济的发展，逐步建立起基本养老保险与用人单位补充养老保险和职工个人储蓄性养老保险相结合的制度。"1997 年 7 月，颁布《国务院关于建立统一的企业职工基本养老保险制度的决定》（国发〔1997〕26 号），从此，我国逐步建立起多层次的养老保险体系。

我国现行的养老保险制度主要包括以下内容：

### （一）养老保险的层次

我国的养老保险由四个层次（或部分）组成。第一层次是基本养老保险，第二层次是用人单位补充养老保险，第三层次是个人储蓄性养老保险，第四层次是商业养老保险。在这种多层次养老保险体系中，基本养老保险可称为第一层次，也是最高层次。

### （二）基本养老保险缴费比例

我国的基本养老保险缴费有单位缴费和个人缴费两部分组成。

单位缴费部分，用人单位需按照国家规定的本单位职工工资总额的比例缴纳基本养老保险费，记入基本养老保险统筹基金。目前用人单位缴费的比例一般不得超过用人单位工资总额的 20%，具体比例由省、自治区、直辖市政府确定。

个人缴费部分，从 2006 年 1 月 1 日起，个人账户的规模统一由本人缴费工资的 11% 调整为 8%，全部由个人缴费形成，单位缴费不再划入个人账户。其中，缴费工资，一般为职工本人上一年度月平均工资（有条件的地区也可以本人上月工资收入为个人缴费工资基数）。月平均工资按照国家统计局规定列入工资总额统计的项目计算，包括工资、奖金、津贴、补贴等收入，不包括用人单位承担或者支付给员工的社会保险费、劳动保护费、福利费、用人单位与员工解除劳动关系时支付的一次性补偿以及计划生育费用等其他不属于工资的费用。本人月平均工资低于当地职工月平均工资的60%的，按照当地职工月平均工资的60%作为缴费基数。本人月平均工资高于当地职工平均工资的300%的，按照当地职工的月平均工资的300%作为缴费基数。

### （三）基本养老保险待遇

对《国务院关于建立统一的企业职工基本养老保险制度的决定》实施后参加工作、缴费年限（含视同缴费年限，下同）累计满15年的人员，退休后按月发给基本养老金。基本养老金由基础养老金和个人账户养老金组成。退休时的基础养老金月标准以当地上年度在岗职工月平均工资和本人指数化月平均缴费工资的平均值为基数，缴费每满1年发给1%。个人账户养老金月标准为个人账户储存额除以计发月数，计发月数根据职工退休时城镇人口平均预期寿命、本人退休年龄、利息等因素确定。本决定实施后到达退休年龄但缴费年限累计不满15年的人员，不发给基础养老金；个人账户储存额一次性支付给本人，终止基本养老保险关系。

社会统筹与个人账户相结合的基本养老保险制度是我国在世界上首创的一种新型的基本养老保险制度。这个制度在基本养老保险基金的筹集上采用传统型的基本养老保险费用的筹集模式，即由国家、单位和个人共同负担；基本养老保险基金实行社会互济；在基本养老金的计发上采用结构式的计发办法，强调个人账户养老金的激励因素和劳动贡献差别。因此，该制度既吸收了传统型的养老保险制度的优点，又借鉴了个人账户模式的长处；既体现了传统意义上的社会保险的社会互济、分散风险、保障性强的特点，又强调了职工的自我保障意识和激励机制。

为建立多层次的养老保险体系，增强用人单位的人才竞争能力，更好地保障用人单位职工退休后的生活，具备条件的用人单位可为职工建立用人单位年金。用人单位年金基金实行完全积累，采取市场化的方式进行管理和运营。要切实做好用人单位年金基金监管工作，实现规范运作，切实维护用人单位和职工的利益。

### 三、医疗保险

医疗保险指通过国家立法形式确定的，当法定范围内的社会成员患病时为其提供医疗费用帮助的社会保险项目。疾病是社会成员一生中可能会遇到的使其丧失劳动能力和收入来源的风险之一，医疗保险的目的是保证受保者获得必要的使其康复的治疗条件，以保护受保者的健康。《国务院关于建立城镇职工基本医疗保险制度的决定》(国发〔1998〕44号)规定,我国的基本医疗保险费应由用人单位和职工个人按时足额缴纳。不按时足额缴纳的,不计个人账户,基本医疗保险统筹基金不予支付其医疗费用。

我国现行的医疗保险制度主要包括以下内容:

### (一)建立城镇职工基本医疗保险制度的原则

我国基本医疗保险的水平要与社会主义初级阶段生产力发展水平相适应;城镇所有用人单位及其职工都要参加基本医疗保险,实行属地管理;基本医疗保险费由用人单位和职工双方共同负担;基本医疗保险基金实行社会统筹和个人账户相结合。

### (二)城镇职工基本医疗保险覆盖范围和缴费办法

按照《国务院关于建立城镇职工基本医疗保险制度的决定》的规定,城镇所有用人单位,包括用人单位(国有用人单位、集体用人单位、外商投资用人单位、私营用人单位等)、机关、事业单位、社会团体、民办非用人单位及其职工,都要参加基本医疗保险。这就是说,必须参加城镇职工基本医疗保险的单位和职工,既包括机关事业单位也包括城镇各类用人单位,既包括国有经济单位也包括非国有经济单位,既包括效益好的用人单位也包括困难用人单位。这是目前我国社会保险制度中覆盖范围最广的险种之一。

基本医疗保险费由用人单位和职工共同缴纳。用人单位缴费率应控制在职工工资总额的6%左右,个人基本医疗保险缴费率,一般为工资收入的2%。随着经济发展,用人单位和职工缴费率可做相应调整。

### (三)建立基本医疗保险统筹基金和个人账户

基本医疗保险基金由统筹基金和个人账户构成。职工个人缴纳的基本医疗保险费,全部计入个人账户。用人单位缴纳的基本医疗保险费分为两部分,一部分用于建立统筹基金,一部分划入个人账户。划入个人账户的比例一般为用人单位缴费的30%左右,具体比例由统筹地区根据个人账户的支付范围和职工年龄等因素确定。

统筹基金和个人账户要划定各自的支付范围,分别核算,不得互相挤占。要确定统筹基金的起付标准和最高支付限额,起付标准原则上控制在当地职工年平均工资的10%左右,最高支付限额原则上控制在当地职工年平均工资的4倍左右。起付标准以下的医疗费用,从个人账户中支付或由个人自付。起付标准以上、最高支付限额以下的医疗费用,主要从统筹基金中支付,个人也要负担一定比例。超过最高支付限额的医疗费用,可以通过商业医疗保险等途径解决。统筹基金的具体起付标准、最高支付限额以及在起付标准以上和最高支付限额以下医疗费用的个人负担比例,由统筹地区根据以收定支、收支平衡的原则确定。

### （四）定点医疗和费用报销

根据《关于印发城镇职工基本医疗保险定点医疗机构管理暂行办法的通知》（劳社部发〔1999〕14 号）的规定，参保人员在获得定点资格的医疗机构范围内，提出个人就医的定点医疗机构选择意向，由所在单位汇总后，统一报送统筹地区社会保险经办机构。社会保险经办机构根据参保人的选择意向统筹确定定点医疗机构。除获得定点资格的专科医疗机构和中医医疗机构外，参保人员一般可再选择 3 至 5 家不同层次的医疗机构，其中至少应包括 1 至 2 家基层医疗机构（包括一级医院以及各类卫生院、门诊部、诊所、卫生所、医务室和社区卫生服务机构）。参保人员对选定的定点医疗机构，可在 1 年后提出更改要求，由统筹地区社会保险经办机构办理变更手续。

根据该通知规定，参保人员应在选定的定点医疗机构就医，并可自主决定在定点医疗机构购药或持处方到定点零售药店购药。除急诊和急救外，参保人员在非选定的定点医疗机构就医发生的费用，不得由基本医疗保险基金支付。因此，职工如患急病确实来不及到选定的医院医治，自己到附近的医院诊治，持有医院急诊证明，其医药费用，可由基本医疗保险基金按规定支付。

### （五）医疗期限

根据原劳动部 1994 年发布的《企业职工患病或非因工负伤医疗期规定》，医疗期是指用人单位职工因患病或非因工负伤而停止工作治病休息，用人单位不能解除劳动合同的时限。

该规定对医疗期的说明主要有以下几条：

（1）用人单位职工因患病或非因工负伤，需要停止工作医疗时，根据本人实际参加工作年限，给予 3 个月到 24 个月的医疗期。实际工作年限 10 年以下的，在本单位工作 5 年以下的为 3 个月；5 年以上的为 6 个月。实际工作年限在 10 年以上的，在本单位工作 5 年以下的为 6 个月；5 年以上 10 年以下的为 9 个月；10 年以上 15 年以下的为 12 个月；15 年以上 20 年以下为 18 个月；20 年以上的为 24 个月。

（2）医疗期 3 个月的按 6 个月内累计病休时间计算；6 个月的按 12 个月内累计病休时间计算；9 个月的按 15 个月内累计病休时间计算；12 个月的按 18 个月内累计病休时间计算；18 个月的按 24 个月内累计病休时间计算；24 个月的按 30 个月内累计病休时间计算。

（3）用人单位职工在医疗期内，其病假工资、疾病救济费和医疗保险待遇按照有关部门规定执行。

（4）用人单位职工非因工致残和经医生或医疗机构认定患有难以治疗的疾病，在医疗期内医疗终结，不能从事原工作，也不能从事用人单位另行安排的工作的,应当由劳动鉴定委员会参照工伤与职业病致残程度鉴定标准进行劳动能力的鉴定(自 2002 年 4 月 5 日之后,按《职工非因工伤残或因病丧失劳动能力程度鉴定标准(试行)》(劳社部发〔2002〕8号)执行)。被鉴定为一至四级的,应当退出劳动岗位,中止劳动关系,办理退休、退职手续,享受退休、退职待遇;被鉴定为五至十级的医疗期内不得解除劳动合同。

(5)用人单位职工非因工致残和经医生或医疗机构认定患有难以治疗的疾病,医疗期满,应当由劳动鉴定委员会参照工伤与职业病致残程度鉴定标准进行劳动能力的鉴定。被鉴定为一至四级的,应当退出劳动岗位,解除劳动关系,并办理退休、退职手续,享受退休、退职待遇。

(6)医疗期满尚未痊愈者,被解除劳动合同的经济补偿问题按照有关规定执行。

### 🖊 案例分析 10 - 3：员工个人自行缴社保的承诺有效吗？

王某于 2011 年 5 月进入 F 公司设于宁波某商场的品牌专柜从事营业员工作。F 公司与王某签订书面劳动合同,其中就社会保险缴纳事项做出如下约定:因公司注册地不在宁波,为方便劳动者,由劳动者在宁波自行缴纳社会保险,公司按每月 300 元标准支付社会保险补贴。2015 年 3 月,王某以个人原因提出辞职,同时申请劳动仲裁,要求 F 公司为其补缴 2011 年5 月至 2015 年 3 月期间的养老、医疗保险费。

仲裁委裁决 F 公司为王某补缴 2011 年 5 月至 2015 年 3 月的养老、医疗保险费,同时王某应向 F 公司返还已领取的所有社会保险补贴。

讨论:

1. 劳动者与用人单位关于社会保险由劳动者自行缴纳的书面承诺是否有效?

2. 有双方的书面约定,劳动者要求用人单位补缴社会保险是否能得到支持?

【案例评析】

《劳动法》第七十二条明确规定:用人单位和劳动者必须依法参加社会保险,缴纳社会保险费。参加社会保险,缴纳社会保险费是用人单位和劳动者的共同法定义务,双方均不得以任何形式逃避或放弃此义务。社会保险的强制性,也决定了劳动关系双方不得自行确定是否参加保险,以及选择所参加的保险项目。用人单位和劳动者任何关于放弃缴纳社会保险费的协议或者劳动者单方出具的不愿缴纳社会保险的承诺都是无效的。用人单位需为劳动者补缴社会保险,但劳动者自用人单位处获取的社会保险补贴不属于劳动报酬组成部分,应返还给用人单位。

案例来源:宁波市十大劳动争议案例

表10-1 2016年社会保险各险种缴费标准表

| 项目 | | 缴费基数 | 缴费比例(%) | 月缴费额(元) | 备注 |
|---|---|---|---|---|---|
| 基本养老保险 | 用人单位及其职工,机关事业单位编制外员工 — 单位缴纳 | 全部职工工资总额之和 | 14 | | 由单位上报参保人员工资收入,未上报的按原缴费基数为省平均工资的60%,最高为省平均工资的300% |
| | 用人单位及其职工,机关事业单位编制外员工 — 个人缴纳 | 本人上年度月平均工资 | 8 | | |
| | 个体工商户、灵活就业人员 | 2015年杭州市月平均工资4659元的80% | 18 | 670.90 | |
| | 机关事业单位及其职工 — 单位缴纳 | 2015年省月平均工资4309.92元 | 22 | 948.18 | |
| | 机关事业单位及其职工 — 个人缴纳 | 2015年省月平均工资4309.92元 | 4 | 172.40 | |
| | 机关、全额拨款事业单位及其职工 — 在职人员 | 2015年省月平均工资4309.92元 | 11.5 | 495.64 | 个人缴费比例为2.2% |
| | 机关、全额拨款事业单位及其职工 — 退休人员 | 2015年省月平均工资4309.92元 | 9.5 | 409.44 | 个人缴费比例为0.2% |
| | 非全额拨款事业单位及其职工 — 在职人员 | 2015年省月平均工资4309.92元 | 10.5 | 452.54 | 个人缴费比例为2.2% |
| | 非全额拨款事业单位及其职工 — 退休人员 | 2015年省月平均工资4309.92元 | 8.5 | 366.34 | 个人缴费比例为0.2% |
| 基本医疗保险及重大疾病 | 用人单位及其职工,机关事业单位编制外员工 — 单位缴纳 | 全部职工工资总额之和(基本医疗保险) | 8 | | 同基本养老保险费基数一致 |
| | 用人单位及其职工,机关事业单位编制外员工 — 个人缴纳 | 2015年省月平均工资4309.92元(重大疾病) | 0.2 | 8.62 | |
| | 个体工商户、灵活就业人员 | 2015年杭州市月平均工资4659元的80%(基本医疗保险) | 8 | 298.18 | |
| | 个体工商户、灵活就业人员 | 2015年省月平均工资4309.92元(重大疾病) | 0.2 | 8.62 | |

续 表

| 项 目 | | 缴费基数 | 缴费比例（%） | 月缴费额（元） | 备 注 |
|---|---|---|---|---|---|
| 失业保险 | 机关事业单位及其职工 单位缴纳 | 2015年省月平均工资4309.92元 | 1.5 | 64.65 | 农民合同制职工个人不缴纳 |
| | 个人缴纳 | 2015年省月平均工资4309.92元 | 0.5 | 21.55 | |
| | 用人单位及其职工、机关事业单位编制外员工 单位缴纳 | 全部职工工资总额之和 | 1.5 | | |
| | 个人缴纳 | 本人上年度月平均工资 | 0.5 | | |
| | 灵活就业人员 | 2015年杭州市月平均工资4659元的80% | 0.5 | 18.64 | |
| 生育保险 | 单位缴纳 | 全部职工工资总额之和 | 1 | | 同基本养老保险缴费基数一致 |
| 工伤保险 | 机关、事业及民办非用人单位 单位缴纳 | 全部职工上月工资总额之和 | 0.2 | | 由单位上报参保人员工资收入,未上报的按原缴费基数执行（最低、最高费基数为省平均工资的60%,最高为省平均工资的300%） |
| | 一类用人单位 单位缴纳 | | 0.5 | | |
| | 二类用人单位 单位缴纳 | | 1 | | |
| | 三类用人单位 单位缴纳 | | 2 | | |

注：2015年浙江省在岗职工年平均工资51719元,杭州市在岗职工年平均工资为55908元。

## 四、失业保险

失业保险是指国家通过立法强制实行的,由社会集中建立基金,对因失业而暂时中断生活来源的劳动者提供物质帮助,进而保障失业人员失业期间的基本生活,促进其再就业的制度。它是社会保障体系的重要组成部分,是社会保险的主要项目之一。

根据《中华人民共和国社会保险法》等有关规定,经国务院同意,从 2016 年 5 月 1 日起,对失业保险费缴纳的规定,城镇企业、事业单位应按照本单位工资总额的 1% ～ 1.5% 缴纳失业保险费。单位职工按照本人工资的 0.5% 缴纳失业保险费。城镇企业、事业单位招用的农民合同制工人本人不缴纳失业保险费。

在我国,失业人员在满足以下三个条件,即非因本人意愿中断就业;已办理失业登记,并有求职要求;按照规定参加失业保险,所在单位和本人已按照规定履行缴费义务满 1 年,方可享受失业保险待遇。待遇内容主要涉及以下几个方面:

(1) 按月领取的失业保险金,即失业保险经办机构按照规定支付给符合条件的失业人员的基本生活费用。失业保险累计缴费时间满 1 年不满 5 年的,最长可领取 12 个月的失业保险金;累计缴费时间满 5 年不满 10 年的,领取失业保险金的期限为 18 个月;累计缴费时间满 10 年以上的,领取失业保险金的期限为 24 个月。

(2) 领取失业保险金期间的医疗补助金,即支付给失业人员领取失业保险金期间发生的医疗费用的补助。如果失业人员患病或生育,到指定的医院就诊,可以按规定申请 70% 的医疗费补贴。

(3) 失业人员在领取失业保险金期间死亡的丧葬补助金和供养其配偶直系亲属的抚恤金。

(4) 为失业人员在领取失业保险金期间开展职业培训、职业介绍的机构或接受职业培训、职业介绍的本人给予补偿,帮助其再就业。

失业保险待遇是由失业保险金、医疗补助金、丧葬补助金和抚恤金、职业培训和职业介绍补贴等构成。失业保险待遇中最主要的是失业保险金,失业人员只有在领取失业保险金期间才能享受到其他各项待遇。

## 五、工伤保险

工伤保险是指国家通过立法实施的,对劳动者在工作中或在规定的特殊情况下,遭受意外伤害或患职业病导致暂时或永久丧失劳动能力以及死亡时,劳动者或其遗属从国家和社会获得生活和医疗保障的一种社会保险制度。这种保障既包括医疗、康复所需费用,也包括保障基本生活的费用。

我国现行的工伤保险制度包括以下内容:

### (一) 工伤保险覆盖范围

中华人民共和国境内的企业、事业单位、社会团体、民办非企业单位、基金会、律师事务所、会计师事务所等组织和有雇工的个体工商户(以下称用人单位)应当依照《工伤保险条例》(国务院颁发 586 号令)规定参加工伤保险,为本单位全部职工或者雇工(以下称职工)缴纳工伤保险费。

中华人民共和国境内的企业、事业单位、社会团体、民办非企业单位、基金会、律师事务所、会计师事务所等组织的职工和个体工商户的雇工,均有依照本条例的规定享受工伤保险待遇的权利。

### (二) 工伤保险基金

1. 工伤保险基金的构成

工伤保险基金由用人单位缴纳的工伤保险费、工伤保险基金的利息和依法纳入工伤保险基金的其他资金构成。

2. 工伤保险费率

工伤保险费根据以支定收、收支平衡的原则,确定费率。国家根据不同行业的工伤风险程度确定行业的差别费率,并根据工伤保险费使用、工伤发生率等情况在每个行业内确定若干费率档次。行业差别费率及行业内费率档次由国务院社会保险行政部门制定,报国务院批准后公布施行。国务院社会保险行政部门应当定期了解全国各统筹地区工伤保险基金收支情况,及时提出调整行业差别费率及行业内费率档次的方案,报国务院批准后公布施行。

3. 工伤保险缴费

用人单位应当按时缴纳工伤保险费。职工个人不缴纳工伤保险费。用人单位缴纳工伤保险费的数额为本单位职工工资总额乘以单位缴费费率之积。对难以按照工资总额缴纳工伤保险费的行业,其缴纳工伤保险费的具体方式,由国务院社会保险行政部门规定。

4. 工伤保险基金的统筹

工伤保险基金逐步实行省级统筹。跨地区、生产流动性较大的行业,可以采取相对集中的方式异地参加统筹地区的工伤保险。具体办法由国务院社会保险行政部门会同有关行业的主管部门制定。

5. 工伤保险基金的管理

工伤保险基金存入社会保障基金财政专户,用于本条例规定的工伤保险待遇,劳动能力鉴定,工伤预防的宣传、培训等费用,以及法律、法规规定的用于工伤保险的其他费用的支付。

工伤预防费用的提取比例、使用和管理的具体办法,由国务院社会保险行政部门会同国务院财政、卫生行政、安全生产监督管理等部门规定。

任何单位或者个人不得将工伤保险基金用于投资运营、兴建或者改建办公场所、发放奖金,或者挪作其他用途。

工伤保险基金应当留有一定比例的储备金,用于统筹地区重大事故的工伤保险待遇支付;储备金不足支付的,由统筹地区的人民政府垫付。储备金占基金总额的具体比例和储备金的使用办法,由省、自治区、直辖市人民政府规定。

### （三）工伤认定

工伤保险的认定在于劳动者因工负伤或职业病暂时失去劳动能力，工伤不管是因为什么原因导致，责任在个人或在企业，都享有社会保险待遇，即补偿不究过失原则。

职工有下列情形之一的，应当认定为工伤：

（1）在工作时间和工作场所内，因工作原因受到事故伤害的；

（2）工作时间前后在工作场所内，从事与工作有关的预备性或者收尾性工作受到事故伤害的；

（3）在工作时间和工作场所内，因履行工作职责受到暴力等意外伤害的；

（4）患职业病的；

（5）因工外出期间，由于工作原因受到伤害或者发生事故下落不明的；

（6）在上下班途中，受到非本人主要责任的交通事故或者城市轨道交通、客运轮渡、火车事故伤害的；

（7）法律、行政法规规定应当认定为工伤的其他情形。

职工有下列情形之一的，视同工伤：

（1）在工作时间和工作岗位，突发疾病死亡或者在48小时之内经抢救无效死亡的；

（2）在抢险救灾等维护国家利益、公共利益活动中受到伤害的；

（3）职工原在军队服役，因战、因公负伤致残，已取得革命伤残军人证，到用人单位后旧伤复发的。

职工有前款第（1）项、第（2）项情形的，按照本条例的有关规定享受工伤保险待遇；职工有前款第（3）项情形的，按照本条例的有关规定享受除一次性伤残补助金以外的工伤保险待遇。

职工符合本条例前两款规定，但是有下列情形之一的，不得认定为工伤或者视同工伤：

（1）故意犯罪的；

（2）醉酒或者吸毒的；

（3）自残或者自杀的。

职工发生事故伤害或者按照职业病防治法规定被诊断、鉴定为职业病，所在单位应当自事故伤害发生之日或者被诊断、鉴定为职业病之日起30日内，向统筹地区社会保险行政部门提出工伤认定申请。遇有特殊情况，经报社会保险行政部门同意，申请时限可以适当延长。用人单位未按前款规定提出工伤认定申请的，工伤职工或者其近亲属、工会组织在事故伤害发生之日或者被诊断、鉴定为职业病之日起1年内，可以直接向用人单位所在地统筹地区社会保险行政部门提出工伤认定申请。按照规定应当由省级社会保险行政部门进行工伤认定的事项，根据属地原则由用人单位所在地的设区的市级社会保险行政部门办理。

用人单位未在规定的时限内提交工伤认定申请，在此期间发生符合本条例规定的工伤待遇等有关费用由该用人单位负担。

提出工伤认定申请应当提交下列材料：

（1）工伤认定申请表；

（2）与用人单位存在劳动关系（包括事实劳动关系）的证明材料；

（3）医疗诊断证明或者职业病诊断证明书（或者职业病诊断鉴定书）。

工伤认定申请表应当包括事故发生的时间、地点、原因以及职工伤害程度等基本情况。工伤认定申请人提供材料不完整的，社会保险行政部门应当一次性书面告知工伤认定申请人需要补正的全部材料。申请人按照书面告知要求补正材料后，社会保险行政部门应当受理。

职工或者其近亲属认为是工伤，用人单位不认为是工伤的，由用人单位承担举证责任。

社会保险行政部门应当自受理工伤认定申请之日起 60 日内做出工伤认定的决定，并书面通知申请工伤认定的职工或者其近亲属和该职工所在单位。社会保险行政部门对受理的事实清楚、权利义务明确的工伤认定申请，应当在 15 日内做出工伤认定的决定。做出工伤认定决定需要以司法机关或者有关行政主管部门的结论为依据的，在司法机关或者有关行政主管部门尚未做出结论期间，做出工伤认定决定的时限中止。社会保险行政部门工作人员与工伤认定申请人有利害关系的，应当回避。

### （四）劳动能力鉴定

职工发生工伤，经治疗伤情相对稳定后存在残疾、影响劳动能力的，应当进行劳动能力鉴定。

劳动能力鉴定是指劳动功能障碍程度和生活自理障碍程度的等级鉴定。

（1）劳动功能障碍分为十个伤残等级，最重的为一级，最轻的为十级。

（2）生活自理障碍分为三个等级：生活完全不能自理、生活大部分不能自理和生活部分不能自理。

劳动能力鉴定标准由国务院社会保险行政部门会同国务院卫生行政部门等部门制定。劳动能力鉴定由用人单位、工伤职工或者其近亲属向设区的市级劳动能力鉴定委员会提出申请，并提供工伤认定决定和职工工伤医疗的有关资料。省、自治区、直辖市劳动能力鉴定委员会和设区的市级劳动能力鉴定委员会分别由省、自治区、直辖市和设区的市级社会保险行政部门、卫生行政部门、工会组织、经办机构代表以及用人单位代表组成。

劳动能力鉴定委员会建立医疗卫生专家库。列入专家库的医疗卫生专业技术人员应当具备下列条件：

（1）具有医疗卫生高级专业技术职务任职资格；

（2）掌握劳动能力鉴定的相关知识；

（3）具有良好的职业品德。

设区的市级劳动能力鉴定委员会收到劳动能力鉴定申请后,应当从其建立的医疗卫生专家库中随机抽取 3 名或者 5 名相关专家组成专家组,由专家组提出鉴定意见。设区的市级劳动能力鉴定委员会根据专家组的鉴定意见做出工伤职工劳动能力鉴定结论;必要时,可以委托具备资格的医疗机构协助进行有关的诊断。

设区的市级劳动能力鉴定委员会应当自收到劳动能力鉴定申请之日起 60 日内做出劳动能力鉴定结论,必要时,做出劳动能力鉴定结论的期限可以延长 30 日。劳动能力鉴定结论应当及时送达申请鉴定的单位和个人。

申请鉴定的单位或者个人对设区的市级劳动能力鉴定委员会做出的鉴定结论不服的,可以在收到该鉴定结论之日起 15 日内向省、自治区、直辖市劳动能力鉴定委员会提出再次鉴定申请。省、自治区、直辖市劳动能力鉴定委员会做出的劳动能力鉴定结论为最终结论。劳动能力鉴定工作应当客观、公正。劳动能力鉴定委员会组成人员或者参加鉴定的专家与当事人有利害关系的,应当回避。

自劳动能力鉴定结论做出之日起 1 年后,工伤职工或者其近亲属、所在单位或者经办机构认为伤残情况发生变化的,可以申请劳动能力复查鉴定。

## (五) 工伤保险待遇

职工因工作遭受事故伤害或者患职业病进行治疗,享受工伤医疗待遇。职工治疗工伤应当在签订服务协议的医疗机构就医,情况紧急时可以先到就近的医疗机构急救。根据《工伤保险条例》第 5 章"工伤保险待遇"的规定,工伤保险待遇有以下类型:

### 1. 医疗康复待遇

医疗康复待遇包括工伤治疗及相关补助待遇,康复性治疗待遇,人工器官、矫形器等辅助器具的安装、配置待遇等等。

### 2. 停工留薪期待遇

在停工留薪内,工伤职工原工资福利待遇不变,由所在单位按月支付。停工留薪期一般不超过 12 个月。伤情严重或者情况特殊,经设区的市级劳动能力鉴定委员会确认,可以适当延长,但延长不得超过 12 个月。工伤职工评定伤残等级后,停发原待遇,按照条例有关规定享受伤残待遇。工伤职工在停工留薪期满后仍需治疗的,继续享受工伤医疗待遇。生活不能自理的工伤职工在停工留薪期需要护理的,由所在单位负责。

### 3. 伤残待遇

工伤职工根据不同的伤残等级,享受一次性伤残补助金、伤残津贴、伤残就业补助金以及生活护理费等待遇。工伤职工已经评定伤残等级并经劳动能力鉴定委员会确认需要生活护理的,从工伤保险基金按月支付生活护理费。生活护理费按照生活完全不能自理、生活大部分不能自理或者生活部分不能自理 3 个不同等级支付,其标准分别为统筹地区上年度职工月平均工资的

50％、40％或者30％。

职工因工致残被鉴定为一级至四级伤残的,保留劳动关系,退出工作岗位,享受以下待遇:

(1)从工伤保险基金按伤残等级支付一次性伤残补助金,标准为:一级伤残为27个月的本人工资,二级伤残为25个月的本人工资,三级伤残为23个月的本人工资,四级伤残为21个月的本人工资。

(2)从工伤保险基金按月支付伤残津贴,标准为:一级伤残为本人工资的90％,二级伤残为本人工资的85％,三级伤残为本人工资的80％,四级伤残为本人工资的75％。伤残津贴实际金额低于当地最低工资标准的,由工伤保险基金补足差额。

(3)工伤职工达到退休年龄并办理退休手续后,停发伤残津贴,按照国家有关规定享受基本养老保险待遇。基本养老保险待遇低于伤残津贴的,由工伤保险基金补足差额。

职工因工致残被鉴定为一级至四级伤残的,由用人单位和职工个人以伤残津贴为基数,缴纳基本医疗保险费。

职工因工致残被鉴定为五级、六级伤残的,享受以下待遇:

(1)从工伤保险基金按伤残等级支付一次性伤残补助金,标准为:五级伤残为18个月的本人工资,六级伤残为16个月的本人工资。

(2)保留与用人单位的劳动关系,由用人单位安排适当工作。难以安排工作的,由用人单位按月发给伤残津贴,标准为:五级伤残为本人工资的70％,六级伤残为本人工资的60％,并由用人单位按照规定为其缴纳应缴纳的各项社会保险费。伤残津贴实际金额低于当地最低工资标准的,由用人单位补足差额。

经工伤职工本人提出,该职工可以与用人单位解除或者终止劳动关系,由工伤保险基金支付一次性工伤医疗补助金,由用人单位支付一次性伤残就业补助金。一次性工伤医疗补助金和一次性伤残就业补助金的具体标准由省、自治区、直辖市人民政府规定。

职工因工致残被鉴定为七级至十级伤残的,享受以下待遇:

(1)从工伤保险基金按伤残等级支付一次性伤残补助金,标准为:七级伤残为13个月的本人工资,八级伤残为11个月的本人工资,九级伤残为9个月的本人工资,十级伤残为7个月的本人工资。

(2)劳动、聘用合同期满终止,或者职工本人提出解除劳动、聘用合同的,由工伤保险基金支付一次性工伤医疗补助金,由用人单位支付一次性伤残就业补助金。一次性工伤医疗补助金和一次性伤残就业补助金的具体标准由省、自治区、直辖市人民政府规定。

4.工亡待遇

职工因工死亡,其直系亲属可以领取丧葬补助金、供养亲属抚恤金和一次性工亡补助金。

（1）丧葬补助金为 6 个月的统筹地区上年度职工月平均工资。

（2）供养亲属抚恤金按照职工本人工资的一定比例发给由因工死亡职工生前提供主要生活来源、无劳动能力的亲属。标准为：配偶每月 40%，其他亲属每人每月 30%，孤寡老人或者孤儿每人每月在上述标准的基础上增加10%。核定的各供养亲属的抚恤金之和不应高于因工死亡职工生前的工资。供养亲属的具体范围由国务院社会保险行政部门规定。

（3）一次性工亡补助金标准为上一年度全国城镇居民人均可支配收入的20 倍。

伤残职工在停工留薪期内因工伤导致死亡的，其近亲属享受第一款规定的待遇。一级至四级伤残职工在停工留薪期满后死亡的，其近亲属可以享受第一款前两项规定的待遇。

工伤职工有下列情形之一的，停止享受工伤保险待遇：

（1）丧失享受待遇条件的；

（2）拒不接受劳动能力鉴定的；

（3）拒绝治疗的。

### （六）监督管理

经办机构具体承办工伤保险事务，履行下列职责：

（1）根据省、自治区、直辖市人民政府规定，征收工伤保险费；

（2）核查用人单位的工资总额和职工人数，办理工伤保险登记，并负责保存用人单位缴费和职工享受工伤保险待遇情况的记录；

（3）进行工伤保险的调查、统计；

（4）按照规定管理工伤保险基金的支出；

（5）按照规定核定工伤保险待遇；

（6）为工伤职工或者其近亲属免费提供咨询服务。

2016 年 5 月 1 日起各地要继续贯彻落实国务院 2015 年关于降低工伤保险平均费率 0.25 个百分点和生育保险费率 0.5 个百分点的决定和有关政策规定，确保政策实施到位。生育保险和基本医疗保险合并实施工作，待国务院制定出台相关规定后统一组织实施。

## 六、生育保险

生育保险是国家通过立法，在怀孕和分娩的妇女劳动者暂时中断劳动、失去正常工资收入时，国家或社会对生育的职工给予必要的经济补偿和医疗保健的社会保险制度。我国生育保险待遇主要包括两项。一是生育津贴，二是生育医疗待遇。人社部《生育保险办法（征求意见稿）》从 2012 年 11 月 20 日起面向社会公开征求意见。意见稿明确，生育险待遇将不再限户籍，单位不缴生育险须掏生育费。

我国现行的生育保险制度包括以下内容：

## （一）生育保险覆盖范围

凡是与用人单位建立了劳动关系的职工，包括男职工，都应当参加生育保险。

## （二）生育保险费用缴纳

用人单位按照国家规定缴纳生育保险费，职工不缴纳生育保险费。

## （三）生育保险待遇

职工享受生育保险待遇，应当同时具备下列条件：（1）用人单位为职工累计缴费满1年以上，并且继续为其缴费；（2）符合国家和省人口与计划生育规定。

我国生育保险待遇主要包括两项。一是生育医疗费，二是生育津贴。其宗旨在于通过向职业妇女提供生育津贴、医疗服务和产假，帮助他们恢复劳动能力，重返工作岗位。

### 1. 生育医疗费

女职工生育的检查费、接生费、手术费、住院费和药费由生育保险基金支付。超出规定的医疗业务费和药费（含自费药品和营养药品的药费）由职工个人负担。

女职工生育出院后，因生育引起疾病的医疗费，由生育保险基金支付；其他疾病的医疗费，按照医疗保险待遇的规定办理。女职工产假期满后，因病需要休息治疗的，按照有关病假待遇和医疗保险待遇规定办理。

### 2. 生育津贴

女职工依法享受产假期间的生育津贴，按本用人单位上年度职工月平均工资计发，由生育保险基金支付。生育津贴为女职工产假期间的工资，生育津贴低于本人工资标准的，差额部分由用人单位补足。生育津贴按照女职工本人生育当月的缴费基数除以30再乘以产假天数计算。

# 第四节　劳动争议处理

劳动争议是用人单位与员工之间因为对薪酬、工作时间、福利、解聘及其他待遇等工作条件的主张不一致而产生的纠纷，处理劳动争议必须遵循法律规定的原则和程序。

## 一、劳动争议概述

### （一）劳动争议的概念

劳动争议是指劳动关系当事人之间因劳动的权利与义务发生分歧而引起的争议，又称劳动纠纷。在我国，具体指劳动者和用人单位之间，在劳动法调整的范围内,因适用国家法律、法规和动力、履行、变更、终止和解除劳动合同以及其他与劳动关系直接相联系的问题而引起的纠纷。劳动纠纷是劳动关系不协调的反映,只有妥善、合法、公正、及时处理劳动争议,才能维护劳动关系双方当事人的合法权益。

## (二)劳动争议的分类

### 1. 按照劳动争议的主体分

按照劳动争议的主体不同,可将劳动争议分为个别争议和集体争议。个别争议是雇主和员工个人之间所发生的争议,争议对象是劳动合同上的内容;集体争议是雇主与员工的团体即工会之间发生的争议,争议对象是团体的利益,也就是有关集体协议的内容。

### 2. 按照劳动争议的性质分

按照劳动争议的性质不同,可将劳动争议分为权利事项争议和调整事项争议。国际劳工组织认为,权利争议是指那些对一项现行法律或集体协约的使用或解释引起的争议。也即双方当事人因为实现劳动法、集体协议和劳动合同所规定的既存权利义务所发生的争议。调整争议是双方当事人对于劳动条件主张继续维持或变更的争议。

## (三)劳动争议的范围

劳动争议的范围,在不同的国家有不同的规定。根据我国《劳动争议调解仲裁法》第 2 条规定,劳动争议的范围包括:

### 1. 因确认劳动关系发生的争议

根据《劳动合同法》规定,劳动关系自用工之日起建立,而不是从订立劳动合同时成立。

### 2. 因订立、履行、变更、解除和终止劳动合同发生的争议

用人单位劳动合同管理涉及订立、履行、变更、解除和终止各个环节,劳动关系从建立到履行,再到终结,不可避免会出现争议,这些争议均属于劳动争议的受案范围。

### 3. 因除名、辞退和辞职、离职发生的争议

无论哪一方要求终结劳动关系,都会对对方产生很大的影响,在这一过程中,双方争议不可避免。事业单位发生争议,也适用《劳动争议调解仲裁法》。

### 4. 因工作时间、休息休假、社会保险、福利、培训以及劳动保护发生的争议

工作时间、休息休假、社会保险、福利、培训以及劳动保护都属于劳动标准的范畴,劳动标准与劳动者的切身利益和身心健康直接相关,也是劳动争议的多发环节。

### 5. 因劳动报酬、工伤医疗费、经济补偿或者赔偿金等发生的争议

劳动报酬、工伤医疗费、经济补偿或者赔偿金,都属于劳动者与用人单位

之间的金钱给付,这类劳动争议关系到劳动者和用人单位的经济利益。

6. 法律、法规规定的其他劳动争议

## 二、劳动争议处理

### (一) 劳动争议处理的机构

我国把劳动争议的处理程序分为协商、调解、仲裁和诉讼四个阶段,与此相应的处理机构包括:用人单位内部设立的劳动争议调解委员会、劳动争议仲裁委员会和人民法院。

### (二) 劳动争议处理的原则

劳动争议的处理原则是劳动争议处理机构在处理劳动争议时必须遵循的基本原则,包括以下几个方面:

1. 着重调解、及时处理原则

调解是处理劳动争议的基本手段,贯穿于劳动争议处理的全过程。调解应在当事人自愿的基础上进行,不得有丝毫的勉强或强制。对劳动争议的处理要及时。用人单位劳动争议调解委员会对案件调解不成,应在规定的期限内结案,避免当事人丧失申请仲裁的权利;劳动争议仲裁委员会对案件先行调解不成,应及时裁决;人民法院在调解不成时,应及时判决。

2. 在查清事实的基础上依法处理原则

劳动争议的处理应以事实为依据,以法律为准绳,分清是非,明确责任。所谓依法处理,包含三个层次:第一层次是指以劳动法律、法规的有关规定为依据;第二层次是指以劳动合同(包括集体合同)的约定为依据;第三层次是指以用人单位合法的规章制度为依据,但它只对本用人单位的争议当事人具有效力。

3. 当事人在适用法律上一律平等原则

劳动争议当事人法律地位平等,双方具有平等的权利和义务,任何一方当事人不得有超越法律规定的特权。当事人双方在适用法律上一律平等、一视同仁,对任何一方都不偏袒、不歧视,对被侵权或受害的任何一方都同样予以保护。

### (三) 劳动争议处理的程序

1. 协商

劳动争议的当事人一方为用人单位,另一方为用人单位员工,因此处理劳动争议应当首先经过充分的协商,以利于自愿达成协议。协商不是处理劳动争议的必经程序。争议一方不愿协商或者协商不成的,可以向本用人单位劳动争议调解委员会申请调解。如不能及时达成协议,也应终结协商程序,选择其他处理方式。

2. 调解

劳动争议调解,是指第三方介入劳动争议,促进当事人达成调解协议。调解是处理用人单位劳动争议的基本办法或途径之一。事实上,调解可以贯穿着整个劳动争议的解决过程。它既指在用人单位劳动争议进入仲裁或诉讼以后由仲裁委员会或法院所估的调解工作,也指用人单位调解委员会对用人单位劳动争议所做的调解活动。用人单位调解委员会所做的调解活动主要是指,调解委员会在接受争议双方当事人调解申请后,先要查清事实、明确责任,在此基础上根据有关法律和集体合同或劳动合同的规定,通过自己的说服、诱导,最终促使双方当事人在相互让步的前提下自愿达成解决劳动争议的协议。

劳动争议调解可分为自愿调解和强制调解。自愿调解是当事人一方或双方自愿申请的调解;强制调解是依照法律法规由调解者出面进行,不以当事人自愿与否为条件。当事人申请调解,可用书面或口头形式进行。口头申请的,调解组织应当当场记录申请人基本情况、申请调解的争议事项、理由和时间。

调解委员会接到申请后,应遵循双方当事人的意见,双方当事人不愿调解的,应在 3 日内以书面形式通知申请人。争议受理后,应按下列程序处理:首先及时指派调解委员会对争议事项进行全面调查,并在调查笔录上签章;第二步由调解委员会主任(或指定 1~2 名调解委员)主持召开调解会议;第三步在听取争议双方陈述,查清事实,分清是非的基础上依法进行调解;第四步经调解达成协议的,应当制作调解协议书。调解协议书由双方当事人签名或者盖章,经调解员签名并加盖调解组织印章后生效,对双方当事人具有约束力,当事人应当履行。达成调解协议后,一方当事人在协议约定期限内不履行调解协议的,另一方当事人可以依法申请仲裁。因支付拖欠劳动报酬、工伤医疗费、经济补偿或者赔偿金事项达成调解协议,用人单位在协议约定期限内不履行的,劳动者可以持调解协议书依法向人民法院申请支付令。人民法院应当依法发出支付令。

自劳动争议调解组织收到调解申请之日起十五日内未达成调解协议的,当事人可以依法申请仲裁。调解不是处理劳动争议的必经程序,当事人不愿调解的,可以直接申请仲裁。

3. 仲裁

仲裁也称公断,仲裁作为用人单位劳动争议的处理办法之一,是由第三者介入劳动争议,促使争议双方当事人达成和解协议或做出公断的执法行为。劳动争议仲裁委员会由劳动行政部门代表、工会代表和用人单位方面代表组成。劳动争议仲裁委员会组成人员应当是单数。劳动争议由劳动合同履行地或者用人单位所在地的劳动争议仲裁委员会管辖。双方当事人分别向劳动合同履行地和用人单位所在地的劳动争议仲裁委员会申请仲裁的,由劳动合同履行地的劳动争议仲裁委员会管辖。

(1)仲裁原则如下:

①三方原则。政府、工会和用人单位代表共同组成劳动争议仲裁委员会,指导劳动争议处理工作。

②独立办案。仲裁委员会、仲裁庭、仲裁员处理劳动争议案件时,不受任何人和组织的干预,包括政府和人民法院。

③一裁终局。劳动争议仲裁采取一级一裁即为终局裁决的裁级制度。对因追索劳动报酬、工伤医疗费、经济补偿或者赔偿金,不超过当地月最低工资标准十二个月金额的争议、因执行国家的劳动标准在工作时间、休息休假、社会保险等方面发生的争议,实行一裁终局原则。

(2)仲裁程序如下:

①案件受理。劳动争议仲裁委员会收到仲裁申请之日起五日内,认为符合受理条件的,应当受理,并通知申请人;认为不符合受理条件的,应当书面通知申请人不予受理,并说明理由。对劳动争议仲裁委员会不予受理或者逾期未做出决定的,申请人可以就该劳动争议事项向人民法院提起诉讼。劳动争议仲裁委员会受理仲裁申请后,应当在五日内将仲裁申请书副本送达被申请人。被申请人收到仲裁申请书副本后,应当在十日内向劳动争议仲裁委员会提交答辩书。劳动争议仲裁委员会收到答辩书后,应当在五日内将答辩书副本送达申请人。被申请人未提交答辩书的,不影响仲裁程序的进行。

②案件审理。劳动争议仲裁委员会裁决劳动争议案件实行仲裁庭制。仲裁庭由三名仲裁员组成,设首席仲裁员。简单劳动争议案件可以由一名仲裁员独任仲裁。仲裁庭应当在开庭五日前,将开庭日期、地点书面通知双方当事人。当事人有正当理由的,可以在开庭三日前请求延期开庭。是否延期,由劳动争议仲裁委员会决定。申请人收到书面通知,无正当理由拒不到庭或者未经仲裁庭同意中途退庭的,可以视为撤回仲裁申请。被申请人收到书面通知,无正当理由拒不到庭或者未经仲裁庭同意中途退庭的,可以缺席裁决。当事人申请劳动争议仲裁后,可以自行和解。达成和解协议的,可以撤回仲裁申请。仲裁庭在做出裁决前,应当先行调解。调解达成协议的,仲裁庭应当制作调解书。调解书应当写明仲裁请求和当事人协议的结果。调解书由仲裁员签名,加盖劳动争议仲裁委员会印章,送达双方当事人。调解书经双方当事人签收后,发生法律效力。调解不成或者调解书送达前,一方当事人反悔的,仲裁庭应当及时做出裁决。裁决书应当载明仲裁请求、争议事实、裁决理由、裁决结果和裁决日期。裁决书由仲裁员签名,加盖劳动争议仲裁委员会印章。对裁决持不同意见的仲裁员,可以签名,也可以不签名。

③结案。仲裁庭对劳动争议案件审结后,应填写《仲裁结案审批表》报仲裁委员会审批;经审批结案,应依规定送达仲裁文书,并将案件资料归档。仲裁庭裁决劳动争议案件,应当自劳动争议仲裁委员会受理仲裁申请之日起四十五日内结束。案情复杂需要延期的,经劳动争议仲裁委员会主任批准,可以延期并书面通知当事人,但是延长期限不得超过十五日。逾期未做出仲裁裁决的,当事人可以就该劳动争议事项向人民法院提起诉讼。当事人对发生法律效力的调解书、裁决书,应当依照规定的期限履行。一方当事人逾期不履行的,另一方当事人可以依照民事诉讼法的有关规定向人民法院申请执行。受理申请的人民法院应当依法执行。

事业单位实行聘用制的工作人员与本单位发生劳动争议的,依照本法执行;法律、行政法规或者国务院另有规定的,依照其规定。

劳动争议仲裁不收费。劳动争议仲裁委员会的经费由财政予以保障。

4．诉讼

劳动争议诉讼,是指劳动争议当事人不服劳动争议仲裁委员会的裁决,在规定的期限内向人民法院起诉,人民法院依法受理后,依法对劳动争议案件进行审理的活动。劳动争议当事人对仲裁裁决不服的,可以自收到仲裁裁决书之日起十五日内向人民法院提起诉讼。一方当事人在法定期限内不起诉又不履行仲裁裁决的,另一方当事人可以申请人民法院强制执行。诉讼是处理劳动争议的最终程序。

(1)劳动争议诉讼的原则:人民法院在审理劳动争议案件中,遵循司法审判中的一般诉讼原则,如以事实为根据,以法律为准绳的原则;独立行使审判权的原则,人民法院依照法律规定对劳动争议案件进行独立审判,不受行政机关、社会团体和个人的干涉;平等原则,诉讼当事人有平等的诉讼权利,人民法院对双方当事人在适用法律上一律平等;回避原则,人民法院审理劳动争议案件时,当事人有权申请回避等。

(2)劳动争议诉讼的程序如下:

①起诉和受理。当事人向法院提出起诉,人民法院收到起诉状或者口头起诉后,进行审查认为符合起诉条件的,应当在7日内立案,并通知当事人;认为不符合起诉条件的,应当在7日内裁定不予受理;原告对裁定不服的,可以提起上诉。

②案件审理前的准备。人民法院在案件正式审理之前需要做一些准备工作,包括向被告发送起诉状副本,组成合议庭,开展调查或委托调查,通知当事人参加诉讼等。

③开庭审理。审判组织集合诉讼参加人和其他诉讼参与人正式开庭审理案件。这是诉讼的核心环节,是诉讼活动的集中体现和典型形态。

④依法做出判决。是指人民法院依据适用的法律,对案件的争议做出实体判决和程序上的裁定。判决前能够调解的,还可以进行调解,调解不成的,应当及时判决。

当事人不服法院一审判决的,可依法提起二审程序。但须在一审判决书送达之日起15日内向上一级人民法院提起上诉。上诉状应当写明当事人的姓名、法人名称及法定代表人的姓名,原审人民法院名称、案件编号和案由,上诉的请求和理由。上诉状应通过原审人民法院提交,并按对方当事人或代表人的人数提交副本。二审人民法院做出的判决为终审判决。

## 本章小结

员工关系是指组织中劳动者和用人单位双方由于雇佣行为而产生的关系。随着现代管理理论的不断发展,以及国家劳动法律体系的不断完善,用人单位越来越注重加强内部沟通,改善员工关系。

　　员工关系管理是在用人单位人力资源体系中,各级管理人员和人力资源职能管理人员,通过拟订和实施各项人力资源政策和管理行为,以及其他的管理沟通手段调节用人单位和员工、员工与员工之间的相互联系和影响,从而实现组织的目标并确保为员工、社会增值。

　　劳动合同是劳动者和用人单位之间明确劳动权利义务,规范劳动合同订立、履行、变更、解除和终止行为的协议。劳动合同的内容是指劳动者和用人单位双方经过平等协商所达成的劳动权利义务的条款,具体表现为合同条款,可分为法定条款和约定条款。劳动合同的管理过程主要包括以下六个部分:劳动合同的订立、劳动合同的履行、劳动合同的变更、劳动合同的解除、劳动合同的终止和劳动合同的续订。

　　社会保障是指国家与社会通过立法和行政措施,积极动员社会各方面资源,保证无收入、低收入以及遭受各种意外灾害的公民能够维持生存,保障劳动者在年老、失业、患病、工伤、生育时的基本生活不受影响,同时根据经济和社会发展状况,逐步增进公共福利水平,提高国民生活质量所采取的各种社会措施、制度和事业的总称。

　　社会保障由社会保险、社会救济、社会福利、优抚安置等组成。其中,社会保险是社会保障的核心内容。我国劳动法规定,社会保险项目分为养老保险、失业保险、医疗保险、工伤保险和生育保险五个方面。社会保险的保障对象是全体劳动者,资金主要来源是用人单位和劳动者个人的缴费,政府给予资助。依法享受社会保险是劳动者的基本权利。

　　劳动争议是用人单位与员工之间因为对薪酬、工作时间、福利、解聘及其他待遇等工作条件的主张不一致而产生的纠纷,处理劳动争议必须遵循法律规定的原则和程序。我国把劳动争议的处理程序分为协商、调解、仲裁和诉讼四个阶段,与此相应的处理机构包括:用人单位内部设立的劳动争议调解委员会、劳动争议仲裁委员会和人民法院。

## 关键术语

　　员工关系　员工关系管理　劳动合同　劳动合同变更　劳动合同解除劳动合同终止　试用期　劳动合同期限　社会保障　社会保险　养老保险工伤保险　医疗保险　失业保险　劳动争议　协商　仲裁　诉讼

### 【应用案例】

　　小王是某贸易公司的业务经理,2011 年 7 月 1 日入职该公司,合同为期 5 年,截至 2016 年 6 月 30 日,试用期 6 个月。

　　2015 年该公司准备进军美国市场,经公司领导研究,决定将小王送美国某语言学校全封闭培训半年,提升其英语能力。往返机票及培训费、生活费等共计花去人民币 36 万元。

　　出国培训前双方签订了培训协议书,约定小王培训结束后要为公司服务

案例讨论

满 5 年,若违反约定提前辞职,则要支付公司 50 万元违约金。2015 年 9 月 1 日小王学成归国。2016 年 6 月 1 日,公司发出续签劳动合同意向书,准备和小王再续签合同 5 年,小王此时向公司提出加薪的要求,公司以小王暂未到调薪时间为由,不同意加薪要求。小王遂提出离职。公司向劳动争议仲裁委员会申请仲裁,要求小王依据培训协议约定支付公司违约金 50 万元。

**案例讨论题:**

1. 请指出本案中双方有合同期与服务期,具体执行中应该以哪个为准?

2. 本案中违约金规定是否合法? 如果支付违约金,支付的额度应为多少?

3. 在服务期间,劳动者主动提出解除合同是否需要承担什么责任?

4. 在服务期间,公司提出解除合同是否需要承担什么责任?

**【复习思考题】**

在线习题

1. 什么是员工关系? 员工关系管理的内容包括哪些部分?

2. 试述劳动合同的概念、特点和种类。

3. 劳动合同应具备哪些条款? 签订劳动合同应注意哪些问题?

4. 如何约定试用期?

5. 试述劳动法律规定的解除劳动合同的条件和程序。

6. 试述劳动合同终止的条件。

7. 什么是社会保障? 社会保障的内容包括哪些?

8. 什么是养老保险? 享受养老保险待遇的条件是什么?

9. 什么是医疗保险? 其特点和原则是什么?

10. 什么是工伤保险? 享受工伤保险待遇的条件是什么?

11. 试述劳动争议的概念、种类和特征。

12. 处理劳动争议的方法有哪些?

13. 处理劳动争议的基本原则是什么?

14. 如果你是人力资源经理,应该如何预防劳动争议的发生?

15. 结合人力资源管理实践,谈谈处理劳动争议的经验和技巧。

**【HR 考级真题】**

人力资源管理师
考试真题

1. 劳动争议仲裁的申诉时效为( )。(2012 年 11 月)

    A. 15 天      B. 30 天      C. 60 天      D. 90 天

2. 劳动合同可以约定试用期,试用期的期限( )。(2012 年 11 月)

    A. 不得超过 6 个月      B. 按合同期限的 1/12 确定

    C. 通过平等协商确定      D. 按合同期限的一定比例确定

# 第十一章

# 人员素质测评及其应用

## 学习目标

◆ 了解人员素质测评在人力资源管理中的地位和作用

◆ 掌握对人员素质测评的核心技术和常用工具

◆ 了解组织和实施一次测评活动,需要做哪些准备工作,要经过哪些步骤和流程

## 引导案例

### 哈林斯百货店的面试

哈林斯百货商店在美国各地有 36 个销售点。人力资源职能由 9 个人组成的人力资源班子来行使,这个人力资源班子负责每个店的经理的雇用。当一个新的店铺开张时,一位人力资源职员出差到店铺所在地为其雇用一名经理。然后这位新店铺的经理才被赋予为该店铺雇佣必要人员的责任。

一位人力资源专业人员迈克·巴克最近为一家在佐治亚州迈肯市新开业的店铺挑选了卢·约翰孙作为经理。在开始经营的头 6 个月,店铺中人员流动率达 120%。助理经理的职位已经换了 3 茬,一般的销售人员平均只呆两个月。迈克被派往迈肯市调查这个问题。

迈克询问并让卢描述他在挑选人员时所用的雇用实践,卢做了以下答复:“我做出的挑选是依靠我个人对每个求职者的面试。我向所有的求职者提问某些基础问题,如他们是否乐意在周末工作并且是否乐意加班。除此之外,我并不是按事前确定的问题顺序去发问。在面试之前,我反复阅读了求职者的简历与申请表格以便熟悉他们的背景与过去的经历。通过这方面信息,我确定他们是否符合工作的最低资格,然后我才开始对那些至少满足最低资格的人进行面试。在面试过程中,我试着确定该求职者是否是个喜欢与别人一道工作的性格外向的人。当面试助理经理时,我也寻找他有无领导技能。”

然后迈克问卢,他是如何确定哪一位求职者可以被雇用的,卢做了如下陈述:“求职者给我的第一印象是相当重要的。一个人如何介绍自己、如何开口谈论以及他的服饰都很重要,并且确实对我的最后决策有一些影响。然而,可能最具影响因素的是与求职者目光的接触,当与某个人目光接触时,那就是他

案例讨论

在聆听并且是诚恳的信号。微笑、一次坚定有力的握手、两脚平放地面的笔直的坐姿也都是我做出决策的重要因素,最终,如果一个求职者得到雇佣,他必须对为哈林斯工作感兴趣。我的第一个问题是:'你为什么想要为哈林斯工作?'我对那些已知道很多哈林斯事情的求职者印象很深。"

迈克现在必须对卢的雇用实践做出评价以确定它们是否是影响流动问题的关键因素。

**案例讨论:**

1. 假如你是迈克,对卢的雇用实践的健全性你会得出什么结论?
2. 关于如何能改善其挑选程序,你会向卢提出什么建议?

# 第一节　人员素质测评理论概述

## 一、人员素质测评的定义与认识

人员素质测评,是指通过测评主体从特定的人力资源管理目的出发,以心理测量为基础,运用管理学、统计学等定性与定量相结合的一系列科学手段和方法,收集受测人在主要活动领域中的表征信息,通过引发与推断对人的素质进行全面系统的客观量值判断和价值的评价,从而为人力资源开发和管理提供科学的决策依据。

人员素质测评的具体对象不是抽象的人,而是作为个体存在的人的内在素质及其表现出的绩效。现代人员素质测评可以分为心理测试和智能测试两类,心理测试又可以分为个性能力测试、职业能力测试、价值观测试、职业兴趣测试和情商测试。智能测试包括智力测试、技能测试、专业知识测试和情景模拟测试。用人单位的人员素质测评其主要集中在二个方面:一是认知能力,二是社会成熟程度,三是行为风格因素,这也就是更多地关注了成就、智力、个性、兴趣、价值观等与工作效率相关的心理特征。对上述心理特质做更进一步的划分以及分析,发掘出新的与工作相关的心理特质,尤其结合该组织的文化、风格与所针对的职位的工作分析进行映射,是现代人员素质测评的重要特征。

随着人才竞争的日益激烈,当前的人事工作在很多管理环节都不同程度地借鉴、引用人员素质测评技术,大到机关录用干部、公务员竞争上岗,小到小型公司录用新员工,人员招聘考核等方面都在利用测评技术。特别是用人单位使出各种方法来招揽、考核、培养和激励人才。从员工的招聘(包括面谈、查看简历、简单测试等)、培训(专业知识学习、工作能力培养、情商素质训练等)到考核(工作成绩鉴定、工作态度认可、专业知识技术考察等)、晋升等环节繁多。因此在实际操作中,人事目标的实现远远没有用人单位的生产、销售目标那样快捷和顺利,大多数管理者都期待摒弃效率低下的传统人事管理方法,使用一种新型的人事管理工具,这样,解决人力资源的核心问题的人员素质测评便应运而生了。

## 二、人员素质测评的程序

### (一)确定测试目的和测试内容

根据不同的测试目的确定具体的测试内容是人员素质测评的第一步。测试内容应根据所选拔岗位的任职素质要求,通常可以工作分析、职务说明为依据,针对不同岗位的特殊要求来确定所需要的测试内容。

### (二)确定测试形式和测试工具

测试的形式和工具根据测试内容的不同而不同。不恰当的测试方法会使测试结果不能满足测试目的,甚至会导致虚假信息误导决策。

一般自陈量表(即基于自我评价的问卷)的动机测验题目表面效度(即从题目表面是否容易看出出题人的意向和答案倾向)过高。应聘者容易表现出较高的社会称许性,即题目本身的答案反映了一般社会价值倾向,应聘者容易表现出反应偏差,投其所好,可能不适合于在招聘考核,此时就可以采用隐蔽性比较高的投射测验(如主题统觉测验)来对应试者的动机进行评定。

### (三)实施测试与数据采集

实施中要注意做到客观化、标准化,保证收集到的测试结果能够公平、真实地反映应试者的状况。注意将实施测试的过程中相关的信息及可能对决策产生影响的细节和特殊因素记录下来,作为决策的辅助材料。通常,要求测试的现场环境要干净整洁,安静舒适,没有外界干扰,也不会相互影响。

### (四)分析结果

对测试结果的分析通常包括对测试结果的计分、统计和解释。

### (五)决策或建议

决策与测试的目的联系紧密,以选拔为目的的测试,其决策内容为候选人名单;以安置为目的的测试,其决策内容为岗位与应聘者的匹配;以评价为目的的测试,其决策内容为对应试者素质的评价;以诊断为目的的测试,其决策内容为应试者的问题和特长或应试团体的状况和管理问题;以预测为目的的测试,其决策内容为应试者将来的绩效和工作表现。

### (六)跟踪检验和反馈

在多数情况下需要对测试结果及聘用结果进行跟踪,主要是根据工作绩效对测试结果和聘用进行检验,为此前的工作提供重要的反馈,为测试取得经验性资料,为进一步矫正测试以达到更大的精确度提供依据。至此真正完成一个人员素质测评作业系统。

## 三、人员素质测评的内涵特点与主要内容

### (一)人员素质测评的内涵

人员素质测评通过对被测人员的素质做出数量或价值的判断,最终以达到"人—事匹配"与"人—职匹配"的目的。包含了"测"与"评"两个过程。

测——就是测评者依据既定规则,通过访问、调查等方式,对被测人员的某方面的素质特征进行测试。

评——在"测"的基础上,通过深入的分析、推测与评价,从而得出定性或定量的结论。

### (二)人员素质测评的特点

人员素质测评的特点如表 11 - 1 所示。

表 11 - 1　人员素质测评特点

| 特点 | 表现及意义 |
|---|---|
| 间接性 | 从被测人员外在的言行举止来推知其内在素质特征及水平。 |
| 抽样性 | 无法对被测人员的所有素质进行测评,只能根据统计学中的"部分能够反映总体"的原理,对测评要素进行抽样。只要样本容量足够多,就可由样本的测评结果来推断被测人员的素质特征。 |
| 代表性 | 这是由抽样性决定的,即要求测试的题目或测评的项目要与其反映及预测的行为之间有较大的相关性。 |
| 标准化 | 测评项目的编制、实施、评分及分数的解释要具有统一性,"标准化"是人员素质测评获得准确可靠结果的前提。 |
| 客观性 | 这是人员素质测评的基本要求,只要经过了标准化的工作,得出的结果一般就较为可靠和客观。 |
| 相对性 | 人员素质测评只是从人与人的相对比较中,对一个人的某种心理素质特征、水平和能力做判断。 |

### (三)人员素质测评的主要内容

人的复杂性导致人员素质测评内容的广泛性,主要包括知识、性格、能力、兴趣、价值观、情商、品质等。

1. 知识

知识是人们在改造世界的实践中所获得的认识和经验的总和。包括一般知识和专业知识。一般知识是各行各业所需的基本知识,如计算能力、外语读写、文史知识、电脑运用等。专业知识是从事某种行业所必需的特殊知识和技

能。如财务管理专业知识、人力资源管理专业知识等。

## 2. 性格

性格是表现在人的态度和行为方面的较为稳定的心理特征。性格是在一个人的生理素质基础上，结合社会实践活动而逐渐形成、发展和变化的。性格既有发展的一面，又有相对稳定的一面。性格是一个人区别他人的最主要的标志。性格无优劣之分，但是与某种职位存在着匹配问题。不能与职位匹配的性格则较难获得优秀的业绩，造成人力资源浪费，而能与职位匹配的性格，工作得心应手，心情舒畅。

性格决定着一个人的合作态度、工作态度、处事态度和职业趋向。性格是人的原始动力，无论是组织选人还是个人职业生涯规划都离不开对性格的了解。

## 3. 能力

能力是顺利完成某种活动所必须具备的心理特征。它是先天遗传素质和后天学习实践结合而逐渐形成发展起来的，分一般能力和特殊能力。前者是人们共同所具有的，包括思维力、记忆力、观察力和想象力，但每个人的强弱程度不一样。有的观察力强，有的想象力强，因而职位选择要根据自己优势能力，才能更好发挥自己。仅靠一般能力还难以保证某种任务成功完成，还需要一些特殊能力。

能力是影响工作绩效的基本因素，不同职业对人有不同的能力要求，不同人的能力构成不相同。在职业规划时应充分考虑自己的能力特点，选择最能发挥自己优势能力的职业。

## 4. 兴趣

兴趣是人对某种事物或活动积极探索的倾向，决定了对感兴趣事物优先注意的方向，并伴随一种愉悦的情绪。这种倾向是在社会实践活动中发展起来的，成为个人心理的稳定特征，也可看出在某一事物上的成功概率。

对于兴趣的测评，可以帮助一个人选择职业方向，也可以帮助一个组织选择合适的人员。虽然有兴趣并不一定完全保证一个人工作上的成功，但没兴趣就更难于保证事业上的成功。

## 5. 价值观

人的价值观是个人对客观事物和自己行为意义的评价。价值观决定一个人选择干什么，应该干什么。人的价值观是建立在个人需求的基础上，因此，从职业角度来说，存在着一个为什么而工作的动机问题。这个问题同样决定着一个人处于某一工作环境中的工作好坏。

通过价值观测评就可以大致了解自己的职业价值观倾向，从而为自己选择理想的职业提供信息。但正如对品质的测评一样，对价值观的测评因容易受到主观的掩饰而正确性降低。

## 6. 情商

情商（EQ）又称情绪智力，它主要是指人在情绪、情感、意志、耐挫折等方面的品质。情商主要反映一个人感受、理解、运用、表达、控制和调节自己情感的能力，以及处理自己与他人之间的情感关系的能力。

目前对情商测评具有权威性的工具似乎不多见。情商的测评不像智力水平那样可用测验分数较准确地表示出来，它只能根据个人的综合表现进行判断。

7. 品质

品质是一个人在行为和作风上所表现的思想和品性的本质。处在社会中的每个人都要受到社会道德的规范，但这种规范常常会和个人的欲望产生冲突，在某些情景下，是从个人利益出发，还是从社会利益出发，反映了一个人的道德水准。组织对一个人的品质要求是奉献、诚实、忠诚、自律等。组织雇用人存在的风险很多来自个人的品质。

对品质的测试是最困难的，从古至今提出了许多方法，没有一种可以提供很有效的预测。因为人会掩饰自己。

## 四、人员素质测评的类型

人员素质测评按照目的的不同可以分为五种主要的类型。

### （一）选拔性测评

选拔性测评的目的是区分和选拔优秀人员，这是人力资源管理中最常用到的一种测评，这种测评特别强调区分功能，要求过程客观，结果明确。我们从小熟悉的学校考试比较接近这种测评，考试成绩一定程度上反映了学习效果的好坏。

选拔性测评具备区分性、刚强性、客观性、选择性、结果量化或等级化这五大特点。

选拔性测评的基本原则：公平性、公正性、差异性、准确性、可比性。

### （二）配置性测评

配置性测评是以合理的人职匹配为目的，人尽其才，其宗旨是"人职相配，人事相宜"。实践证明，当任职者的能力、兴趣和价值观刚好吻合职位的要求时，可以达到最佳的人力资源使用效果。配置性测评最大的特点是必须结合职业要求，不同职位的测评标准明显不同，并且不能由于人员的原因降低标准，强调宁缺毋滥。

配置性测评具备针对性（测评目的）、客观性（测评标准）、严格性（测评活动的组织与实施）三大特点。

### （三）开发性测评

开发性测评是基于人员素质的可塑性，以开发人员潜能提高人员素质为目的，所以这种测评的报告并不强调好坏之分，而是强调通过测评来勘探个人的优势和劣势,尤其是潜在的发展可能。开发性测评也经常结合明确的开发目的进行,例如希望通过测评提升团队的沟通效率和质量。

开发性测评具备探查性(素质的优劣)、配合性(为开发素质服务)、促进性(促进素质提高)三大特点。

### (四)诊断性测评

诊断性测评服务于了解素质现状或以寻求问题的诊断为目的。诊断测评的特点是比较全面和细致,希望通过寻根问底的测评,探究问题产生的根源,这种测评不一定公开结果,主要供管理人员参考。

诊断性测评主要具备内容广泛性、内容精细性(寻根究底)、系统性、结果保密性四大特点。

### (五)考核性测评

考核性测评又称鉴定性测评,目的是鉴定和验证是否具备某种素质,或者具备的程度和水平。鉴定性测评经常穿插在选拔性测评和配置性测评之中,主要是对测试者素质结构与水平的鉴定,要求测评结果具有较高的信度和效度要求。

## 五、人员素质测评的基本原则和功能

### (一)人员素质测评的基本原则

1. 普遍性与特殊性相结合

在设计测评要素和编制测评标准时,一方面要遵循测评工程的技术要求,另一方面也要充分体现工作岗位或职位的特点与要求。做好职务分析工作,是合理选择测评要素,保证测评效度的重要基础。

2. 测评与评定相结合

在对测评信息进行统计处理和解释测评结果时,要注意测试与评定相结合。测试是对人员素质或绩效的定量描述,而评定则是对这一描述权衡其价值大小。定量的测试和定性的评定是一个有机的整体,测试是评定的基础,评定是测试的继续和深化。

3. 科学性与实用性相结合

在测评时,一方面应尽可能提高测评的科学性,另一方面也考虑现有的技术水平和测评条件,注重实用性。在实际测评中,应在这两者之间较好地谋求一种协调。

4. 精确与模糊相结合

精确测评与模糊测评相结合,应体现在测评要素的设计、标准的制定、方法的选择、信息分析、结合评定与解释的全过程中。有可精确测评的,如机械推理能力;有很难精确只能模糊测评的如自我认识。模糊测评有两种:一种是损失一定的精确性,寻求实用性;另一种是利用模糊数学原理进行貌似模糊,实则更精确的测评。

5．静态与动态相结合

动静结合首先表现在测评要素和测评标准的设计与编制上。静态测评易看清差异,便于横向比较,忽视原基础和今后趋势。动态测评则是从要素形成与发展过程进行测评,有利于了解实际水平,但不利于相互比较。

动静结合其次表现在测评方法的选择上。心理测试一般是静态的,而评价中心、面试与观察评定等技术具有动态性。测评中,有的要素宜于用静态测评的方法进行测评,例如专业知识等;有的要素则宜于用动态测评的方法进行测评,例如决策能力、人际关系能力等。

## （二）人员素质测评的功能

1．鉴定功能

鉴定功能是人员素质测评的最直接的功能,鉴定是指对人的心理素质、能力素质、道德品质和工作绩效等做出鉴别和评定。鉴定功能的实现有赖于工具的科学性和过程的规范性以及鉴定标准的适当性,这三者是实现人员素质测评的鉴定功能的必要条件。

2．预测功能

测评是为预测实际岗位业绩达到程度而提供的当前发展水平的信息。制作测评工具——量表设计时就考虑人的发展规律,量表在编制过程中,注重对效度的研究,即探索测评结果与某一段时间后的工作行为(或实绩)之间的关系。

3．诊断功能

人员素质测评的诊断功能就是在出现发展缓慢、停滞不前、后退现象时,能够进行反省和自我检查,找出存在的问题、缺陷和不足,以便采取针对性的措施加以改善,如优化组织结构、改善思维方式、更新知识和观念等等,清除障碍,实现可持续发展。

4．导向功能

根据测评结果做出决策,如是否录用、晋升、奖励,总是与某种利益或成长发展相关,因此,测评的导向功能体现社会的需求标准,如以测评内容和标准为导航,用认可的测评要素及标准来调整、强化自己的实际技能,则社会人员寻求和供给的差距就会大大缩小。

5．激励功能

激励功能是指测评能激励人们进取向上的愿望与动机,不断提高素质和工作能力,因每个人都有自尊和进取的需要。从行为修正激励理论观点看,获得肯定性评价的行为将会趋于高频率出现。因此,测评是促使个体素质与修养行为向着社会发展方向的强化手段。

## 第二节 人员素质测评体系设计

### 一、素质测评标准体系的要素

测评与选拔标准体系的测评对象的数量与质量的测评起着"标尺"作用。素质只有通过标准体系，或者把它投影到测评标准体系中，才能表现它的相对水平与内在价值。它一般由标准、标度和标记三个要素组成。

#### （一）标准

所谓标准，就是指测评标准体系的内在规定性，常常表现为各种素质规范化行为特征或表征的描述与规定。

从参照性来看，一是效标参照性标准体系：是依据测评内容与测评目的而形成的测评标准体系，一般是对测评对象内涵的直接描述或诠释；二是常模参照性指标体系：是对测评客体外延的比较而形成的测评标准体系。效标参照性体系与测评客体本身无关，而常模参照性指标体系则与测评客体直接相关。

从它揭示的内涵来看，有客观形式、主观评价、半客观半主观三种。

从标准的表现形式来看，有评语短句式、设问提示式与方向指示式三种。

根据测评指示操作的方式来划分，有测定式、评定式。

#### （二）标度

所谓标度，即对标准的外在形式划分，常常表现为对素质行为特征或表现的范围、强度和频率的规定。

#### （三）标记

所谓标记，即对应于不同标度（范围、强度和频率）的符号表示，通常用字母、汉字或数字来表示，它可以出现在标准体系中，也可以直接说明标准。

### 二、测评标准体系的构成

测评标准体系设计分为横向结构和纵向结构两个方面。横向结构是指将需要测评的员工素质的要素进行分解，并列出相应的项目；纵向结构是指将每一项素质用规范化的行为特征或表征进行描述与规定，并按层次细分。

#### （一）测评标准体系的横向结构

员工的素质，很多人也称之为能力，是由多种要素耦合而成的。在测评标准体系的设计中,可以概括为结构性要素、行为环境要素和工作绩效要素三个方面。

1. 结构性要素

结构性要素,是从静态的角度来反映员工素质及其功能行为构成。它包括身体素质、心理素质。

2. 行为环境要素

行为环境要素,是从动态角度来反映员工素质及其功能行为特性。主要是考察员工的实际工作表现及所处的环境条件。

3. 工作绩效要素

工作绩效要素,是一个人的素质与能力水平的综合表现。通过对工作绩效要素的考察,可以对员工素质及其功能行为做出恰如其分的评价。

### (二)测评标准体系的纵向结构

在测评标准体系中,一般根据测评的目的来规定测评内容,在测评内容下设置测评目标,测评目标下设测评指标。

1. 测评内容

测评内容是指测评所指向的具体对象与范围,它具有相对性。

2. 测评目标

测评目标是对测评内容筛选综合后的产物。有的测评目标是测评内容点的直接筛选结果,而有的则是测评内容的综合。测评目标是素质测评中直接指向的内容点。

3. 测评指标

测评指标是素质测评目标操作化的表现形式。

## 三、测评标准体系的设计

### (一)测评的内容、目标与指标

测评内容、测评目标与测评指标共同构成了素质测评的标准体系。测评内容是基础、测评目标是主体、测评指标是实体。测评内容、测评目标与测评指标是测评标准体系的不同层次。测评内容是测评所指向的具体对象与范围,测评目标是对测评内容的明确规定,测评指标则是对测评目标的具体分解。

1. 测评内容

指素质测评所指向的具体对象与范围,具有相对性如德、才等。测评内容的确定是以测评目的与所测客体的特点为依据。测评内容分析最好借助于内容分析进行。详见表 11 - 2、表 11 - 3。

表 11 - 2　个体素质测评内容分析表

| 形式<br>结构 | 知识 | 能力 | 思维方式 | 操作行为 | 日常表现 | 绩效表现 |
|---|---|---|---|---|---|---|
| 德 | | | | | | |
| 智 | | | | | | |
| 体 | | | | | | |

表 11 - 3　岗位知识测评内容分析表

| 形式<br>结构 | 知识 | 能力 | 思维方式 | 操作行为 | 日常表现 | 绩效表现 |
|---|---|---|---|---|---|---|
| 基础知识 | | | | | | |
| 专业知识 | | | | | | |
| 相关知识 | | | | | | |

2．测评目标

测评目标是对测评内容筛选综合后的产物,是素质测评中直接指向的内容点,同时测评内容与目标具有相对性与转换性。

如品德中的"诚实""正直""谦虚",品德作为测评内容,而"诚实"等作为测评目标。

测评目标是测评内容的一种代表,其选择要通过定性定量的方法来实现,不能任意指定。

3．测评指标

测评指标是素质测评目标操作化的表现形式,是对测评对象特征状态的一种表征形式。单个的指标反映测评对象某一方面的特征状态,而由反映测评对象各个方面特征状态的指标所构成的有机整体或集合,就是测评指标体系。

（1）测评指标结构与形式：测评指标＝测评要素＋测评标志＋测评标度。

测评要素：测评对象的基本单位；

测评标志：揭示测评要素的关键可辨特征；

测评标度：测评要素或要素标志的程度差异与状态顺序。

表 11 - 4　逻辑思维能力测评指标

| 测评要素 | 测评标志 | 测评标度 | | |
|---|---|---|---|---|
| 逻辑思维<br>能力 | 1.回答问题层次是否清楚 | 清楚 | 一般 | 混乱 |
| | 2.论述问题是否周密 | 周密 | 一般 | 不周密 |
| | 3.论点论据照应是否连贯 | 连贯 | 一般 | 不连贯 |

①测评标志的形式

A. 评语短句式

如"语言表达能力"指标下的要素"用词准确性"的测评标志:没有用词不当的情形/偶尔用词不当的情形/多次出现用词不当的情形。逻辑思维能力测评指标见表 11-4。

B. 设问提示式

见表 11-5。

表 11-5 协调性测评指标

| 测评要素 | 测评标志 | 测评标度 | | | | |
|---|---|---|---|---|---|---|
| | | 优 | 良 | 中 | 及 | 差 |
| 协调性 | 1. 合作意识怎么样? | | | | | |
| | 2. 见解、想法不固执吗? | | | | | |
| | 3. 自我本位感不强吗? | | | | | |

C. 方向指示式

见表 11-6。

表 11-6 业务经验测评指标

| 测评要素 | 测评标志 | 测评标度 |
|---|---|---|
| 业务经验 | 主要从应聘者所从事的业务年限、熟悉程度、有无工作成果等方面进行测评 | 根据具体情况把握 |

②测评标度的形式

A. 量词式标度:如"多、较多、一般、较少、少"

B. 等级式标度:如"优、良、中、差"或"A、B、C、D"等

C. 数量式标度

● 数量式标度之点标式标度,见表 11-7。

表 11-7 综合分析能力测评指标

| 测评要素 | 测评标志 | 测评标度 |
|---|---|---|
| 综合分析能力 | 1. 能抓住实质,分析透彻 | 10 |
| | 2. 接触实质,分析较透彻 | 5 |
| | 3. 抓不住实质,分析不透彻 | 0 |

● 数量式标度之连续区间式标度,见表 11-8。

表 11-8 协作性测评指标

| 测评要素 | 测评标度与标志 | | | | |
|---|---|---|---|---|---|
| | 5~4.5 分 | 4.4~4 分 | 3.9~3.5 分 | 3.4~3 分 | 3 分以下 |
| 协作性 | 合作无间 | 肯合作 | 尚能合作 | 偶尔合作 | 我行我素 |

D. 定义式标度

见表 11 - 9。

表 11 - 9　工作态度测评指标

| 测评要素 | | 三级标度定义 | | | 测评结果 |
|---|---|---|---|---|---|
| 序号 | 要素描述 | A | B | C | |
| 1 | 次废品率 | 基本无 | 很少有 | 很多次 | |
| 2 | 作业快慢 | 能完成 | 有时能 | 较慢 | |
| 3 | 爱惜设备 | 能爱惜 | 能注意 | 会乱来 | |
| 4 | 成绩如何 | 基本达标 | 靠近目标 | 差远了 | |
| 5 | 合作共事 | 乐于帮忙 | 能帮则帮 | 帮不了 | |
| 6 | 出勤情况 | 很少发生 | 不算多 | 经常出现 | |
| 7 | 热心工作 | 干得出色 | 不感兴趣 | 讨厌 | |
| 8 | 敬业精神 | 工作踏实 | 说得过去 | 马马虎虎 | |

E. 图表式标度

见表 11 - 10。

表 11 - 10　思考型性格测评量表

| 问：你是怎么样看待自己的？ | 1 | 2 | 3 |
|---|---|---|---|
| 1. 有些东西尽管不起直接作用,但必须学习 | | | |
| 2. 别人求助时如不方便就断然拒绝 | | | |
| 3. 认真考虑,然后才行动、说话 | | | |
| 4. 总是把表对得很准 | | | |
| 5. 生活态度是"三思而后行" | | | |
| 6. 性情总是"水波不惊般地平稳" | | | |
| 7. 收到信件马上就回函 | | | |
| 8. 做事时先确认不会失败后才开始行动 | | | |
| 9. 做事时考虑先后缓急 | | | |
| 10. 对他人的事情尽量不插嘴 | | | |
| 11. 工作先安排好顺序,所以忙而不乱 | | | |
| 12. 综合自己的想法后再说话 | | | |
| 13. 几乎从不丢失携带的物品或失手打碎东西 | | | |
| 14. 笔记中的字的大小形状始终不变 | | | |
| 15. 别人说你面无表情 | | | |
| 16. 不受一时的气氛所左右 | | | |
| 17. 一经决定便尽量遵守 | | | |
| 18. 写重要的信件或文章时必打草稿 | | | |

**续　表**

| 问：你是怎么样看待自己的？ | 1 | 2 | 3 |
|---|---|---|---|
| 19. 从不因一时冲动而买东西 | | | |
| 20. 没事不打电话 | | | |
| 21. 买食物首先注重营养平衡 | | | |
| 22. 尊重每个朋友的个性，决不勉强 | | | |
| 23. 虽然情绪有些不好，但仍把分配的工作做完 | | | |
| 24. 人生有许多东西不能用金钱买到 | | | |
| 25. 决不泄露朋友的秘密，背叛朋友的信任 | | | |
| 26. 借东西到期一定归还 | | | |
| 27. 怕出麻烦，门窗一般都关闭着 | | | |
| 28. 打电话之前先考虑好说话的先后顺序 | | | |
| 29. 彻底寻找失败的原因 | | | |
| 30. 高效率地记笔记，有自己的一套方法 | | | |
| 31. 亲自充分调查入学学校和就业单位 | | | |
| 32. 得到详尽的说明后，才开始工作 | | | |
| 33. 即使别人打破了规律，自己也不随波逐流 | | | |
| 34. 在人生中比起才能来，气质更重要 | | | |
| 35. 做事时比起率先行动更善于善后处理 | | | |
| 36. 不管多么急也不加塞儿 | | | |
| 37. 经常发现报上的校对错误 | | | |
| 38. 外出旅行时先准备好洗脸毛巾 | | | |
| 39. 闲暇时喜欢猜谜读书等活动 | | | |
| 40. 出了麻烦尽可能不去找人商量，独自思考 | | | |
| 41. 做事有条理，一切按计划行事 | | | |
| 42. 把书信重复看几遍才放下心来 | | | |
| 43. 不干完手头的事不接新的工作 | | | |
| 44. 做事时有人过来说话也不受干扰 | | | |
| 45. 即使不拿手的事情也不退避三舍，总想试试 | | | |
| 46. 身体健康是因为生活有规律 | | | |
| 47. 愿意细心地做同样的工作 | | | |
| 48. 晚上制定好第二天的计划才入睡 | | | |

自我诊断方法：

1）读完1～48题，如果认为同你平时所感、所做一致，就在方格1内画⊙，不一致就在方格2内画×，不置可否就在方格3内画∧。

2）⊙记2分，×记1分，∧记0分，然后计算总分。

3）70分以上为思考型，40分以下为非思考型，41～69分为倾向不明。

（2）指标的作用与意义主要包括以下几个方面：

①物化连接作用：物理测量以物量物，具体可行，素质测评以主观度无形，以观念评抽象，不可操作。

②导向统一作用：测评指标是一个标志，引导大家行动。

③防止主观片面与深化认识作用：按标志分要素与标度测评，克服了主观随意性；同时在制定指标过程中又加深了对测评对象的认识。

（3）指标设计的原则包括以下几点：

①与测评对象同质原则；

②可测性原则；

③普遍性原则；

④独立性原则；

⑤完备性原则；

⑥结构性原则。

（4）指标设计的过程与步骤：指标内容的设计—归类合并与筛选—量化—试用—检验—修改。以此作为一个循环，不断完善。

## （二）指标设计的方法与技术

### 1. 要素拟定方法

测评要素的拟定是整个指标体系内容设计的基础，标志选择与标度划分都是在此基础上进行的。常用的要素拟定方法如下。

（1）工作分析法：包括观察法、工作者自我记录法、主管人员分析法、访谈法、关键事件法、问卷法。

（2）榜样分析法：榜样要典型，榜样中的关键特征与特征中的关键要素。

---

**榜样分析法：十九项优秀经理测评要素**

20 世纪 70 年代，美国用人单位管理协会用了 35 年时间，调查了 4000 名经理，从中选出 1812 名最为成功的经理加以剖析，拟定出了 19 项优秀经理测评要素。

①工作效率高；②有主动进取心；③逻辑思维能力强；④富有创造性；⑤有判断力；⑥有较强的自信心；⑦能辅助他人；⑧为人师表；⑨善于使用个人的权力；⑩善于动员群众的力量；⑪利用交谈做工作；⑫善于建立亲密的人群关系；⑬乐观；⑭善于与群众打成一片；⑮有自制力；⑯主动果断；⑰客观；⑱善于自我批评；⑲勤俭艰苦和具有灵活性。

---

（3）培训目标概括分析法：从一些上岗培训大纲或目标中来搜寻有关的测评要素。

---

**培训目标概括法：选拔领导者测评要素**

①政治素质：对党忠诚；具有为事业献身精神；团结同志；品德高尚；诚实正直；襟怀坦白；奉公守法；大公无私；以身作则；言行一致。

②知识素质：政治法律知识；经济管理与经济学知识；工程技术知识；心理学知识；社会学与教育学知识等。

③决策能力：分析问题能力；逻辑判断能力；创新能力；直觉判断能力；决断的勇气。

④组织指挥能力：善于人事协调；善于人财物的综合协调；善于国家、个人、集体三者利益的协调；善于统筹兼顾协调当前与未来发展；善于以点带面。

⑤联系群众：自知、知人、客观公平。

⑥沉着老练：胸怀开朗；戒骄戒躁；诚恳坦率；实事求是。

⑦善于合作：精于授权；尊重他人。

⑧勇于负责：敢于冒险；敢于求新；善于应变。

---

（4）文献查阅法：通过有关资料查阅，来搜寻有关的测评要素。

如日本用人单位选拔经理时有关品德的十项测评要素和十项管理能力要素分别为：

---

**文献查阅法：日本用人单位选拔经理的品德十项测评要素**

①使命感：上级给予的任务，无论有多大困难，都一定要完成它。

②信赖性：既信赖他人也受人依赖，与上下级、同事间关系融洽。

③诚实：待人真心诚意，讲真话。

④忍耐：每当遇到困难，下级顶撞等，无论怎么样痛苦，也能够忍耐。

⑤热情：工作抓得紧，毫不放松，不达目的决不罢休。

⑥责任感：能时刻记住自己的职责，充分发挥自己的作用。

⑦积极性：对任何工作都有积极的态度，能主动地以主人翁的态度去完成工作。

⑧进取心：学习努力，时刻向上，不断提高自己。

⑨公平：对事对人都力求公平合理。

⑩勇敢：对有危险的工作自己亲自动手，不怕出问题。

---

**文献查阅法：日本用人单位选拔经理的管理能力十项测评要素**

①决策能力：能在几个方案中选择决定最优方案。

②规划能力：对事物进行计划、制定实施步骤的能力。也包括调研能力、组织能力。

③创造能力：工作中能不断提出新想法、新措施与新工作方法。

④判断能力：工作中能对某一事物的是非进行判断的能力。

⑤洞察能力：能透过现象看到本质，预见事物的发展和变化。

⑥劝说能力：能说服下级、同事和上级接受某一看法与意见。

⑦理解别人的能力：善于掌握每类型的人的性格特点。

⑧解决问题的能力：善于发现问题并解决问题。

⑨培训能力：善于了解下级需要，指导下级工作。

⑩激励能力：善于引导下级积极主动地工作，不单靠命令与指示。

(5) 职务说明书查阅法：通过对职务说明书进行查阅等方法，来搜寻有关的测评要素。比如，翻译岗位的概要是做好语言文字的互译工作和外事活动的组织接待工作。也包括大型会议中的同声口译和修改校订译文等。

2. 标志选择范围

标志选择包括以下四方面的选择：(1) 对象表征选择；(2) 关键点特征选择；(3) 区分点特征选择；(4) 相关特征选择。

3. 标度划分方法

标度的划分包括以下四种方法：(1) 习惯划分法；(2) 两极划分法；(3) 统计划分法；(4) 随意标度法。

**标度划分：两极三级标度指标体系**

人生不同，天赋各异。此组测评共 20 个，无所谓对错，主要看你具备哪方面的潜力，以便帮助你正确选择合适的专业。请如实回答，否则无效。所选项用√标记。

①你喜欢认识新朋友，游览新地方吗？　　　　喜欢/不喜欢/两者之间

②你认为"小心谨慎，稳打稳扎"是句至理名言吗？　是/不是/两者之间

③你平时看课外书看得快吗？　　　　　　　　快/不快/两者之间

④你不喜欢太细碎的工作吗？　　　　　　　　是/不是/两者之间

⑤在你力所能及的范围内，你愿意不厌其烦地帮助别人吗？

　　　　　　　　　　　　　　　　　　　　是/看情况/两者之间

⑥你能列出 5 个或更多你自认为够朋友的人吗？　能/不能/两者之间

⑦你喜欢与比你更小的人在一起玩吗？　　　喜欢/不喜欢/两者之间

⑧你认为数学难学吗？　　　　　　　　　　　难/不难/两者之间

⑨一有空闲，你喜欢活动还是看点有趣的书？　活动/看书/两者之间

⑩你想改变现有日常生活惯例,使自己多有些自由时间吗?

想/不想/两者之间

⑪喜欢学习那些能使钟、开关、马达等发生效用的内容吗?

喜欢/不喜欢/两者之间

⑫对自己的学习计划有切实的准备与措施吗? 有/没有/两者之间

⑬你喜欢打牌或下棋吗? 喜欢/不喜欢/两者之间

⑭做事与学习时你是宁愿少些,但一定要做好的原则吗?

是/不是/两者之间

⑮你常记得自己看过或听过的事情吗? 记得/不记得/两者之间

⑯你宁愿读一些散文或小品而不去看长篇小说吗?

是/不是/两者之间

⑰当你发现画挂歪了,你会立即想着去扶正一点吗?

会/不会/两者之间

⑱有空余时你宁愿去干别的也不愿待在家中闲聊或看电视?

是/不是/两者之间

⑲你很少写错字、别字吗? 是/不是/两者之间

⑳当你看推理破案小说或电视时,常能预先知道有关结局?

是/不能/两者之间

## (三)测评指标量化方法

素质测评通过要素拟定、标志选择与标度划分,仅仅完成了指标内容的设计工作。这一步是整个测评指标体系建构的基础,但所设计的指标的测评功能还不健全,必须进行量化。

量化主要包括加权、赋分与计分三项工作。

1. 加权

(1)加权的类型如下:

①纵向加权;

②横向加权;

③综合加权。

(2)加权的一般方法如下:

①主观经验法;

②分类加权法;

③专家调查加权法;

④比较加权法;

⑤层次分析加权法。

首先就测评指标体系中同一层次的各个指标,运用两两比较的方法,建立评判矩阵,见表 11－11。

表 11-11 层次分析加权

| 比较情况 | 比较结果 | 量化 |
| --- | --- | --- |
| 两个指标同等重要 | 同等重要 | 1 |
| 据经验一个比另一个稍微重要 | 略微重要 | 3 |
| 据经验一个比另一个更为重要 | 更为重要 | 5 |
| 事实表明一个指标比另一个指标更重要 | 确实重要 | 7 |
| 理论经验与事实表明一个比另一个明显重要 | 绝对重要 | 9 |
| 两个指标比较的情况介于上述相邻情况之间 | 取中间值 | 2、4、6、8 |

2. 赋分

即按照一定规则,给每个指标的状态与差异程度赋予一定的分数。

任何一个测评指标的赋分均由两个因素决定,一是赋分的等级及其对应的分数,二是赋分的规则或标准。

(1)赋分的等级及其对应的分数:为了使测评的结果规范化、统一化和计分简单化,便于计算机处理,对于测评指标体系中的每一个指标,可采取统一的分等计分法。

(2)赋分的规则或标准如下:

①客观性测评指标。这些指标具有客观性数据与结果,如没有统一的计分标准,可采用一定的参考标准为效标进行计分。

②主观性测评指标。对于没有客观性数据与结果,也没有可参考的量化标准,可在调查研究的基础上进行定性分析,然后根据自己以往的经验和当前实际来确定测评对象在该指标上的等级水平并给以相应的分数。

3. 计分

计分是对测评结果的量化与表示。包括以下四种:(1)统计法;(2)计算法;(3)评判法;(4)选择法。

# 第三节　人员素质测评技术方法

人员素质测评技术方法包括心理测试技术、履历分析技术、纸笔测试技术、面试技术等多种方法。

## 一、心理测试

心理测试是通过观察人的具有代表性的行为,对于贯穿在人的行为活动中的心理特征,依据确定的原则进行推论和数量化分析的一种科学手段。是对胜任职务所需要的个性特点能够最好地描述并测试的工具,被广泛用于人员素质测评工作中。

### （一）心理测试的功能、优缺点与测试观

1. 心理测试的功能

（1）从实际应用角度看：选拔人才、岗位安置、诊断、评价、辅助咨询。

（2）从理论研究角度看：搜集资料、提出和验证假设、实验分组。

2. 心理测试的优缺点

心理测试在员工招聘中有许多优点，主要有以下四点：

（1）迅速。心理测试可以在较短的时间内迅速了解一个人的心理素质，潜在能力和他的各种指标。

（2）比较科学。世界上目前还没有一种完全科学的方法，可以在短期内全面了解一个人的心理素质和潜在能力，而目前心理测试比较科学地了解一个人的基本素质。

（3）比较公平。员工招聘中往往会出现不公平竞争的倾向，但心理测试在一定程度上可以避免这种不公平性。因为通过心理测试，心理素质比较高的员工可以脱颖而出，而心理素质较低的应聘者，落选也感到心平气和，因为他们知道自己心理测试的成绩比较低。

（4）可以比较。员工素质的高低通过智力测试以后，他们的测试结果可以比较，因为用同一种心理测试的方法得出的结果有可比性，而其他的方法往往在不同的场合，不同的地点，没有可比性。

心理测试也有以下几个缺点：

（1）可能被滥用。心理测试虽然是一种科学的测试手段，但是也可以被人滥用。比如，有些人在员工招聘中滥用不合格的量表，反复使用某一种不科学的量表，这样得出的结论就不能令人满意。

（2）可能被曲解。有的时候，你测试了某一结果，你曲解以后，对某人的心理活动和以后的行为都可能产生不良结果。比如，有些人认为智商高就一定能成功，那么看到智商低的人，他就会产生一种鄙视感。

3. 测试观

正确的测试观认为测试是重要的心理学研究方法之一，是决策的辅助工具；心理测试作为研究方法和测试工具尚不完善，心理测试的最大问题是理论基础不够坚实；科学地看待测试，防止乱编滥用。

错误的测试观包括：测试万能论、测试无用论、心理测试即智力测验。

### （二）心理测试的内容

心理测试的内容包含以下几种。

1. 能力测试

（1）普通能力测试主要包括思维能力、想象能力、记忆能力、推理能力、分析能力、数学能力、空间关系判断能力、语言能力等方面的测试。

（2）特殊职业能力测试是指那些特殊的职业或职业群的能力。该项测试

的目的在于选拔那些具有从事某项职业的特殊潜能的人才。

（3）心理运动机能测试主要包括两大类即心理运动能力测试和身体能力测试。

2．人格测试

人格测试的目的是为了了解应聘者的人格特质。

3．兴趣测试

兴趣测试揭示了人们想做什么和喜欢做什么，从中可以发现应聘者最感兴趣并从中得到最大满足的工作是什么。

### （三）心理测试的种类

心理测试的种类很多，据美国心理学家1961年的调查，那时的心理测试量表就差不多已经有3000种了。为了大家了解方便，我们主观地把它们分成下面几种类型。

1．根据测试内容，可以把心理测试划分为智力测试、能力倾向测试、成绩测试、人格测试等

智力测试就是测试被测试者智力水平。一个人的智力水平用智商（IQ）表示。对于一些固定的工作岗位来说，最好能选用智商与工作需要相协调的人去做。比如一项工作要求工作者的智商在120左右。那么，智商低于或高于这个数目的人都不是特别合适。智商低的会感到工作吃力，智商高的会不安于现状，甚至轻视这项工作。

能力倾向测试又叫作性向测试。目的在于发现被测试者的潜在才能，深入了解其长处和发展倾向。能力倾向测试一般又可以分为一般能力倾向测试和特殊能力倾向测试。一般能力倾向测试是测试一个人的多方面的特殊潜能。特殊能力倾向测试是测试一个人的单项潜在能力，比如音乐能力或机械操作能力。

人格测试也叫个性测试，测试情绪、需要、动机、兴趣、态度、性格、气质等方面的心理指标。

2．根据测试媒介，可以把测试划分为语言文字类测试和非语言文字类测试

语言或文字测试，就是通过问答或笔答进行的测试。这是心理测试的主要方式，编制和实施都相对容易。有些人类的高级心智能力，只能用语言文字进行测试。这种测试方式的后期分析比较规范化，较少变量，所以团体测试多采用这种方式。但是这种方式不能应用于语言或文字识别有困难的人，而且难于比较语言文化背景不同的被测试者。非语言文字类测试或操作性测试，包括各种通过画图、仪器、模型、工具、实物为测试媒介的测试，被测试者通过使用、辨认、解释或实时操作测试媒介，向测试者反映出心理显像，测试者根据一定的解释规律或模式对这些显像所反应的心理特征、心理状态做出评估。非语言文字类测试适用于有语文表达障碍的人，也适合比较语言文化背景不

同的被测试者。有些特殊能力测试,比如视觉感知能力、联想能力和图形判断能力的心理测试必须借助非语文类测试媒介。

3. 按照被测试的人数划分,可以分为个别测试和团体测试

个别测试只能由同一个主试在同一时间内测试一个被测试者。个别测试的优点是测试者对被测试者的言语、情绪状态可以进行具体的仔细观察,并且有充分机会唤起被测试者予以合作,以保证测试结果充分、可靠。个别测试的缺点在于测试手续复杂,耗费时间比较长,对测试者与被测试者的合作程度要求较高。

团体测试,可由一位测试者同时测试若干人。许多教育测试都属于团体测试,有些智力测试也可以采用团体测试的方式。团体测试的优点是省时,单位时间可以收到相对较多的资料,测试者不必接受严格的专业训练也能担任。缺点在于对被测试者的行为不能做翔实的控制,所得结果不及个别测试准确可靠。

4. 按照测试的方法来分,可分为标准化问卷式测试、作业式测试、投射性测试

(1)标准化问卷式测试。标准化的心理测试一般有事前确定好的测试题目和答卷、详细的答题说明、客观的计分系统、解释系统、良好的常模,以及测试的信度、效度和项目分析数据等相关的资料。通常用于人员素质测评的心理测试主要包括:智力测试、能力倾向测试、人格测试、其他心理素质测试,如兴趣测试、价值观测试、态度测评等。标准化的心理测试同样具有使用方便、经济、客观等特点。

(2)作业式测试。主要应用实际作业式的操作手段对被试者进行测试与评价。

(3)投射性测试。投射测试主要用于对人格、动机等内容的测试,它要求被测试者对一些模棱两可或模糊不清、结构不明确的刺激做出描述或反应,通过对这些反应的分析来推断被试者的内在心理特点。它基于这样一种假设:人们对外在事物的看法实际上反映出其内在的真实状态或特征。投射技术可以使被试者不愿表现的个性特征、内在冲突和态度更容易地表达出来,因而在对人格结构、内容的深度分析上有独特的功能。但投射测试在计分和解释上相对缺乏客观标准,对测试结果的评价带有浓重的主观色彩,对主试和评分者的要求很高,一般的人事管理人员无法直接使用。

5. 根据不同的测试目的,还可以把心理测试划分为难度测试、速度测试

难度测试的功用在于测试被测试者对某一方面知识掌握程度的高低。这种测试一般是限制时间的,给出的时间标准通常是能使 95% 的被测试者做完测试的时间。测试一般由易到难排列,以测试被测试者解决难题的最高能力。

速度测试是测试被测试者完成作业的快慢,这种测试的测题难度相等,但严格限制时间,关键是看规定时间内所完成的题量。

## 二、履历分析技术方法

履历分析技术又称资历评价技术,是通过对评价者的个人背景、工作与生活经历进行分析,来判断其对未来岗位适应性的一种人才评估方法,是相对独立于心理测试技术、评价中心技术的一种独立的人才评估技术。个人履历档案分析是根据履历或档案中记载的事实,了解一个人的成长历程和工作业绩,从而对其人格背景有一定的了解。近年来这一方式越来越受到人力资源管理部门的重视,被广泛地用于人员选拔等人力资源管理活动中。使用个人履历资料,既可以用于初审个人简历,迅速排除明显不合格的人员,也可以根据与工作要求相关性的高低,事先确定履历中各项内容的权重,把申请人各项得分相加得总分,根据总分确定选择决策。

研究结果表明,履历分析对申请人今后的工作表现有一定的预测效果,个体的过去总是能从某种程度上表明他的未来。这种方法用于人员素质测评的优点是较为客观,而且低成本,但也存在几方面的问题,比如:履历填写的真实性问题;履历分析的预测效度随着时间的推进会越来越低;履历项目分数的设计是纯实证性的,除了统计数字外,缺乏合乎逻辑的解释原理。

### (一)履历分析技术的主要特点

履历分析技术作为一种评价手段,与传统的人事选拔方法不同,具有自己明显的特点。

1. 依据的真实性

履历分析技术是以应试者个人过去的经历作为评价依据来分析、预测其未来的职务行为倾向或成就,这种经历通常是可以核实的。

2. 评价的普遍性

履历分析的结果与应试者的多种行为(效标)之间往往有较大的关联性,如工作绩效、出勤率等等,因而可以用于对应试者行为的多维预测。

3. 评价的准确性

履历分析技术方法是通过应试者过去的工作经历、工作表现来预测其未来的表现,其方法论原则体现的是整体主义和历史主义,是一种全面的系统的评价技术。

### (二)履历分析技术的意义

这是近年来才被采用的测评新技术,但其一经采用就在人才招聘选拔中起到十分重要的作用,其意义在于:

(1)能够得到履历定量分析成绩;

(2)实现了测评的职位区分;

(3)有效利用了应聘者各种重要的履历信息,对资格审查合格的入围者进行区分,使测评选拔更加科学合理。

在进行职位调研分析基础上,按照职位要求,对应聘者年龄、学历、受训经历、工作经验、工作业绩和相关工作背景等进行细致定量分析,并得出其履历岗位匹配系数。

履历分析的结果可作为一项测评成绩记入总分,也可作为其他测评成绩的职位和履历修正。如,某一岗位的招聘选拔在报名人数较多的情况下,首先按照履历分析得分排序淘汰部分人员,这样就可以降低测评选拔成本。其余人员可用履历岗位匹配系数对综合素质测评总分进行修正后作为最终成绩。

一份设计良好的应聘履历登记表可以提供很多有用的信息,对登记表进行分析有很高的预测效度。所以,履历分析在人员素质测评体系中占有着重要的地位,履历分析技术的推广对完善人才评价体系具有重大意义。

## (三)履历分析技术方法的主要实施步骤

### 1. 履历分析项目的筛选和权重确定

履历表项目的个数从现有的调查情况来看,15~800个不等。但均包括两部分的内容,一部分是测评者能够核实的项目,例如家庭住址、家庭情况、工龄、学历、年龄等等;另一部分则是不能核实的项目,例如述职报告、自我工作小结等。

履历分析项目的筛选依据是职务分析及岗位描述。在确定履历分析项目和权重前必须对被评价对象的拟任岗位进行认真、细致的分析,以系统、全面地确定该工作岗位对人员各方面的能力和素质(如学历、技能、资历、品质等)的基本要求。履历表的项目数量需要根据拟任岗位的特点和评价需要而定。用于国家主要安全部门的履历分析表可能会包括数百个项目,而一般的简单劳动岗位则可能只需要几个或十几个项目。

权重确定依据是项目内容与未来岗位要求及工作绩效的相关程度。在履历表的项目中,与拟任岗位有关的项目应赋予较大的权重。例如,通过调查发现大专以上学历的人80%有优秀的工作表现,而低学历的人只有40%的人有优秀的工作表现。在履历表的加权设计中,就可以为高学历的人记80分,为低学历的人记40分。

履历分析项目的筛选应该依所要填充的工作岗位的不同而变化。在确定履历分析的项目内容时,还要注意评价项目的可检验性。不可检验的项目或可检验程度低的项目对于履历分析来说,其效用将大打折扣。

### 2. 设计加权履历表

履历分析的主要工具是加权履历表。用于领导人才履历分析的加权履历表通常由以下三个方面的项目构成。

(1)个人基本情况。主要包括:姓名、性别、出生年月、民族、教育程度、政治面貌、宗教信仰、主要家庭成员、主要社会关系、婚姻与本人健康状况,等等。

（2）个人经历。这是履历表的重点部分。用于资历评价的履历表必须对如何填好个人经历做出具体、明确的说明。如：个人经历从何时填起，时间间隔如何确定，经历中是否应包括职务情况的说明、证明人姓名、职业和联系方式等。

（3）个人历史和政治表现情况。这一方面的构成包括何时、何地、何故受过何种奖励或处分，个人在历次政治运动中的表现，个人有无重大历史问题，目前的工作与表现情况，有无需要特别说明的问题，等等。

3. 对履历模块分类计分并选择总分计算公式来评估人才

一般而言，履历登记表主要包含四大类项目。

第一类：A 模块为基本情况。这类情况包括：姓名、性别、出生年月、民族、学历、学位、专业、婚姻状况。当应聘者的能力情况相同且应聘人数多于招聘计划数时，基本情况中的某些项目会成为次级的优先录用标准，成为履历评价中的加分项目。对此，不同的用人单位会有不同的加分标准。

第二类：B 模块为知识与工作能力。这类情况主要通过个人受教育情况和职业经历、接受职业培训情况来进行判断。

第三类：C 模块为家庭与社会关系。家庭与社会关系情况可以作为评估个人素质特点的参考背景；员工管理工作也需要对其家庭与社会关系背景有所了解。

第四类：D 模块为人品。这类信息主要从过去的工作表现、奖惩情况和离职原因来进行判断。

---

**可供选择的履历评估的计算公式**

$P_1 = (A \times B \times C \times D)$（乘法公式）

或 $P_2 = (A + B + C + D)/4$（加法公式）

或 $P_3 = [(A+B+C)/3 \times D]$（混合公式）

其中：$P_1$、$P_2$、$P_3$ 为录取概率；$A$ 为个人基本情况得分；$B$ 为个人知识与工作能力得分；$C$ 为个人家庭与社会关系得分；$D$ 为个人人品得分。$P_1$、$P_2$、$P_3$、$A$、$B$、$C$、$D$ 的值域为 0～100。当应聘者的 $P_1$、$P_2$、$P_3$ 落在招聘计划比例中时方可考虑录用。

---

上述三个公式中：乘法公式是一个最严格的评价公式。这种评估方法意味着，一旦被试的某一项得分为零，则录取概率立即变为零。这一评价公式意味着被试必须全面地均衡发展。当一种岗位对人品和能力的要求都很高时，如要害部门用人，履历评价应该采用此评价公式。

加法公式是一个相对宽松的公式。这种评估方法意味着能够容忍被试者在某方面的缺陷。即使有一项或几项分值较低，也会有一定的分数，不像乘法公式那样把人"一棍子打死"。当一个组织的管理比较规范，应聘岗位的重要性一般时，可以用这个公式选人。按这个公式选人，体现的是"每个人都有可用之处"的用人理念。

混合公式兼顾了乘法公式的严格和加法公式的宽松,同时授予了"人品"分的"一票否决权"。这是目前绝大多数公司的用人理念。即:能力差不要紧,以后可以给予培养的机会;但人品不好的人万万不可录用。

## 三、纸笔测试

### (一)纸笔测试的概念

纸笔测试是一种主试通过书面设问,应试者进行书面作答的静态测评方式,简称笔试。

笔试是一种与面试对应的测试,是考核应聘者学识水平的重要工具。这种方法可以有效地测试应聘人的基本知识、专业知识、管理知识、综合分析能力和文字表达能力等素质及能力的差异。它是一种最古老而又最基本的人员素质测评方法,至今仍是用人单位组织经常采用的选拔人员的重要方法。

纸笔测评在测定知识面和思维分析能力方面效度较高,而且成本低,可以大规模地进行施测,成绩评定比较客观,往往作为人员选拔录用程序中的初期筛选工具。

### (二)笔试的特点

经济高效:在同一时间不同的地点,同时考核大批应试者,提高考试的效率。

测试面宽:既可以用于公共科目考试,又可以用于专业科目考试。

客观公正:试题依据一定的内容和客观标准拟制,评卷依据客观尺度,人为干扰因素少,具有较强的区别功能。

### (三)笔试的功能与局限性

笔试的功能包括:(1)检测功能;(2)鉴别功能;(3)预测功能;(4)督导功能等方面。而笔试的局限性则包括:(1)间接单一,缺乏互动;(2)拟真性弱,情境性差等。

### (四)笔试的主要类型

1. 笔试的主要类别

(1)综合知识笔试:主要考查应试者的知识广度,了解其对各种尝试和知识的掌握程度,考试内容包罗万象。

(2)专业知识笔试:主要考查应试者在某一领域的知识深度,了解其对专业知识的掌握程度。

2. 笔试的主要题型

(1)客观性试题:主要形式有判断题、单项选择题、多项选择题、填空题、匹配。

**客观性试题优、缺点及特征**

优点：题量大，覆盖面广，信度高，评分客观，准确，效率高。

缺点：难以考察应试者组织材料，文字表达，发散思维等高层次的认知能力。

特征：①答案为命题者事先所提供。

②考试结果的评价客观准确，不受阅卷者主观意识干扰。

③固定应答，试题即提供测试内容，同时又提供备选答案。

（2）主观性试题：主要形式有计算题、简答题、论述题、案例分析题、辨析题。

**主观性试题优、缺点及特征**

优点：总体上对具体知识，能力等素质进行综合考察，表述己见，反应思维过程。

缺点：题量少，内容覆盖面窄，不够准确客观。

特征：① 答案不是唯一固定的。

②没有统一作答模式，允许自由阐述，灵活性高。

③没有完全客观统一的赋分尺度。

## （五）笔试试卷的结构设计与试题编制

### 1. 笔试试卷结构设计

试卷结构：指一份试卷所含组成成分及各种组成成分相互联系的方式。它由两维相交的两个向度构成，分别反映试卷结构的不同组成成分及其比例关系。

笔试的试卷结构是由内容结构、目标结构、分数结构、题型结构、难度结构和时限结构等多维、多层成分彼此关联而构成的集合性有机机构系统。

确立笔试试卷结构的基本要领：试卷结构的确立，具有很强的专业性和技术性。

实施步骤：

（1）确定测评范围和水平要求。

（2）分解内容，理清关系，整合体系。

（3）绘制双向细目表，固定各要素结构及其比例关系。

### 2. 试题编制

（1）试题编制的一般原则：试题应有代表性、难度要适宜、文字表述简明扼要、试题之间彼此孤立、试题答案无异议、试题数量要足够。

（2）编制题目类型：包括选择题、填空题、是非题、名词解释、简答题、论述题、写作题和申论题等几种。

### （六）笔试的实施与计分

1．标准化的指导语

指导语是在测试实施时说明测试进行方式以及如何回答问题的指导性语言。一般印试卷开头。

2．考场设计和编排

考场设计和编排遵循两个宗旨：一是有利于维持考场秩序和考试纪律；二是有利于应试者应试和监考老师监考。

3．试卷的接收与保管

### （七）笔试的阅卷流程与计分

1．笔试的阅卷流程

笔试的阅卷流程分为成绩评定环节和结果处理环节。

（1）成绩评定环节包括：① 完善标准答案和制定评分细则；② 确定阅卷方法；③ 正式阅卷等。

（2）结果处理环节包括：① 登分与核分；② 数据处理。

2．笔试的计分流程

（1）客观题计分：客观题的答案具有唯一性。计分简单、客观。大多采用机器阅卷方式进行计分。

（2）主观题计分：能有效地考察应试者的实际能力和水平。但评分不够客观，计分易受阅卷者主观因素影响。

### （八）笔试阅卷的质量控制

笔试阅卷质量控制内容：（1）建立监察制度；（2）正式阅卷前进行试评；（3）采用复评办法；（4）加强阅卷过程的监控。

## 四、面试

面试是通过测试者与被试者双方面对面的观察、交谈，收集有关信息，从而了解被试者的素质状况、能力特征以及动机的一种人员素质测评方法。可以说，面试是人事管理领域应用最普遍的一种测试形式，用人单位组织在招聘中几乎都会用到面试。面试的特点是灵活，获得的信息丰富、完整和深入，但是同时也具有主观性强、成本高、效率低等弱点。

### （一）面试的基本知识

对招聘方来说——面试，可以说是一种经过精心设计，在特定场景下，以面对面的交谈与观察为主要手段，由表及里测评应试者有关素质的一种方式。

对求职者来说——面试，是继投递简历、笔试之后进一步向所应聘的组织展示自己的能力、推销自己，同时获得应聘组织信息的一个重要机会。

## （二）面试的理论依据

在各种测评方式中,面试中的信息沟通通道最多,利用率最高,心理学家对交谈中言谈与行为传递信息的效果进行研究发现,言辞占 7%,声音占 38%,体态占 55%。

语言与体态语对素质的解释具有充分性、确定性、直观性与一定的必然性,精神分析学说为面试提供了更充分的心理学依据,精神分析学鼻祖弗洛伊德认为,人的行为是由意识和无意识支配的。

## （三）面试的内容

面试可以测试的内容:仪表风度、求职动机与工作期望、专业知识与特长、工作经验、工作态度、事业心、语言表达能力、综合分析能力、反应能力、自控能力、人际关系、沟通能力、精力与活力、兴趣爱好等几乎任何一种素质。面试问话提纲见表 11 - 12。

面试擅长测试的内容:仪表风度、语言表达能力、沟通能力、反应能力、人际关系、事业心、自控能力等。

表 11 - 12　面试问话提纲

| 面试项目 | 评价要点 | 提问要点 |
| --- | --- | --- |
| 仪表风度 | 体格外貌、穿着举止、精神状态。 | |
| 思维分析能力、反应能力、语言表达能力 | 对主试所提问题是否能通过分析判断,抓住本质,并且说理透彻,分析全面,条理清晰;是否能顺畅地将自己的思想、观点、意见用语言表达出来。 | 你认为成功和失败有什么区别?<br>如果让你筹建一部门,你将如何着手? |
| 自知力、自控力 | 应聘者是否能够通过经常性的自我检查,发现自己的优缺点,同时在遇到批评、遭受挫折以及工作有压力时,能够克制、容忍、理智地对待。 | 你认为你的长处是什么?<br>你觉得你个性上最大的优点是什么?<br>领导和同事批评你时,你如何对待? |
| 工作愿望和动机 | 过去和现在对工作的态度,更换工作与求职的原因,对未来的追求与抱负,本公司所提供的岗位或工作条件能否满足其工作要求和期望。 | 请谈谈你现在的工作情况,包括待遇、工作性质和工作满意度等。<br>你为何希望来本公司工作?<br>你在工作中追求什么? |

## （四）面试的作用

招聘方——可以更全面更直接地考察应聘者的各种素质和能力,最终招聘到符合组织需要的人。

求职者——弥补简历或笔试中的缺陷或失误,更直接地展示自己的能力,并根据从面试官那里获得的信息判断自己是否适合应聘组织。

## （五）面试的类型

面试按其形式的不同可以分为结构化面试、半结构化面试和非结构化面试(即自由面试)。

1. 结构化面试

(1)结构化面试又叫标准化面试,面试的实施、提问内容、提问方式、时间、评分标准等都有严格的规定,面试官不能随意改动。

(2)结构化面试最大限度减少了人为的力量,有利于保证面试的公平和公正。

---

**结构化面试**

美国有一对兄妹住在偏远的郊区,哥哥爱踢足球,参加了该区的一个中学生足球队。每次踢球回家,他就对妹妹抱怨说,乔治球踢得不好,又爱出风头。妹妹听厌了哥哥的抱怨,又不理解哥哥为什么不喜欢乔治而又每天找乔治踢球。有一次,妹妹对哥哥说:"既然乔治这样惹你生气,你干吗还每天去找他一起踢球呢?"哥哥听后十分奇怪:"我不找他踢球,还能找谁踢呢?"显然,在一个偏远的郊区,哥哥不可能有更多的选择。请问,你听完这个故事后,最深刻的体会有哪些? 请你结合自己的实际,谈谈如何与人配合踢好球。

答题时间:约8分钟。

出题思路:领导干部必须学会与班子中的其他人配合好,必须有协同"踢好球"的观念。

测评要素:协调能力、分析能力。

参考答案:

①每一个人都有可能遇到她哥哥那样的处境:与你一起踢球的每一个人不一定都是你最喜欢的。

②在特定的条件下(环境条件、时间条件),与你合作的一群人可能是无法选择的,你必须在强迫性选择中与他们协同合作。

③在协作中,彼此有意见是正常的。

④彼此协作的一群人要努力把球踢好。

---

2. 半结构化面试

(1)事先只大致规定面试的内容、方式、程序等,允许面试官在具体操作过程中根据实际情况做出调整。

（2）更容易"因人制宜"，但对面试官的要求较高。

**3．非结构化面试即自由面试**

（1）一对一面试：一个应聘者与一个面试官。

（2）多对一面试：指数名面试官同时对一位求职者进行面试评估。

（3）多对多面试：通常也叫小组面试或群面，多用于应届毕业生的招聘面试，考察应聘者组织领导能力、沟通能力、团队合作能力和应变能力等。

（4）压力面试：将应聘者置于一种紧张的气氛中，面试官刻意刁难应聘者，并且穷追不舍，将应聘者置于一种进退两难的境地，有时甚至故意问使应聘者感到难堪的问题。目的是要考察应聘者的机智程度、应变能力、心理承受能力及自我控制的能力。常用于需要面临很大压力的工作面试中，比如咨询。Case Interview 给出一个案例让应聘者分析，考察应聘者在压力状况下冷静思考的能力、分析问题和解决问题的能力，常见于咨询公司的面试中。

---

**压力面试例题**

我公司欲生产一种中档价位溜冰鞋，请立即估算在一个城区人口 100 万的城市里该产品未来一年中的市场需求。

参考答案：

第一步：城区人口共 100 万，根据我国当前的人口年龄分布，60 岁以上人口约占 15 %。由于老年人从事此类活动的不多，可以忽略不计。剩下的 85 万人口按照每 10 岁为一档，根据人口年龄分布计算出各个年龄段的人口基数。

第二步：分年龄段考察：该年龄段人口中已经购买溜冰鞋的比例、没有购买过、但未来一年中将要购买溜冰鞋的比例。

第三步：已购买溜冰鞋的人中，在未来一年内需要换新鞋的比例，从而计算出该年龄段未来一年中溜冰鞋的潜在消费者总数。

第四步：通过市场调查了解到在不同的年龄段以及各年龄段中经济能力的不同级别上，消费者购买此种溜冰鞋的意愿指数。

最后：通过上述比例分别计算各年龄段的需求，最后相加得出市场总需求。

---

（5）情景面试：一种通过让应聘者举出事例或者现场对一些观点进行思考和评价来从事例、思考，以及叙述当中来考察应聘者的某些素质的面试。建立在"在相似的条件下，过去的行为是对未来表现的一种最好估计"的假设基础上。如"这件事情发生在什么时候？""您当时是怎样思考的？""为此您采取了什么措施来解决这个问题？"情景面试常见于外企，如宝洁。

（6）电话面试：通过电话、视频等非直接面对面的方式进行面试，通常在距离很远的情况下使用，常见于第一、二轮面试中。

## 第四节　人员素质测评的实施检验

### 一、人员素质测评组织与实施的主要程序

#### （一）进行工作分析

工作分析是将一项工作分解为对于工作业绩至关重要的各种不同的活动，以确定出人员素质测评应该预测的领域。

#### （二）选择一项专业的人员素质测评

一项良好的人员素质测评应该准确、一致地对那些对工作成功至关重要的知识、技术、能力和态度进行衡量。人员素质测评专家应该选择最能够有效地对目标行为进行预测的测评计划。通过对其科学性、合法性的分析，应保证所选择的测评是专业性的、有效的、公平的、不带歧视性的，并只涉及法律允许的问题。

#### （三）对所有相关研究进行分析

在选择一项适合的人员素质测评中，最重要的因素是：支持测评系统有效性，证明测评分数与工作业绩标准相关的有效性研究；表明所有测评题目衡量的都是类似的工作内容、测评参加者的测评分数是一致的可靠性研究；证明测评不带任何歧视性的研究。著名的测评出版商所提供的测评手册或信息指南包括上述各项研究。

#### （四）进行独立的评估

确定测评是否根据独立的来源进行评价。如《智力测评年鉴》，也可以咨询当地的实用心理学家，或查阅相关杂志，以得到对某项人员素质测评的评价。

#### （五）调查之前测评使用单位的效果

询问几家已经成功实施该项测评的用人单位的名单，然后询问其中典型的一家是否已经进行了相应的有效性研究和负面影响研究。查明该测评是否发生过法律方面的问题。如果发生过，最后的结果是什么？

#### （六）正确地对测评进行管理

人员素质测评只是提供关于应聘人员或员工的部分信息，而不应取代应聘表格、面试、证明核查或工作经历等其他评价程序。用人单位人力资源部门应该制定出如何将人员素质测评结果结合到整个评价过程中去的相关政策。测评管理人员在对测评实施、评分以及解释的过程中，必须遵循相应测评手册或实施指南中所列明的原则。

#### （七）使用正确的标准

标准是称为"标准范例"或"标准群体"的给定测试人群所得分数的集合。

通过标准,测评使用者就可以将某个人的分数和标准群体的分数进行比较,以确定其相应的等级。一些测评有其特定的行业性标准。例如,如果一个人在一项有效的字处理测试中的百分比得分为 90%,就说明在相应的标准群体(100 个人)中,他(或她)的能力要比其中 90 个人强。

### (八) 进行准确的选择决策

通常,有必要确定一个既能满足有效性要求,又不过于严格的测评合格分数。但是,测评管理人员应该认识到,不存在完美的对将来工作业绩进行预测的测评程序。所以,对于低得分者,不应一概而论为"没有能力的人"。

### (九) 评估人员素质测评的投资回报

用人单位通过人员素质测评,可以实现对能够降低成本、提高生产力的应聘人员或员工的选择、安排以及晋升。所以,测评使用用人单位应该对测评计划所带来的汇报进行不断的评估分析。

## 二、具体工作

### (一) 准备阶段

(1) 收集必要的资料;
(2) 组织强有力的测评小组;
(3) 制定测评方案。

### (二) 实施阶段

(1) 测评前的动员;
(2) 测评时间和环境的选择;
(3) 测评操作程序:①报告测评指导语:员工素质测评的目的;强调测评与测验考试的不同;填表前的准备工作和填表要求;举例说明填写要求;测评结果保密和处理,测评结果反馈。②具体操作:单独操作——逐个对被测对象进行测评,花费时间较多。对比操作——把被测对象进行分组,根据测评标准,采用对比的方式,对组内每个测评对象进行对比测评。

# 第五节 人员素质测评的教学实训

## 一、人员素质测评教学现状

从学校角度来看,由于场地限制,专业实验室的建设必须考虑到实验室建成后对其他学科的兼容性;由于经费所限,专业教学软件的引进必须考虑到软件引入后的普遍适用性和使用率;由于时效性要求,急于寻找实用性、兼容性、开放性和专业性兼备的解决方案。

从专业老师角度来看,教学和研究中缺少信效度高、涵盖范围广的系列心理测评工具;纸笔测试的课堂实验方式费时费力,效果也不明显;小组讨论与面试等评价技术在实验室环境下开展,场面嘈杂无序,质量和效果难以控制;学生由于实习机会较少,理解人员素质测评实操流程和提升实战能力较为困难;人员素质测评相关的教学案例获取渠道有限。

从专业学生期望收获的角度来看,期望丰富专业授课的方式,愿意走进实验室体验和实操;期望了解用人单位测评的实战流程,学以致用,提升技能;了解自己个性特质,规划职业发展方向。

## 二、解决方案

### (一)建设人力资源实训的多功能行为观察室

1. 方案效果图

见图 11-1。

小组活动室　　　　行为观察室　　　　集体活动室　　　　总体布局图

图 11-1　方案效果图

2. 配套软件及可开出实验项目

见表 11-13。

表 11-13　配套软件及可开出实验项目一览表

| 名称 | 对应课程 | 实验场地 |
|---|---|---|
| 人员素质测评教学系统 | 人力资源管理<br>人员素质测评<br>招聘与选拔<br>管理心理学(组织行为学)<br>职业生涯规划 | 集体活动室 |
| 评价中心技术实训系统 | 人员素质测评<br>招聘与选拔<br>模拟招聘大赛<br>人力资源管理 | 行为观察室<br>小组活动室<br>集体活动室 |
| 行为观察软件 | 人员素质测评<br>招聘与选拔<br>模拟招聘大赛<br>人力资源管理 | 行为观察室 |

### (二)使用人员素质测评实训教学系统

(1)11 大类 31 种经典标准化测试全面满足教学和实战需要,电脑施测,自动生成报告。

（2）五大热门评价中心技术（面试、小组讨论、角色扮演、管理游戏、文件筐技术），全流程逼真模拟用人单位实战，学生在实验室环境下实操评价中心实施 8 大步骤，在线观看视频，充当评委角色，对比标准答案，提升专业水平。

（3）学生在线对战平台以对抗竞赛的方式，教会学生选择使用系统中提供的 31 套量表，从认知到选择使用，提高学生兴趣和参与度。

（4）案例演示中心涵盖人力资源管理选、用、育、留四大工作情境。

（5）开放互动的学习中心方便老师添加学习资料。

（6）教师可自定义测评与评价纬度，灵活性更高。

## 三、测评系统的实训产品介绍

### （一）标准化测试

见图 11-2 和表 11-14。

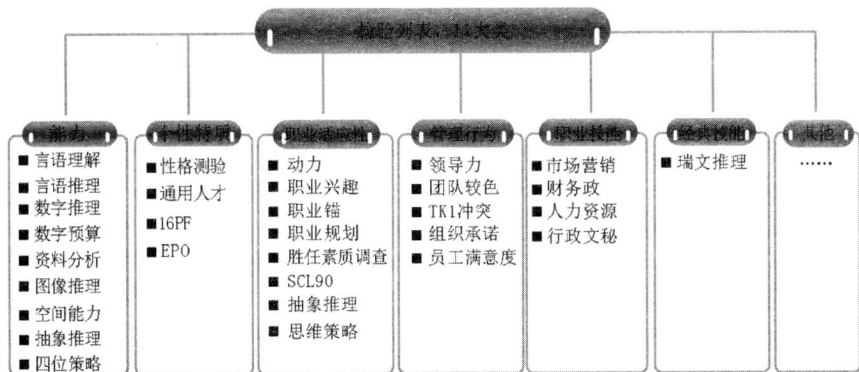

图 11-2　检验列表

表 11-14　测试列表

| 模块 | 测试名称 | 内容简介 |
|---|---|---|
| 经典智力测试 | 瑞文标准推理测试 | 国际最流行的非文字类智力测试。 |
| 能力倾向测试组 | 语言能力测试 | 以经典的能力倾向分类为基础，从言语理解与应用、数学运算、逻辑推理、空间关系判断、知觉速度、资料分析六个方面加上判断思维（Critical Thinking）能力，全方位考察测试者的能力素质水平。 |
| | 数学运算能力测试 | |
| | 逻辑能力测试 | |
| | 空间关系判断测试 | |
| | 知觉速度测试 | |
| | 资料分析能力测试 | |
| | 批判思维能力测试 | |

续　表

| 模块 | 测试名称 | 内容简介 |
|---|---|---|
| 人格特质量表 | 卡特尔16种人格因素问卷（16PF）（最新修订版） | 以经典的卡特尔16PF测试为基础,进行最新的修订,能够全面衡量个体的个性特征,帮助其了解自己的个性特点,确定职业方向和挖掘职业发展潜能。 |
| | 艾森克人格问卷（EPQ）（最新修订版） | 以艾森克编制的人格问卷为基础进行最新修订,用于测试个体人格特质的经典量表。 |
| | 加州心理问卷（CPI） | 美国加州大学心理学教授Gough设计的加州心理问卷（California Psychology Inventory,CPI）,对个体的思维风格、人际交往、个性成熟度、性格特征等方面做全面客观的考查。 |
| 人格类型量表 | 气质调查表 | 在陈会昌等编制的气质调查表基础上进行最新修订,基于多血质、胆汁质、黏液质和抑郁质四种典型气质,考察个体的气质类型。 |
| | 行为风格问卷 | 以荣格人格理论为基础,参考MBTI问卷编制的最新人格类型量表,考查个体的行为风格、思维模式等特点。 |
| 职业心理健康类量表 | SCL-90心理健康测试 | SCL90症状自评量表是目前世界上比较通用的心理健康测试工具之一。主要用于评定个体是否具有某种心理症状及其严重程度如何。可用于自评和他评。 |
| | 焦虑自评量表（SAS） | 应用最广泛的焦虑评定量表之一,由Zung编制,能迅速反映出个体主观感受到的焦虑状态的轻重程度,易于操作,简便省时。 |
| | 抑郁自评量表（SDS） | 为心理咨询、用人单位管理、精神医学等多个领域最常用的心理测试工具之一,由Zung编制,用于衡量抑郁状态的轻重程度及其在治疗中的变化。 |
| | 职业倦怠测试 | 以Maslach的职业倦怠理论为基础,考察个体对当下所从事的职业的倦怠程度。 |
| | 工作压力问卷 | 考查个体感受到的工作压力程度,以及压力来源情况。 |

续　表

| 模块 | 测试名称 | 内容简介 |
|---|---|---|
| 职业适应性测试 | 霍兰德职业兴趣测试 | 基于霍兰德的职业兴趣理论,测试个体的职业兴趣类型,分析其适合的工作岗位,优势和劣势,以及可能的发展方向。 |
| | 职业锚问卷 | 以 E. H. 施恩提出的"职业锚理论"为基础开发的职业锚测试,考查人们内心深层次价值观、能力和动力的整合体。 |
| | 职业价值观量表 | 基于当前职业价值观研究的最新进展,开发的用于考查个体职业价值观特点的工具。 |
| 组织诊断 | 员工满意度调查问卷 | 对用人单位管理进行全方位的诊断,为用人单位组织制订战略规划,发展用人单位文化,提升人力资源质量提供"温度计"。 |
| | 组织承诺调查问卷 | 调查个体投入组织以及认同组织的程度,可配合员工满意度调查为组织制定和调整管理方针提供参考依据。 |
| 管理行为类 | 领导风格测试 | 以美国俄亥俄州立大学的领导研究得出的结果为基础,即领导行为模式有两个主要维度:关心人与关心工作,开发的领导风格测试,可以对个体的领导风格做出评估。既可帮助个体发展自己的领导力,也可在甄选管理者的过程中提供参考依据。 |
| | 团队角色问卷 | 以贝尔宾的团队角色理论为基础开发的问卷,可以考查团队中各成员所担当的角色特征,可为团队建设提供有价值的参考,使得团队班子的搭建趋于合理,提高团队运作能力和效率。 |
| 专项能力测评 | 销售能力测试 | 根据销售人员所必备的能力素质模型开发而成,可作为对销售人员进行招聘筛选的素质测评工具。 |
| | 管理能力自评 | 根据管理人员应具备的一般管理能力素质模型开发而成,帮助个体了解自己的管理潜能情况。 |
| 大学生创业能力测评 | 威廉斯创造力量表 | |
| | 发散思维测试 | |
| | 创业动力问卷 | |
| 人岗匹配素质测评 | 工作个性量表 | 依据美国劳工部 O* NET 工作个性模型开发,测试工作领域中的人格特质。 |

## （二）评价中心实训

见图 11 - 3。

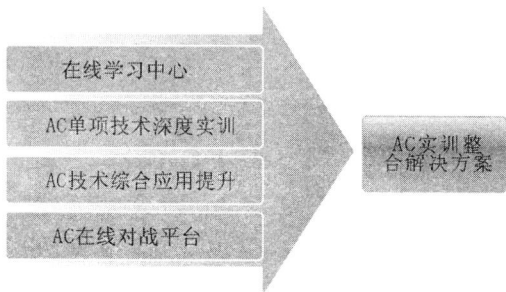

图 11 - 3　AC 实训整合解决方案

1. 在线学习中心

模块简介：

（1）学习中心包括：系统自带学习资料、教师资料上传共享平台、纬度录入窗口。

（2）学习中心为学生提供了公司实战的案例集、报告解读、报告选择规则、岗位测试组合规则、实践前沿等；同时开发一个资料共享平台，教师可以把自己的讲义等资料上传至系统服务器，轻松与学生共享；如果教师对系统提供的评价中心纬度不满意，还可以自定义添加。

（3）学习中心突出人性化，解决了后顾之忧。

（4）学习中心不同于简单的 FAQ，包含更大的内涵和外延。

2. AC 单项技术深度实训

见图 11 - 4。

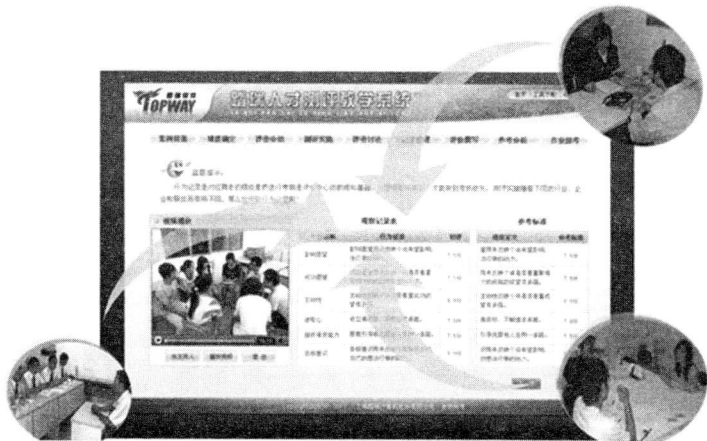

图 11 - 4　AC 单项技术深度实训

模块简介：

（1）单项实训里面涉及的技术包括：结构化面试、无领导小组讨论、角色扮演、管理游戏、文件筐技术。

（2）以某一项评价中心的单项技术为主线，系统给定不同案例即实训场景，学生严格按照某项评价技术的实战操作流程进行在线体验。在此过程中，学生一边观看用人单位实际招聘的视频，一边在线担当评委角色，对视频中的被试进行行为记录和打分。

（3）实训过程，突出互动和即时反馈，系统会提供行为记录范本、纬度评价标准、参考答案，提供在线讨论平台。

3．AC 技术综合应用提升

见图 11 - 4。

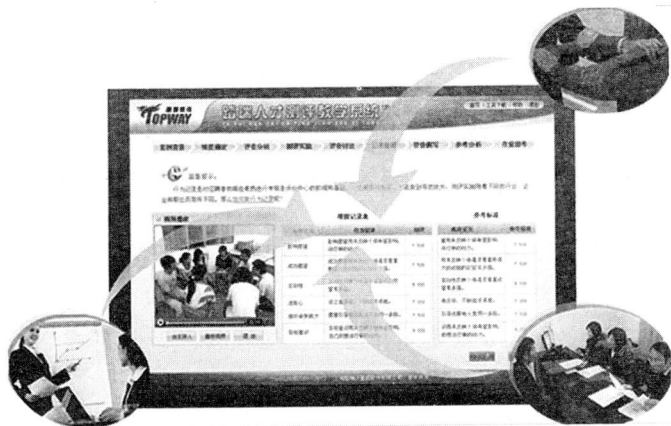

图 11 - 5　AC 技术综合应用提升

模块简介：

（1）本模块以某个岗位为主线，系统设定不同的招聘场景，给定多位候选人，对同一个候选人使用不同的评价方法进行一个全流程的评价实战模拟，让学习者在掌握了单项技术后对自身有一次提升。

（2）实训过程中，学习者首先来选择确定某个岗位的素质模型，选择评估这些指标的评价方法，接下来观看用人单位实战视频，观看的同时做行为记录和打分；一个评价方法结束后，系统自动跳转至下一个评价方法的操练。同一个岗位，系统默认同时使用三种评价方法进行评估，三种方法评估结束后，系统会自动生成评价报告并与专家提供的报告进行对比提升。

## （三）学生实验中心

见表 11 - 15。

表 11 - 15　学生实验项目列表

| 项目 | 项目名称 | 项目内容 |
|---|---|---|
| 学生实验 | 演示案例1 | 某电力公司校园招聘 |
| | 演示案例2 | 微晶电脑后备管理人员素质提升计划 |
| | 演示案例3 | 上海某旅行网中层管理干部选拔与安置 |
| | 演示案例4 | 复兴医药年末人才盘点计划 |
| | 综合实验1 | 某电力公司校园招聘 |
| | 综合实验2 | 微晶电脑后备管理人员素质提升计划 |
| | 综合实验3 | 上海某旅行网中层管理干部选拔与安置 |
| | 综合实验4 | 复兴医药年末人才盘点计划 |

模块特色：

学生实验中心包括基础实验和综合实验两个部分。基础实验包括报告解读、测评工具辨析；综合实验包括四套测评解决方案，涵盖人力资源管理工作的四个环节：选、用、育、留。其中，综合实验的四个案例背景与案例演示中心四个案例背景一一对应，即每一组对应案例共用同一行业和公司背景资料，但各自所要解决的问题是不一样的。系统自带模拟数据，当学生针对不同情境选择测试组合后，将会看到与他选择对应的若干份报告，为他做决策提供依据。学生阅读完案例后，可以完成并提交在线报告。教师可在后台进行批阅和反馈。系统自带参考答案，教师可以选择对学生开放或关闭参考答案。该试验中心通过演示＋实验的方式，帮助学生巩固课上所学知识，掌握测评工具的使用。

## （四）案例演示中心

见表 11 - 16。

表 11 - 16　案例演示列表

| 项目 | 项目名称 | 项目内容 |
|---|---|---|
| 案例演示 | 演示案例1 | 某电力公司校园招聘 |
| | 演示案例2 | 微晶电脑后备管理人员素质提升计划 |
| | 演示案例3 | 上海某旅行网中层管理干部选拔与安置 |
| | 演示案例4 | 复兴医药年末人才盘点计划 |
| | 综合实验1 | 某电力公司校园招聘 |
| | 综合实验2 | 微晶电脑后备管理人员素质提升计划 |
| | 综合实验3 | 上海某旅行网中层管理干部选拔与安置 |
| | 综合实验4 | 复兴医药年末人才盘点计划 |

模块简介：

（1）流程涉及用人单位 HR 实战中选、用、育、留四大模块

（2）生动地再现了人力资源管理工作四个重要环节的工作流程——选用、育、留。例如，在招聘演示案例中将呈现从用人单位产生招聘需求、开展招聘活动、应用人员素质测评工具，到做出录用决策等各个环节，而不仅仅是人员素质测评的单一环节。通过将人员素质测评工具与人力资源管理相贯穿的方式，完整地模拟出人力资源的工作流程，加深学生的印象。

## （五）模拟招聘

见图 11 - 6。

模块简介：

（1）紧贴目前高校实验教学"开放性、设计性实验"的要求，提供六个不同的用人单位招聘需求案例，学生可以自由选择加入哪个小组的面试团，系统设定每个案例进入的人数上线，然后，系统自动配对，担任面试团的一组，同时充当配对小组的被试，在互动对抗中，提升实战能力。

（2）对战流程：实验准备、需求分析、筛选简历、测评初试、测评复试、报告决策。

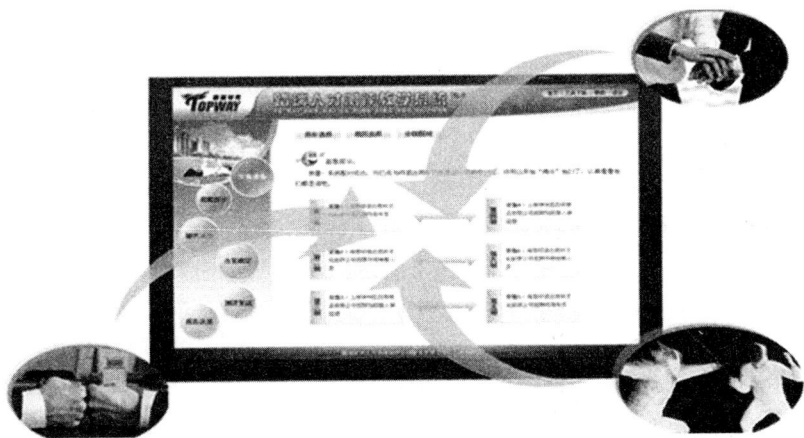

图 11 - 6　模拟招聘训练

模块特色：

（1）真实性：一个班级不同的小组之间交互参与，真实的面试官、真实的应聘组、真实的流程、真实的评估结果，与系统模拟练习交互对照，提升技能；

（2）开放性：系统对战为小组作战，小组成员之间需要充分讨论决定招聘和测评方案，在这个过程中循环提升；

（3）互动性：参与对战的团队都是熟悉的同学，相互之间有互动也有竞争，大大提高了逼真程度和学生兴趣。

（4）设计性：学生需要自助设计选择纬度组合方案、技术使用方案等。

## （六）职业生涯规划

见表 11 - 17。

表 11 - 17　职业适业性测验

| 项目 | 项目名称 | 项目内容 |
|---|---|---|
| 职业适应性测验 | 职业倦怠测试 | 以 Mashach 的职业倦怠理论为基础,考察个体对当下所从事的职业倦怠程度。 |
| | 工作压力问卷 | 考察个体感受到的工作压力程度,以及压力来源情况。 |
| | 霍兰德职业兴趣测试 | 基于霍兰德的职业兴趣理论,测量个体的职业兴趣型,分析其适合的工作岗位,优势和劣势,以及可能发展方向。 |
| | 职业锚问卷 | 以 E. H. 施恩提出的"职业锚理论"为基础开发的职业锚测验,考察人们内心深层次价值观、能力和动力的整合体。 |
| | 职业价值观量表 | 基于当前职业价值观研究的最新进展,开发的用于考察个体职业价值观特点的工作。 |

## 本章小结

　　人员素质测评的具体对象不是抽象的人,而是作为个体存在的人的内在素质及其表现出的绩效。

　　现代人员素质测评可以分为心理测试和智能测试两类。

　　心理测试又可以分为个性能力测试、职业能力测试、价值观测试、职业兴趣测试和情商测试。

　　智能测试包括智力测试、技能测试、专业知识测试和情景模拟测试。

　　用人单位的人员素质测评其主要集中在三个方面:一是认知能力,二是社会成熟程度,三是行为风格因素,这也就是更多地关注了成就、智力、个性、兴趣、价值观等与工作效率相关的心理特征。

　　人员素质测评按照目的不同可以分为五种主要的类型:选拔性测评、配置性测评、开发性测评、诊断性测评、考核性测评。

　　测评与选拔标准体系的测评对象的数量与质量的测评起着"标尺"作用。素质只有通过标准体系,或者把它投影到测评标准体系中,才能表现它的相对水平与内在价值。它一般由标准、标度和标记三个要素组成。

　　素质测评通过要素拟定、标志选择与标度划分,仅仅完成了指标内容的设计工作。这一步是整个测评指标体系建构的基础,但所设计的指标的测评功能还不健全,必须进行量化。

　　量化主要包括加权、赋分与计分三项工作。

　　人员素质测评技术方法包括心理测试技术、履历分析技术、纸笔测试技术、面试技术等多种方法。

## 关键术语

素质的特点　素质测评的类型　人格　投射法　心理测验　智力　非结构化面试　结构化面试　评价中心的特点　评价中心的常见形式

**【应用案例】**

案例讨论

## A 集团人力资源王总监的烦恼事

A 集团人力资源总监王先生最近压力非常大，因为公司内部出了大问题：前段时间总部的销售总监突然辞职，并带走了大量高端客户，投奔竞争对手。这名销售总监是王先生参与招聘进来的，刚刚上任不到一年，个人能力很强，到任后很好地带领销售团队为公司的快速发展做出了很大贡献。正在管理层庆幸遇到一个好帮手的时候，毫无预警地出现了上面的事情。总部领导非常重视这件事，责令人力资源部对招聘和人才培养工作做出检讨。

王先生几天来一直在思索，自己制定的招聘流程到底哪里出了问题呢？一般来说，公司的中高层管理人员招聘会经历以下几个阶段：联系猎头公司，提出职位要求；随后根据猎头公司提供的简历，对候选人进行初步筛选；通过初筛的候选人会接受首轮素质测试，测试的内容包括相关专业知识、对工作相关信息的掌握更新情况等；随后，公司会对所有候选人进行评价中心考核，对人员素质进行全面评价；第三轮的面试则主要了解应聘者的先前工作经历，以及一般人际沟通等情况。对该销售总监的招聘过程也正是如此，应该说整个招聘考虑得非常周全，对应聘者的素质可以进行较好理解，招聘的准确性一直较高。

**案例讨论题：**

你认为该集团管理人员素质测评可能存在哪些问题？

**【复习思考题】**

你认为在现在很多组织中，对人力资源素质的考查存在哪些问题？这些问题应该怎样来解决？

在线习题

**【HR 考级真题】**

**一、单选题**

1. 笔试往往很难测试应聘者的(　　)。(2015 年 11 月)
   - A. 性格与兴趣
   - B. 专业知识
   - C. 社会文化知识
   - D. 专业能力

2. 在大型公司中，总经理、管理人员的绩效考评一般采用(　　)考评方法。(2015 年 11 月)
   - A. 结果导向型
   - B. 行为导向型主观
   - C. 品质导向型
   - D. 行为导向型客观

人力资源管理师
考试真题

3. 行为导向型的主观考评方法不包括（　　）。（2015 年 11 月）

A. 选择排列法　　　　　　　　B. 关键事件法

C. 成对比较法　　　　　　　　D. 强制分布法

4. 以下关于行为观察法的表述，不正确的是（　　）。（2015 年 11 月）

A. 首先确定工作行为处于何种水平

B. 是在关键事件法的基础上发展起来的

C. 在量表的结构上与行为锚定等级评价法有所不同

D. 评价者根据某一工作行为发生频率对被评价者打分

5. （　　）是结果导向型考评方法中能克服员工优异表现与较差表现共生性的考评方法。（2015 年 11 月）

A. 目标管理法　　　　　　　　B. 绩效标准法

C. 直接指标法　　　　　　　　D. 成绩记录法

6. 图解式评价量表法所选择的评价要素不包括（　　）。（2015 年 11 月）

A. 个体方面的因素　　　　　　B. 与行为有关的因素

C. 与工作成果有关的因素　　　D. 与工作环境条件有关的因素

7. （　　）不属于企业经常采用的员工能力评估方法。（2016 年 5 月）

A. 操作测验　　　　　　　　　B. 模拟情景

C. 学前学后比较　　　　　　　D. 书面测验

8. 情景模拟适用于测量员工的（　　）。（2014 年 5 月）

A. 学习能力　　　　　　　　　B. 道德品质

C. 人格特性　　　　　　　　　D. 领导能力

## 二、多选题

1. 心理测试主要类型包括（　　）。（2015 年 11 月）

A. 人格测试　　　　　　　　　B. 素质测试

C. 兴趣测试　　　　　　　　　D. 品质测试

E. 能力测试

2. 三维培训需求分析模型，是一种基于（　　）等手段的培训需求分析方法。（2016 年 11 月）

A. 组织分析　　　　　　　　　B. 岗位胜任力分析

C. 岗位分析　　　　　　　　　D. 人才测评

E. 人员分析

3. 行为锚定等级评价法的优点，包括（　　）。（2016 年 11 月）

A. 对员工的考评更加精确

B. 绩效考评标准更加明确

C. 具有良好绩效反馈功能

D. 具有良好的连贯性和较高的信度

E. 考评维度清晰便于综合评价判断

**三、简答题**

　　选择确定绩效考评方法时,应考虑哪些重要因素?提出绩效管理运行程序、实施步骤的具体要求时,应考虑哪些基本问题?(2015 年 11 月)

**四、综合分析题**

　　某大型企业过去 5 年一直没有招聘,今年决定招聘一批新员工,在对应聘人员的选拔过程中,为了有效评定应聘者的能力特征和发展潜力,公司决定采用心理测试方式对应聘者进行心理测评。(2014 年 11 月)

　　1. 应用心理测试法进行人员招聘时,需注意哪些基本要求?

　　2. 对应聘人员进行能力测试时,可采用哪些情景模拟测试方法?

**五、计算题**(2016 年 5 月)

　　某公司拟招聘两名工作人员,表 1 是人力资源部通过笔试进行初选之后,对所挑选出来的甲、乙、丙、丁四名候选人进行综合素质测评的得分,以及 A 和 B 两类岗位素质测评指标的权重。

　　请根据表 1 的数据,分别给 A 和 B 两类岗位各提出 1 名最终候选人。

表 1　应聘人员素质测评得分与要素权重表

| 应聘人员 | | 测评项目 | | | | | | |
|---|---|---|---|---|---|---|---|---|
| | | 知识水平 | 事业心 | 表达能力 | 适应能力 | 沟通能力 | 协调能力 | 决策能力 |
| 甲 | | 0.9 | 0.5 | 1 | 1 | 0.8 | 0.9 | 1 |
| 乙 | | 0.7 | 1 | 0.5 | 0.6 | 1 | 0.8 | 0.9 |
| 丙 | | 0.8 | 0.8 | 0.7 | 0.8 | 0.8 | 1 | 0.8 |
| 丁 | | 1 | 0.9 | 1 | 0.9 | 0.7 | 0.7 | 0.9 |
| 权重 | A 岗位 | 0.8 | 0.9 | 0.7 | 0.8 | 1 | 0.6 | 0.7 |
| | B 岗位 | 0.9 | 1 | 0.8 | 0.9 | 0.9 | 1 | 1 |

# 参考文献

[1] 陈京民,等.人力资源规划[M].上海：上海交通大学出版社,2006.

[2] 程延园.劳动法与劳动争议处理[M].北京：中国人民大学出版社,2013.

[3] 丁雯,童丽,邹奋战.薪酬管理项目化教程[M].大连：东北财经大学出版社,2014.

[4] 董克用.人力资源管理概论(第四版)[M].北京：中国人民大学出版社,2015.

[5] 方振邦,陈曦.绩效管理[M].北京：中国人民大学出版社,2015.

[6] 冯光明,等.人力资源开发与管理[M].北京：机械工业出版社,2015.

[7] 葛秋萍.现代人力资源管理与发展[M].北京：北京大学出版社,2012.

[8] 顾英伟.人力资源规划[M].北京：电子工业出版社,2006.

[9] 国际劳工组织.《国际劳工公约和建议书(第一卷)》(1949－1994)[M].北京：国际劳工组织北京局,1994.

[10] 劳动和社会保障部,中国就业培训技术指导中心.国家职业资格培训教程——企业人力资源管理师[M].北京：中国劳动社会保障出版社,2007.

[11] 李宝元,王文周,何建华.现代组织绩效管理学[M],北京：北京师范大学出版社,2014.

[12] 李宝元.平衡计酬卡：超越BSC的战略管理新工具[M].北京：中信出版社,2015.

[13] 理查德·I.享德森.薪酬管理(第十版)[M].北京：北京师范大学出版社,2015.

[14] 廖泉文.人力资源管理(第二版)[M].北京：高等教育出版社,2011.

[15] 廖泉文.招聘与录用[M].北京：中国人民大学出版社,2002.

[16] 刘金章,孙可娜.现代人力资源管理(第三版)[M].北京：高等教育出版社,2013.

[17] 刘平青.领导力与项目人力资源管理——中国职场的工作技能与领导力自我开发[M].北京：机械工业出版社,2013.

[18] 刘小平,邓靖松.现代人力资源测评理论与方法(第二版)[M].广州：中山大学出版社,2012.

[19] 刘昕.薪酬管理[M].北京：中国人民大学出版社,2007.

[20] 罗伯特·奥斯汀,托基尔·索恩.蒲公英原则：发现异才的价值[J].石小竹,译.人力资源开发与管理,2016(12).

[21] 马新建,等.人力资源管理与开发[M].北京：石油工业出版社,2003.

[22] 孟祥林.人力资源管理——理论故事案例[M].北京：机械工业出版社,2014.

[23] 彭剑锋.人力资源管理概论(第二版)[M].上海：复旦大学出版社,2012.

[24] 卿涛.人力资源管理概论[M].北京：清华大学出版社,2013.

［25］王林雪.人力资源管理概论(第二版)[M].西安：西安交通大学出版社,2013.

［26］王萍,等.人力资源管理(第二版)[M].杭州：浙江大学出版社,2012.

［27］邬伟娥,潘敏.现代人力资源管理.[M].杭州：浙江大学出版社,2014.

［28］项凯标.薪酬体系设计与绩效考核实务[M].北京：清华大学出版社,2014.

［29］萧鸣政.人力资源开发学[M].北京：高等教育出版社,2002.

［30］萧鸣政.人员测评与选拔(第二版)[M].上海：复旦大学出版社,2013.

［31］萧鸣政,等.人员测评理论与方法(第二版)[M].北京：中国劳动社会保障出版社,2004.

［32］徐明.战略人力资源管理理论与实践[M].大连：东北财经大学出版社,2015.

［33］颜爱民,方勤敏.人力资源管理(第二版)[M].北京：北京大学出版社,2011.

［34］杨河清,等.人力资源管理(第三版)[M].大连：东北财经大学出版社,2013.

［35］姚裕群,曹大友.职业生涯管理[M].大连：东北财经大学出版社,2015.

［36］姚裕群.人力资源开发与管理(第二版)[M].北京：高等教育出版社,2005.

［37］约翰·M.伊万切维奇,赵曙明,程德俊.人力资源管理(第11版)[M].北京：机械工业出版社,2013.

［38］曾湘泉.薪酬：宏观、微观与趋势[M].北京：中国人民大学出版社,2006.

［39］张爱卿.人才测评[M].北京：中国人民大学出版社,2013.

［40］张德.人力资源开发与管理(第四版)[M].北京：清华大学出版社,2013.

［41］张小兵,孔凡柱.人力资源管理(第二版)[M].北京：机械工业出版社,2015.

［42］张岩松,等.人力资源管理案例精选精析[M].北京：经济管理出版社,2005.

［43］张艳丽.组织职业生涯规划系统和生涯阶梯设计[J].社科纵横,2007(12).

［44］张月玲.宽带薪酬制度设计及其应用[J].现代财经,2006(7).

［45］赵凤敏.人力资源管理概论[M].北京：高等教育出版社,2013.

［46］周文霞.职业生涯管理[M].上海：复旦大学出版社,2005.

［47］Kirkpatrick,D. Great Ideas Revisited：Techniques for Evaluating Training Programs [J]. Training & Development,1996(1)：54－59.

［48］Schein,E. H. Career Anchors：Discovering Your Real Values[M]. Workbook edition. Misenheimer：Pfeiffer,1993.

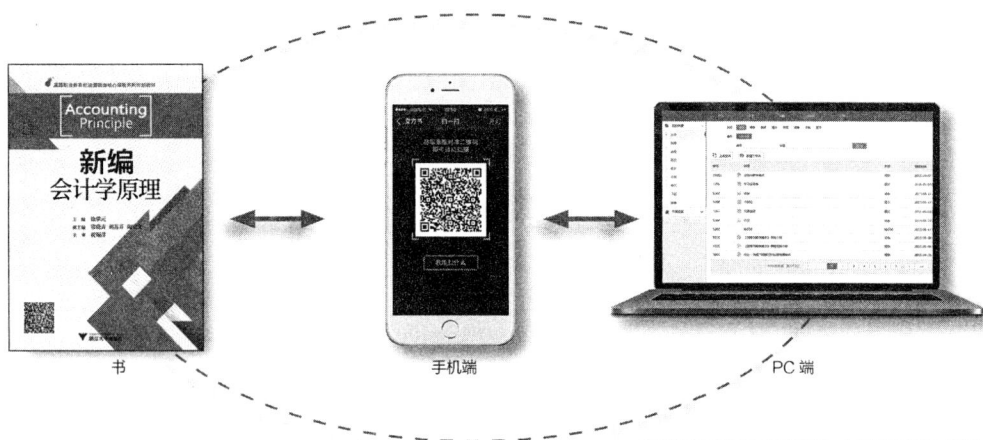
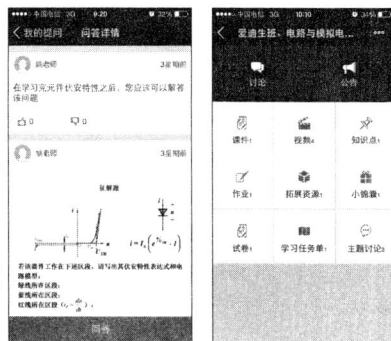